新编公共管理类专业实践教学系列教材
（顾问　夏书章 / 主编　王枫云）

公共管理能力与技巧
Abilities and Skills of Public Administration

徐　凌　编著

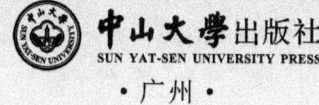

中山大学出版社
SUN YAT-SEN UNIVERSITY PRESS
·广州·

版权所有 翻印必究

图书在版编目（CIP）数据

公共管理能力与技巧/徐凌编著. —广州：中山大学出版社，2018.3
（新编公共管理类专业实践教学系列教材/王枫云主编）
ISBN 978-7-306-06297-0

Ⅰ. ①公… Ⅱ. ①徐… Ⅲ. ①公共管理—高等学校—教材 Ⅳ. ①D035-0

中国版本图书馆 CIP 数据核字（2018）第 028292 号

出 版 人：	徐 劲
策划编辑：	曾一达
责任编辑：	曾一达
封面设计：	曾 斌
责任校对：	潘弘斐
责任技编：	何雅涛
出版发行：	中山大学出版社
电 话：	编辑部 020-84110283，84113349，84111997，84110779
	发行部 020-84111998，84111981，84111160
地 址：	广州市新港西路 135 号
邮 编：	510275 传 真：020-84036565
网 址：	http://www.zsup.com.cn E-mail:zdcbs@mail.sysu.edu.cn
印 刷 者：	虎彩印艺股份有限公司
规 格：	787mm×1092mm 1/16 17 印张 383 千字
版次印次：	2018 年 3 月第 1 版 2018 年 9 月第 3 次印刷
定 价：	50.00 元

如发现本书因印装质量影响阅读，请与出版社发行部联系调换

广州大学教材出版基金资助项目

广州大学公共管理学院教学综合改革基金资助项目

目　　录

第一章　应变力 ·· 1
- 第一节　应变力的概述 ·· 1
- 第二节　应变力的内容构成 ·· 5
- 第三节　应变力的建构 ··· 11
- 第四节　应变力专题：危机管理 ··· 15
- 第五节　应变力案例研讨 ·· 20

第二章　预见力 ·· 25
- 第一节　预见力的概述 ··· 25
- 第二节　预见力的内容构成 ·· 29
- 第三节　预见力的培养 ··· 33
- 第四节　预见力专题：目标管理 ··· 38
- 第五节　预见力案例研讨 ·· 43

第三章　决断力 ·· 48
- 第一节　决断力的概述 ··· 48
- 第二节　决断力的内容构成 ·· 50
- 第三节　决断力的建构 ··· 56
- 第四节　决断力专题：战略管理 ··· 59
- 第五节　决断力案例研讨 ·· 67

第四章　协调力 ·· 73
- 第一节　协调力的概述 ··· 73
- 第二节　协调力的内容构成 ·· 76
- 第三节　协调力的培养途径 ·· 84
- 第四节　协调力专题：时间管理 ··· 88
- 第五节　案例研讨 ··· 91

第五章　沟通力 ·· 97
- 第一节　沟通力的概述 ··· 97
- 第二节　沟通力的内容构成 ·· 103
- 第三节　沟通力的培养途径 ·· 106
- 第四节　沟通力专题：人际沟通 ··· 111
- 第五节　沟通力案例研讨 ·· 118

第六章 情绪控制力 ... 121
第一节 情绪控制力的概述 ... 121
第二节 情绪控制力的内容构成 ... 130
第三节 情绪控制力的培养途径 ... 133
第四节 情绪控制力专题：逆商 ... 139
第五节 情绪控制力案例研讨 ... 143

第七章 谈判力 ... 147
第一节 谈判力的概述 ... 147
第二节 谈判力的内容构成 ... 151
第三节 谈判力的培养 ... 157
第四节 谈判力专题：需要与动机 ... 162
第五节 谈判力案例研讨 ... 165

第八章 执行力 ... 168
第一节 执行力的概述 ... 168
第二节 执行力的内容构成 ... 173
第三节 执行力的培养 ... 178
第四节 执行力专题：团队执行力 ... 184
第五节 执行力案例研讨 ... 188

第九章 公文写作力 ... 194
第一节 公文写作力的概述 ... 194
第二节 公文写作的内容构成 ... 199
第三节 公文写作力的培养 ... 211
第四节 公文写作力专题：公文写作 16 种常见问题分析 ... 224
第四节 公文写作研讨 ... 234

第十章 学习力 ... 235
第一节 学习与学习能力的概述 ... 235
第二节 学习力的内容构成 ... 239
第三节 学习力的培养 ... 243
第四节 学习力专题：学习型政府 ... 249
第五节 学习力案例研讨 ... 257

参考文献 ... 261

后记 ... 264

第一章 应 变 力

第一节 应变力的概述

一、应变力的概念

应变,在词典中的解释是应付突然发生的情况。正如《荀子》所言:"举措应变而不穷。"随着事态的变化,能够从容应对,需要我们学会应变,善于应变,精于应变。应变力,是一个非常宽泛的概念。不同的学者从不同的学科和角度出发,对应变力的概念也有不同的表述。著名军事家拿破仑曾说过:"应变力也是战斗力,而且是重要的战斗力。"他这里所指的战斗力其实是说置身于战场的指挥者们从现实具体的变化出发,通过他们主观的创造性思维,从而能够实现快速反应的一种能力,也就是我们现在所说的应变力。有人认为,应变力是指自然人或法人在外界事物发生改变时,所做出的反应,可能是本能的,也可能是经过大量思考过程后所做出的决策。[1] 有人认为,应变能力就是:当环境、条件、对手等发生变化时,能够及时采取措施迅速加以应对的能力。[2] 有学者认为,应变力是指企业能对各种随机出现的不确定因素做出迅速反映和决策的能力。[3] 也有人认为,应变力就是从客观实际情况的变化出发,通过主观的创造性思维而实现的快速反应能力。

所谓应变力是指当事人遇到任何状况都能做到随机应变,而不仅仅是按照计划进行,能够具有对新事物或事物所在的环境变化有较好地判断和转化的能力。对于政府行政人员来说,应变力是特指政府行政人员应对公共危机事件的能力,主要包括在危机事件发生后,能够及时有效地掌握相关的信息,准确捕捉带有潜在性、倾向性的危机问题,制订具有可行性的预案,快速反应,及时处理,争取把危机问题解决在萌芽状态,正确认识和处理各方面的矛盾冲突,积极沟通协调各方利益关系,判断准确,行动果断,善于整合各方资源,面对突发的危机事件,也能科学分析决策,把握事态发展情况,使危机事件给公众的财产、生命造成的损失降到最小的一种能力。在当代社会,应变力应该是每个人都必备的能力之一。对于政府行政人员,特别是高层的行政领导来说,应变力更是必不可少的。政府公职人员的应变力主要是指应对公共危机和突发事件的能力。

---

[1] 徐晓琴,江铃:《浅谈高职院校学生的应变能力及培养策略》,载《九江职业技术学院学报》,2011 (3),57 页。
[2] 王霞:《如何提高学生技能大赛中的应变能力》,载《成功(教育版)》,2013 (24),1 页。
[3] 查奇芬:《基于可持续发展的工业企业活力综合评价体系》,载《江苏大学学报(社会科学版)》,2002 (3),1 页。

改革开放以来，随着中国的不断发展，客观环境也更加复杂多变。不安定因素和风险隐患的增加，使得各种危机事件层出不穷，常常给个人、组织甚至社会带来一定的损害和负面影响。可是，如果把危机的威胁化解在它的最初状态，或是危机事件出现后及时正确地解决，也就不会演化为社会危机，或给社会带来极大危害。但这也就对政府行政人员应对危机和处理突发事件的能力提出了挑战，如何完美地消除危机、把危机造成的不良影响控制在最小的程度，如何有效地平息突发事件，保证社会安稳，这是各级行政人员都要面临的任务。那么什么是危机事件，它又有何特征，政府公职人员又该如何提高危机处理的应变力？首先，我们必须对危机事件有全面正确的认识。危机事件主要包括突发事件和公共危机两大方面。突发事件与社会危机之间有着十分密切的关系，二者都是消极事件，都会造成损害和负面的影响；但是，二者又是不同的，公共危机往往是由某个事件为导火线，也就是说，在某些情况下，突发事件可能会进一步发展成为公共危机，公共危机由突发事件引发，但是突发事件却未必一定发展成公共危机。

（一）突发事件的含义

关于"突发事件"的定义很多。有的学者认为，突发事件，广义而言，是指一切突然发生的危害人民生命财产安全，直接给社会造成严重后果和影响的事件。它既包括人为因素造成一切突然发生的危害人民生命财产安全，直接给社会造成严重后果和影响的事件，也包括自然因素造成的一切突然发生的危害人民生命财产安全，直接给社会造成严重后果和影响的事件。[1] 还有的学者认为，突发事件是指因不可抗拒力或突然袭来的严重自然灾害、公共卫生事件、社会冲突以及战争、恐怖袭击或其他极端行为引发的各类事件，它往往给社会的生产、生活秩序带来一定程度的威胁。[2] 我国2007年颁布实施的《中华人民共和国突发事件应对法》对于突发事件的含义做出了表述：突发事件，是指突然发生，造成或者可能造成严重社会危害，需要采取应急处置措施予以应对的自然灾害、事故灾难、公共卫生事件和社会安全事件。定义明确了突发事件可分为四大类，包括了自然灾害，如2008年南方雪灾及汶川大地震；事故灾难，如2005年松花江水污染事件、北江镉污染事件、宝成铁路109隧道火灾；公共卫生事件，如"非典"疫情、禽流感、劣质奶粉事件；社会安全事件，2008年贵州瓮安事件、2005年广东汕尾12·6严重违法事件。我国自然环境具有地域辽阔、人口众多、地形复杂的特点，作为世界上自然灾害最严重的国家之一，自然灾害多发；作为最大的发展中国家又经历着社会转型和体制转轨，安全生产的基础薄弱、事故灾难频发；公共卫生形势严峻，对社会稳定和经济发展带来不利影响。总的来说，我国突发事件种类形式多样，各类突发事件又常常关联交叉，或者某类事件还未解决又衍生出他类事件，所以公共安全形势严峻，突发事件的管理更显重要。

（二）公共危机的含义

国际上研究危机管理的学者把危机定义为：对一个社会系统的基本价值和行为准则

---

[1] 王来华，陈月生：《论群体性突发事件的基本含义、特征和类型》，载《理论与现代化》，2006（5），80页。
[2] 李欧，王重高：《公务员素质读本》，177页，北京，中国言实出版社，2006。

产生严重威胁，并且在时间压力和不确定因素极高的情况下，必须对其做出关键决策的事件。与国外相比，我国公共危机研究起步较晚，中国也有学者对危机给出了自己的界定，有学者认为，"危机就是在无预警的情况下所爆发的紧急事件，若不立刻在短时间内做出决策、将状况加以排除，就可能对企业或组织的发展造成重大的威胁"。[①] 有学者认为，"所谓危机，它是一种紧急事件或者紧急状态，它的出现和爆发严重影响社会的正常运作，对生命、财产、环境等造成威胁、损害，它的影响超出了政府和社会常态的管理能力，要求政府和社会采取特殊的措施加以应对"。中国对于公共危机的界定也寥寥无几。有学者认为，"凡涉及公共安全的危机就是公共危机"[②]。也有学者认为，公共危机就是指社会遭遇严重的天灾、疫情或国家安全遭受直接威胁的非正常状态。还有的观点是，根据国家总体应急预案，仅将非传统安全的自然灾害、生产安全事故、公共安全事件和社会安全事件作为公共危机的核心，而军事战争和国家安全方面则属于传统安全范畴。[③] 所以，公共危机就是社会运行过程中，由突发事件引起的可能危及公共安全和公共秩序，需要政府及其他社会主体迅速采取措施应对的危急情况。

二、应变力的特点

要应对危机事件，发挥好应变力的作用，首先最重要的是要有信心，充分的信心是战胜各种困难的一大法宝。应变力强的人首先必须是自信的人。在面对危机事件时，谁也无法完全预测到事态的发展走向，不知道应急决策是否合理有效。所以只有拥有足够的信心，才能勇敢坦然地面对未来发生的一切，做到处事不惊。如果政府行政人员对自己的能力没有信心，对于应对危机的政策没有把握，那么危机发生时，人民群众也就无法完全相信政府。要充分发挥应变力，自信是必不可少的。自信是应变力的内在特点。再者，危机事件具有突发性的特点，所以应变力非常注重时效性，在危机事件发生的初始阶段，及时地提出针对事件的解决方案，是非常关键的。时间也是应变力的重要特点。如果要评判一个人是否具有较强的应变力，往往可以依据他是否能在事件发生的第一时间，就能及时地做出反应，而且不仅仅是反应要快，处理的方法也要得当。如果只是片面地追求时间上的快，不注重处事的效率，即使很快地做出了反应，但未能及时有效地解决问题，也不能称为应变力强。比如，在做抢答的游戏时，虽然有的人能够在主持人报出题目后立刻就按响了铃，但却是答非所问，这样并不能算是真正的应变能力强的人。所以，应变力强并不仅仅是追求时间要快，同时要做到高效率。还有，应变力往往是针对某件具体的事物产生的应对能力，所以往往具有极高的针对性。每个危机事件都具有自身不同于其他事件的特点，所以要发挥好应变力就要针对不同事件，做好应对工作。当然，这也并不是说每个危机事件是没有联系的。应变力的发挥，同样注重经验的累积和原理的贯通。经验是财富，是过往应对危机事件时一点点慢慢累积起来的。所以应变力也具有经验性的特征。现在所面对的危机事件可借鉴以前的方法处理，又可作

---

① 吴宜蓁：《危机传播》，24页，台北，五南图书出版社，2002。
② 钟健夫：《企业在公共危机中如何做品牌销售》，载《中国企业报》，2003。
③ 刘霞，向良云：《公共危机治理》，31页，上海交通大学出版社，2010。

为未来应对危机事件的参考。事物之间总是处于联系之中，即使外在表现形态不同，但处理方式和原理却是可以相通的。经验是提高应变力的主要素材，在经验中吸取教训，取长补短，只有这样应变力才会不断提升。

三、应变力的地位作用

在应对危机事件时，应变力发挥着不可替代的作用。因为要应对的危机事件往往具有以下四个特征：①发生突然，无法预料。突发事件的发生往往是完全出乎人们意料之外的，无章可循又超越常规，以很快的速度爆发。如2006年第八号台风"桑美"是新中国成立以来登陆我国大陆实测风力最强的台风。"桑美"登陆后维持时间长，破坏力巨大，给所到之处带来了严重危害。突发事件发生的时间、表现形式、影响规模是难以预料的。2004年，印度苏门答腊岛附近海域发生8.9级强烈地震，引发了印度洋有史以来最为严重的海啸。突然发生的灾难，给印尼、印度、泰国以及斯里兰卡带来了严重的人员伤亡和财产损失。②破坏性强，后果严重。突发事件的破坏性危害往往具有社会性，受害对象往往也是群体，不仅对公众的生命财产产生威胁，严重时可能给国家、社会带来危害，造成无法估量的严重后果。2005年"卡特里娜"飓风重创美国墨西哥湾沿岸的路易斯安那州和密西西比州，给当地造成了巨大的损失。尤其是新奥尔良市防洪堤崩溃，百分之八十的面积被洪水淹没，城市几乎被摧毁。③事态紧迫，需及时处理。突发事件往往发展迅速，关系到个人、组织甚至社会的安危，需要及时采取措施，拿出解决的对策，避免事态扩大。如2006年5月，黑龙江省黑龙江市嫩江县嘎拉山发生一起雷击特大森林火灾，起火面积约15万公顷。森林火灾作为我国多发的自然灾害之一，突发性强、破坏性大且救助困难。④决策的不确定性。由于突发事件发生的突发性和紧迫性，决策者往往要在有限的信息、资源和时间里做出决策，并且非程序化应对，而之后衍生或可能涉及的影响是没有经验可循，一旦处理不当就可能导致事态进一步扩大。

由此可见，危机事件的危害广泛而深远。危机事件的发生必然给社会秩序造成破坏，出现混乱和动荡。影响人们正常的生产和生活。危机事件最大的伤害莫过于对生命的威胁。除了死亡之外，危机事件对社会最大的危害就是对人们心理造成伤害。危机总会消除，但是它留给人们的恐惧、不安、愤怒等心理阴影和创伤却可能长期存在，难以消除。如1986年，苏联的乌克兰切尔诺贝利核电站反应堆发生严重泄漏及爆炸事故。其造成的危害至今仍未消弭，仍有放射性物质影响导致畸形胎儿的出生。危机事件的危害还包括导致资源的浪费，阻碍经济健康持续的发展。危机事件的发生往往会带来经济的损失，对企业的正常生产带来影响，同时，还有可能造成现有投资的撤离，以及潜在投资的取消。所以危机事件造成的直接和间接的经济损失是难以估量的。如1998年我国长江流域和嫩江、松花江流域发生了历史上罕见的特大洪水，直接经济损失达2000多亿元；与此同时，还对灾区的各种基础设施造成了严重破坏，对灾区的工农业生产带来巨大影响，减少了受灾省区的财政收入。还有，危机事件的产生往往也会影响政府的形象和声誉。如果政府无法做到很好的危机管理，就会造成政府与社会工作的隔阂，从而会使人们对政府的公信力产生怀疑，引发对政府的信任危机。所以发挥好应变力，完美应对各种危机事件，是非常重要的。

第二节　应变力的内容构成

一、应变力的内涵

所谓应变力，简而言之就是随机应变的能力。具体来说，行政人员应变力主要包括以下几点：

（一）敏锐的预警监测能力

虽然危机事件具有突发性，但也并非完全是"无风起浪"，要产生质变也需有量变的积累，所以行政人员在平时就要保持敏锐的触觉，就要善于抓住那些初具端倪的表面现象，善于发现一些异常的社会事件。危机事件随时都有可能出现，这种不可预测的特点也就决定了行政人员要不断提高预警能力，即在把握规律性和必然性的基础上，做好预测工作，对未来可能发生的危机事件的可能性、危机事件的危害程度进行分析，对危机事件的现象、起因进行详细观察，对所获得的有限信息进行处理，使工作具有预见性和前瞻性的能力。只有这样，各级行政人员才能在危机事件爆发之后，不会感到惊慌失措，不知道如何无法应对，从而也可减少很多不必要的损失。

（二）准确了解事发原因的能力

当前的中国正处在危机事件的高发时期，虽然各类的危机事件往往是以偶然的形式出现，让人始料未及，但是偶然性背后却隐藏着必然性。危机事件的产生有很多方面原因的。改革开放以来，我国开始迈向世界，新世纪我国加入WTO后，中国开始全面融入世界，在这既是挑战又是机遇的全球化背景下，我国危机事件出现的原因也更加多样复杂。除了频发的自然灾害以外，还有政治经济问题、环境资源问题，以及我国一直亟待解决的贫富差距问题、就业问题、教育问题、腐败问题，每个方面都可能引发社会危机，危机事件发生时，控制事态的发展使其不再扩大，重要的是在掌握各种情况后，透过现象看本质，科学地分析，迅速找出事件的症结所在。所以及时分辨了解危机事件发生的原因，找出危机产生的根源是行政人员应对危机事件的必备能力。

（三）制定可行性方案的能力

危机事件具有发生突然、破坏性强、需及时处理的特点，所以行政人员在面临危机时，需要在非常有限的时间内进行处理，所以要提高处理危机事件的能力，相关部门的行政人员在平时的工作中就应该做好预案。在未发生危机事件时，就要制定完善的危机事件应急方案，并且该方案的行动措施要具有灵活性，可根据危机事件的形势和具体情况变化。"不打无准备的仗"，行政人员必须针对各种不同类别的危机事件，制订周密、全面、可行的应急预案。虽然此类预案具有与其他工作方案不同的特殊性，即它可能用得到，但也有可能用不到。但是不能因此就忽视它的重要性，产生松懈的思想。只有做到居安思危，科学的预案，"防范于未然"，处理危机事件才能更加顺利，更加有效。

制订可行性预案也是提高公务员应对危机事件能力要做的重要工作之一。

（四）科学决策有序应对的能力

危机事件要求行政人员在事件发生时，要立即制订应对的措施和策略，危机事件时的应急决策是属于非程序化的决策。此时，若按照平常的决策程序按部就班地进行决策，就会延误时机，有可能造成不可挽回的损失。行政人员在应对危机事件时，一定要保持冷静的头脑，在不失时机地前提下保证决策的科学性，即使有时不得不采取一些权宜之计，但也不可与总的战略目标策略偏离太远，不能为了争取眼前利益而牺牲长远利益。行政人员要在有限的时间内，制订非程序化的应急决策，这也就对行政人员的智慧、经验、能力是个考验。危机事件常常与公众的利益息息相关，在应对时一定要把握好分寸，不能过度也不能不作为，要有序应对，要做好公众的思想工作，增强公众的信任度，赢得公众的配合与支持，灵活利用预案，应对危机事件。

（五）良好的沟通与协调的能力

在应对危机事件时，良好的沟通与协调能力不只体现在与公众的充分沟通与协调，获得民众们的理解与支持；还包括政府内部纵向沟通，即及时地与上级部门做好沟通协调，汇报危机事件的有关情况；以及横向沟通协调，部门之间做好相关信息的交流和工作的分配合作。有序的应对危机事件，离不开有效的沟通与协作。良好的协调能力主要是对各种资源和合理配置和有效利用。沟通与协调的能力直接影响到应对危机事件时迅速反应的能力，以及处理危机事件的工作效率。有效的沟通与协调需要各方利益进行良好的对话，从而增进了解达成共识，共同面对危机，渡过难关。所以，良好的沟通协调能力是应对危机事件工作中必不可少的内容。

（六）完善的事后安置能力

应对危机事件应该是个完整的系统工程。不但包括危机发生前的预案准备，危机爆发后的果断处理，还应该包括危机之后的安置善后工作，三个环节联系紧密、相互作用、缺一不可。因此，在应对危机事件时，很多时候会忽视最后一个环节，给危机事件的管理工作带来损失。危机过后的恢复善后阶段，要根据管理的相关政策和决策进行责任追究和奖惩，做好相关的安置工作。要尽快使社会恢复常态、机构正常运作、生产生活回到正常。行政人员应该具有全面系统的工作意识和善后安置的能力，才能展开有效的重建和安置工作，更好跟进受害群众的各种需要，使危机事件全面解决。

二、应变力的原则

（一）快速反应，及时处理

突发性是危机事件的主要特征之一，危机事件往往来势迅猛、发展快速、危害极大，由于时间紧迫，危机爆发后的每一分钟都至关重要，如果政府无法立刻反应，只会使危机进一步扩展，从而造成更加严峻的后果。如日本东海村核物质泄漏事故。

1999年9月30日，位于东京以北140公里的茨城县东海村发生核物质严重泄漏事故。意外是上午10时35分发生的，但起码过了1个小时，东海村的村长才知道出了事故。可是，没有人为了工厂附近居民的安全而立即采取措施。直至5个小时之后，当局决定疏散最接近工厂的160人时，居民才惊觉大祸临头。到了傍晚，全国电视台广播了有关新闻之后，东海村和茨城县的政府才开始向居民宣布发生了核泄漏事故，用广播喇叭要求10公里方圆的31万居民留在室内，不可外出。科技厅是事发40分钟之后接到报告的，但小渊惠三的办公室到了下午才知道。到了当天傍晚，小渊才宣布成立以他自己为首的"对策本部"。此后的12小时里，东海村周围一片恐怖，绝大部分人都躲起来了，但人们仍然不知道发生了什么事，于是有人照样上街，一些警察也不理会。到了10月1日早晨，小渊在电视上向全国讲话，仍说政府官员还在了解事情的真相。①

危机事件发生后，政府要在最短的时间，及时分析形势，做出最快的反应，采取最必要的措施，以积极的态度赢得时间，以正确的措施赢得公众信任。只有这样政府才能摆脱被动的局面，掌握主动权，从而才能缩小危机事件影响的范围和程度。而且危机事件发生的初期，破坏性的后果并未完全显露出来，及时处理可以避免错过解决危机事件的最佳时机，可以减少相关损失，控制事态恶化。如果政府办事拖拉，议而不决，决而不行，消极被动，不仅浪费时间，危机事件处理就无从谈起。

（二）尊重生命，以人为本

保障公民的健康和生命财产安全是政府履行社会管理和公共服务职能之一，最大限度地减少突发公共事件，在应对危机事件时，抢救生命与保障人民基本的生存条件，是处理危机事件的首要任务。同时，还应该最大限度地保护参与处理危机事件的工作人员的生命安全。生命权是人与生俱来的权利，对人的生命权的尊重，是"以人为本"的重要体现。因为危机事件往往给公民生命和财产造成威胁，秉承"以人为本"的理念就是要在危机事件发生后，即使付出再大代价也要最大程度的挽救最大多数人的生命。

（三）统一领导，分层管理

危机事件发生后，稳定局势、协调行动、安抚人心都需要权威领导机构、领导人物及时介入，及时发布事件有关的信息，出台处理危机的相关决策，决不能在请示报告中延误时机。应该在党中央、国务院的统一领导下，建立健全分级管理的体系，实施领导负责制，充分发挥应急指挥系统的作用。在危机事件的应急处理中，上层领导往往起到主心骨的作用，但是在目前我国体制下，危机发生后最先介入的往往是基层政府。所以一般而言，在危机应急管理中，首先有地方政府的危机管理，然后才是中央政府的危机管理；先有了层级较低的地方政府管理的危机管理，然后才上升到了较高的地方政府管理危机管理。每个层级的政府对控制危机事件管理都有不可推卸的责任。

---

① 武金鑫：《浅析政府危机管理与政府信用》，载《学理论》，2011（21），30页。

（四）有效沟通，协调一致

危机事件处理是一个整体的工作，它涉及很多不同部门和层级。危机事件越复杂，涉的部门和层级就越多。此时，保持畅通的沟通渠道，显得尤为重要。不仅是与公众进行有效的沟通，及时把公众须知应知的消息发布出去，树立负责的政府形象；政府内部也要进行有效的沟通，既要保持有效的纵向沟通，也要保持横向的有效沟通。危机事件发生时，社会可能会出现一定程度的失衡，内外部有效的沟通的同时也要做到协调一致。由于参与危机处理的人员往往来自不同的部门或机构，包括武装官兵、军队、医疗救助、消防、搜救、通信、志愿者等，因此，在应对危机时怎样使他们协调一致就特别重要。危机事件发生后，政府各部门各层级之间要实现协商运作，明确各自的相关职能，同时，政府也要优化和整合社会的各种资源，发挥整体的最大功效。

（五）依法管理，坚持法治

依法行事是危机事件管理的基本要求，危机事件属于非常规非程序性的问题，政府在应对危机事件时，拥有很多社会常态下不具有的特殊权力，但是行政人员也不能以此为理由背离法治的轨道，无视受众的权力。而且在一些重大的危机事件中，可能涉及宗教、国际关系、民族问题等敏感领域，处理起来必须要小心谨慎。因此，在应对危机事件的过程中，政府权力运作的合法性非常关键。坚持法治要求在危机发生时，行政人员要依据法律来行使手中的权力，明确自己的职责。

三、应变力的方法

危机事件发生后，政府行政人员必须处变不惊、积极稳妥地应对危机。为使事件不扩大、不升级、不蔓延，选择适合且有效的方法策略是关键。方法是否运用得当，可能关系到整个危机事件处理的成败，通常来说，应对危机事件的方法有以下几种：

（一）心理控制法

由于危机事件往往具有突发性和破坏性，所以危机事件的发生常常会给社会公众的心理带来压力和巨大冲击，造成群众的思绪混乱、不知所措。因为绝大多数人都无法快速准确的了解危机事件的起因和性质，更无法科学推断和预断危机事件发展趋势。这也就使得危机事件发生时，社会公众处于恐惧和不安之中，一旦处理不好，群众的心理和行为可能就会向不利于危机事件处理的方面发展。因此，在危机事件的处理中，安抚社会群众的心理压力，稳定他们的情绪是首要任务。

首先，政府行政人员要从容镇定。心理学认为，每个人都会存在一种跟从他人的心理，即受他人活动的影响，自身也会从事与他人同样的活动。也是在心绪不稳、摇摆不定的时候，越是容易跟从他人的行为，产生遵从的心理。所以，在危机事件处理的现场，政府行政人员必须沉着冷静，万万不可惊恐急躁，乱了分寸。这样群众才会觉得有安全的依靠，心理压力会减轻。其次是要转移公众的注意力。一般来说，每次危机事件发生时，公众的注意力常常只会集中在一两个问题上，如个人财产相关或是一些敏感、热点的问题之上，通常不能顾及那些全局性的问题，有时甚至为了保全自身的某些利益，甚至影响全局性问题的解决。在这种情况下，政府行政人员就需要采取有效的措施，转移公众的注意力。常用到的方法有：政府行政人员要对群众进行说服诱导，找到双方利益的共同点，使公众认同政府处理危机事件的主张和措施；还可以运用归谬法或引申法，引导公众意识，使公众了解危机事件失去控制可能会出现的不良后果，使大多数人的情绪态度有所改变，站到组织的立场上，使事件的处理更加顺畅。同时，政府行政人员也要站在公众的角度，对于公众提出的可以理解，并且合理的方面，做出让步或许诺。"二战"时期，日本突袭珍珠港，当时的美国总统罗斯福就成功运用了心理控制法。

1941年12月7日，日本空军和海军对美国在太平洋地区主要海军基地——夏威夷的珍珠港进行偷袭。美军损失惨重。当天下午，罗斯福总统打电话给国务卿德尔·赫尔，转达了这个消息。赫尔转告他，日本使节刚到国务院，转达日本拒绝接受美国和平建议的照会。罗斯福指示，对日本使节以礼相待，不要提袭击珍珠港之事，冷淡地"把他们打发走"。不久，丘吉尔从伦敦打来电话，想证实在收音机里听到的消息，罗斯福平静答道："他们已经在珍珠港向我们发生了袭击，现在我们大家是风雨同舟了。"罗斯福尽管内心是满腔怒火，但表面上却平静如常。他下令不允许在白宫周围由军人站岗，以缓解集在栅栏外面寻求新的保证和指导的美国人的焦虑。此时的罗斯福甚至自己在危机、关键时刻的表现对整个社会产生的影响，镇定自若地同陆军参谋长马歇尔将军讨论了作战部署。接着他以通常口述信件的那种冷静的调子口述次日去国会发表讲话的讲稿。清晰地、慢慢地念出每一个字、每一个标点和新的段落，讲稿五百字多一点，口述时没有犹豫，也没有重新考虑，不愧是以为伟大的总统。他的克制，对当时被惨案搞得既愤怒又困惑的民众起到了很好的稳定作用，在人们心目中成为能够担起战时领导重任的强有力的人物。

（二）组织控制法

危机事件发生后，政府行政人员很难以个人之力，解决事情，往往是依托所在组织，来指挥面对危机事件。所以在应对危机事件的过程中，组织作为重要资源，往往发挥着不可代替的作用。组织控制是指在应对危机事件时，要对组织内部、广大群众中进行正面教育，是大多数人对于危机事件有个清醒的认识，稳住自身组织的阵脚，避免危机扩大。对于自然灾害方面的危机事件，要做到立刻组织救灾，防止危害扩大波及更多地方。要使整个灾害救助工作处于粗制严密的控制下，避免出现无人负责或者多人负责、打乱仗的现象。

2007年3月4日，辽宁全省范围内遭遇了一场百年一遇的特大风暴雪和温带风暴潮危害。伴随着9级大风，60亿吨降水量横扫了辽宁全境。3月3日15时，气象部门向辽宁省政府及有关部门提出预测和预警意见；预计未来两天辽宁全省将出现一次明显的降水和寒潮天气过程，并指出，此次降水和寒潮天气过程，可能会造成风灾、低能见度、雷电、地表结冰和积雪，对高速公路、机场、铁路、航运、海上作业和市内交通等方面的安全造成较大威胁，建议农业、交通、民航、海事、城管等有关部门采取相应措施，加强防范。3月3日下午，辽宁省委、省政府接到国务院领导通知关于防灾抗灾工作的重要批示和国务院应急办《关于做好防范应对温带风暴潮工作的紧急通知》以及气象部门的预测意见。正在北京参加全国"两会"辽宁省委、省政府主要负责通知立即对做好灾害防范应对工作做出部署。省气象、公安、民政、交通、建设、电力、农委、通信、海洋渔业、铁路、机场、海上搜救等部门按照预案分工，立即投入抗击暴风雪各项工作中。

（三）釜底抽薪法

　　危机事件发生后，总有社会群众会被影响，甚至被卷入其中。一旦处理不好，无论什么原因，都可能对局势造成影响。因此，政府行政人员面对此类群众时绝不能火上浇油，激化矛盾。"扬汤止沸，不如釜底抽薪"，这才是治本之道。根据不同的情况，政府行政人员可以采取不同的方式。对于有组织的社会危机事件，可以弱化对方的凝聚力。具体做法是：要在完全了解情况的前提下，准确地找到对方目的，以及发现对方行为的破绽作为突破口。通过强大的宣传和舆论攻势，揭露事件幕后策划者的目的，指出其行动的实质。同时，还应大力宣传组织的政策，向参与群众讲清组织的规划目标，规劝参与者冷静思考，要站在真理那一边，同时要与各种不良的现象做斗争。组织还应做到晓之以理、缓解气氛。危机事件的参与者往往是想达到某些目的才会参与其中，希望能直接传达自己想法。政府行政人员要充分掌握参与者的这种心理，通过正面的接触，缓解紧张气氛，从中了解危机事件的起因和性质，更好地控制事态发展。在面谈的过程中，政府行政人员要坚持原则，旗帜鲜明，但是同时也要表达出希望圆满解决问题的诚意。要申明大义、晓之以理，揭露少数别有用心的人，团结教育大多数的群众。

　　尽管近年来中国各级政府的公共管理能力和服务意识都取得了长足进步，但与大多数发展中国家一样，缺乏训练有素的公务员队伍和完善的公共管理制度，仍是我们不容忽视的重要现实，一些政府该管的事并没有管到位。

　　近日，为了对抗广场舞，温州市鹿城区新国光商住广场的住户们在多次交涉无果后，花 26 万元买来"高音炮"，与广场舞音乐同时播放。最终，跳广场舞的大妈们实在受不了住户针对她们制造的这种噪音，陆续打道回府。此事发生后，浙江省委批评当地部门不作为。目前，"高音炮"已拆除。据悉，当地政府准备通过登记制度来整治广场噪音。

　　对于温州的"广场舞"事件，《广州日报》评论称，各地广场舞者与小区业主之间的问题与矛盾，说到底不是广场舞者或小区业主蛮不讲理，而是城市公共管理者缺位，或在管理的方法、方式面前摸不透、吃不准，拿不定主意，或不清楚应当由哪个部门干预更合理。从城市管理的角度看，还存在立法滞后，或立法后执行难或执行不够等原因。鹿城区在上级官员批评后，立即拿出主导意见，是一件好事，可这似乎又说明，对公共场所的管理再难，只要主动出击就不难。

　　"高音炮"应对广场舞，是泼粪、鸣枪、放藏獒的升级版，体现了问题的进一步升级，政府管理者在这过程中却隐身、失声，实在应该反思和反省。政府管理，是为了让市民生活得更幸福、更有尊严，而政府为民服务的善治本领，也能提升政府形象，形成官民诉求的基本统一。政府管理，不能坐等市民群众失去了理性才主导干预，也不能坐失主动管理的时机。只有适时而动,与民共进,把市民的需要放在政府管理的桌面上,才不会让市民以"没办法的办法"来应对。

《中国青年报》2013年5月20日刊文表示,走出公共管理的困境,需要与此相应的公共管理新思维。完善公务员制度,确立以专业能力、纪律、尽职负责、忠于职守等公职人员基本职业素质为指标的评价体系,借此鼓舞公务员工作士气,提升公务员整体素质,在克服官僚主义的扎实努力中保护、积累和创造积极的行政资源,应是这一新思维的核心。新公共管理还需要确立与国家发展长期目标相统一的公共行政价值,从而使以事务性为显著特征的行政管理超越单纯的技术细节,而建立在充满政治智慧的稳定的价值原则基础上。因此,在行政实践中应努力将"为人民服务"这一社会流行话语转化为激发公务人员真心关切国家利益和民生、对国家和社会负责的伦理和信仰。

第三节 应变力的建构

SARS使中国人第一次明显感受到公共卫生事件对社会的冲击。SARS处置前期,政府的表现一度饱受争议。来自国内外的质疑和批评提醒政府:应急管理能力是中国政府管理体系中的一块短板,必须尽快修正。此后,我国政府加大了对卫生应急工作的支持。中国公共卫生体系无论在机构建设、设备配置,还是人员配备上,自那以后都有了质的飞跃,对新发传染病和不明原因等疾病的监测和应对能力不断提高。

2003年SARS之后,中国又经历了禽流感、三鹿奶粉和甲型H1N1流感等公共卫生突发事件。但此时,中国的疾病防控能力已从过去的疲于应付变成了从容应对,被动迎战成了主动出击,各自为战成了多方联动……覆盖全国的疾病防控、传染病救治体系已经形成。中国政府危机应对能力的提高,不仅表现在公共卫生方面,也在2008年汶川地震、2010年玉树地震和2013年雅安地震等重大自然灾害面前得到了检验。在这些灾难面前,中央和地方有关部门在信息公开、救灾和重建等问题上的表现,普遍受到国内外的好评。

一、提高应变力的紧迫性和重要性

当前中国发展的总体形势良好,经济高速发展,政治稳定,社会也保持良好的态势。但是,当前中国的发展过程中依然潜藏了巨大的危险性和不确定性,各种问题和矛盾凸显,各类突发事件层出不穷,并可能由此出现公共危机,需要及时控制和解决,这也就对行政人员的能力提出了十分紧迫的要求。提高应变力的紧迫性和重要性具体体现在四个方面:

(一) 全球化的影响

全球化是世界发展的一个必然趋势,当代中国也已融入全球化的浪潮中。全球化给中国带来了机遇,中国顺应趋势大力发展,随着经济持续发展,中国也一步一步在国际舞台站稳脚跟,扮演着越来越重要的角色;但是全球化也给中国经济、政治、文化各方面带来了挑战。

1. 经济方面

经济一直是一个国家关注的重点所在，在经济全球化的趋势下，中国的经济安全面临这个严峻的挑战，随着国际贸易的增加，中国外贸依赖度不断上升，从而中国经济面临的外部风险和挑战也随之增加。还有中国现在逐渐融入世界金融体系之中，在经济全球化的背景下，一旦某个国家或区域出现金融危机，中国就不可避免地会受影响，这也就为危机事件的产生提供可能。

2. 政治方面

全球化的影响肯定不只局限于经济方面，经济活动的全球化必然要求国家有与其发展相应的政治环境。全球化为西方国家的"和平演变"提供了便利，除此之外，全球化是各国交流不断增加，各种社会思潮开阔人们眼界的同时也对国家的政治发展产生影响，如果处理不好就可能对政治稳定造成冲击。

3. 文化方面

全球化的推进使世界人们可以跨越时空的现状交流互动，使不同的文化碰撞融合，但也正是这种交流使各国文化出现同化的趋势，这对民族文化发展是非常不利的，对中国的民族文化也是如此。无论是美国以好莱坞为主导的影视体系，还是韩国娱乐产业的韩流风潮都在潜移默化地影响中国的年轻人，这种文化渗透对我国民族文化的发展必然产生不良影响。

（二）资源环境的恶化

中国作为世界最大的发展中国家，经济正处于快速发展中，如今经济排名也居世界前列，但是作为一向以地大物博自居的我们，资源占有排名却在一直落后。前总理温家宝曾说过："多么小的问题，乘以 13 亿，都会变得很大；多么大的总量，除以 13 亿，都会变得很小。"所以我国虽说许多资源总量位居世界前列，但是人均占有量却少，在这样的情况下，我国资源消耗量依然巨大，无论是赖以生存的耕地资源还是水资源，还是无法再生的矿产资源，都有短缺的现象。当前我国不仅存在资源问题，环境问题也十分严峻。土地的荒漠化贫瘠化、草地森林退化、水土流失严重、沙尘暴雾霾频频出现、水污染废气污染亟待解决，综上可见，中国环境恶化已经到了危险的地步。资源和环境问题已经成为我国危机事件发生的重要原因，这就要求行政人员提高应变力，随时准备处理资源环境引发的突发事件。

（三）社会问题的涌现

作为世界上人口最多的中国拥有自己独特的国情。当前的中国，在经济发展和社会公平方面做的还非常不足，贫富差距问题日益凸显、就业问题持续严峻。贫富差距问题已经到了非常严重的地步，贫富差距十分悬殊，而且依然存在继续扩大的趋势，这对于社会稳定和经济发展非常不利。就业问题同样值得重视，作为人口大国，拥有世界上最多的劳动力，同时我国也承受着极大的就业压力。中国劳动力市场的供给和需求之间长期存在不平衡的情况，使得我国就业形势短时期内很难得到缓解。大量劳动力就业问题不能得到处理，很可能成为社会不安定的因素，激发矛盾，出现社会危机事件。

（四）行政人员应变力不足

在社会生活中，随时都可能发生一些突发事件和公共危机，随着危机事件不断地出现和解决，政府行政人员应对危机事件的能力也在不断提升，但是，面对不断变化、日益复杂的社会环境和各类主体，行政人员的应变力还是不足。危机事件发生前，危机意识薄弱，缺乏事前预防的习惯；危机事件爆发后，行政人员欠缺快速反应的能力；在处理危机事件的过程中，缺乏沟通协调的能力。除此之外，行政人员素质和决策能力也有待提高，还需具有全面的工作意识和能力。因此，培养和提高行政人员的应对危机事件的意识和能力，已经成为当前行政人员自身发展的一项重要且紧迫的任务。

近日，兰州因为自来水苯严重超标事件，成为全国关注的焦点。4月14日上午，兰州市自来水已全面恢复正常供水，意味着这起由水污染催生的公共危机事件暂时告一段落。但是，由它带来的思考远未结束。随着事故的原因逐渐明晰化，公众越来越关心事故背后的政府公共管理能力、危机处理能力，以及事故责任是否会受到认真追究。《人民日报》和《光明日报》近日分别发表题为《兰州水污染背后的管理短板》和《打好兰州水污染的责任补丁》的评论文章，对当地相关部门的应对措施提出了质疑。

（五）有法可依，但执法不严

在水安全应急管理制度上，我国并非无法可依。国家级环境应急专家、武汉大学环境法研究所所长王树义回忆，2005年，受中国石油吉林石化公司双苯厂爆炸事故影响，松花江就曾发生过重大水污染事件。当时，社会各界向环保部门要相应数据的时候，环保部门无法给出。之后，相关部门慢慢总结经验，监测、预警、应急等工作机制逐步建立起来，在应急预案方面出台了一些法律和法规，包括《中华人民共和国突发事件应对法》《国家突发公共事件总体应急预案》等多部法律、政策。针对环境领域，我国也出台了《国家突发环境事件应急预案》《突发环境事件应急预案管理暂行办法》等，对政府、企业编制环境应急预案工作有了明确的要求，对应急预案的内容和监督管理也提出了详尽的要求。

中央政府也高度重视社会管理机制。2012年11月党的十八大召开期间，时任中共中央总书记胡锦涛作的题为《坚定不移沿着中国特色社会主义道路前进为全面建成小康社会而奋斗》的报告中提到，"加快形成源头治理、动态管理、应急处置相结合的社会管理机制"，以及"健全全民医保体系，建立重特大疾病保障和救助机制，完善突发公共卫生事件应急和重大疾病防控机制"。

2013年11月12日，第十八届中央委员会第三次全体会议通过《中共中央关于全面深化改革若干重大问题的决定》，其中在"创新社会治理体制"部分中提到："深化安全生产管理体制改革，建立隐患排查治理体系和安全预防控制体系，遏制重特大安全事故。健全防灾减灾救灾体制。加强社会治安综合治理，创新立体化社会治安防控体系，依法严密防范和惩治各类违法犯罪活动。"

2014年3月5日，李克强总理在政府工作报告中提到，"加强应急管理，提高公共安全和防灾救灾减灾能力，做好地震、气象、测绘等工作"。对于兰州水污染事件，国家级环境应急专家王树义表示:"不存在法律上的漏洞,而是没有很好地执行法律上的规定。规定执行得不好,导致了事件的发生。"比如《国家突发公共事件总体应急预案》就对预测与预警有明确规定:"各地区、各部门要针对各种可能发生的突发公共事件,完善预测预警机制,建立预测预警系统,开展风险分析,做到早发现、早报告、早处置。"在此次兰州自来水污染事件中,有关部门对于轻微事故和隐患先兆的忽视,政府部门与涉事企业在责任上的相互推诿,以及相关部门在监管上的心不在焉,共同造成了这次公共危机事件的发生。

公共危机是对政府公共治理能力的严峻考验。在兰州自来水污染事件中,信息发布机制的滞后和不透明、各部门协调配合的欠缺,都可以窥见当地在公共治理能力方面的短板。如何从公民福祉出发,完善信息发布机制,加快转变政府职能,强化各部门协调配合,对危机先兆保持足够的警惕,从根本上促进公共治理能力的现代化,是我国很多地方政府在今后很长时间内要时刻考虑的问题。

二、应变力的培养途径

危机随时随地都可能发生,提高我国政府行政人员的应对能力已经刻不容缓,我们可以从以下几个方面入手来提高政府行政人员的应变力:

(一)加强教育,提升行政人员危机意识

危机隐患无处不在,且难以预料。增强危机意识,做应急预案,这些是提高公务员应变力的基础。这就要求政府行政人员树立危机意识不松懈,做到居安思危,防范于未然。所以,有关部门要加强政府行政人员应急培养课程的设置,要加强对行政人员的教育,强调保持危机意识的重要性;行政人员也要刻苦学习,认真了解可能出现危机的领域,无论是哪种类型的突发事件,还是更为严重的公共危机,其应对方式都要有所涉及,还有应急预案的设置和使用也要充分学习,做到未雨绸缪。"凡事预则立不预则废",要提高行政人员的应变力,首先在思想上就要做好充足的准备,时刻保持高度的警觉,不能存在侥幸心理。美国"9·11"恐怖袭击事件,就在毫无预兆、毫无准备的情况下发生了。危机事件突发性的特点给社会民众带来更大的恐慌,产生的影响和后果往往也会更加严重,也给危机事件的应对增加了难度。危机事件发生突然,危害严重,且不能按照常规的程序进行处理,如果不能及时处理控制局面,可能使事态进一步扩大化。因此,要明确认清提高政府行政人员的危机意识,这对于增强政府行政人员应变力具有重大意义。

(二)开展培训,提高危机应变力

培训是提升政府行政人员素质的重要途径,也是提高政府行政人员应变力的重要途径和方法之一。应当充分认识到加强政府行政人员培训的重要意义,培训出能从容应对各种突发事件和公共危机的高素质、专业化的政府行政人员,是我国社会和经济发展的客观要求,也是适用中国特色社会主义现代化建设的需要。把政府行政人员应变力的培训作为重要议题,落实到位,把我国行政人员应对突发事件和公共危机的能力提升到一个新的水平,为了应对危机事件的需要,不仅如上文提到的要培养教育政府行政人员的

危机意识，还应该培训政府行政人员处理危机事件的能力，同时也要培训提高政府行政人员的心理素质，进一步提高其处事不惊、迅速反应的能力。除此之外，还需要在培训中进一步提高政府行政人员的专业应对能力，包括应对时事故处理的方法和手段，相关的专业学科知识和业务知识，知道相关的方法和程序。只有掌握全面的危机知识和技能，才能在应对危机事件时做到心中有数。因而，对政府人员开展培训是提高他们应变力的重要途径之一。

（三）实况模拟，加强实际演练

政府行政人员只学习应对危机事件的理论知识是不够的，更重要的是要将它运用在实践中。政府行政人员可以通过危机事件的模拟和演习，切实地体会危机事件的处理过程，以此来积累经验锻炼自身的应变力。随着社会的发展，总是有新的问题出现，这要求政府行政人员不间断地提升应对技能。政府行政人员应模拟危机事件实际可能发生的状况，在模拟演练中锻炼政府行政人员的应变力，增加各部门机构之间的协作，增强政府行政人员应对危机的熟练性与自信心，检验预案的可行性，完善危机处理的有关程序。通过演练，可以使政府行政人员真实体验参与应对危机事件的感受，训练应对危机事件的能力，同时也训练他们在危机事件中的心理状态，学会在危机事件中保持冷静的头脑，只有保持冷静才能科学理性地应对危机事件，不会陷入混乱的状态。另外，模拟演练能够让政府行政人员在实践中掌握应对危机事件的基本技能，以及处理危机事件的有关知识，当真正发生危机事件时，政府行政人员就可以根据演练时的经验，对相关情况进行处理。

（四）完善机制，建立评估体制

政府行政人员应变力要提高，需加强机制建设，尤其是制度的建设与创新。首先从制度上就要规定危机应对能力是每个政府行政人员必须具备的通用能力。同时，还要建立起责任追究制度，有了压力才会有动力，责任追究制度的建立能迫使政府行政人员主动提高自身的应变力。责任追究制度不仅是针对危机事件发生时，参与应对危机事件的政府行政人员，各项工作环节正确与否的界定，对应急工作中出现的玩忽职守失职、渎职等行为进行追究，还包括官员问责制，既对该官员管理领域出现危机事件问责。问责制度的建立和完善，必将极大地促进政府行政人员应变力的提升。除此之外，还应建立评估机制。培训在提高政府行政人员的应变力方面有着不可替代的作用，但也不能只依靠培训来提高政府行政人员的应变力，还应该设置配套评估体制，用制度来约束公务员的行为和做法。具体来说可以将政府行政人员的危机管理应对情况纳入其考核机制中去，与奖惩挂钩，表现突出者可给予相应奖励；反之，缺乏相应能力，危机事件应对不利的，给予一定的惩罚处分，严重者开除公职。

第四节　应变力专题：危机管理

危机管理是现代公共部门面对的一个崭新的课题。全球化的发展趋势，世界联系日益紧密，全球化问题不断增加。中国国内在改革和体制调整中，各种新的危机不断出现。我们应该清醒地认识到，我国已经进入到一个危机频发的时期。这种发展变化趋势，对政府公共部门的治理是一个挑战，同时也对行政人员提出了更高的要求。公共部门危机管理研究日益显现出其重大的理论与实践意义。

一、危机管理的概念

"危机"一词最初是一个医学术语，指的是人濒临死亡、游离于生死之间的那种状态。后来人们赋予这个词语的含义发生了变化，使它的含义不断得到扩展，适用的情况也不断扩大，不同的学者们从不同的角度表述，现在对于危机的定义已达上百种。危机管理，是指针对危机事件的管理。"危机管理"是企业管理的一个专业术语，它的理论与方法最早起源于欧美。1915年莱特纳在《企业危险论》中首次提到了危机管理，危机管理最初运用于国际关系中的政治危机研究，20世纪60年代初，危机管理理论才作为一门独立的学科出现在学术领域，受到各国政府的重视。70年代以后，随着危机事件的不断增加，大规模的自然灾害的出现以及恐怖事件的增加，危机管理逐步成为政府管理新理念。

危机管理（Crisis Management，CM）的概念最先在20世纪60年代由美国学者提出，但对于危机管理的定义，中外学者从不同角度不同学科背景出发，给出了不同的定义。美国著名咨询顾问斯蒂文·芬克（Steven Fink）认为，危机管理是指组织对所有危机发生因素的预测、分析、化解、防范等采取的行动；包括组织面临的政治的、经济的、法律的、技术的、自然的、人为的、管理的、文化的、环境的和不可确定的等所有相关因素的管理。[①] 美国学者罗森塔尔等认为，危机就是对一个社会系统的基本价值观和行为准则架构产生严重危险，并且在事件压力和不确定性极高的情况下，必须对其做出关键决策的事件。近年来，中国积极引进吸收国外危机管理的研究成果，但是中国学者对于危机管理的研究相较于国外而言，仍然还处于初期阶段。与此同时，中国学者对于危机管理提出了自己的见解。蒋永祥、罗殿军认为，危机管理就是指在企业中树立危机意识，时时注意与各方面进行有效的沟通交流，努力消除自身缺点和对企业不利的各种影响，以防范于未然，因为有些小事件、小缺点、小灾害有时足以毁掉一个组织，所以"危机管理"又叫作"零缺点管理"，有的干脆叫"末日管理"。王茂涛认为，政府危机管理，是指政府为避免或者减轻危机和紧急事态所带来的严重威胁、重大冲击和损害，而有计划、有组织地学习、制定和实施一系列的管理措施和相应的策略，包括应付危机的准备、应付危机的运作、危机的解决与危机解决后的复习等不断学习和适应的动态过程。在某种意义上，政府任何纺织危机发生的措施、任何消除危机产生的风险与疑惑的努力，都是危机管理。[②] 总之，"危机事件是一种有组合、有计划、持续动态的管理过程，政府正对潜在的或者当前的危机采取一系列的控制行动，以有效地预防、处理和消弭危机。危机管理的重点在于危机信息的获取和预警、危机的准备与预防、危机的

[①] Steven fink. Crisis Management: planning for the Invisible. New York: American Management Assation, 1986, p15.
[②] 王茂涛：《政府危机管理》，16页，合肥工业大学出版社，2005。

控制与回应、危机后的恢复与重建以及持续不断的学习与创新"。

二、危机管理理论

传统的危机管理指导思想着重于救灾，而当前国际前沿的指导理念已经转为整合或全方位的途径，着重于危机管理与社会的全面发展。这直接体现在管理理论的研究上，产生了具有代表性的危机周期理论、全面危机管理理论。

（一）危机周期理论

严格地说，危机没有"结尾"，从各种危机产生到新危机将要发生的过程中，如果某一方面作用小，就会导致新危机的产生。它的复发循环形成了连续并列的过程，即危机随时都可能单独或同时发生。相应的符合危机周期的管理行为过程就是危机管理过程，它也遵循了危机周期特征形成循环：

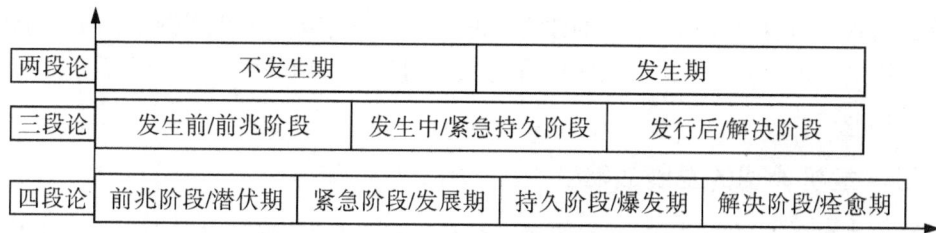

图 1-1 危机周期

就研究方法而言，这是一种整体分析论，它强化预防和筹备的环节，重视提高政府和全民的抗危机能力。从社会分工的角度，形成危机管理循环后，预防和筹备的工作可以纳入到社会发展的部分，而应对和修复工作则可以纳入到人道主义援助的部分。使政府运作更加合理，社会重新进入良性发展轨道。

（二）全面危机管理理论

它要求应用系统的视角应对危机，其有效运作需要四大机制：政策支持、体制设计、能力提升和资源供给。从总体上看，近年来我国学者对公共危机管理的研究，是以政府危机管理为核心，以城市危机为主要研究对象。在前期研究范围上学者的笔墨主要集中在政府和城市，近两年来才开始向农村拓展，少数学者还注意到了广大民族地区危机的特殊性与复杂性以及该地区危机管理的重要性，开始逐步关注各种危机事件给弱势群体带来的巨大危害，因而研究领域与范围呈不断拓宽趋势。

危机理论是西方政治学研究的传统课题，最初主要分析政治危机，包括政权与政府的变更、政治冲突和战争等。其目的在于探索政治危机的根源，寻求处理和应对政治危机、维护政治稳定的方法。危机管理研究起源于企业管理理论。国际上公共危机管理领域最具影响力的理论著作主要有［美］罗森塔尔的《危机管理：应对灾害、暴乱与恐怖主义》、［美］劳伦斯·巴顿所著的《组织危机管理》、［澳］罗伯特·希斯所著的

《危机管理》及［美］威廉·L·沃的《应对危机四伏的生活：突发事件管理导论》等。美国"9·11事件"后，公共部门的危机管理在国际范围内引起极大关注，国际上对公共危机管理的主要注意力很快集中到反恐怖主义的国家安全领域。SARS危机以来，公共卫生危机又迅速成为新的研究焦点。与国外相比，我国有关公共危机管理的研究起步晚，对该领域最初的研究也始于政治尤其是国际政治方面的研究，早期的如潘光主编的《当代国际危机研究》堪称中国第一部有关危机的学术专著；胡平的《国际冲突分析与危机管理研究》比较系统地阐述了危机的有关理论；此类研究还有后来顾德欣的论文《国际危机的预防与处置》朱明权的《美国国家安全政策》、李德福的《千钧一发：古巴导弹危机纪实》、余起芬主编的《国际战略论》等；最近的主要论文有赵绪生的《论后冷战时期的国际危机与危机管理》、刘卿的《国际危机机理分析》、魏宗雷的《美国的危机管理机制》、君安的《世界主要国家的危机管理》，主要著作有《应对危机：美国国家安全决策机制》与《国际危机管理概论》等。这些论著主要是对于国际政治危机的研究。从研究范畴来看，可以将其分为外交史研究和理论研究两大部分。许文惠与张成福的《危机状态下的政府管理》一书的出版，可以说是一个明显的转变，标志着我国危机管理从主要对国际危机（主要侧重于对国外政治危机的研究）转向对国内危机的研究。

三、危机管理的发展战略

我国危机管理虽然有了一定的发展，但是与现实需要相比，依然存在很大的上升空间。怎样提高危机管理能力已经成为世界各个国家都要面对的现实问题，虽然每个国家的国家有所不同，危机管理中的具体做法也各不相同，但是，我们可以从中借鉴有利于我国危机管理完善的经验。欧美等发达国家在危机管理的长期实践中，已经形成了一套指挥统一、运转灵活、协调有力、行动迅速的危机治理体系，研究西方发达国家的经验，从中寻找对我国危机管理有利的启示。美国政府在危机管理方面有系统的计划体系，既有总体上的联邦应急计划（Federal Response Plan，FRP），也有具体针对特殊性质危机的应对国内恐怖主义的运作纲要（Interagency Domestic Terrorism Concept of Operations Plan，CONPLAN）。有的学者认为，西方国家对我国的启示包括：建立基于社会层面且具有广泛包容性的综合应急网络；规范全主体在公共危机治理体系中的角色与责任；设置最高级别公共危机治理结构；打造信息传递与共享平台；完善法律法规体系。[①] 国际上，危机管理呈现发展的潮流，我国也应该顺应这种趋势自我发展。

（一）从危机应急处理转为全面的危机管理

我国的危机管理常常是危机爆发后才被动的紧急处理，如直接救灾。而科学的政府危机管理应该是全面的管理，处理危机发生后的处理过程，还包括危机发生前的危机预警以及危机平息后的善后工作。罗伯特·希斯提出了危机管理4R模型，即减少（Reduction）、准备（Readiness）、反应（Response）、恢复（Recovery）。我国现在很多时候

---

① 刘霞，向良云：《公共危机治理》，175页，上海交通大学出版社，2010。

只关注危机管理的中间过程，无视危机前和危机后的管理，我们应该设立公共危机预警和事前管理，同时也要完善公共部门危机处理的步骤和流程，还有危机的善后管理，设立危机管理评估机制，总结危机处理的妥善与否，及时改正，吸取教训，积累经验。

（二）整合组织力量改变内部分割的现状

在危机事件的管理中，部门、机构及组织之间的沟通协作非常重要，但我国危机管理的过程中存在"各扫门前雪"的状况，如何解决部门、机构、组织之间的沟通协作，一直是我国危机管理中的一个重要议题。我国《突发公共卫生事件应急条例》第五条："突发事件应急工作，应当遵循预防为主、常备不懈方针，贯彻统一领导、分级负责、反应及时、措施果断、依靠科学、加强合作的原则"。其中提到了统一领导、分级负责的原则。强调分级负责的情况下，在中央的统一领导下，协同应对。

（三）加快应急信息管理系统建设

当代危机事件层出不穷，必须建立有效的危机管理机制，其中构建和完善公共部门危机信息系统，在提升政府危机管理中显得尤为重要。在危机管理中能快速的运用有充足准确的信息，对于应对危机事件极为有利。所谓公共部门危机信息管理系统，就是在现代化网络通信技术基础上，通过建立统一的、法定的技术规范、数据标准、数据交换格式，制定相应的制度和管理办法，实现政府间、政府各部门之间的信息共享。应急信息管理系统的建立能消除"信息孤岛"的现象，各层级部门和组织之间如果能做到信息资源共享，就能为危机管理提供信息的支持和保障。一个比较完善的危机管理信息和决策信息支持系统包括：资料库、知识系统、规范模型、危机预警系统和电子信息技术的应用平台等。可见要完善应急信息管理系统，现代信息技术和高新科技必须引入其中。

（四）利用社会力量共同面对危机

政府作为公共事务的管理者，危机管理的核心主体，需要在危机事件发生，社会秩序遭到破坏，社会处于失衡与混乱状态之时承担处理危机的主要责任，也只有政府才有具备危机管理的合法性。但是公众有效参与的缺失，对于危机管理是不利的。要圆满的解决危机不仅取决于政府自身的努力程度，同时，也需要取得社会民众和社会力量的支持与理解，所以，社会参与危机管理是非常必要的。刘霞、向良云认为在公共危机治理中要纳入多元主体，构建公共危机政府社会协同共治格局。总体应急预案要求加强以属地管理为主的应急处理队伍建设，建立联动协同协调制度，充分动员和发挥乡镇、社区、企事业单位、社会团体和志愿者队伍的作用，依靠公众力量，形成统一指挥、反应灵敏、功能齐全、协调有序、运转高效的应急管理机制。[①]

[①] 刘霞，向良云：《公共危机治理》，175页，上海，上海交通大学出版社，2010。

第五节 应变力案例研讨

案例一

黑莓之死带来的领导教训

××××年,一家名不见经传的加拿大寻呼机公司 RIM 推出了一种内置 QWERTY 全键盘的手机,这款设备可以获取推送的电子邮件。黑莓完美地做到了一件事——它让企业用户能够在任何地点使用电子邮件。谁知道这会是一个杀手级的应用?我认识的人里没人知道,这是可以肯定的。但是接下来的事情你就知道了,到处都有风险投资家、银行家和企业高管在会议和董事会里为之绞尽脑汁。BlackBerry 诞生了。突然之间,智能手机变得有意义,RIM 拥有了这个市场。销售额疯涨,在 2005 年只有 10 亿美元,可是仅仅四年以后就增长到了 100 亿美元。

可是水能载舟亦能覆舟,颠覆性的技术既有可能成就你,也有可能毁灭你。当苹果在 2007 年推出 iPhone 手机,用高级网络浏览器和第三方应用支持将智能手机推向另一个层次后,RIM 完全被惊呆了。谷歌紧随其后推出了自己的安卓平台。原来智能手机还可以有其他的杀手级应用。突然之间,黑莓陷入了困境。RIM 的两位共同 CEO Mike Lazaridis 和 Jim Balsillie 的反应非常像是深夜里两只被汽车大灯照到的小鹿。首先,他们怀疑,然后是嘲笑,最终被慢慢甩在后面,然后再竭尽全力地努力追赶。他们从来没有一次承认过自己遇到了麻烦,即使是在 iPhone 和安卓手机不断挤占黑莓手机市场份额的时候也没有承认过。甚至在苹果另一次重大的产品突破——iPad 冲击市场之后也没有承认过。

最后,在 RIM 已经失去了 700 亿美元的市值,并且被迫为未出售的 PlayBook 平板电脑买单 4 亿 8500 万美元之后,一切都够了。今年一月份,Lazaridis 和 Balsillie 双双被解职,公司内部另一位不出名的人士——前共同 COO Thorsten Heins 被任命代替他们出任公司 CEO。在他的"走出去"电话会议中,Heins 没有浪费时间做出任何爆发性的行动,大胆地宣布自己的计划,他只是表示将继续原来的工作,"我并不认为需要进行某种剧变。"上个月,Heins 最终醒悟过来,宣布了投资者、员工——事实上是所有人希望并且需要听到的内容:"现在,对于我来说已经很清楚了,RIM 需要的是实质性的变化。"该公司还宣布了两位主要高管的离职,Jim Balsillie 将离开董事会,这被认为是"战略性的机遇",也意味着这家公司也许不会独立存在。

这有这么难吗?需要花五年的时间才能够弄清楚吗?虽然这样的事情在商业世界里经常发生,可是很少有,如果说曾经有过的话,这样一个让人印象深刻的例子:一家公司的领导做了如此之多错得一塌糊涂的事情,一个错误接着一个错误,让一个一度辉煌的品牌过早消亡。这对于我们所有人来说都是一堂非常好的课。高度竞争的全球化市场非常野蛮而且无情。只有两种类型的公司——快速行动的公司和死掉的公司。时间永远不会站在你这边。当你面对着像苹果公司这样的对手以及 iPhone 这样颠覆性的竞争产品的时候,就完全没有任何借口采取"等等看"的方法。因为 RIM 的高管花了五年的时间才清醒过来，并且意识到了自己的困境，因此这家公司很有可能就此一败涂地。

多样性是好事。董事会成员全部都由计数器一样的人组成是个糟糕的主意。RIM 的所有八位外部董事，包括它的主席和执行董事都是会计师、经济学家和财务人员。（我不是在开玩笑。你可以去看看他们的简历。）相似的头脑容易产生群体思维。在涉及战略监管和公司治理的问题时，很多因素都很重要，保持一点多样性则是至关重要的。

总是尊重竞争。英特尔前 CEO Andy Grove 正确地体现了这一点——只有偏执狂才能生存。如果你努力创造一种杀手级的应用，开拓之前没有的巨大市场机会，你就需要做三件事：急速扩张以跟上需求和增长、持续不断地创新、往外看——竞争对手会紧紧跟随你。不要让胜利冲昏头脑。惰性、故步自封将会带来灾难。

从内部提拔不一定是个好主意。如果 IBM 在 1993 年是从内部提拔而不是从外部聘请 Lou Gerstner 担任公司的 CEO，可能就不会变成今天的 IBM。同样，RIM 的局面需要一个局外人。Heins 自己就是问题的一部分，现在，他也许会是解决方案的一部分了。抱歉，我并不认为这会有效。这可不是什么好兆头，作为一家公司的领导者，他无法看到很多局外人早就看到的事实。而且，很多人——包括我——都不认为他是能够扭转乾坤的材料。

资本主义不仅还活着，而且活得很好。《哈佛商业评论》最近的一篇文章宣称，"资本主义制度遭遇围困"需要从根本上加以改变，因为企业或多或少都是邪恶的。银行业的灾难并没有改变资本主义制度的基础。我们都是企业的利益有关者。作为员工、投资者、合作伙伴，无论是什么，我们希望我们的管理层团队能够专注于提供会赢得竞争、赢得市场份额、增加企业收入和利润的产品。如果不是这样，我们就将最终失去我们的工作，我们的业务。这并不意味着企业在追求业务增长的同时应该破坏环境。我恰恰认为执行官们应该可以一边走路一边嚼口香糖。

RIM 的过早死亡比一切都更能够说明企业家的成功转瞬即逝。它告诉我们值得学习的公司——以及值得我们尊重和敬佩的领导——并不是那些拥有病毒性产品的公司和领导者，而是那些在激烈竞争的市场搏杀中存活下来，并且在某种程度上不断发展的公司和领导者。

思考与讨论

1. 危机事件的含义和应对原则？
2. 结合案例谈谈政府行政人员提高应变力的紧迫性？

案例二

对汉中狂犬病疫情公共危机管理的思考与认识

一、事件回放

第一个病例最早可追溯至 2009 年 2 月 23 日，当时，狂犬病已在汉中农村出现。此后，5 月 3 日狂犬病死亡病例增至第五例，生前住在洋县县城的李宝军在医院死亡，这意味着狂犬病疫情已从农村进入城市。这时汉中市政府才开始意识到问题的严重性。为防止疫情进一步蔓延扩散，5月23日至6月1日，汉中全市开展了一次狂犬病疫情专项防控工作。由于主客观条件的制约，合理的危机管理措施难以实施，和17年前暴发狂犬病疫情一样，汉中只好再次下令在疫区内逢狗便杀。截至5月31日，全市灭杀野犬、流浪犬等可疑犬只20103只。全市"打狗令"的下达和执行，很快在网上引起轩然大波，无区别捕杀及"无狗县城"遭到绝大多数网友的反对和声讨。市政府的值班电话的铃声也没停过，京腔、河北话、河南话、四川话、陕西话……电话来自全国各地，无一例外的都是责骂。后来，值班员干脆不接了，一律转至传真机。与此同时，全国各地的动物保护组织也共同致信汉中市政府，希望加强合作，由动物保护组织提供专业化帮助，在打狗过程中尽可能地实行人道灭杀。

二、事件分析

（一）前期预防

汉中市作为狂犬病老疫区，首先突出暴露的问题是：汉中市政府多年来没有采取有效的措施在市民中树立强烈的危机预防意识。大多数市民对狂犬病没有多少警觉性，被狗咬伤后主动去打疫苗的人并不多，通常是自己采取一些方式消毒。第二，市政府没有在组织内部长期灌输公众意识，组织的行为与公众的期望并不一致。第三，组织未建立有效的社会信息反馈机制，监测社会环境的变化，对潜在危机作出分析和预测。第四，危机管理组织未能制定预防危机的方针和对策，更谈不到落实到组织的制度和运行机制中去。狂犬病疫情的频发，市政府也多次开会讨论。但是，在犬只管理的环节中，公安、农牧、卫生、工商各管一段，权利分配所涉及的利益分配难以调和。最终因各部门意见不统一，管理办法搁浅。直到今天，市政府也没有制定出可行性的对策。

（二）中期处理

由于前期预防存在诸多的漏洞，当狂犬病疫情再度暴发的时候，汉中市政府的应对就显得手足无措了。在此次危机的开始阶段，政府没有给予过多的重视。直到5月3日第五例死亡病例的出现，意味着狂犬病疫情已从农村进入城市，市政府才开始意识到问题的严重性。但即便意识到了问题的严重性，市政府也没有迅速成立危机处理小组，更无合理的计划方案被制定出来以应对严峻的危机形势。在危机蔓延阶段，5月7日晚，汉中市政府召开紧急会议。汉中市委常委、常务副市长杨达才主持，各常务县、区长参加。随后，各乡镇兽医站的墙上都贴出狂犬疫情通告。从第五例死亡病例到第八例死亡病例的出现，将近半个月的时间，市政府只是规定：将发病的自然村设为疫点，疫点周围3公里范围被划定为受威胁区。疫点及受威胁区立即封锁，禁止犬只和猫科动物出入。同时，对野犬、流浪犬、可疑犬进行捕杀，对所有犬只强制免疫并没有提出具有可行性的科学方案。然而，在汉中的农村，兽医站根本就没有犬只疫苗。农民的传统养狗习惯形成已有千百年了，很少有人主动给狗接种疫苗。所以兽医站平时没有储备狂犬疫苗，有人要打都只能提前预约，兽医站再到县里去买疫苗。而且，虽然国家规定，为狂犬疫区的犬只接种是免费的。可是自从国家取消防疫费后，兽医站的工作人员只有保障工资，没有其他的工作经费。为了解决兽医站营运的经费问题，他们不得不在注射疫苗时按照每条狗10元钱来收取费用。由此看来，汉中市在制定对策时没有考虑到实际情况，所有犬只的免疫难以实施。正是因为市政府对客观情况的不清楚认识，才造成疫情进一步蔓延。5月22日，疫情逼近汉中主城，出现在汉中市政府4公里的地方。当晚，汉中市政府再次召开紧急会议。会议升级了，会议主持由常务副市长换成了市长，参加会议的也由各县区的常委变成了县、市长。会议提出全市下达"打狗令"，要求从5月23日开始，集中10天时间捕杀疫区所有犬只，全市范围内清剿野狗、流浪狗及未拴的狗，进入学校、医院、市场、机关、市区广场、旅游景点的狗也在捕杀之列。对于危机的进一步蔓延，市政府武断地采取传统不变的"打狗令"，置公众的利益于不顾。当然，在整个危机事件处理过程中，汉中市政府也积极划定疫区进行管理，隔离危机并努力采取措施消除危机，这是值得肯定的一点。

（三）后期管理

在这次危机的后期管理中，市政府认识到要进行积极的组织变革，即：更新观念、完善制度、建设机构、改进政策。考虑到目前没有一部全国性养犬法规，只有个别地方政府在出现犬只管理危机后出台管理条例。作为老疫区，每次疫情出现，"打狗"就成为一种常态的补救措施。为了改变这种局面，市政府经过深入讨论，试图构建一套狂犬病防控的长效机制，具体说来就是提出"管免灭"的措施。要求明年所有犬只都完成免疫"管"，即由公安部门审核登记，发给准养证，并不准将狗带至医院、学校、商场等公共场所。"免"，则是要求全部强制免疫。"拒不按时接种狂犬疫苗的犬只，城区限养区内虽然进行了免疫，但是没有拴养及狂犬、野犬一律捕杀"，这就是"灭"。汉中市政府要求将狂犬病防疫纳入财政预算，足额保证犬伤人员的疫苗接种费用。计划从2009年起，对贫困、低保人群及疫情暴发后人群的狂犬病疫苗应急接种，实行免费。"犬伤三级暴露人员，接种狂犬疫苗和注射人源免疫球蛋白实行半费。"这笔钱要求县区财政承担。2009年对准养的犬只100%免疫，2010年对所有犬只100%免疫。

三、事件总结

陕西汉中狂犬病疫情危机事件暴发的深层原因是在汉中农村，犬只放任自流，村民无防疫观念，基层兽医站缺人少钱也无力劝村民为狗防疫。而且在全国性养犬法规缺失的前提下，汉中政府拟建立的地方养狗规范又因部门利益分割而搁浅。汉中市政府应事先构建预案框架体系，制定合理科学的措施。对于狂犬病的暴发应做出快速反应，掌握主动权，切实为公众利益着想。政府要着力增强府应对公共危机的能力和责任，同时充分发挥媒体在危机管理中的积极作用，积极动员非政府组织参与危机管理，全面加强市民危机意识教育。

该事件还暴露出国家在公共事业方面法律制度的不健全，公共基础设施建设比较落后，从事公共事业的机构和人员能力不足。随着政府职能的转型，尤其是公共事业体制的改革和财政投入加大，我国应建立综合的、多层次的应急体系，应对突发的公共危机。各级政府要积极提高行政职能、完善法制职能，在危机管理中设立危机预防体制，积极构建处理机制，不断促进组织改革。集中央和地方的共同努力，贯彻"一案三制"的建设体系横向到边、纵向到底，同时加强政府与民间互动的社会动员，建立有效的责任机制和协调机制以及权威的公众沟通渠道，保证我国突发公共危机的有效解决。

思考与讨论
1. 结合案例谈谈我国危机管理现状？
2. 结合所学知识谈谈我国危机管理的不足？

第二章 预见力

第一节 预见力的概述

一、预见力的概念

预见,是对未来进行推测。《现代汉语词典》将"预见"解释为:①"根据事物的发展规律预先料到将来。"②"能预先料到将来的见识。"预见就是以已知预计未知,预见是联系过去与未来的桥梁。预见,一方面是指对已经存在但尚不为人所知的事情的见识,另一方面是指对尚未发生的、未来的事物的发展规律及趋势进行的一种判断。科学的预见是指通过信息积累、思维分析、逻辑推理、可行性论证等科学程序和手段对事物的发展趋势做出的一种科学的判断。[①]

所谓预见力,是指管理者根据事物的特点,对其发展方向和趋势进行预测的一种思维能力,是现代管理中的核心能力之一。预见力在我国古老的文化传统中,就已经受人重视。《礼记·中庸》中曾提到:"凡事预则立,不预则废。言前定则不跲,事前定则不困,行前定则不疚,道前定则不穷。"毛泽东也曾在他的军事著作中引用过这句话,并说:"没有事先的计划和准备,就不能获得战争的胜利。"我们所谈的预见能力不是迷信的未卜先知,而是建立在科学基础上的,根据客观事实和客观规律对未来进行预测的能力。所以,预见活动是具有客观性的。根据辩证唯物主义认识论可知:预见活动是客观事物在人脑中的反映。客观事物总是由可能不断地变为现实,而未来是现在合乎逻辑的延续,只要能够正确把握事物发展的客观规律,对于未来或事物的发展趋势是可以预测的。同时预见活动也是具有科学性。预见是在科学基础上的符合客观规律的预测。因为预见并不是盲目的揣测或主观臆造,而是通过对逻辑推理、思维分析和可行性论证等程序来实现的。

1987年1月1日,国美电器在北京创立了第一家以经营各类家用电器为主而不足一百平方米的小店。尽管是有货不愁卖,但黄氏兄弟仍然决定走"坚持零售,薄利多销"的经营策略,而当时那个卖方市场背景下,很多商家正在采用"抬高售价、以图厚利"的经营方式。1991年,黄光裕第一个想到利用《北京晚报》中缝打起"买电器,到国美"的标语,每周刊登电器的价格。当时国营商店对于广告的认识还停留在"卖不动的商品才需要广告"的层面,即使后来也有人想学习国美的广告策略,但黄光裕已经以每次800元的低价包下了报纸中缝。很少的广告投入为国美吸引来了大量顾客,电器店生意"火得不行","所有存货一卖而光"。1999年国美进军天津,此后开

[①] 赵光辉:《当领导者的洞察力和预见力》,载《领导科学》,2009(2),27页。

始大规模向全国扩张。同年，创办了总资产约 50 亿元的鹏润投资有限公司，进行资本运作。2001 年 12 月，国美在 12 个城市共拥有 49 家直营连锁店及 33 家加盟连锁店，总资产达到 5 亿元。2003 年 11 月国美电器在香港设立分部，目前已成功发展到七家分店，迈出了开拓海外市场探索性的第一步，同时预示国美电器最终将进入国际市场。2004 年 6 月鹏润集团以 83 亿港元的价格，收购其 22 个城市 94 家国美门店资产的 65% 股权。国美实现以借壳方式在香港上市。在"2004 百富人气榜暨品牌影响力"评选中，国美电器位居品牌影响力企业第二名。2004 年底，国美电器基本完成在中国大陆地区的一级市场的网络建设，同时扩展到较为富裕的二、三级市场，并制定了 2008 年实现销售额 1200 亿元的目标。2004 年 12 月，国美电器直营门店达 200 家，并准备向海外进军。在国家商务部公布的 2004 年中国连锁经营前 30 强中，国美电器以 238.8 亿元位列第二，并再次蝉联家电连锁第一名；在国家商务部公布的 2005 年中国连锁经营前 30 强中，国美电器以 498.4 亿元位列第二，并再次蝉联家电连锁第一名，继续领跑中国家电零售业。该企业在中国企业联合会、中国企业家协会联合发布的 2006 年度中国企业 500 强排名中名列第五十三。2007 年国美先后收购永乐电器、大中电器。该企业在中国企业联合会、中国企业家协会联合发布的 2007 年度中国企业 500 强排名中名列第三十七。2008 年，在世界品牌价值实验室编制的"中国购买者满意度第一品牌"中排名第 5 位。2011 年，国美电器开始扩张提速，计划新开 400 家左右门店。2011 年 9 月，《福布斯》公布 2011 年亚洲上市企业 50 强榜单，国美电器位列第 14 位，成为亚洲唯一入选的家电零售品牌。

二、预见力的特征

索尼公司的第一件产品是 1955 年生产出来的晶体管收音机。尽管晶体管是美国"贝尔实验室"第一个发明的，又是美国"西部电子公司"第一个生产出来的，但美国人看不出这玩意儿有多大的用途，所以根本就没有厂家问津，然而，盛田昭夫却以独到的眼光说服日本政府的科技部门，并且从父亲那里借来了在当时如同天文数字般的 20000 美元。直到盛田昭夫把晶体管技术买到手后，日本国内仍没有理解晶体管的意义，觉得盛田昭夫简直是他们家族的败家子！然而，当"索尼公司"1957 年推出的便携式收音机风靡世界后，日本和美国的众商家们才恍然大悟，但市场已经被"索尼"占领先机了。继收音机之后，"索尼公司"先后推出了许多"第一"：第一台 8 英寸电视机、第一台录音机……"索尼"的技术和产品以及市场使"日本制造"的含义发生了根本性的变化："日本制造"意味着好产品，好质量，好的服务，把"日本制造"的产品从廉价的形象飞跃到"高质量"的地位。

实际上，"索尼"这个名字就是盛田昭夫创造力和预见力的最佳体现。当他考虑要为"东京电讯公司"重新起个名字的时候，他就想到重要的一点：起一个在任何地方任何时候都叫得响的公司名称。这个公司品牌名字必须看一眼、听一耳朵就能让人想到公司和品牌有创造力，简短、顺口但又绝对让人不容易忘记。两位创始人一连几天扎在图书馆里，他们最终发现了一个拉丁单词"SONUS"，这在拉丁文中是"声音"的意思，另一个单词"SONNY"又是美国年轻人当时非常时髦的口头禅，盛田昭夫和他的合作伙伴大喜过望,把两个单词合起成"SONY"不正是意味着一个由年轻人组成的生机勃勃的公司么,就把它当成公司和品牌的名称吧!"索尼"真正向全球化发展始于1963年盛田昭夫举家迁到美国之时。正因为这次举家搬迁,盛田昭夫才有机会了解美国人,了解美国人的市场,了解他们的消费习惯和各种规定。把公司的业务发展到海外,走向全球对于当时的日本商人来说确实需要勇气和非凡的超前意识。如果没有这种胆识的话,盛田昭夫是不可能成功,也就没有了今天的"索尼"。盛田昭夫把"索尼公司"的办公地点设在曼哈顿第五大街一套很大的公寓里。每个星期,他总要举办许多社交活动和晚会,从而为"索尼"公司建立一个稳定有价值的顾客网络。盛田昭夫后来一辈子都保留了这个习惯。

管理者想更好地提升自己预见力,发挥自己的预见力,应当先了解预见活动的特征。预见活动的主要特征有:

(一)预见未来的时间越短准确性越高

预见活动一般分为短期预测、中期预测、长期预测。预见活动预测的时间如果过长,中间必然受到许多复杂或预计不到的因素影响。预测出来的结果或数据往往和实际的结果或数据相差甚远。就像我国的五年计划往往是比较详细具体的数字,而十年或者二十年的规划,往往是一个总的概括和预想。

(二)预见未来时必须估计可能出现的误差

预见活动的效果并不总是如期望般准确,预见结果以接近事实为最佳。预见活动时要努力把误差控制在最小。在进行预测的时候,事项的数量越大,正确率越高。依据统计学的抽样理论,抽样样本的数量越大,结果就越具有代表性,也更加准确。

(三)合理选择预测方法

预测的方法可以说是数不胜数。不过并没有哪一种方法是通用方法,可以适用于所有管理人员,适用于任何情况。不同的情境,不同的管理主体,不同的组织环境等等,根据具体情况的不同,就需要选择适合的预测方法。当然,能选择可靠、简便又成本低廉的方法就更好了。

三、预见力的地位和作用

对预见力的要求发展到今天,这是过去的情况所不能比拟的。今天无论是企业界、还是政府中的各级领导者,甚至整个社会,都变得越来越关心未来。这是因为未来的不确定性,要比人类所能回忆的任何时期都来得大。斯大林曾说过:"没有预见就不叫领导,身为领导必须预见。坐在指挥台上,只看见地平线已经出现大量的普遍的东西,那是稀松平常的,也不能算领导。只有当还没有出现大量的明显的东西的时候,当桅杆顶刚刚露出的时候,就能看出这是要发展成为大量的普通的东西,并能掌握它,这才叫领导。"不确定的未来使领导者的决断越来越难,然而,不下决心本身就是最糟糕的未来,决策不能无限制地延迟,必须适时进行。每项决策一旦做出,就会影响到未来的某一时期。这一时期不同于限制，但如何不同呢？这一点在决策时理应较为明确，不过事实上却是极难做到的，所以预见力是非常重要的。良好的预见力既是未来工作的前提条件，又是现在工作的一个重要组成部分；良好的预见力有助于促使各级人员都能向前看，为面对未来做好准备；良好的预见力也有利于发现组织目前存在的问题，及时解决相关问题。所以从某种程度来说，是否具备良好的预见力决定了组织的成败。

对于组织管理者来说首要的责任就是为整个组织和组织成员确定总体目标和前进的方向。这一职责要求组织管理者们必须高瞻远瞩，能够预见未来。因为只有这样，才能避免被动的局面，争取主动的优势。可以说，组织管理者预见能力的高低，对组织工作的开展，起到举足轻重的作用。

（一）预见活动是否准确关系到组织决策的成败

预见活动的结果很大一部分是基于科学的预测，虽然科学的预测是证实某些感性的预见的一个重要手段，是预见的一个重要途径。同时，预测又常常是制定组织决策的重要步骤和手段。预测是在收集、分析、传递、利用信息的基础上，对客观事物的过程及其发展的趋势进行分析和推断。推断出来的结果作为预测的结果。又由于不同的个体对同一事物或同一事情具有不同的预测结果，这就使制订各种不同的可供选择的决策方案成为可能，这也为最终选择和确定最满意的决策打下基础。所以，科学而又准确的预见是形成组织决策的重要依据和条件。有的组织管理者之所以能经常做出正确的决策，往往可能是因为他们善于准确地预测，拥有过人的预见能力。相反，如果依据不恰当，甚至可能是错误的预测而制定出来的组织决策，必然会是不成功的，甚至可能是错的，如果这样得出的决策在组织中实施，必然会遭到失败。

（二）预见的精确度关系到组织目标实现程度

一般而言，组织发展的总目标和总计划，管理者要履行和发挥好这些领导职能，制定各种组织决策，都必须具有较强的预见力。因为，预见力的精确度关系到组织管理者是否对组织的未来有正确地认识和理解，能否准确地衡量和辨析方针政策的正确与否，是否颁布正确的方针政策，进而决定对其怎样地贯彻落实，只有拥有较高的预见力，才能主持制定组织的总目标或总计划，组织目标往往是超出眼前的现象，需要走一步看一步，使组织目标符合事物发展未来趋势，并使组织目标实现后，又能为组织更长远的发展创造条件。只有拥有了较强的预见力，才能在选人用人时，使选拔的人才合理得当，才能更好地做到知人善任，人尽其才。只有拥有了较强的预见力，才能在管理组织工作中对可能遇到的阻碍和问题，做到事先心中有数，才能更好地掌握工作主动权，提前做好应付各种可能情况的准备，才有可能把问题解决在其萌芽的状态或初期阶段。可以说，预见力越强，预测的越是精准，组织管理者职能就能发挥得越充分，就更有利于组织目标的实现。

（三）预见力的高低决定组织管理者工作的成功与否

组织管理活动，特别是越高层级的组织管理活动，其中很大的一部分是对组织未来进行探索。组织管理者需要认识和辨析可能出现的新事物、新情况或者新问题，并需要根据事物发展规律预见其未来的发展。如果组织管理者没有较高的预见力，其管理的工作是很难获得成功的。特别是在现在高速发展的中国，非常需要组织管理者拥有较高的预见力。

预见活动是以过去作为依据推算未来，以昨天为基础预测明天，所以这种预测并不是天马行空的幻想或者凭空的臆测。预见活动是对未来可能发生的事情，或者事情走向的预测，是管理工作的一个环节。预见活动要说明的问题是未来将会怎样，即在一定条件，如果不采取行动或者措施，未来将会是怎样。如若采取行动或者措施事情又将会发生什么样的变化。预见力的作用在于：①合理地发挥预见力的作用，可以使组织对未来的不确定降到最低，帮助管理者认识和控制未来的不肯定性。②合理地发挥预见力的作用，使组织计划的预期目标同可能变化的客观环境条件保持一致。③合理地发挥预见力的作用，可以事先了解组织计划实施后可能产生的后果。对于任何一个组织来说，无论是制定计划决策，都需要管理者发挥预见力对未来进行预测，并以这种预测作为计划和决策的依据。如果管理者预见力缺乏，不能对组织的未来进行必要而准确的预测，可能给组织带来严重的后果。

第二节　预见力的内容构成

一、预见力实施的步骤

要发挥预见力的作用，进行预见活动，无论是采用什么预测方法，或是进行什么类型的预测，其过程或步骤基本相同，可以分为以下几个主要步骤。

（一）确定预测内容

预见活动的第一步应该根据组织的需要、已有的情报和创造性的思维，按照计划需要提出预测的主题，确定相关的目标和对象，提出可能的假设，确定调查研究的方法，合理安排分配组织各部门的工作。此阶段应决定预测对象的性质和状态，发展趋势和发展规律。为此要研究经济和社会的需要，有关的经济和技术情报，还应将预测对象的发展总目标同经济、社会、人口、资源及其他预测的相应数据进行比较和协调。

（二）建立预测模型

根据事情的性质和目标要求，调查收集与预测对象有关的资料。同时，需要收集大量的预测需要的资料，包括相关的统计数据、调研报告、相关科学技术等等各方面的材料。有时，甚至还要收集国内外有关的预测研究成果。在对收集的材料进行过滤后，就要对需预测的事情进行因果关系分析，然后依据有关的各种理论，运用量化的统计技术，建立计量经济模型或回归模型。要把握好事情的趋势变化，区分可能出现的周期性和随机的波动情况，抓住主要的变化成分建立预测模型。

（三）研究分析，进行预测

研究分析阶段的主要任务是在估计事情发展的趋势的基础上，对预测对象的一系列主要参数的增长规律做出定性的分析。研究阶段的目标是拟定出一个尽可能符合未来需要的预测结论，并研究达到预测目标的各种可能途径和必要条件。具体的操作方法是将实际数据输入已建立的预测模型，进行运算并且求出结果。由于可能存在随机性和一定的误差，所以需要对结果的置信区间进行估计。

（四）总结评价预测结果

在得到预测结果后，需要将预测解雇与定性分析得到的一般性结论，进行对比分析，检验结果的合理性和可信程度。对于预测结果精确性的要求，应根据所要达到的目标合理地确定，最后得到的预测方案，即可提供给计划管理部门作为制定决策和规划的依据。需要说明的是，预见力的实施步骤是一种系统化的分析步骤，每一阶段的工作质量都可能会对最后的预测结果带来极大的影响。

二、预见力的分类

根据范围、对象的不同，可以把预见活动进行不同的分类。如果按时间长短，可以分为长期预测、中期预测和短期预测。如果是按内容，则可将预见活动分为对未来的预测、对经济的预测和对技术的预测。

（一）从时间长短的分类来看，可以将预见活动分为长期预测、中期预测和短期预测

长期预测属于长期的宏观的预测，一般在五年以上；而中期预测的时间一般是三个月到两年之间；短期预测的时间一般较短，是阶段性的预见活动，预测的时间一般是在三个月以内，常见的是一周或者是一个月。一般宏观的预见活动以长期预测为主，而微观的预见活动则是以短期预测和中期预测为主。无论是掌握资料的时间长短，还是预测时间的长短，都会对预测结果的造成影响，因此要合理选择不同期限的预见活动进行预测。

（二）从预测内容的不同，可以将预见活动分为对经济的预测和对技术的预测

对未来的预测是对于社会发展有关的未来问题进行研究预测。主要预测的对象是由于社会科学技术的发展而出现的各种社会问题，例如人口膨胀、环境污染、生态平衡失调、城市恶性发展、交通拥挤等。其目的是协助政府机构制定政策，选择最佳方案，提出改进措施。同时，社会未来预测还要及时预测各种社会现象和发展趋势，以便促进对社会有益的发展趋势，阻止对社会不利的发展。技术预测是预测研究中最为活跃的活动。它研究与技术发明、技术应用有关的一系列问题。预测即将出现的技术发明及其效果、技术发明与市场所需要的新产品的关系等。技术预测的发展在很大程度上受到实际

需要的制约和影响。人们在进行科学技术预测时，一般认为应考虑以下几方面的因素：世界上科学技术的进展情况和发展趋势；本国相同范围内科学技术的进展情况；跨学科综合性相关课题的进展情况；各工业部门的发展情况以及具体产品和工艺的发展情况。经济预测从大的方面来说，是为制定国民经济规划、经济计划和经济政策服务的。主要包括：预测科学技术发展的前景及其对经济的影响，预测自然资源的状况和劳动力资源的状况，预测最终产品的需求量以及各种非生产性的社会需要，预测再生产的社会条件，预测财政、信贷、价格、税收等因素的变动对社会生产和市场供求的影响。工业企业的经济预测主要是进行销售预测、原材料预测、设备预测以及人力预测。

三、预见力实施的方法

预测方法种类较多。从方法本身的性质看，可以有定量预测法和定性预测法。定性预测法又称直观预测法，它是由预测者根据已有的历史资料和现实资料，依靠个人经验和综合分析能力，对预测对象的未来发展趋势做出判断，以判断为依据做出预测。这类方法包括：典型分析法、意见集中法、专家预测法、类比法以及相关图法等，其中使用较多的是专家预测法。一般讲借助数学模型进行预测分析的各种方法称为定量预测法。下面介绍几种预测的方法。

（一）外推法

它是利用过去和现在的资料，推断的状态，设法找到它们之间的统计关系。这类方法需要大量的统计资料，只要有数据就可以算出结果，方法简单易行。其缺点是只考虑了时间关系，没有考虑因果关系，因此预测的精度不高，多用于中、短期预测。时间序列法便是外推法中常用的一种方法。时间序列法，是指观察或记录下来的一组按时间顺序排列起来的数字序列，从对收集到的依时间排列的数据，可以分析出四种现象：趋向性、周期性、季节性和随机性。即按时间将过去统计得到的数据排列起来，看它的发展趋势。时间序列最重要的特征是它的数据具有不规则性。因此，为了尽可能减少偶然因素的影响，一般采用移动算术平均法和指数移动平均法这两种计算方法。

（二）因果法

这种预测方法是建立在事物之间的因果关系上的，更富有哲理性。这类方法是研究变量之间因果关系的一种定量方法。变量之间的因果关系通常有两类，一类是确定性关系，也称函数关系；一类是不确定性关系，也称相关关系。因果法就是要找到变量之间的因果关系，据此预测未来。回归分析预测法就是其中的一种。

按照外推法进行统计处理，固然消除了许多偶然因素，使时间序列规律化，但是，这种规则化只凭数据说话，并不说明规则化了的参数之间有什么因果关系，即它们本质上不一定是相关函数。没有因果关系的只是形式上的一种预测，而找出因果关系的预测才是本质的预测。回归分析就是从事物变化的因果关系出发来进行一种预测方法，它不仅剔除了不相关的因素，并且对相关的紧密程度加以综合考虑，因此，其预测的可靠性较高。未来更准确地预测事物，必须深入研究事物的因果关系，回归分析法就是研究引起未来状态变化的各种客观环境隐私的作用，找到客观环境与未来状态变化的各种客观环境因素的作用，找到客观环境和未来状态之间的统计关系。这种方法所需要的资料比前种方法要多得多，广得多。其方法本身并不难理解，在客观事物中，我们总可以发现某些变量之间存在着一定的依赖关系，这些变量之间既存在一定的因果关系，但又不是数学等式，这种关系不可能用精确的公式表达，只能通过对大量统计数据的分析，才能找到某种相关性关系。回归分析法就是根据因果关系，用数学工具建立的一种分析方法。

（三）直观法

直观法主要靠人的经验和综合分析能力来预测。这类方法虽然自古有之，但如何做到尽量尊重客观实际，符合客观实际而不陷于主观武断，仍大有研究。下面介绍一下专家预测法。

所谓专家预测法，是根据预测的目的和要求，向有关专家提供一定的前景资料，请他们就某一预测对象未来的发展变化进行判断，提出对未来的预测意见。专家预测法的具体形式包括。

1. 专家会议法

专家会议法即邀请有关方面的专家，通过会议的形式，对某一预测对象的发展背景做出评价，并在专家作分析判断的基础上，综合专家们的意见，对该预测对象的发展趋势作出预测。

2. 专家调查法

专家调查法即德尔菲法。这种方法，首先根据预测对象选择真正的专家，向愿意接受调查的专家提供预测的有关北京资料及预测时间一览表，并提出对预测的要求。各位专家采用书面形式独立回答预测者提出的问题，并经过反复修改各自的意见，最后由预测组织者对预测结果进行统计分析。由此可见，德尔菲法可以避免专家会议法不便畅所欲言、不便公开修改自己意见等缺点，具有较强的科学性。

以上我们谈到了几种预测方法。但是预测方法不仅限于此，这里用图表加以概括，如表2-1所示。

表2-1 预测方法分类

分类	预测方法	应用对象
直观型预测法	头脑风暴法 德尔菲法 关联树法 先行指标法	未来预测 科学技术预测 新产品开发预测
时间序列预测法	单纯外推法 移动平均法 指数移动平均法 周期变动分析法	长、中、短期需求预测 科学技术预测 其他各种预测

续表 2-1

分类	预测方法	应用对象
计量模型预测法	回归分析法 单一方程式模型法 联立方程模型法	中、短期需求预测 v 模型模拟预测 其他各种预测

第三节　预见力的培养

一、组织管理者提升预见力的重要意义

预见力是根据现有的实际以及事物发展的趋势，推测未来的一种能力。革命领袖人物之所以能够成功地干出一番伟大的事业，同他们有预感事态发展的趋势，推知事物发展的进程，指明未来斗争方向，提出事先未来理想的任务和道路这个高明的预见能力是分不开的。毛泽东在大革命失败以后，当有些人疑问"红旗到底打得多久"，处于悲观失望的情势下，就英明预见到"中国革命高潮快要到来"，并形容为它是站在海岸遥望海中已经看得见桅杆尖头了的一只航船，它是立于高山之巅远看东方已见光芒四射喷薄欲出的一轮朝日，它是躁动于母腹中的快要成熟了的一个婴儿。得出了"星星之火，可以燎原"的著名结论，提出了农村包围城市的正确道路，极大地鼓舞了全国人民的信心，取得了革命斗争的胜利。机关公务员如果对情况知道得早一点，对事物看得远一点，对问题想得深一点，才可以提出正确的方法，采取相应的措施，打好主动仗。

预见的能力是管理者事业成功的重要武器，这个主要体现在以下几个方面：①预见的能力是领导干部事业成功的重要武器。一个领导干部具有较强的预见思维能力，就会大大减少失误，就会以付出最小的代价，获得最大收益，进而取得事业上的成功。②预见的能力是领导干部科学决策的重要法宝。一个领导干部要想制订出科学的正确的决策就必须具有预见的思维能力，就必须具有前瞻性。[①] 只有提升预见力，才能做到从全局出发，从不同角度进行分析预见。只有这样，才能对未来的事情预见估计分析，只有全面且准确地把握第一手材料，才能做出精确的判断，从而进行科学的决策。一个错误的预测，必然会造成决策失误，使组织产生巨大的损失，由此可以看出科学预见的重要意义。预见力是组织管理者抓住机遇规避风险的重要手段，管理者只有不断地提升预见的能力，才能在错综复杂的事情面前抓住机遇，做到乘势而上，并且做到能够从容地应对、规避风险，摆脱困境，从而取得最后胜利。如果身为组织管理者不提升自己的预见力，那么即使当机遇来到他的身边，他也很难发现，他也可能体察不到，更不可能及时地抓住机遇，去实现价值。管理者如果具有较强的预见力，能够科学准确对事情的发展进行预测，做到先知先觉，有先见之明，就能够做到把将要出现的事情或者问题引向其

---

① 宋秀英，祖志会：《关于领导干部提升预见能力的思考》，载《农民致富之友》，2012（22），170 页。

正确的轨迹,而不会迷失方向,更不会使决策失误。

自20世纪70年代起,美国的钢铁、汽车、纺织、造船、电视机等行业相继受到西欧和日本企业的冲击。他们开始夺走客户,但大多数美国公司并未予以充分重视,他们不相信这会动摇自己在美国市场上的稳固地位。而韦尔奇却敏锐地意识到,通用公司若想在经济全球化已初露端倪的环境中求得生存,就必须有全新的思维方式和战略眼光,必须下决心对企业进行改革。

通用公司创立于1878年,创始人就是大名鼎鼎的托马斯·爱迪生。在过去的一百年里,通用公司一直是美国最优秀的公司之一,没有人相信通用公司会出现问题。另外,改革像通用这样的大公司难度极大,改革意味着将会造成动荡,企业有可能面临灾难性的后果。但韦尔奇认为:改革首先取决于公司决策者能否洞察当今世界市场不以人的意志为转移的变化进程。

韦尔奇在1981年接任公司董事长时,公司的经营状况还相当好,公司拥有极佳的财务报表和充足的资金,但他察觉到这个表面现象的后面隐伏的种种危机:通用公司一直依赖传统产业,而这些产业的形势已经非常严峻;亚洲的日本和韩国、欧洲的联邦德国以其质优价廉的家用电器产品正在对通用公司构成极大的威胁;通用公司的火车头、发电机等产品的市场份额愈来愈小,投资回报率很低;到70年代末,公司的生产增长率已从60年代的4%~5%降至约2%,通用公司在整个70年代没有生产出任何新产品。韦尔奇坚信,公司若不面对现实进行自我改造,就将在未来失去自己的市场统治地位。

他一上任就提出要把通用公司的未来"放在全球性竞争的环境中来考虑",要为进入下一世纪做好准备。"2000年后通用公司还能否与外国公司竞争,是我们从现在起必须每天考虑的问题。""在这个愈来愈小的世界上,胜者和败者的界限日益分明,这里已没有还过得去的企业的位置。我们想成为这样一个企业,它能不断改造自己,摆脱过去,面向未来挑战。""经济中的变化随处可见,新技术、新产品层出不穷。人们永远无法预料,什么时候从硅谷的哪个实验室中又要蹦出一个竞争对手。市场变化不可捉摸,今天的企业家生涯危机四伏。""你无法改变过去,无论它是对的、错的、好的还是坏的。你可以从过去的经验中学习,但过去与未来没有直接联系。我是一个活在明天的人。""改革应成为我们的企业目标,而不是无可奈何地接受的一种意外。"

韦尔奇要求每一位事业部的经理们应经常重新审查自己的工作计划,正视每天早晨面临的新问题。通用飞机发动机事业部的负责人迈克纳尼说:"结果是,你必须去面对、去适应新的情况。根据外部环境在过去24小时里的变化,我们很可能会对昨天刚刚达成一致的一项工作或刚刚开始实施的一个方案得出截然不同的结论。在许多公司里,决策者们大都不愿改变自己已经做出的决定。像杰克这样的人真是罕见,他视改革为动力,尽管那可能会使公司在一段时间内发生某种程度的混乱。"通用下属的BNC电视网的董事长莱特说:"杰克总能敏锐地洞察到某个行动方案已不重要或作用在下降。他使公司永葆活力的能力是一流的。"

二、组织管理者预见力的主要表现

现代组织管理者的预见能力主要表现在几个方面：首先，现代组织管理者的预见能力主要是具有预见性的思维。也就是说作为组织的管理者要想准确的预见、预测工作的未来，首先需要有预见性的思维，也就是要动脑筋去想。只有做到多动脑筋地去想，思想解放，才能够形成科学的预测。也就是说，只有利用已有的知识和经验、通过科学的分析，并且进行逻辑推理，准确地把握客观事物之间发展的规律，从而产生超前性的意识，这种能够先于客观事物变化的意识，也就是我们所说的预见性的思维。这是预见力最重要的一种表现形式。其次，现代组织管理者的预见能力主要是制订预见性的规划，也可以称为预见性的计划、方案等。管理者对某项工作制订的方案具有预见性，那么，这个方案在执行实施过程中就会非常顺利，并且会稳步推进。因为管理者在制订规划之前，就已经把握了事情的发展的脉搏，就已经站在全局的角度，对事情未来发展可能的后果，已经事先预测到了。所以组织在执行实施过程中就能够稳操胜券，必定成功。再者，现代组织管理者的预见能力主要是确立预见性的目标。管理者在开展工作之前，应该明确组织目标，这个目标是通过科学操作，更重要的是通过预见、预测能够完全实现的。如果预见目标是不合实际的，经过努力也不可能实现的，那就只是一个空想的目标。如果预见的目标太低，就会达不到组织理想的效果，就会影响组织全局发展。所以制定科学合理的目标是管理者预见力的一种表现形式。最后，新时期现代组织管理者的预见能力主要是学会运用预见性的方式方法，也就是说管理者在处理问题的方式方法上要具有预见性。所谓预见性的方式方法就是要做到扬长避短，趋利避害。管理者要拥有头脑敏锐，见微知著，独具慧眼的洞察力。这些就是预见性思维的方式方法，也就是正确分析、判断信息的质量和利用价值的一种方法。

一个半世纪以来，马丁吉他公司被公认是世界上最好的乐器制造商之一，制造的每一把吉他价格超过一万美元，这是你能买到的最好的东西之一。马丁吉他公司作为一个家族企业，已经延续了六代，目前的 CEO 是克里斯。克里斯不仅秉承了马丁吉他的精良制作工艺，还遍访公司在全世界的经销商，并为他们举办培训讲座。很少有哪家公司像马丁吉他公司一样有如此持久的声誉。

自从公司创办以来，马丁吉他公司做任何事情都非常重视质量。即使这些年在产品设计、制造方法、分销系统方面发生了很大变化，公司仍然始终坚持对质量的承诺。公司在坚守优质音乐标准和满足顾客需求方面的坚定性渗透到公司的每一个角落。因为制作吉他需要天然木材，公司非常审慎和负责地使用这些传统的天然材料，并鼓励引入可再生的替代的木材品种。基于彻底的顾客研究，马丁公司向市场推出了采用表面有缺陷的天然木材制作的高档吉他，这在其他厂家看来，几乎是不可接受的。

马丁公司使新老传统有机地融合在一起。虽然设备和工具逐年更新，但员工始终坚守着高标准的优质音乐原则。马丁家族的一位成员曾经解释道："怎样制作具有如此绝妙声音的吉他并不是一个秘密。它需要细心和耐心。细心是指要仔细选择材料，巧妙安排各种部件，关注使每一个演奏者感到惬意的细节。所谓耐心是指做任何一件事不要怕花时间。优质的吉他是不能用劣质产品的价格制造出来的，但是谁会为买了一把价格不菲的优质吉他而后悔呢？"虽然100年过去了，这些话仍然是公司理念的精确描述。

虽然公司深深植根于过去的优良传统，克里斯却毫不迟疑地推动公司朝向新的方向。例如，在20世纪90年代末，他作出了一个大胆的决策，开始在低端市场上销售每件价格低于800美元的吉他。低端市场在整个吉他产业的销售额中占65%。公司DXM型吉他是1998年引入市场的，顾客认为它比其他同类价格的绝大多数吉他音色要好。克里斯解释道："如果马丁公司只是崇拜它的过去而不尝试任何新事物的话，那恐怕就不会有值得崇拜的马丁公司了。"虽然马丁吉他不断将其触角伸向新的方向，但却从未放松过对尽其所能制作顶尖产品的承诺。在克里斯的管理下，这种承诺决不会动摇。

三、预见力的培养途径

预见力是管理者必备的一种能力素质，并不是与生俱来的，而是在学习和工作中逐渐形成的。预见力是具有一定的可塑性的，同时也是可以锻炼培养的。美国著名教育家杰罗姆·布鲁纳说过："预见的训练是正式的学术学科。"也就是说，预见力是可以培养的。

（一）加强学习，提升自身素质

列宁曾经说过："我们一定要给自己提出这样的任务：第一，学习，第二是学习，第三还是学习。"知识就是力量，不管是见微知著还是高瞻远瞩，都是以知识作为基础。学习对于管理者来说相当重要，只有认真刻苦的学习，用渊博的知识武装自己，才能更好地了解这个世界，了解事物发展的规律。有了正确的认知判断能力，就不难提高自身的预见力，才能在事物萌芽的时候就预测到未来可能发展的方向，而提升自身素质的最佳方式就是多读书、多积累。加强学习，提高知识水平和理论素质，是培养和提高管理者预见力的基本工程。管理者不光要学好专业的理论知识，同时应注重还要了解国家相关的法律法规，学习基础的社会科学和自然科学理论知识，努力提高自身的知识素养，为不断地提升自己的预见力打好基础。现在各种管理岗位训练班也不断出现，为管理者提高理论知识水平和管理科学水平提供了有利的条件。组织各级的管理者都应该好好利用有利的条件，加强学习，提升自身素质，为提高自身预见力奠定好知识理论的基础。

（二）敢于预测，善于捕捉信息

预见活动本身就是对未来趋势的一种预测，在无论是信息还是时间精力都有限的情况下，管理者不可能完美地预测到最接近现实的情况，因此应该多方面多角度地进行几种可能的预测结果，再从中判断出最符合客观规律和事情发展的情况。要不断地进行推测，推翻可能错误的推介，并且把预测的结果和现实真正发生的情况进行对比，这样预测出来的结果才会无限地接近现实。其次，管理者也要养成捕捉信息的习惯。现在是信息化的世界，大数据的时代，互联网每时每刻都会给人们带来海量的信息。作为组织的管理者，在时间精力有限的情况下，除了不断地提升自身的预见力，学习知识和努力掌握客观实践的规律以外，还需要有辅助性的手段。组织管理者要善于利用现代化的预测技术，学会收集有关的信息。除此之外，组织管理者还应该培养危机意识。"生于忧患，死于安乐"是亘古不变的道理。作为组织管理者，要有敏锐的触觉和防范意识，同时要会利用现代的预测技术，善于发现问题，捕捉出现的有用信息，才能更好地提高自己的预见能力。

（三）联系实际，在实践中提升预见力

组织管理者的预见力是在实践的推动下提升的，实践是锻炼提升管理者预见力的重要条件。一个管理者的理论知识水平和管理水平是提高预见的重要条件，管理者要善于将理论学习与时间紧密结合。但是，如果不联系实际，这些条件不管再优越，也是无济于事的。邓小平曾说过："实践是检验真理的唯一标准"。管理者只有将他做出的预见性决策付诸实践后，看得出怎样的结果，如果预见性决策在实践中获得了成功，管理者的预见力便会得到肯定；反之，如若在实践中根本行不通，得到的结果是失败的，那么管理者的预见力也会遭质疑。所以，实践是检验管理者预见力的试金石。组织管理者预见力的培养，更应该在实践中锻炼提高。实践才能出真知，管理者只有在实践中去探索，去获得真知灼见，才能更好地提高预见力。所以，实践是提高管理者预见力的一种重要途径。在实践中经历的事情多了，解决的实际的问题多了，经验自然不断增长，从而视野也会开阔，思维也会更加敏捷，预见能力也自然提升了。预见活动是应实践的需求产生的，同时也将在实践中得到不断的检验和修正。管理者只要主要注意联系实际、长期实践、认真总结预见力一定会不断提升。

（四）学会调查，掌握全面的信息

世间万物都是有迹象可寻，有端倪可察。高水平的预见力都是基于高水平的调查，只有认真的进行调查实际问题，真正深入实际，了解事实，全面的把握客观情况，管理者才能在进行预见活动时拥有真正真实而又全面可靠的信息，才能进行准确的判断和决策，才能彰显高水平的预见力。管理者想要准确的预测未来，很重要的途径就是利用掌握的信息进行推测分析。作为管理者，要通过调查研究等多重渠道，尽可能的全面掌握有用的信息，从而在此基础上进行科学而周密的分析，得出未来的事情的趋向或发展走势，从而得出科学而准确的预测，以此提高管理者预测的能力。

（五）转换思维，崇尚创新理念

管理者的思维如果被禁锢，视野自然也就不够开阔，就不会看得清、看得准、看得远。管理者想要提升预见力，就需要努力克服固有的思维定式，培养具有前瞻性的思维方式。管理者需要拥有宽广的眼界，应该全面的观察世界，善于以历史的、系统的、发展的思维方式来思考问题。管理者要把握住不断变化发展中事物的内在规律。在管理活动中无论是思考问题还是处理事情，思维都不能只是立足于现在，要放眼未来，进行长远的思考，管理者始终要保持敏锐的洞察力，自然能预见到事物发展的必然趋势。管理者要提升预见力，不只是简单的转换思维，创新的思维和理念也很重要，在经济和科技都迅猛发展的今天，创新是个人、部门、组织、地区甚至国家的发展的根本动力，所以

创新的思维是所有合格的管理者都必须具备的素质和能力，创新的思维能更好地促使管理者预见力的发挥。

第四节 预见力专题：目标管理

一、目标管理理论概述

美籍奥地利管理学家彼得·E 德鲁克的目标管理理论是现代管理学理论体系中最为璀璨的一颗明珠。在人类进入知识经济时代的今天，重新认识和评价这一理论具有重要的现实意义。德鲁克认为：先有目标才能确定工作，所以"企业的使命和任务，必须转化为目标"。如果一个领域没有目标，这个领域的工作必然被忽视。因此管理者应该通过目标对下级进行管理，当组织最高层管理者确定了组织目标后，必须对其进行有效分解，转变成各个部门以及各个人的分目标，管理者根据分目标的完成情况对下级进行考核、评价和奖惩。

从某种意义上说，目标管理是德鲁克提出的最重要、最有影响的概念，并已成为现代管理学理论体系的重要组成部分。"经理人应以其客观职责为基础"，这是德鲁克从福特汽车公司濒临倒闭的案例中得出的结论。"经理人必须实施目标管理"，这是德鲁克给经理人的忠告。德鲁克认为，管理的原则是能让个人充分发挥特长，凝聚共同的愿景和一致的努力方向，建立团队合作，调和个人目标和共同福祉的原则。

德鲁克认为："目标管理和自我控制是唯一能够做到的管理原则。"目标管理一方面强调管理的目标导向，德鲁克认为，"每个职务都要向着整个企业的目标，才能有所成就。特别是每个管理人员必须以整个企业的成功为工作中心。管理人员预期取得的成就必须与企业成就的目标相一致。他们的成果由他们对企业成就所做的贡献来衡量"。另一方面，德鲁克强调目标管理的内部控制，即管理中的员工自我控制。德鲁克指出："目标管理能让追求共同福祉成为每位管理者的目标，以更加严格、精确和有效的内部控制取代外部控制。"相对于其他的管理理论，目标管理有以下几个鲜明的特点：

（一）目标管理的一个鲜明特点，就是运用了行为科学理论

美国著名心理学家、行为科学家道格拉斯·M·麦克雷戈认为，目标管理试图将管理的重点从寻找弱点转移到绩效分析上来，以区分人的能力和潜力。他相信，要实现这种转移，首先要使下属在重要任务目标上与上司的认识一致；然后，为了实现这些目标，个体必须确定短期绩效目标和行动方案，从而可以自我衡量绩效。下属可以和监督人员共同讨论他们的自我评估结果，并确定新的目标和方案。这种方法的重点在于达成共识和取得绩效，监督人员的角色从评判者变成了协助者，从而减少角色冲突和混沌。此外，目标管理减少了角色的混淆，它使得更多地参与互动目标的设定和互动成为可能，加强不同责任者之间的沟通，保证个体和组织目标的明确和实现。

目标管理具体运用的行为科学理论主要有两个方面：自我控制和参与式管理。德鲁克认为："目标管理的主要贡献在于，我们能够以自我控制的管理方式来取代强制性管

理。"目标管理可以把客观的需要转化为个人的目标,通过自我控制取得成就。这是真正的自由。目标管理的最大好处在于它使管理人员能够控制他们自己的成绩。这种自我控制可成为更强烈的动力,推动他们尽自己最大的努力把工作做好。在目标管理体系中,每个人都可以通过比较实际结果和目标来评估自己的绩效,以便进一步改进自己的工作。这就是自我控制的原则。绩效还可以由上级和下属来进行定期评估,这有利于采取必要的行动。上下级间的沟通因此会得到改善,双方的困难和期待也会变得更加清晰。

(二)目标管理的中心思想是引导管理者从重视流程、管理制度等细节问题转为重视组织的目标

目标管理达到目的的手段是过程激励。德鲁克注重管理行为的结果,而不是对行为的监控,这是一个重大贡献,因为它把管理的整个重点从工作努力(即输入)转移到生产率(即输出)上来。首先,每一个经理人都必须明确其目标。这些目标应该始终以企业的总目标为依据。制订自己的目标,是每一个经理人的责任,并且是他们的首要责任。其次,目标管理的主要贡献之一,就是它使得我们能用自我控制的管理来代替由别人统治的管理。最后,目标管理把客观的需要转化成为个人的目标,通过自我控制来取得成就。德鲁克认为:"只有这样的目标考核,才能激发管理人员的积极性,不是因为有人叫他们做某些事,或是说服他们做某些事,而是因为他们的任务目标要求他们做某些事(岗位职责)。他们付诸行动,不是因为有人要他们这样做,而是因为他们自己认为必须这样做。他们像一个自由人那样行事。"

(三)目标管理强调高层、中层、基层管理者职责的不同

目标管理的核心是,每一个经理人的工作目标应该由他们对自己所属的上级单位的成功应做的贡献来规定。上级管理当局当然必须保留是否批准下级制订目标的权力。但是,制订自己的目标却是每一个经理人的责任,而且是他们的首要责任。目标管理还意味着每一位经理人应该认真参与他们所属的上一级单位的目标制订工作,做一个经理人就意味着承担责任。德鲁克指出:"每位管理者必须自行发展和设定本单位的目标。当然高层管理者仍然需要保留最终的目标批准权,但提出这些目标则是管理者的职责所在。""企业的宗旨和任务必须转化为目标,管理者必须通过这些目标来领导下层并以此来保证企业总目标的实现。在高层管理者控制目标的前提下,操作层面的管理者可以"发展目标",但不能逾越高层对管理的终极控制。

(四)目标管理既来源于组织管理理论,又推动了组织管理理论的发展

美国莱文森领导力咨询公司创始人、心理学家哈里·H. 莱文森认为,目标管理起源于两个不同的理论背景——组织理论和组织发展理论:目标管理的组织理论根源来自于彼得·E 德鲁克和乔治·S 奥迪奥恩;目标管理的组织发展理论根源来自于道格拉斯·M. 麦克雷戈。他还强调了目标管理的定性特征以及在发展和提高人的能动性方面的作用。

二、目标管理的步骤

(一) 确定目标

目标管理认为,一切活动的开始首先要确定目标,活动的进行以目标为指针,活动的结果以目标完成的程度来评价。对于一个组织来说,成功的经验表明,正确地制定组织目标要考虑四个问题,或者说满足四个要求:

1. 方向明确

根据组织目标的目的和使命,要明确产品方向和市场方向。

2. 总分结合

要有总目标和分目标,形成上下结合、左右协调的目标系统。

3. 具体定量

凡目标能量化的要全部量化,保证目标的科学性。

4. 分台阶上

正确划定目标的时间跨度,充分注意在长期目标导向下短期目标的阶段性和连续性,有效地把握长期目标和短期目标的相互关系;做到战略上的预见性和战术上的现实性相结合。

组织的目标是多重的、多方面的,从目标的具体内容及其相互关系分析,可以把组织的目标分为总目标、中间目标和具体目标三类。总目标是组织一切活动的立足点和出发点,决定着组织长期的发展方向、规模和速度。例如某企业的总目标包括海外经营发展水平、国内市场占有率、销售额和利润增长幅度等三大战略重点。总目标又划分为若干个中间目标。中间目标是实现总目标的措施和手段,是为实现总目标服务的。如该企业为实现上述总目标,分别制定了质量升级目标、品种发展目标、市场经营目标、成本降低目标等。中间目标又进一步划分为若干具体目标。具体目标是实现中间目标的手段,是为实现中间目标服务的。如该企业为实现中间目标,在各方面分别制定更为具体的目标。为实现质量升级目标,具体规定了产品质量目标、工作质量目标、服务质量目标等;为实现成本降低目标,具体规定了分产品成本降低率和降低额,原材料、燃料等物耗节约指标,劳动生产率提高指标,产量增长指标,节约开支压缩费用指标,废品率降低指标等。具体来说,目标的设置可细分为5个步骤。

(1) 最高管理部门提出组织的预定目标。

最理想的目标体系是从组织的最高管理部门开始的,这使得目标的实现容易得到最高管理部门的支持。但是,由最高管理部门确定的目标只能是初步的和暂定的。所以,目标管理也可由下级和职工提出,上级批准。但是,不管是哪种形式,首先必须共同商量决定;其次,领导必须根据企业的长远规划、面临的客观环境、对应该和能够完成的任务目标有一个清醒的估计,对应当确立的目标数量和目标标准心中有数。简单地将下级的目标汇总,不是目标管理,而是放弃管理;将预定的目标是为不可改变并强迫下级接受的标准,也不是目标管理应有的做法,这样做会使职工没有参与感。

(2) 进行有关组织人事决策。

即根据主要目标和次要目标的要求,对组织与人事进行分析,建立或调整组织机构和人员配置,以便使每个目标都有人明确负责。尽可能做到某个目标只属于一个主管。

(3) 确定下属目标。

即根据组织的总目标要求,组织下属部门和人一个部门。对需要跨部门配合的目标也应明确谁主谁从。组织人员进行学习和讨论,并依此设定下级的目标,进而把组织的总目标分解成具体的工作目标,层层落实到科室、车间、班组和每个职工身上。此外,在商定具体目标时还要注意:目标必须有重点、有顺序,不能太多,5-6项既可,多则容易顾此失彼;目标必须具体化、定量化,以便于测量;目标要有"挑战性",既要有现实的可能性,又要留有余地。因为如果目标太低,不能鼓舞士气,失去目标管理的意义;如果目标太高,通过努力还完不成,也失去激励作用。

(4) 目标的平衡和调整。

上级和下级要就实现各项目标所需要的条件以及实现目标后的奖惩事宜达成协议,并授予下级相应的支配人、财、物和对外交涉等权力。

(5) 目标体系的整理和确立。

上级和下级商妥后,由下级写成书面协议,编制目标记录卡片,当整个组织汇总所有资料后,就可绘制出目标图。

(二) 实施目标

目标实施阶段的工作内容主要包括:

1. 对下级按照目标体系的要求进行授权,以保证每个部门和员工能独立地实现各自的目标
2. 加强与下属的交流,进行必要的指导,最大限度地发挥下属的积极性和创造性
3. 严格按照目标及保证措施的要求从事工作,定期或不定期地进行检查等

这种检查应是外松内紧的,利用双方经常接触的机会和正常的信息反馈渠道自然地进行。检查最好是自下而上地进行,由下级主动提出问题和报告,领导对下级工作中问题不要随意训斥、指责,更不能推卸责任。

(三) 总结评估

在到达预定的期限之后,由下级提出书面报告,上下级在一起对目标完成情况进行考核,决定奖惩、工资和职务的提升和降免,并同时讨论下一轮的目标,开始新循环。如果目标没有完成,应分析原因,总结教训,但最忌相互指责。上级应主动承担应承担的责任,并启发下级作自我批评,以维持相互信任的气氛,为下一循环打好基础。

三、目标管理实施原则

目标管理是现代企业管理模式中比较流行、比较实用的管理方式之一。它的最大特征就是方向明确,非常有利于把整个团队的思想、行动统一到同一个目标、同一个理想上来,是企业提高工作效率、实现快速发展的有效手段之一。搞好目标管理并非一般人想象的那么简单,必须遵循以下四个原则:

（一）目标制定必须科学合理

目标管理能不能产生理想的效果、取得预期的成效，首先就取决于目标的制定，科学合理的目标是目标管理的前提和基础，脱离了实际的工作目标，轻则影响工作进程和成效，重则使目标管理失去实际意义，影响企业发展大局。

（二）督促检查必须贯串始终

目标管理关键在管理。在目标管理的过程中，丝毫的懈怠和放任自流都可能贻害巨大。作为管理者，必须随时跟踪每一个目标的进展，发现问题及时协商、及时处理、及时采取正确的补救措施，确保目标运行方向正确、进展顺利。

（三）成本控制必须严肃认真

目标管理以目标的达成为最终目的，考核评估也是重结果轻过程。这很容易让目标责任人重视目标的实现，轻视成本的核算，特别是当目标运行遇到困难可能影响目标的适时实现时，责任人往往会采取一些应急的手段或方法，这必然导致实现目标的成本不断上升。作为管理者，在督促检查的过程当中，必须对运行成本作严格控制，既要保证目标的顺利实现，又要把成本控制在合理的范围内。因为，任何目标的实现都不是不计成本的。

（四）考核评估必须执行到位

任何一个目标的达成、项目的完成，都必须有一个严格的考核评估。考核、评估、验收工作必须选择执行力很强的人员进行，必须严格按照目标管理方案或项目管理目标，逐项进行考核并作出结论，对目标完成度高、成效显著、成绩突出的团队或个人按章奖励，对失误多、成本高、影响整体工作的团队或个人按章处罚，真正达到表彰先进、鞭策落后的目的。

四、目标管理的优缺点

目标管理在全世界产生很大影响，但实施中也出现许多问题。因此必须客观分析其优劣势，才能扬长避短，收到实效。

（一）目标管理的优点

1. 目标管理对组织内易于度量和分解的目标会带来良好的绩效

对于那些在技术上具有可分性的工作，由于责任、任务明确目标管理常常会起到立竿见影的效果，而对于技术不可分的团队工作则难以实施目标管理。

2. 目标管理有助于改进组织结构的职责分工

由于组织目标的成果和责任力图划归一个职位或部门，容易发现授权不足与职责不清等缺陷。

3. 目标管理启发了自觉，调动了职工的主动性、积极性、创造性

由于强调自我控制，自我调节，将个人利益和组织利益紧密联系起来，因而提高了士气。

4. 目标管理促进了意见交流和相互了解，改善了人际关系

（二）目标管理的缺点

在实际操作中，目标管理也存在许多明显的缺点，主要表现在：

1. 目标难以制订

组织内的许多目标难以定量化、具体化；许多团队工作在技术上不可解；组织环境的可变因素越来越多，变化越来越快，组织的内部活动日益复杂，使组织活动的不确定性越来越大。这些都使得组织的许多活动制订数量化目标是很困难的。

2. 目标管理的哲学假设不一定都存在

Y理论对于人类的动机作了过分乐观的假设，实际中的人是有"机会主义本性"的，尤其在监督不力的情况下。因此许多情况下，目标管理所要求的承诺、自觉、自治气氛难以形成。

3. 目标商定可能增加管理成本

目标商定要上下沟通、统一思想是很费时间的；每个单位、个人都关注自身目标的完成，很可能忽略了相互协作和组织目标的实现，滋长本位主义、临时观点和急功近利倾向。

4. 有时奖惩不一定都能和目标成果相配合，也很难保证公正性，从而削弱了目标管理的效果

鉴于上述分析，在实际中推行目标管理时，除了掌握具体的方法以外，还要特别注意把握工作的性质，分析其分解和量化的可能；提高员工的职业道德水平，培养合作精神，建立健全各项规章制度，注意改进领导作风和工作方法，使目标管理的推行建立在一定的思想基础和科学管理基础上；要逐步推行，长期坚持，不断完善，从而使目标管理发挥预期的作用。

第五节 预见力案例研讨

案例一

欧元与温州皮包厂

这里介绍一个在生意场上素以能吃苦、精明著称的温州商人的传奇经历。那是一个偶然的机会，他们得知欧元将在欧洲大面积发行流通，而欧元纸币的面积又比一般纸币长1.4厘米，这就意味着欧洲人原来装钱的钱包放不下新欧元。这条很不起眼的信息瞬间触动了他们十分敏感的商业意识，迅速组织一流的设计人员昼夜兼程，开发出质地上乘做工精湛的专用钱包，马上发往欧洲市场促销。由于恰逢其时，营销得力，使其很快成为市场的热销产品，赚钱自在情理之中。

毋庸置疑，在市场经济机制的条件下，如今从事商务做买卖的人委实不少，其中有的人经营有方，获利颇丰。但更多的人却常常是接连碰壁，屡屡败北，只好无奈地发出慨叹，认为商品市场冷酷无情，买卖难做，赚钱的生意无处寻觅。不错，眼下的流通领域不再像计划经济时期那样物资拮据，商品几乎应有尽有，消费供应丰富，基本上是买方左右市场的一统天下。企业倘若仍一味地抱着老黄历不放，墨守成规、坐等机遇、照搬模仿、行动迟缓，必然导致败走麦城，只能事后空发牢骚了。

不妨换个角度看，在同等的外部环境下，为什么有的人却能如鱼得水，扬帆远航，稳操胜券呢？从浙江商人的成功事例中就不难得出结论。按一般常理分析，普通人即便看到类似欧元这样的潜在市场信息，可能大部分人会无动于衷，一笑而过。偏偏人家慧眼识珠，沙里澄金，紧紧抓住了稍纵即逝的商机，很快产生了恰到好处的创意，接着打了一个生意场上的漂亮仗。倘若由此进行延伸思索，不难发现另一个有说服力的事例。在汽车悄然进入千家万户之后，针对众多私家车必然影响车险市场走向这一趋势，有的保险公司经过深入调研，及时推出了专为私家车设计的家庭用汽车保险条款和个性化服务配套体系，在承保范围、风险责任、保险费率和优惠待遇上更具人性化和亲情化，此举如同给沉寂的汽车市场注入一股生机勃勃的活力，无疑起到了助力作用，既满足了普通百姓购车后的投保需求，也为车险发展增添了持久后劲。这充分说明，要在波涛汹涌的商海里搏击风浪，必须练就一双拨云破雾入木三分的"火眼金睛"，善于在繁复平常的事物中发现市场亮点，先人一步，占得商机，并拥有高人一等的研制开发新产品或引进经销新商品的能力，才能捷足先登，赢得市场。否则，像"傻子过年看邻居"一样，眼睛不盯着市场，一天到晚看着别人怎么发财，待人家生意红火财源滚滚时也亦步亦趋地仿效，肯定重蹈覆辙。

经商恰似竞技，投资如同搏击，尽管形势各异，但蕴含的道理却大同小异。试想，有的人从起跑就落后对手半拍，中途又缺乏应对措施，又怎能在比赛较量中取得好名次呢。只要市场的发展不会完结，潜在的商机创意就永远没有穷尽，关键是要学会做一个有心人。

思考与研讨

1. 预见力的含义和原则？
2. 结合案例谈谈管理人员提高预见力的重要性？

案例二

两种不同的变革方式

王安电脑公司以年销售额超过 30 亿美元名列 1989 年《幸福》500 家大公司的第 146 名。这一文字处理计算机的先驱者在全世界范围雇有 7 万名员工。可就在 3 年之后，王安电脑公司申请了《破产法》第 11 章保护。这时，王安电脑公司的销售额已下降到 19 亿美元，员工人数为 8000 人左右。公司遭受巨大的损失，其亏损额在 1990 年达到 7.16 亿美元；1991 年为 3.86 亿美元；1992 年为 3.57 亿美元。公司的股票市场价值一度达到 56 亿美元，现在跌落到 0.7 亿美元。

再来看看惠普公司。这家计算机与电器企业在 1989 年出现了销售额锐减，并多年来第一次经历了盈利下降局面。但是，惠普公司没有像王安公司那样步入大规模衰退时期，而是迅速走向引人注目的复苏。在员工减少（并没有实行强制性的解雇裁员）的情况下，公司实现了销售额的大幅回升。1992 年第一、二季度的盈利分别增长了 49% 和 40%。公司的市场价值剧增到 190 亿美元以上。惠普公司到底采取了什么措施，使其取得与王安公司截然相反的结果呢？

20 世纪 80 年代后期以来，计算机行业成了面临环境急剧变化的典型例子。这对于像国际商用机器公司、数据设备公司和优利系统公司这样的大企业都造成了不利的影响。顾客需要已经从大型计算机转为小型机乃至更小多用途的个人计算机。许多硬件成了日用品一样的商品，无论是低价的供货者，还是提供优质服务或持续创新的厂家，都可以加入争夺市场份额的行列。在这一时刻，王安电脑公司管理当局的行动仍像它是在一个稳定的环境中运营似的。公司的创建者王安博士本人也没有意识到变革的需要。他自以为是地认为办公室职员们从打字机时代中解放出来，就已经完成了办公室的革命。他和他的整个管理队伍都没有看到，飞速发展的个人计算机已远远超过了王安的单功能文字处理机和价格昂贵的微型机。惠普公司则走了另一条路子。其管理当局看到了环境的变化并全力推进公司的变革。它们给员工们授予了充分的权力，简化了决策制定过程，并大幅度削减了成本。虽然惠普公司仍然是一家大公司，但它的管理当局已经决定，决不能使惠普公司成为行动缓慢者。高层管理者们视察了全国的生产基地，收集了生产和销售第一线员工的意见和建议。它们所到之处听到的是对于公司管理行政机构的普遍抱怨，以及新项目得到批准的重重困难。于是，管理当局对组织进行了重组。它们撤销了两个高层管理委员会，取而代之的是一种跨职能领域和组织界限的团队结构。工作团队被给予前所未有的从新产品开发到分销全过程的充分自主权。高层管理者当局投入了大量的时间向员工宣传，他们需要有一种高度的紧迫意识，勇于采取冒风险的行动。同时，需要认识到在竞争者不断削价的新形势下，仅靠提供优质的产品是不够的。管理当局鼓励员工们寻找全新的办法，使公司从研究开发到行政管理和销售各领域都能达到低成本。这些措施的结果，使惠普公司在其大部分产品的毛利都下降的情况下，得以取得了较高的盈利。

思考与研讨

1. 根据案例探讨其中所蕴含的管理学原理？
2. 结合案例谈谈为何两家公司会出现不同的结果？

案例三

施温公司的衰败

伊格纳茨·施温于 1895 年在芝加哥创办了施温自行车公司，后来成长为世界最大的自行车制造商。在 20 世纪 60 年代，施温公司战友美国自行车市场 25% 的份额。然而，过去是过去，现在是现在。

爱德华·小施温是创始人伊格纳茨的长孙，1979年他接过公司的控制权，那时，问题已经出现，而糟糕的计划和决策又使已有的问题雪上加霜。在20世纪70年代，施温公司不断投资于它强大的分销网络和品牌，以便主宰十挡变速车市场。但进入20世纪80年代，市场转移了，山地车取代十挡变速车成为销售量最大的车型，并且轻型、高技术的、外国生产的自行车在成年的自行车爱好者中日益普及。施温公司错过了这两次市场转移的机会，它对市场的变化反应太慢，管理当局专注于削减成本而不是创新。结果，施温公司的市场份额开始更多地被富有远见的自行车制造商夺走。或许，施温公司最大的错误就是没有把握住自行车是一种全球商品，公司迟迟未能开发海外市场和利用海外的生产线。一直拖到20世纪70年代末，施温公司才开始加入国外竞争，大量的自行车转移到日本进行生产，但那时，不断扩张的台湾地区的自行车工业已经在价格上击败了日本生产厂家。作为对付这种竞争的一种策略，施温公司开始少量进口中国台湾制造的巨人牌自行车，然后贴上施温的标志在美国市场上销售。

1981年，当施温公司设在芝加哥的工厂还有工人罢工的时候，公司采取了一项看似愚蠢至极的行动。管理当局不是与工人谈判解决问题，而是关闭了工厂，将工程师和设备迁往台湾巨人公司的自行车制造工厂。作为巨人公司合作关系的一部分，施温公司将所有的一切，包括技术工程、生产能力都交给了巨人公司，这正是巨人公司要成为占统治地位的自行车制造商所求之不得的。作为交换条件，施温公司获准进口和在美国市场上经销以施温商标经销巨人公司生产的自行车。正如一家美国竞争者所说的，施温是将特许权盛在银盘奉送给了巨人公司。到1984年，巨人公司每年交付给施温公司70万辆自行车，以施温公司的商标销售，占施温公司年销售额的70%。几年后，巨人公司利用从施温公司那里获得的认知，在美国建立了自己的商标。

到1992年，巨人公司和中国大陆的自行车公司，已经在世界上占据了统治地位。巨人公司销售的每十辆自行车中，有七辆是以自身的商标出售的。而施温公司在1992年在市场份额跌落到5%时，开始申请破产。

思考与研讨

1. 假如你是施温公司的管理者，你会怎么做？
2. 结合案例谈谈你得到的启示？

案例四

SAS公司的目标与策略

斯堪的纳维亚航空公司体系（SAS）是瑞典、挪威和丹麦航空公司的联合组织。20世纪70年代激烈的竞争导致SAS市场份额丧失，服务质量下降和盈利率减少。外部环境的特点是油料价格高、成本上涨、对航空服务的需求减少以及价格大战。为帮助SAS从萧条中恢复过来，公司的首席执行官詹·卡尔·左在1981年采取了大规模的权力分散措施，开放式的交流和直接同客户接触的人员具有更大的决定权，取代了原来自上而下的决策方式。此外高层制定了服务质量标准。在其他航空公司停滞不前的状况下，卡尔·左却使 SAS 公司的航班能够满员。《世界航空》杂志将 SAS 评选为"本年度最佳航空公司"。

那么，促使斯堪的纳维亚航空公司体系转变的原因是什么？主要是由于他们对限制一线工作人员的种种规定重新进行了评审和修改。为更好地解决客户的需求问题，一线人员要接受两至三天的培训。卡尔·左看重的是客户关系和服务质量。从前自上而下的交流。方法阻碍了创造力、创新意识以及一线人员的积极性。新的公司宗旨强调各个部门、各个层次的人员必须支持直接服务于客户的人员的工作。为作出明智的决策，公司上上下下的员工都要保持消息灵通。卡尔·左花费大量的时间，以所有员工——不管他们是管理人员还是非管理人员——所能理解的方式，来阐明 SAS 的目标和策略。例如，SAS 的策略之一被称为"商人策略"（费用相当高），伴随的是服务质量的提高、按时完成的业绩、优质的食品和舒适的条件。为实施这项策略，公司采用了目标管理。1978 年该公司的年度报告指出"SAS 的组织结构是以目标管理和分散利润责任为基础的"。管理人员的作用不仅是指导作用，还要赋予下层人员实现目标方法的责任。管理人员的支持者和顾问而不是独断专行的老板。SAS 有两个重要的目标：到 1992 年成为欧洲效率最高的航空公司；1995 年以后成为欧洲五大航空公司之一。

SAS 全球战略的基本原理就是结成战略联盟。事实上，在这种联盟普遍实行之前，SAS 就在寻求联盟伙伴。结成联盟最初的尝试并没有成功，1986 年兼并比利时萨比那世界航空公司的计划，因为法律上的复杂性而以失败告终；取代英国加里多那航空有限公司的企图也受到英国航空公司的阻挠；同阿根廷航空公司进行的交易也受到阿根廷贝宁党的阻挠。卡尔·左对初期的失败并没有泄气，他为使 SAS 更具竞争力，继续寻求同像德国的汉荷航空公司、英国航空公司和荷兰的 KLM 等欧洲大航空公司的联合。卡尔·左认识到，在 1992 年更大的欧盟市场环境下（瑞典不是欧盟国家）众多的贸易障碍都将消除，SAS 需要结成联盟。1987 年，SAS 同泰国国际航空公司联盟以协调曼谷、哥本哈根和斯德哥尔摩的航空业务。同样 1988 年 SAS 与大陆航空公司的母公司——德克萨斯航空公司的协议，使 SAS 能够使用美国新泽西州的纽沃克机场。1988 年，SAS 还同瑞士航空公司达成了交换股权的协议。同年，SAS 还同企业航空公司、兰一智利航空公司、加拿大国际航空公司和劳兰航空公司联盟，以利用东京、拉丁美洲、多伦多和赫尔辛基的机场。但是，批评家们抱有疑问的是：SAS 的策略能否奏效，或 SAS 是否在其无法控制的其他航空公司上浪费金钱？

思考与研讨

1. 你认为 SAS 的策略是否能奏效？为什么？
2. 结合案例总结卡尔·左采取了哪些措施？如果是你，你会怎样做？

第三章 决 断 力

第一节 决断力的概述

一、决断力的概念

所谓决断力，就是组织管理者在管理过程中的决策能力。赫伯特·西蒙曾说过："决策是管理的心脏，管理是由一系列决策组成的，管理就是决策。"所谓决策，就是管理者为实现组织目标，制订各种不同的方案进行或决定的分析判断的过程。决策有狭义和广义之分。狭义地说，进行决策就是在几种方案中做出选择。广义地说，决策还包括在做出最后选择之前必须进行的一切活动。换言之就是决策时决策者经过各种考虑和比较之后，对应该做什么和应当怎么做所做的决定。任何组织的管理工作，都经常存在各式各样的问题，需要研究对策并决定采取合适的措施加以解决，这个过程就是决策过程。组织在实行决策时，一方面需要有"应该达成的既定目标"；另一方面需要能达成目标的"可利用的代替方案"。或者就是说，决策需要有"目标"与"代替方案"这两方面的因素。

二、决断力实施的原则

现代社会飞速发展，管理工作也日益显现出多元化、综合性、系统性等复杂特点，这也对管理者的决断力提出严峻挑战。管理者在决断时要注意决策的科学性，即管理者在决策时要按照科学理论和客观规律办事。要做到这点，首先需要在制定和执行每一项决策时都必须在科学理论的指导下进行。再次，决策的内容本身是要遵循所涉及领域的科学理论，合理地利用科学的理论来解决决策所需要解决的问题。再者就是管理者自己要不断提升自己的能力。要精通自己相关管理业务，熟悉决策相关的程序和原则，并且能够熟练地运用决策科学来解决实际问题。

管理者在决策时要做到实事求是。管理者在做每一项决策之前，首先要充分地掌握相关的信息，接着再根据实际情况进行全面综合的分析，综合地考虑眼前利益和长远的利益、整体和局部的利益。要做到这些得做好以下工作，首先，决策之前管理者要掌握的信息是在过去工作中出现的成绩、经验、困难或问题。其次就是要理解相关的文件、报告、法律法规，要查阅相关的国内外资料，可能需要参考学习。最后还要重复利用已有的资料信息。资料信息越大、越具体准确，决策就越科学合理。但是需要注意的是，如果资料信息不准确，或者已经过时，则会给决策带来误导。

决策者在决策时还应注意要按规则和程序操作。决策虽然在某种程度上来说是管理者个人的行为，但是并不是个人能够随意决定的，必须要严格地按照规则和程序进行。

管理者在提出决策的草拟初稿后，应该经过所有有关部门的讨论，提出修改意见，有需要的话可以委托研究机构或者咨询公司对决策进行完善。决策的跟踪、反馈都是至关重要的，要根据反馈信息，及时对决策进行修改完善，从而也使决策者的管理水平不断提高。所以决策者在进行决策时一定要按规则和程序操作，减少决策时的盲目性和主观随意性，提高管理效率。

决策的正确与否至关重要，但是决策效率也是评价管理者工作好坏的重要标准，还是评价决断力和管理水平的重要因素。管理者平时的工作非常繁多，有大量的决策要在日常工作中做出。日常的工作事务相对也比较直观简明，作为组织管理者，应该依靠平日对组织情况的了解和自身的经验，当机立断地马上做出决策，以此提高工作效率。虽然科学的决策强调需要充分掌握情况，并且严格按照决策规则和程序来进行，但是也绝不能拖拖拉拉，应该是要尽量简化办事的程序，限定办理的时间，提高组织决策和管理的效率。

一项决策要实行，其最为关键的一个原则就是可行性。决策必须具备实施的现实条件或者可以通过努力创造出可以实施的条件。决策必须具有可行性，不然也就失去了它存在的意义。决策的可行包括经济上可行和技术上可行，没有财力的支撑，什么事都办不成。同样，实施某项决策如若没有技术的支持，也不可能顺利实施。所以决策确定后，要论证检验。检查它是否存在缺陷，是否是可行的，如发现问题，就继续对决策进行修改和完善，这样才能得到更稳妥、更科学的决策。

三、决断力的地位和作用

决断力是组织管理者不可缺少的能力，所以决策是管理活动中不可缺少的重要内容，因为它的正确与否直接影响和决定着管理工作的成败。如果决策出现失误，必将严重影响管理职能的履行和行政目标的实现，甚至会影响整个组织的安定。因此，决策在管理活动中具有十分重要的地位和作用。具体来说，表现在以下几个方面：

（一）决策是管理活动的基础和首要环节

从大致的角度来说，管理活动包括两个方面，即决策活动和执行决策活动。在这两者当中前者更基础，只有先有了决策，才可能去执行，整个管理过程可以抽象为决策——执行——再决策——再执行这种循环往复的活动。如果决策错了，则执行效果必然很差。决策的科学、及时和正确，是保证执行取得良好成效的前提。

（二）决策贯穿于管理的各个方面和各个步骤之中

组织一般都是一个规模庞大，性能复杂的有机系统。在这一系统中，无论是一般的部门还是关键的部门；无论是领导者还是一般的工作人员，为了处理各自的事务，都不可避免地经常采取这样那样的决策行为，对于领导层的管理者来说更是如此。而且，无论是哪一个部门履行哪一种管理职能，无一不以决策作为基础。决策贯穿于管理过程中的每个环节，贯穿于组织的各个层次、各个部门和各个方面。

（三）科学的决策是管理的关键性环节

决策质量的优劣决定着政府工作的成败，也关系到行政效率的高低。科学决策为正确实施管理行为奠定了基础；决策失误，将导致满盘皆输和危及组织以及社会的恶果。因此，决策的科学、合理在整个管理过程中起着举足轻重的作用，也是改善管理效果的最关键和要害的环节。

（四）决策的突出作用在现代社会中将进一步得到加强和凸显

首先，从广度上来看，决策所涉及的范围越来越广泛，渗透到人们工作生活的方方面面，因此决策对人们的影响力越来越大。其次，从其深度上来看，决策的影响程度对现代化社会的发展越来越大、越来越长远。因为现代社会的重大决策往往涉及组织的发展战略，关系着组织的生存与发展。再次，从影响的速度来看，由于现代社会生活节奏的加快，各种现代信息技术的存在，使现代社会的决策将迅速影响组织管理的方方面面，其连锁效应既广又快，将对组织管理产生重大的快速的影响。

第二节 决断力的内容构成

一、决断力的分类

由于决策分类标准的多样性，因而目前存在着多种分类方法。决策的分类标准是指具体划分决策类型的基本依据。按照不同的分类标准，可以将行政决策划分为不同的类型。目前常见的分类主要有：

（一）经验决策与科学决策

经验决策是相对于现代科学决策而言的，主要是指决策者凭经验制定决策的活动与过程，或者说凭经验进行决策。经验决策产生于蒙昧时代，它也有一个发展和完善的过程。按照美国决策理论家西蒙的观点，经验决策的发展大致经历了三个时期：第一个时期是凭习惯决策时期。西蒙认为，从经验决策产生到18世纪以前都属于这个时期。在这一时期，人们在决策及其方式问题上一直没有多大根本性的进展。习惯和个人经验长期以来被认为是决策中最普遍的方式。第二个时期被称之为标准操作规程时期。18世纪以后，随着工业革命的到来，社会的基本生产组织形式迅速从以家庭为单位转向以工厂为单位。在这样一种历史条件下，先是在工厂里出现了标准的操作规程。这种标准的操作规程以书面的形式记录着一定的程序，要求决策者必须按程序办事。这样，生产管理的决策就有了初步的可循章程，以后这些操作规程逐渐健全和完善，有章可循，有法可依，这样就能按常规办事而不必事事重新决策。西蒙指出："标准操作规程提供了一种教育新成员合于习惯性组织活动模式的手段，提供了一种提醒旧成员注意那些不常使用而至今仍未完全变成他们习惯的模式的手段，提供了一种将习惯模式公之于众、经受检验、修正和改进的手段"。第三个时期称之为决策组织专门化时期。19世纪与20世纪之交，科学管理的创始人泰罗在他的科学管理著作中，第一次提出把计划职能与执行职能分开设立专门的计划部门，按照科学规律制订计划，进行决策。泰罗的这一思想很快在企业中付诸实践。在行政决策中，这一方式也逐步得到实现，政府组织及其他公共部门相应地建立了各种专门的计划、决策机构。这种决策方式的出现，是现代科学决策产生的前提。

现代科学决策产生于第二次世界大战期间，是现代科学技术发展的必然结果。相对于经验决策而言，科学决策的核心内容是把科学及其方法运行于决策分析，出现了决策分析方法数学化、模型化和分析手段计算机化的趋势。所谓决策的数学化，就是运用现代数学方法来解决决策问题。所谓模型化，是指建立决策模型，即把变量之间以及变量与目标之间的关系，用数学关系式把他们表达出来，然后通过模型的求解结果来优化选择合理方案。[①] 数学方法被引进决策分析方法中，这与运筹学在决策分析中应用是分不开的。西蒙指出："作为一种社会活动，'运筹学'是随二次大战军事需要应运而生的，并从而将管理方法的决策制定问题置于大量自然科学家特别是数学家和统计学家的兴趣范围之内。"可见运筹学的产生和发展对于科学决策的产生存在着十分密切的关系。所谓运筹学，就是运用科学方法研究复杂的决策问题，以向决策者提供赖以采取行动，描绘可行方案和预定结构的一个量的依据，并做出数学上的分析这样一门综合性学科。现代决策问题越来越复杂，决策模型中所包含的数量关系十分复杂，因而求解的计算量非常大，这靠人工计算是很困难。随着现代电子计算机的产生，它为人们解决了这个决策上的难题。几乎在决策的数学化、模型化的同时，也出现了决策分析手段的电子计算机化。所谓决策分析手段的电子计算机化，是指在决策时应用电子计算机作为逻辑计算工具进行解题和作为信息处理工具进行信息处理。电子计算机作为一个快速的逻辑计算工具，大大缩短了解题的时间，从而有可能运用数学工具做出决策产生在需要行动之前，使这些数学手段对于决策来说真正有了实用的价值，从而使科学决策方法成为一种具有现实意义的决策方法。

（二）程序化决策和非程序化决策

程序化决策是指决策所解决的问题是重复出现的那类决策，又称之为常规决策或重复性决策。这是因为，由于这类问题出现多次，我们可以制定出一套例行程序作为解决的办法。每当这类问题出现时，我们就依照这套例行程序来解决它。例如，在行政管理实践中，有一个什么时间上下班和如何办公的问题，对这一类问题的解决，一般采用程序化或常规决策方法，即制定具体的上下班时间和办公制度等。此外，程序化决策还因为决策者在过去对它已有过反复处理的经验，容易摸出规律，有其自身的系统或结构，因此又可称为规范化决策或高结构决策。

非程序化决策是指决策所解决的问题是不能重复出现的那类决策，又称之为非常规决策或非重复性决策。这是因为，对于非重复性出现的问题，它的解决由于以往没有经验可循，不可能有一套例行的程序作为解决的办法，因而其决策是非程序化的。例如，

---

① 谢国华：《推进决策的科学化、民主化和法制化》，载《湖北财经高等专科学校学报》，2005（1），3页。

当前我国公共事业管理体制的改革，是一件前人未从事过的事业。改革的决策，就是一种非程序化的或非常规的决策。此外，非程序化决策还由于它没有自身的系统、结构或系统、结构不严密，因而又称之为非规范化决策或低结构决策。这里要特别注意的是，我们说的非程序化决策，所考虑的不仅是对这一步骤的最后批准举动，而是制定决策的整个过程，包括收集、处理信息和制定方案等活动，都具有非程序化的特点。

（三）确定型决策、风险型决策和不确定型决策

确定型决策是指这一类决策：其所要解决的问题只受一种客观状态的影响，对于这类问题的解决，可以提出各种具有确定结果的方案。例如，某单位要通过政府采购方式购买一批办公用品，如有A、B两个公司竞标、在品种、质量相同的情况下，为使费用最少，决策者自然会选择价格便宜的公司。对这类问题的解决，由于只受一种客观状态的影响（在此例中只受相对稳定的价格的影响），每一个方案都只有一个确定的结果，因而决策时可通过直接比较个案的结果进行抉择。当然确定型决策问题并非都如此简单。当涉及更多方案时，对于这类问题的解决，也需要采用线性规划等复杂的数学手段。

风险型决策是指这样一类决策：其所要解决的问题受多种客观状态的影响，不论采用何种解决问题的方案，都会承担一定的风险。例如，投资性决策一般都属于此类决策。风险型决策问题也叫统计型问题，或随机型决策问题。它应具备下列五个条件：①存在着决策人所企图达到的一个明确目标。②存在着决策人可以选择的两个以上的行动方案。③存在着不以决策人的主观意志为转移的两种以上的客观状态。④各种客观状态下的收益值是决策者可以把握的如投资决策中不同方案在某一状态（市场销售良好）出现时的预期收益值是可以测算的。⑤未来将出现哪种客观状态，决策人不能肯定，但其出现的概率，决策人大致地可以预先估计出来。以上五点是构成风险型决策问题的基本条件，舍弃其中的一个条件，就不能构成一个风险型决策问题。

不确定型决策与风险型决策相比较，所不同的是缺少上述条件⑤，即存在着两种以上的客观状态，但其出现的概率无法加以预测。因此，对于这类问题决策者不但无法把握确定的结果，而且连决策风险的大小也难以把握。当然，这并不是说决策者在这类问题面前无能为力。事实上决策者凭借自身的经验对这类问题做出合理决策的事例，在历史上并不少见。当然，由于与决策问题相关的客观状态变化的不可预测性，必然会加大决策的难度。

（四）战略决策与战术决策

战略决策是指那些具有指导意义的、带方向性的、与整个国家或社会的发展前景有关的重大决策。如我国政府关于建设社会主义市场经济体制的决策层、关于国有企业改革的重大决策、关于建设社会主义新农村的重大决策，都可以视为重大的战略决策。一般说来，战略决策有以下几个特点：一是战略决策所处理的往往是一些重大的问题。如上面提到的建立社会主义市场经济体制的问题、国有企业改革问题、建设社会主义新农村的问题，都是当前我国政府面临的一些重大的问题。二是战略决策往往对政府的工作

具有指导意义,是一些涉及国家和社会发展方向的决策。在上述决策中,建立社会主义市场经济体制、国有企业改革、建设社会主义新农村等都与我国经济、社会发展方向密切相关。三是战略决策的影响范围广泛和深远,战略决策往往影响到一个国家或地方行政管理的全局,而且这种影响往往不是短期的,而是长期的。战术决策是指为解决某一具体管理问题或在具体管理过程中所做出的决策。例如,某县政府在春耕生产前做出的支援春耕生产事项具体安排的决定;某乡政府做出的政府办公室某个人员调动的决定等,都可视为战术决策。一般说来,战术决策有以下几个特点:一是它所出来的往往是一些日常的管理问题,如上面提到的政府办公室某个人员调动的问题。二是它往往只是涉及政府的某项具体工作。三是它所影响的范围小,而且往往是短期的,而不是长期的。

(五) 单项决策与序贯决策

单项决策又称静态决策,它是有关解决某个时期重大问题、提出总任务的决策以及解决有关某个时点状态存在问题的决策的总和。前者如我国政府关于西部大开发的决策,后者如国务院任命驻外使馆工作人员的决策。由于这类决策往往是一次性的,因此有人又将这类决策称为一次性决策。在这类决策中,既有战略性决策,又有战术性决策。如在上例中前者属于战略决策的范畴,后者则属于战术性决策的范畴。

序贯决策即动态决策,它与单项决策不同,要求做出一系列相互关联的决策。如我国高等教育改革的决策,就包含了招生分配改革的决策、教育成本分摊制度改革的决策、高等学校内部管理制度改革的决策等一系列决策。一般说来,序贯决策有两个特点:第一,它做出的决策不是一个,而是一串决策,因而又可称为"一揽子决策";第二,这一连串决策不是彼此无关的,而是前一项决策直接影响后一项决策,前后项决策时间存在着这样一种关系:即前一项决策是后一项决策的准备和基础,后一项决策是前一项决策的继续和完成。这些决策往往是一连串相互关联的决策,前一步与后一步,即前一项决策与后一项决策都伴随时间先后的动态变化,正是在这个意义上,我们把它叫作动态决策。序贯决策是由一系列单项决策构成的,我们可以把序贯决策系列中的每一项具体决策都可以看成是一个单项决策,单项决策并不是任何几个单项决策想家都构成序贯决,只有那些在时间是存在先后顺序、在内容上存在着逻辑关系的多项单项决策有机地结合在一起,才构成我们所说的序贯决策。

二、决断力实施的程序

决策程序是指行政决策过程的先后步骤和逻辑顺序。关于决策过程包括多少步骤,国内外学者的观点不尽一致,有的主张三步说,有的主张四步说,还有的主张七步说。但学者们对几个重要的步骤认识是一致的,只是众多的学者通常是对一般的决策而阐述七步骤,对决策单独研究其步骤者很少。决策尤其独特的问题和表现方式,其决策中理所当然会显示出特有因素。因为,对决策的一般程序可做如下的概括:

（一）确定决策目标

确定决策目标是决策过程的第一步骤，也是决策工作的前提。决策目标是决策者期望达到的状态，也是组织和组织人员为之奋斗的目标。如果决策目标不明确，就无法选定决策方案，而在决策实行后也无法对决策的成效做出评价。由此可知，确定决策目标事关整个决策工作的成败。

（二）信息收集

信息是决策的基础和依据，科学决策的过程实际上就是一个信息输入、输出的过程。确定决策内容要靠信息收集；制定决策方案要靠信息分析；决策付诸实施要靠信息传递；落实和完善决策内容要靠信息反馈。可见，没有信息，决策就会成为无源之水、无本之木。要深入实际、调查研究、掌握动态。有意识、多渠道收集信息，实地调查、看材料、听汇报，通过大众媒体、政府网站，有目的、有组织、有计划地收集信息，为决策提供科学依据。

（三）方案拟定

在确定决策目标之后，必须通过决策者创造性思维活动，拟定出各种可能的方案以供选择。所谓方案，是人们为实现决策目标而采取的手段和途径。首先，要大胆寻找备选方案，使备选的方案尽可能多。其次，要精心构思和设计方案。方案构思既要发挥决策者经验和知识的作用，也要充分发挥决策主体的想象力和创造力，对拥有的各种不同信息、按照新观点进行排列组合形成备选方案架构。在构思方案基础上，要精心设计方案，即对方案的措施、方法、后果进行研究与论证，形成有实践意义的行动方案。最后，经过精心构思和设计的方案之间要有可行性和互斥性。方案之间的互斥性，是指各个备选的方案有明显区别，是互相独立的。

（四）方案抉择

备选方案有多个，究竟哪一个备选方案更好，能实现决策目标的要求，必须进行评价和比较。评价选择方案要根据一定的标准和方法。衡量备选方案优劣、好坏的标准主要有：

1. 方案应具有明确的目标

任何一项决策都是为了达到一定的目标，因此，评价方案优劣必须用是否实现决策目标去衡量，越是接近决策目标的方案，自然就是最佳方案。

2. 方案具有经济合理性

要计算每一备选方案的成本和产生的效应。成本低、效益高的方案，也就是好的方案。

3. 方案具有技术上的先进性和可行性

要分析各备选方案在技术上的可行性和领先程度。

4. 方案承担的风险性要尽量小

三、决断力的方法

(一) 名义小组法

名义小组法顾名思义就是说这种决策"名义"上是小组决策，实际上在其中大量的加入了个人决策的成分。它的基本过程是首先由个人对问题做出决策，然后由小组一起讨论这些决策，最后再由个人选择最终的决策结果。适用于正确度要求不太高，时间比较紧迫的情况。它实施的步骤是：

1. 介绍问题

将需要决策的问题分发给参与决策的小组成员，或者直接在会议上当面将问题讲出。但是名义小组法要求在任务说明加上要附带足够的解释，以便小组成员能够完全掌握问题的本质。

2. 个人决策

正如前面所说，名义小组法并不是纯粹的小组法，在小组决策之前，首先有个人进行决策。每位小组成员在一段时间（大约十分钟）内默默地思考，并写下尽可能多的想法。

3. 收集信息

邀请小组成员轮流大声地说出一个想法，决策组织人员将所有的想法写在活动挂纸上；如果两人或多人想法一致可以合并为一个想法。注意这时候不允许讨论这些想法，甚至不用对问题或想法做任何解释。小组成员说出想法，组织者记录。小组成员说出的想法不一定来自他们写下的列表。实际上，随着时间的推移，将有很多新的想法产生。当轮到某位成员说时，如果他当时没有想法，可以说"过"。当然他也可以在下一轮中增加想法。过程一直持续到所有成员说"过"或者达到规定的时间。

4. 小组讨论

轮流讨论每个想法。在讨论的过程中，只有当想法的提出者同意时才可以修改它，或者只有一致同意后才可以把想法从列表中删除。讨论可以解释意义，阐明逻辑或者分析过程，提出并回答问题，或者表示同意与否。

5. 形成决策

经过几轮讨论后大家对问题和列出的方案都已经比较熟悉，最后由小组成员单独对每一项评分，分值可以按 1 至 10 分，决策组织人员最后对所有的评分汇总，然后找出分值最大几项作为决策结果。

使用该方法要几个方面要注意：首先，名义小组法通常包括优先顺序的排列过程，但是单独使用"头脑风暴法"很有价值，所以这本书将这两个过程分离开；其次，所有想法的讨论应该是平等的，决策组织者不应让讨论变成争论。讨论的初衷是阐明想法，而不是解决观点间的差异。这就使所有的想法可见。如果活动挂纸页不够记录，把先前的页面贴在房间的周围，使得每个人都能看到所有的想法。

(二) 名义——互动方法

这是在名义小组方法上所做的进一步改进。其具体步骤如下；第一步是沉默思考列表；第二步是彼此轮流记录；第三步是休息室游说；第四步是集体讨论；第五步是休息室游说；第六步是最初的优先顺序；第七部是休息室讨论；第八步是最后的优先顺序。这一程序最主要的是加入了三轮游说，此时需要一个特别的房间，并摆上点心供回见休息使用。大约每次有30～45分钟的时间允许成员达成共识并互相游说。当发生冲突而特别需要成员间的和解时，这些步骤就显得极有价值。在另一天重复第3～8个步骤。像这样的暂停会议能自然地驱使人们达成共识并相互游说以求融合。小组领导者可以更直接地要求成员在暂停会议时达成共识、交流意见、挑战他人论点并进行辩论，成员可以询问他人的优先顺序和理由。三轮游说是必不可少的，只有这样，最后就优先顺序问题所进行的表决，才能代表特定小组有可能达成的共识水平。通常，第一轮游说辨识观点的多样性；第二轮游说成员开始接受或抛弃某些思想；第三轮游说之后，在重新理解的基础上形成判断。

第三节　决断力的建构

一、决断力实施存在的问题

决断力是组织管理者非常重要的能力之一，决策活动也是组织管理中不可或缺的个环节，但是在决策中往往会存在一些常见问题。

（一）决策的方法和手段比较落后

虽然改革开放以来，我国经济持续发展，随之我国公共政策决策的方法和手段有所丰富，但并没有完全实现从传统的经验决策向现代的科学决策、民主决策的彻底转变。有些地方及部门特别是在基层的决策者对现代决策理论、方法和技术进入决策领域的重大战略意义认识不足，对决策的科学化、民主化和法制化的价值和重要性缺乏理解，因而自觉不自觉地把自己的决策行为局限在传统经验决策的狭隘视野中，缺乏宏观的、系统的、战略性的决策意识，没有完全掌握现代化的科学方法，决策方法简单，决策手段贫乏。在决策中定性分析多，定量分析少；规范性研究多，实证性研究少。

（二）决策程序面临的思想观念障碍

受传统专制思想的影响，我国行政决策领域中，领导者秉持决策过程是决策制定者独有的"秘密艺术"的神秘和专制思想，缺乏决策程序公开理念和参与理念。我国决策过程向来缺乏公开性。长期以来，"民可使由之，不可使知之"，决策的神秘性自觉或不自觉地成为维护决策者权威的一种手段。加之新中国成立以来长期形成的"领袖崇拜"思想，更加重了决策的专制。这种决策"秘密艺术"在我国传统行政文化中影响深远，虽然改革开放以来，我国政府一直倡导打造阳光政府和透明政府，努力实现阳光行政、透明行政，但由于思想观念转变的滞后性，难以在短期内实现根本突破。

（三）决策过程中的程序化和法制化程度不高

美国著名的大法官福兰克弗特说："自由的历史基本上是奉行程序保障的历史。"这充分说明了程序在法治国家的作用。然而目前在我国的公共政策决策过程中，一些必要的功能环节（如问题界定、结果预测和追踪评价等）往往没有受到应有的重视甚至被忽视，科学的、合理的决策程序并未完全确立起来。没有经过长期的调查研究，没有经过认真的理论分析，没有经过专家的详细论证，没有经过广泛的充分讨论，少数领导者想当然，个人随意拍板盲目决策的现象并未绝迹。"一言堂""个人说了算"也成了某些地方和部门公共政策决策中的习惯定式。此外，虽然有许多成文或不成文的决策规划和惯例，但总体看来，公共政策决策的法制化程度不高，以致主观随意决策和独断决策屡禁不止，重复决策、错误决策时有发生。

（四）决策者的素质有待提高

决策人员的素质对决策的科学化和民主化具有至关重要的影响。决策人员的素质包括政治素质、专业素质、道德素质、文化素质、管理素质、心理素质、生理素质等方面内容，而是否具有民主科学的精神和实事求是的作风，又是影响决策者实现科学决策与民主决策的核心内容。从目前情况来看，没有真正做到科学决策和民主决策的一个重要原因，就是决策人员，特别是决策者的素质存在问题。如决策人员整体素质不高，知识结构不太合理，在处理复杂性问题和突发性问题的能力上尚显不足，缺乏开拓性和创造性等。在一些机关中，有的决策者缺乏求真务实的态度，决策不搞实际调查研究；有的决策者缺乏虚心学习的态度，决策不搞民主讨论；有的决策者缺乏政策科学和决策科学的知识，决策凭自己的资历、经验与感受；有的决策者缺乏开拓创新的勇气，决策喜欢依照习惯和传统，用老办法处理新问题；有的决策者更是不负责任，盲目搞做出决策"拍脑袋"、遇到事情"拍胸脯"、出了问题"拍屁股"的"三拍"决策。

二、决断力的培养途径

决断力是管理者的基本能力，它贯穿并影响着整个管理过程，因此，提高管理者的决断力是提高管理者能力和管理素质的重要一环，具体方法和途径主要有以下几种。

（一）提高内在素质

管理者的内在素质决定了领导活动的决断水平与能力。欲提高管理者的决断力，就必须从根本上提高其内在素质。包括：

1. 政治素质

政治素质是决策者的灵魂，是决策者全部素质的集中体现。组织管理者要有坚定的政治立场，鲜明的政治态度，明确的政治方向，高度的政治觉悟与崇高的政治品德。

2. 知识素质

首先是要学习、借鉴历史上成功决策的过程和方法，研究决策失败的原因，增长自身决策的才敢；其次是要掌握与自己工作相关的专业知识和技能；再者要完善、优化自己的知识结构;最后是要掌握现代科学知识,适应复杂多变的领导工作的各种挑战。

3. 创新意识

这主要是指领导者在决策过程中的观念及气质上的创新。创新能力是领导者决策活动的生命,俗话说,不断创新的决策是不成功的决策,缺乏创新能力的领导者是不称职的领导者。领导者要洞察领导活动环境的变化,根据领导活动的目标,在领导活动中,统观全局,通过综合分析,抓住主要矛盾及矛盾的主要方面,挖掘各方面的潜力,打开工作局面,创造工作业绩。同时,领导者要形成卓越的创新精神,树立时间观念、竞争观念、信息观念和权威观念。

4. 民主意识

这是指决策过程中领导者充分尊重下属和相关人员的意见,使他们具有主人翁意识,发挥他们的积极性和创造性,在领导决策过程中,民主不仅是一种政治制度,更重要的是要体现民主作用,即依靠群众科学制定决策,依靠群众顺利实施决策。领导者要提高民主意识,深入实际,调查研究,联系群众,集思广益,广开言路,按照科学的程序和放大实施真正的民主。

(二)搜集处理各种信息

现代社会是信息的社会,衡量领导者决断力的重要标志之一就是在决策过程中能否掌握、运用信息。领导者要提高搜集和处理信息的技能。首先是要提高对信息重要性的认识,树立决策必须基于丰富信息的观念;其次就是要有强烈的获得信息的欲望;再者是要研究收集信息的方法;还有就是要善于搜集真实、及时、全面的信息,杜绝信息之后和信息传递偏差的现象;最后是要提高对信息进行分析和处理的技能。

(三)发挥"智囊团"的作用

现在社会发展变化日新月异,领导者在科学决策时单靠自身的内在素质是不够的,重要的是集他人的思想和智慧为我所用,发挥智囊团或"外脑"作用,者已成为现代领导者科学决策的必要条件。要更好地发挥智囊团的作用,领导者要做到:

(1) 善于团结专家和智囊团队,要真诚地与他们交朋友。

(2) 鼓励专家、智囊人物畅所欲言,对提出有价值意见的人,要基于表扬和奖励。

(3) 要让智囊团独立工作,不要盲目干预,杜绝把智囊团混同于秘书班子的做法。

(4) 要把握智囊团只能为领导决策服务,不能代替领导者决策的原则。同时,领导者既要重视智囊团工作,尊重其劳动成果,又能对他们的意见进行科学评估,视情况而用。

(四)听取反面意见

领导者要努力创造各抒己见、百家争鸣的决策环境,同时要善于听取不同意见甚至反面意见,善于从反面意见中汲取营养。因此,领导者要做到用诚心换取他人信任,公正不阿,不论亲疏,不盲从资历高者意见,坚持认理不认人,以意见的价值为准绳。设法为不同意见者提供机会。不要对反面意见进行指责。

（五）增强识别和决断能力

在决策方案中，有时意见良莠并存，有时不同意见针锋相对。这就要求领导者具有较强的识别和决断能力。领导者提高决断能力的方法要有：领导者要增强驾驭知识的能力，以自己广博的知识和科学的思维方法战胜谬误。领导者以实现领导活动的目标为原则，善于摆脱"当局者迷"的束缚。培养处理问题的果断性，既要谨慎认真，又要当机立断，克服优柔寡断、拖泥带水的作风。培养坚忍不拔的意志力。

第四节　决断力专题：战略管理

一、战略管理的概念

从企业未来发展的角度来看，战略表现为一种计划（Plan），而从企业过去发展历程的角度来看，战略则表现为一种模式（Pattern）。如果从产业层次来看，战略表现为一种定位（Position），而从企业层次来看。战略则表现为一种观念（Perspective）。此外，战略也表现为企业在竞争中采用的一种计谋（Ploy）。这是关于企业战略比较全面的看法，即著名的5P模型。什么是战略管理？战略管理是指对企业战略的管理，包括战略制定/形成（Strategy Formulation/formation）与战略实施（Strategy Implementation）两个部分。战略管理首先是一个"自上而下"的过程，这也就要求高级管理层具备相关的能力及素养。战略管理（Strategic management）是指对一个企业或组织在一定时期的全局的、长远的发展方向、目标、任务和政策，以及资源调配做出的决策和管理艺术。包括公司在完成具体目标时对不确定因素做出的一系列判断。公司在环境检测活动的基础上制定战略。战略管理是一个不确定的过程，因为公司对于危险和机遇的区别有不同的理解。

战略管理是指企业确定其使命，根据组织外部环境和内部条件设定企业的战略目标，为保证目标的正确落实和实现进度谋划，并依靠企业内部能力将这种谋划和决策付诸实施，以及在实施过程中进行控制的一个动态管理过程。战略管理大师迈克尔·波特认为，一项有效的战略管理必须具备五项关键点，其中包括：独特的价值取向、为客户精心设计的价值链、清晰的取舍、互动性、持久性。战略管理的核心问题有三个方面。企业战略管理体系的设计其实质是围绕着企业的三个核心问题进行细化设计的过程，这三个核心分别是：企业在哪里？企业去哪里？我们何时竞争（行动）？"企业在哪里"是指明晰企业的位置，我们的优劣所在，我们如何从广泛的市场参与中选择有价值的目标市场与顾客，以提供满足其需求的服务举措。"企业去哪里"是企业的未来发展方向。"我们何时行动"指我们什么时间怎样行动才能战胜竞争对手，这需要企业详细分析竞争对手以及获取较高价值的各种策略手段，比如采用什么样的新技术还是采用什么类型的增值服务项目等等。战略的选择可以让我们的企业能够更加准确的明确自己的客户是谁，哪些事情能做，哪些事情不可以做，因此战略管理的核心也可说是防止"南辕北辙"的事情在企业发生。我们在做选择题，评估什么样的选择对我们长期有益，什么选择对现实收益有益,然后决定我们怎样做,因为目标的准确清晰才是企业快速获得增值和提升的根本原因之一。通常战略管理咨询主要包括:企业长短期战略发展方向的明确,战略定位的评估与提炼,战略落实过程中企业的阶段发展思路与措施,经营业务重点的明确和时机环境的选择设计等。

二、战略管理理论

战略管理理论的发展可以分为五个阶段:

(一)起源阶段

安索夫在1976年出版的《从战略规划到战略管理》一书中最初提出了"企业战略管理"。他认为,企业的战略管理是指将企业的日常业务决策同长期计划决策相结合而形成的一系列经营管理业务。接着就是斯坦纳,在他1982年出版的《企业政策与战略》一书中则认为:企业战略管理是确定企业使命,根据企业外部环境和内部经营要素确定企业目标,保证目标的正确落实并使企业使命最终得以实现的一个动态过程。

(二)早期战略思想阶段

在此阶段,虽没有出现完整的战略理论体系,但已产生了很精彩的战略思想。美国哈佛大学的迈克尔·波特教授对此作了精辟的概括,总结了早期战略思想阶段的三种观点。企业战略思想的第一种观点。20世纪初,法约尔对企业内部的管理活动进行整合,将工业企业中的各种活动划分成六大类:技术活动、商业活动、财务活动、安全活动、会计活动和管理活动,并提出了管理的五项职能:计划、组织、指挥、协调和控制,其中计划职能是企业管理的首要职能。这可以说是最早出现的企业战略思想。

企业战略思想的第二种观点。1938年,美国经济学家切斯特·巴纳德在《经理人员的职能》一书中,首次将组织理论从管理理论和战略理论中分离出来,认为管理和战略主要是与领导人有关的工作。此外,他还提出管理工作的重点在于创造组织的效率,其他的管理工作则应注重组织的效能,即如何使企业组织与环境相适应。这种关于组织与环境相"匹配"的主张成为现代战略分析方法的基础。

企业战略思想的第三种观点。19世纪60年代,哈佛大学的安德鲁斯对战略进行了四个方面的界定,将战略划分为四个构成要素,即市场机会、公司实力、个人价值观和渴望、社会责任。其中市场机会和社会责任是外部环境因素,公司实力与个人价值观和渴望则是企业内部因素。他还主张公司应通过更好地配置自己的资源,形成独特的能力,以获取竞争优势。

(三)传统战略理论阶段

1965年,安索夫出版了第一本有关战略的著作《企业战略》,成为现代企业战略理论研究的起点。从此以后,很多学者积极地参与企业战略理论的研究,在这一时期出现了多种不同的理论学派。

1. 设计学派

这一学派是以安德鲁斯教授及其同仁们为代表。设计学派认为,企业战略的形成必须由企业高层经理负责,而且战略的形成应当是一个精心设计的过程,它既不是一个直觉思维的过程,也不是一个规范分析的过程;战略应当清晰、简明,易于理解和贯彻。

2. 计划学派

计划学派是以安索夫为杰出代表。计划学派认为,战略的形成是一个受到控制的、有意识的、规范化的过程。战略行为是对其环境的适应过程以及由此而导致的企业内部结构化的过程。

3. 定位学派

其杰出代表人物是迈克尔·波特。定位学派认为企业在制定战略的过程中必须要做好两个方面的工作:一是企业所处行业的结构分析;二是企业在行业内的相对竞争地位分析。

4. 创意学派

创意学派认为战略形成过程是一个直觉思维、寻找灵感的过程。

5. 认知学派

认知学派认为,战略的形成是基于处理信息、获得知识和建立概念的认知过程——其中后者是战略产生的最直接、最重要的因素,而在哪一阶段取得进展并不重要。

6. 学习学派

学习学派与以往学派的不同之处在于,它认为战略是通过渐进学习、自然选择形成的,可以在组织上下出现,并且战略的形成与贯彻是相互交织在一起的。

7. 权力学派

权力学派认为,战略制定不仅要注意行业环境、竞争力量等经济因素,而且要注意利益团体、权力分享等政治因素。

8. 文化学派

文化学派认为,企业战略根植于企业文化及其背后的社会价值观念,其形成过程是一个将企业组织中各种有益的因素进行整合以发挥作用的过程。

9. 环境学派

环境学派强调的是企业组织在其所处的环境里如何获得生存和发展,其所起的作用不过起到了一种让人们关注环境因。

10. 结构学派

结构学派把企业组织看成是一种结构——由一系列行为和特征组成的有机体;把战略制定看成是一种整合——由其他各种学派的观点综合而成的体系。

(四)竞争战略理论阶段

企业战略理论的发展过程中,10种战略学派都曾在一定时期内发挥过一定作用。但随着企业战略理论和企业经营实践的发展,企业战略理论的研究重点逐步转移到企业竞争方面,特别是20世纪80年代以来,西方经济学界和管理学界一直将企业竞争战略理论置于学术研究的前沿地位,从而有力地推动了企业竞争战略理论的发展。回顾近

20年来的发展历程，企业竞争战略理论涌现出了三大主要战略学派：行业结构学派、核心能力学派和战略资源学派。

1. 行业结构学派

行业结构学派的创立者和代表人物是迈克尔·波特教授。波特的杰出贡献在于实现了产业组织理论和企业竞争战略理论的创新性兼容，并把战略制定过程和战略实施过程有机地统一起来。波特认为，构成企业环境的最关键部分就是企业投入竞争的一个或几个行业，行业结构极大地影响着竞争规则的确立以及可供企业选择的竞争战略。为此，行业结构分析是确立竞争战略的基石，理解行业结构永远是战略制定的起点。波特为此创造性建立了5种竞争力量分析模型，他认为一个行业的竞争状态和盈利能力取决于5种基本竞争力量之间的相互作用，即进入威胁、替代威胁、买方讨价还价能力、供方讨价还价能力和现有竞争对手的竞争，而其中每种竞争力量又受到诸多经济技术因素的影响。在这种指导思想下，波特提出了赢得竞争优势的三种最一般的基本竞争战略：总成本领先战略、差异化战略、专一化战略。

2. 核心能力学派

1990年，普拉哈拉德和哈默尔在《哈佛商业评论》上发表了《企业核心能力》一文。其后，越来越多的研究人员开始投入企业核心能力理论的研究。所谓核心能力，就是所有能力中最核心、最根本的部分，它可以通过向外辐射，作用于其他各种能力，影响着其他能力的发挥和效果。一般说来，核心能力具有如下特征：（1）核心能力可以使企业进入各种相关市场参与竞争。（2）核心能力能够使企业具有一定程度的竞争优势。（3）核心能力应当不会轻易地被竞争对手所模仿。

核心能力学派认为，现代市场竞争与其说是基于产品的竞争，不如说是基于核心能力的竞争。企业的经营能否成功，已经不再取决于企业的产品、市场的结构，而取决于其行为反应能力，即对市场趋势的预测和对变化中的顾客需求的快速反应，因此，企业战略的目标就在于识别和开发竞争对手难以模仿的核心能力。另外，企业要获得和保持持续的竞争优势，就必须在核心能力、核心产品和最终产品三个层面上参与竞争。在核心能力层面上，企业的目标应是在产品性能的特殊设计与开发方面建立起领导地位，以保证企业在产品制造和销售方面的独特优势。

3. 战略资源学派

战略资源学派认为，企业战略的主要内容是如何培育企业独特的战略资源，以及最大限度地优化配置这种战略资源的能力。在企业竞争实践中，每个企业的资源和能力是各不相同的，同一行业中的企业也不一定拥有相同的资源和能力。这样，企业战略资源和运用这种战略资源的能力方面的差异，就成为企业竞争优势的源泉。因此，企业竞争战略的选择必须最大限度地有利于培植和发展企业的战略资源，而战略管理的主要工作就是培植和发展企业对自身拥有的战略资源的独特的运用能力，即核心能力，而核心能力的形成需要企业不断地积累战略制定所需的各种资源，需要企业不断学习、不断创新、不断超越。只有在核心能力达到一定水平后，企业才能通过一系列组合和整合形成自己独特的、不易被人模仿、替代和占有的战略资源，才能获得和保持持续的竞争优势。尽管波特的行业结构分析以及稍后出现的核心能力和资源观在企业战略研究的侧重点上各有不同，但鉴于它们把市场以买方市场为主要经济特征，环境呈现复杂多样性的变化作为战略研究的时代背景，而将市场竞争作为战略研究的主要内容，以谋求建立和维持企业的竞争优势作为战略目标，我们可以将它们统称为竞争战略。

（五）动态竞争战略理论阶段

随着 21 世纪的到来，全球众多企业面临的竞争环境更加易于变化和难以预测。面对竞争环境的快速变化、产业全球化竞争的加剧、竞争者富于侵略性的竞争行为以及竞争者对一系列竞争行为进行反应所带来的挑战，传统战略管理的理论方法无法满足现实商业生活中企业战略管理决策的需要。于是，一些管理学者提出了新的战略理论，"动态能力论"和"竞争动力学方法"。

1. 动态能力论

该理论的提出主要基于以下的认识：过去的战略理论是由从企业战略的层次上对企业如何保持竞争优势的分析构成的，而对企业怎样和为什么要在快速变化的环境中建立竞争优势却论述不多。动态能力论则主要是针对基于创新的竞争、价格竞争、行为竞争、增加回报以及打破现有的竞争格局等领域的竞争进行的。它强调了在过去的战略理论中未能受到重视的两个方面：第一，"动态"的概念是指企业重塑竞争力以使其与变化的经营环境保持一致的能力，当市场的时间效应和速度成为关键、技术变化的速度加快、未来竞争和市场的实质难以确定时，就需要企业有特定的、对创新的反应。第二，"能力"这一概念强调的是战略管理在适当地使用、整合和再造企业内外部的资源和能力以满足环境变化需要。

2. 竞争动力学方法

竞争动力学方法是在竞争力模式理论、企业能力理论和企业资源理论的基础上，通过对企业内、外部影响企业经营绩效的主要因素——企业之间的相互作用，参与竞争的企业质量、企业的竞争速度和灵活性分析，来回答在动态的竞争环境条件下，企业应怎样制定和实施战略管理决策，才能获得超过平均水平的收益和维持的竞争优势。竞争动力学的研究和分析在国外受到越来越多的关注，而且有关这方面的研究成果被普遍地应用在战略管理的实践中。首先，它研究处于竞争状态的企业之间的竞争作用，这种竞争作用产生的原因，以及竞争作用发生的可能性；第二，它研究和分析影响企业竞争或对竞争进行反应的能力要素；第三，它还对不同条件下的竞争结果进行了分析和对比。

3. 动态竞争的主要特点

主要特点包括：动态竞争是高强度和高速度的竞争，每个竞争对手都在不断地建立自己的竞争优势和削弱对手的竞争优势，竞争对手之间的战略互动（Strategic Interactions）明显加快。任何一个抢先战略都有可能被竞争对手的反击行动所击败。任何竞争优势都是暂时的，而不是长期可以保持的。竞争战略的有效性不仅取决于时间领先，更主要的是及时地建立新优势。在静态竞争条件下竞争战略的主要目的是建立、保持和发挥竞争优势，主要对成本与质量、时间和专有技术、建立进入障碍、规模优势等四个领域的竞争有直接贡献，但在动态竞争条件下，上述四个领域所建立起来的优势都是可以被打破的。

成熟的战略管理理论认为,战略管理是由环境分析、战略制定、战略实施、战略控制等四个不同阶段组成的动态过程,这一过程是不断重复、不断更新的。理论上通常都是按上述的顺序对企业的战略管理进行分步研究。但是,在实际应用中,这几个步骤往往是同时发生的,或是按着不同于上述步骤进行的。这要求企业的管理者们必须创造性的设计、应用战略管理系统,并且,这一系统应该有足够的弹性以适应企业所面临的时刻变化着的外部环境。这一动态过程理论上称之为战略管理过程。以战略管理过程理论为依据,进行的动态企业战略管理研究,在国内外开始的时间并不是很长,正处于发展阶段。我国企业应当高度重视战略管理理论研究,指导企业在激烈的竞争中立于不败之地。

三、战略管理的内容构成

(一) 战略管理的原则

战略管理的原则包括六个方面:

1. 适应环境原则

来自环境的影响力在很大程度上会影响企业的经营目标和发展方向。战略的制订一定要注重企业与其所处的外部环境的互动性。

2. 全程管理原则

战略是一个过程,包括战略的制订、实施、控制与评价。在这个过程中,各个阶段互为支持、互为补充的,忽略其中任何一个阶段,企业战略管理都不可能成功。

3. 整体最优原则

战略管理要将企业视为一个整体来处理,要强调整体最优,而不是局部最优。战略管理不强调企业某一个局部或部门的重要性,而是通过制定企业的宗旨、目标来协调各单位、各部门的活动,使他们形成合力。

4. 全员参与原则

由于战略管理是全局性的,并且有一个制订、实施、控制和修订的全过程,所以战略管理绝不仅仅是企业领导和战略管理部门的事。在战略管理的全过程中,企业全体员工都将参与。

5. 反馈修正原则

战略管理涉及的时间跨度较大,一般在五年以上。战略的实施过程通常分为多个阶段,因此分步骤的实施整体战略。在战略实施过程中,环境因素可能会发生变化。此时,企业只有不断的跟踪反馈方能保证战略的适应性。

6. 从外往里原则

卓越的战略制定是从外往里而不是从里往外。

(二) 战略管理的特点

企业战略管理是企业在宏观层次通过分析、预测、规划、控制等手段,实现充分利用该企业的人、财、物等资源,以达到优化管理,提高经济效益的目的。企业战略管理是对企业战略的设计、选择、控制和实施,直至达到企业战略总目标的全过程。战略管理涉及企业发展的全局性、长远性的重大问题。诸如企业的经营方向、市场开拓、产品开发、科技发展、机制改革、组织机构改组、重大技术改造、筹资融资,等等。战略管理的决定权通常由总经理、厂长直接掌握。企业战略管理具有以下特点:

1. **整体性**

企业战略管理的整体性包括两个方面的含义:首先,将企业战略看成一个完整的过程来加以管理。其次,它将企业视为一个不可分割的整体。企业战略管理强调整体优化,而不是强调企业某一个战略单位或某一个职能部门的重要性。企业战略管理通过制定企业的宗旨、目标、战略和决策来协调企业各个战略经营单位、部门的活动。

2. **长期性**

企业战略管理关心的是企业长期、稳定和高速的发展。企业战略管理的时间跨度一般在3年以上,5～10年之内。

3. **权威性**

战略管理重视的是企业领导者按照一定程序,对企业重大问题做出抉择并将其付诸实施的过程。企业战略是有效经营的必要前提,要充分发挥战略的整体效益功能,它就必须具有权威性。

4. **环境适应性**

企业战略管理重视的是企业与其所处的外部环境的关系,其目的是使企业能够适应、利用环境的变化。企业是与社会不可分割的一个开放的组成部分,它的存在和发展在很大程度上受其外部环境因素的影响。

(三)战略管理的内容

企业战略管理包括战略制订、战略执行、战略控制等过程。

1. **战略制订**

战略制订的依据:①外部环境分析。深入细致分析企业的外部环境是正确制订战略的重要基础,为此,要及时收集和准确把握企业的各种各样的外部环境信息。譬如:国家经济发展战略,国民经济和社会发展的长远规划和年度计划,产业发展与调整政策,国家科技发展政策,宏观调控政策,本部门、本行业和该地区的经济发展战略,顾客(用户)的情况,竞争对手的情况,供应厂家的情况,协作单位的情况,潜在的竞争者的情况,等等。②内部条件分析。分析该企业的人员素质、技术素质和管理素质,产、供、销、人、财、物的现状以及在同行业中的地位,等等,明确该企业的优势和薄弱环节。③战略制订的程序。战略制订一般由以下程序组成:明确战略思想,分析外部环境和内部条件,确定战略宗旨,制订战略目标,弄清战略重点,制订战略对策,进行综合平衡,方案比较及战略评价。

2. **战略执行**

为了有效执行企业制订的战略,一方面要依靠各个层次的组织机构及工作人员的同配合和积极工作;另一方面,要通过企业的生产经营综合计划、各种专业计划、预算、具体作业计划等等,去具体实施战略目标。

3. 战略控制

战略控制是将战略执行过程中实际达到目标所取得的成果与预期的战略目标进行比较，评价达标程度，分析其原因；及时采取有力措施纠正偏差，以保证战略目标的实现。实践表明，推行目标管理是实施战略执行和战略控制的有效方法。根据市场变化，适时进行战略调整。建立跟踪监视市场变化的预警系统，对企业发展领域和方向，专业化和多元化选择，产品结构，资本结构和资金筹措方式，规模和效益的优先次序等进行不断的调研和战略重组，使企业的发展始终能够适应市场要求，达到驾驭市场的目的。①

四、战略管理的发展

（一）战略管理趋势

进入 21 世纪以来，动荡的经营环境动摇了企业对战略规划的信仰。随着环境不确定性的急剧增加，企业越来越难以保持持续的竞争优势，而传统的战略理论对此又无能为力，反叛传统战略理论的呼声便日益高涨。正是在这样的背景下，以环境不确定性、未来不可预测性、系统复杂性和发展非均衡性为基础的"后现代"企业发展战略理论应运而生。"后现代"企业发展战略理论其实并不是一个体系化的理论，尚处在形成和演化过程之中，很不完善。之所以称为"后现代"，是因为在哲学和社会学中，"后现代"意味着对理性、必然性、确定性的反叛和解构。后现代企业发展战略理论所强调的，正是不确定性、随机性、直觉性、偶然性、试错性、应急性、学习性、自组织性和自适应性等特征。②

（二）战略管理的发展过程

现实的战略往往不是理性和计划的结果，而是不断试错的结果。环境的不确定必然导致企业不断尝试与修改自己的对策，这些应试对策的逐步积累就形成了战略。尤其是当企业的知识与经验无法应对外部复杂环境时，不妨摸着石头过河，从试错中寻找解决方案。同时，既然外部世界如此复杂多变，高层管理者的主要职责不是程式化地制定战略，而是管理组织学习。通过学习尤其是组织学习（Organizational Learning）企业才能应对不确定性，才能在一种渐进式的学习过程中创建出企业的战略。新世纪以来的学习型组织理论进一步认为，只为适应与生存而学习是不够的，必须创造性地学习，才能将企业打造成为一种有机的、高度柔性的、扁平化和人性化的可持续发展组织。

哈默尔和普拉哈拉德曾提出的"战略是一种意图"的著名论断，越来越契合当下的经营环境。所谓意图，是指一种最终追求的目标。意图虽然仅仅是一种直觉或愿望，并不具体明晰，当然更谈不上完善，但它却扮演了"罗盘"的角色。在充满高度不确定性和存在大量偶然性的现实商业环境中，在变化越来越快的市场上，即使是最好的战

---

① 刘云霞：《浅谈企业发展战略的创新》，载《现代经济信息》，2014（1），119 页。
② 徐飞：《战略不确定性》，载《财经界（管理学家）》，2008（3），92 页。

略也不可能给企业一个完全确定的既定路线。因此，作为指引方向和导航的"罗盘"，远比具体而详尽的"地图"重要得多。

明茨伯格（H. Mintzberg）和沃特斯（J. Waters）指出，合适的战略制定与决策过程，依赖于环境波动的程度，一个好的战略应该能够给企业多种选择，并配有相应的应急措施。企业可以对这些选择做出清晰的权衡，同时又能适应市场上迅速发生的变化。为了提高应急能力，企业应该把自己锤炼成为"自组织""自适应"的组织。对于"自组织"的强调和推崇，成为20世纪90年代后期许多企业管理论著的主要特征。这些理论彻底放弃了机械式的战略模式和组织模式，代之以更激动人心和革命性的有机模式——自组织模式。自组织和自适应理论认为，战略规划的程序和结果都应该和现实紧密相连；组织的自发学习和创新，可以使企业更好地适应复杂多变的环境。

第五节 决断力案例研讨

案例一

厦门 PX 事件

"厦门 PX 项目事件"源于台资企业腾龙芳烃（厦门）有限公司投资的对二甲苯（PX）化工项目，该项目早在 2004 年 2 月就获得国家发展和改革委员会批准立项，选址于厦门市海沧台商投资区。这是福建省对外合作重点工程，预期总投资 108 亿元人民币，投产后每年工业产值可达 800 亿人民币，这近乎厦门市 2006 年 GDP 的 70%。2005年 7 月，该项目的环境影响报告书获得国家环保总局审批通过，此后，2006 年 8 月，征地拆迁和筹备施工等都迅速在海沧区展开。该项目中心地区距离厦门市中心和国家级风景名胜区鼓浪屿均只有七公里，距离拥有 5000 名学生（大部分为寄宿生）的厦门外国语学校和北师大厦门海沧附属学校仅四公里。这一庞大项目的安全问题日益遭受各方质疑。

2007 年 3 月，全国政协委员、中国科学院院士、厦门大学赵玉芬发起、105 名全国政协委员联名签署了"关于厦门海沧 PX 项目迁址建议的提案"，被政协列为"一号提案"。提案指出，离居民区仅几公里的 PX 项目存在泄漏或爆炸安全隐患，厦门百万人口面临危险，该项目必须紧急叫停并迁址。赵玉芬当时接受报刊采访说："PX 就是对二甲苯，属危险化学品和高致癌物，对胎儿有极高的致畸率，而 PX 项目就位于人群密集的厦门海沧区。"这一话题不仅迅即成为"两会"热点，而且引发媒体和民众的强烈关注。进入 5 月下旬，随着 PX 项目工程的推进，更多的信息通过媒体、网络、手机短信等渠道被披露，当地民众的反应也越来越激烈。

2007 年 5 月 8 日，厦门大学西村绿晶酒店对面墙上出现了一些英文涂鸦，墙上画着眼泪，画着厦门市鸟白鹭，还有英文标语："I LOVE XIAMEN"（我爱厦门），"EVERYONE IS XIAMEN"（厦门是每个人的）。涂鸦的设计者是闽南小有名气的哲子。哲子在他的博客里说："这只是一个敏感懦弱的小人开始寻找自己的话语权。每个人都珍惜这片土地，厦门我爱你。"5 月下旬，厦门的网民通过电子邮件、MSN、QQ 等收到了这样的信息:"我们要生活,我们要健康!国际规定这类项目要距离城市70公里,我们厦门距离这个项目才7公里啊。为了我们的子孙后代,我们应该采取行动。"

2007年5月28日,市委宣传部所属的《厦门晚报》刊出万字长文《海沧PX项目已按国家法定程序批准在建》。文章以市环保局答问的方式,回答了针对PX项目提出的一些环保问题。29日,该报又发表长文,驳斥了所谓安全距离的质疑,强调PX项目并不违背惯例。文章对该项目采用的世界先进环保措施表示了充分的信心。市民们看了之后很是气恼。他们认为,这样的释疑举动表明政府企图强势推进PX项目。29日,厦门市民在手机上疯传同一条短信,呼吁市民就PX项目立即采取行动。这条短信很快被屏蔽,难以再次接收和转发。

与此同时,当地互联网出现了紧急呼吁:"期盼绿色家园的心情永不止步,让我们系上黄丝带上街散步,反对PX,保卫厦门。"30日上午,市政府看到市民情绪越来越激烈,采取缓和措施,从《厦门晚报》文章的立场上后退。厦门市常务副市长丁国炎在文化宫向媒体宣布缓建PX项目。当天,厦门市委书记何立峰在海沧区的座谈会上说,对一些学者和市民的心情和意愿,我们要予以充分的理解和重视,海沧区有些工作不必太急。

但是,市民的情绪已经箭在弦上,不得不发了。6月1日上午,成千上万的人从四面八方走到街上。从市政府到湖滨南路有人衣服上系着黄丝带,有人挥舞着黄丝带。有人领呼口号,有人演讲。当晚,市民在厦门电视台的节目中看到,这次"散步"被厦门市公安局定义为"非法集会游行"。吴贤等人因在网上发帖子要求采取行动,当晚被拘留。但是,6月2日,人们再次系着黄丝带走上街头"散步"。警察在人群前头的道路两侧封锁交通,为"散步"的人群开辟安全通道。6月3日,在"散步"中演讲的李义强被拘留。

厦门陷入紧张的对峙之中。6月中旬,厦门市政府主动表示,要广泛征求意见,重新评估PX项目,并委托中国环境科学院进行厦门市城市总体规划环境影响评价。中国政法大学教授蔡定剑说,厦门民众的"散步"告诉我们,中国需要建立更多更广泛的公众表达意见的渠道。他说,在市民"散步"之后,政府的选择是明智的。厦门在不安中等待着,12月5日,厦门市政府发布了环境科学院环评报告的简要本,并启动公众参与程序,准备召开市民座谈会。10日,《厦门日报》公布了自愿报名参加座谈会的624位市民名单。通过厦门电视台直播摇号抽选过程,邀请了107人。12月13日和14日,市政府召开市民代表座谈会。在座谈会上,厦门市政府副秘书长朱子鹭说:"我不一定赞成你的发言,但我誓死捍卫你说话的权利。"朱子鹭事后对记者说:"这是一个民主政府言论自由的应有之义。"朱子鹭在会上的表态受到市民代表热烈欢迎。在发言者当中,71%的人反对建设PX项目。

据媒体报道,座谈会之后,福建省委高层领导说,PX这个项目虽然不错,但要尊重厦门市群众的意见。要落实科学发展观。随后,媒体报道说,这个项目将迁移到漳州市漳浦县古雷半岛。古雷半岛经济区位于厦门和汕头中间,距离两座城市均为100多公里。目前正等待进一步评估。全国媒体一齐欢呼福建省和厦门市的决定,认为这个开明态度,表明了"政府和市民在一起成长",并且为中国环保史留下了"政府和民众互动的经典范例"。

(资料来源：马立诚：《交锋三十年》，江苏人民出版社2008年版)

思考与讨论

1. 结合案例谈谈文中涉及的管理知识？
2. 结合案例谈谈怎样做到民主决策和科学决策？

案例二

可口可乐决策失误案例

2004年4月23日，面对百事可乐愈加凌厉而嚣张的挑战，可口可乐终于不能再高枕无忧、安于现状而不思进取。于是，他们开发了一种味道更甜的新配方，要急于挽救不断下降的市场份额。而且通过口味测试证明这种新配方要胜过百事可乐。那可口可乐把这一原因归咎于什么呢？我们从材料中得知：口味是其市场份额下降的唯一的，也是最重要的原因。而且他们也想当然地认为消费者的口味发生了变化。这是他们决策失败的致命因素。他们只从主观判断出发，并没有立足于市场，深入研究消费者的消费心理与行为以及竞争对手的营销策略，没有顾及品牌背后的文化内涵。尽管他们做了口味测试与消费者对新可乐的反应测试，但这只是局部的一方面。他们之前应该做更加全面而深入的市场调研，做一下消费者的满意度调查、消费者对可口可乐品牌的认知度调查、购买可口可乐的消费者特征以及消费行为的调查等，还要搞清楚竞争对手的产品特征、目标市场、市场定位以及促销战略与策略等。挖掘出百事可乐市场份额上升的深层次的隐性因素，充分认识到是产品本身的原因还是营销活动上的不足，抑或是竞争对手的逐步强大是一不可避免的趋势。然后再去做策略的研究、制定与实施。结果可知，绝大部分的消费者仍然喜欢经典的可口可乐，他们喜欢的难道只是可口可乐的味道吗？这种回答显然流于浅薄。他们喜欢的更是经典可口可乐所代表和象征的美国文化和传统价值观。可以说可口可乐已经成为美国国民心中一面不可动摇的旗帜，一个根深蒂固的符号，所以新可口可乐的大肆上市犯了一个原则性的战略失误。接下来，"堪萨斯"项目的引进也有些急失冒进，倍感唐突。新产品的开发要经历这样一系列的过程：新产品构思、构思筛选、概念测试、营销战略、商业分析、产品开发、市场测试、新产品推出。任何一个新产品的上市都要有一个试销的步骤，选择在一个小范围、小市场、小地域内试销，并根据试销的效果修正我们的营销策略、进一步改进新产品，甚至要做出撤销新产品上市的计划。而可口可乐显然跨越了这一重要的必不可少的步骤，直接用新可口可乐彻底地取代了原来的经典可乐。并且这个决定还是经过审慎的考虑之后做出的，未免有些滑稽。他们的理由竟然是：预计罐装商会排斥加入另一种口味的做法。这显然又是他们的主观臆想，更甚一步的是，他们连对可口可乐的包装也做了一个大变身，这着实更是雪上加霜之举。而且我们发现在新可乐的口味测试中，似乎赢得了很大比重的消费者的喜欢与肯定，然而这可能只是创新使用者，从他们过渡到早期使用者和早期大多数还有一个陷阱需要我们去防备，究竟新产品能否跨越这个陷阱，我们需要时时提高警惕，以便尽早采取措施。可口可乐公司面对消费者激烈的回应，无奈之下狼狈地退出市场，接受了消费者愤怒、无情、犀利的批判与否定。通过这个事实，你得到了些什么？你受到的启发是什么呢？我们从消费者的抱怨声中可以窥见："可口可乐曾是美国的一个象征，但现在却像是一个多年的老朋友忽然背叛了自己。"这显然不仅仅是一个新产品的问题，也是一个品牌管理的问题。我们在推出一个新产品之前，要全面分析自身产品与品牌、消费者与竞争对手的情况，做到"知己知彼，百战不殆"。首先要搞清本公司产品的属性特征、定位是什么；目标顾客是那些；哪些人的购买形成公司销售额和利润的最主要贡献；顾客基于什么原因选择购买本产品；他想得到的并且可以得到的价值、利益是什么。这种价值与利益不能单纯地从产品的核心与形式层面去考虑，也要深入到延伸与期望等更高的层次；不仅仅应该顾及产品的功能与经济价值，同时也要顾及它带给消费者的心理价值。所以我们要全方位地挖掘消费者的购买理由。这时，我们不免怀疑可口可乐在做口味测试时，所选择的测试人群是否是本产品的目标顾客，还是把相当一部分的年轻人包括进来。如果这样的话，百事可乐已经在年轻人当中塑造了一个清晰明确的，正适合他们的新定位、新观念，可口可乐再想去与百事争夺，必定是徒劳无功。老可口可乐的定位是"经典的、传统的"，他的主要顾客是一些上年纪的中老年人，它的品牌背后代表的市美国文化与传统的消费习惯。这些人购买可口可乐不只是为了味道，更是源于一种心理上对其的归依与亲近，是对美国文化的认可与崇尚，是对传统价值的尊重，也是对过去岁月的一种追忆与思念。老可乐已经成为他们以物寄情的一个载体，成为他们生活中、心理上不可抹杀的一个重要组成部分。

思考与讨论

1. 结合案例谈谈可口可乐决策失误的地方？
2. 结合案例谈谈你的启示？

案例三

通用电气：战略计划

通用电气是美国最大的电气公司。该公司拥有职工近40万人，制造、销售和维修的产品约13万种，其中包括飞机引擎、核子反应堆、医疗器械、塑料和家用电器等，业务范围遍及144个国家和地区。1978年，公司的销售额约200亿美元，利润超过了10亿美元，其中40%来自国际市场。

（一）战略计划的由来

由于通用电气的规模越来越大，产品的种类越来越多样化，公司在经营管理上，面临着以下几个关键问题：第一，是冒一定的风险使利润迅速增长，还是使利润持续不断低速增长。第二，是需要一个分权式的组织机构以保持组织上的灵活性，还是建立一个集权式的组织结构以加强对整个公司的控制。第三，如何对付环境技术和国际等方面的新挑战。经过研究，公司选择了利润高速增长的经营战略，这意味着即使在经济下降时期，也要使利润持续不断地增长。为了做到这一点，该公司在业务上保持了多种经营的方式，以抵消经济危机对某些业务的影响。为此又需要一个分权的组织机构以促使下属各单位不断地改进经营管理并使利润增长。但是，怎样管理这样一个机构，并对付来自环境、政治、经济、技术和国际上的各种挑战？通用电气公司的答案是制订战略性计划。

（二）制订战略计划的机构、程序和原则

1. 建立一种制订计划的结构

从组织机构上说，通用电气在传统的事业部和大组的机构上，又建立了一种制订计划的结构——战略（计划）经营单位。经营单位的规模不一，大组、部、部门都可以成为战略经营单位。从定义上来说，一个战略（计划）经营单位，必须有一致的业务、相同的竞争对象，有市场重点以及所有的主要业务职能（制造、设计、财务和经销），所有这些都由战略（计划）经营单位的经理负责。在建立了战略（计划）经营单位之后，通过电气就形成了双重结构和双重任务，即新建的战略（计划）经营单位是计划机构，其职责是制订战略，原有的组织机构的任务是执行战略。例如，公司的大型蒸汽轮机部，其规模为前者的一半。虽然这两个部都很庞大，但都不是计划部门或战略（计划）经营单位。计划的制订工作是在统辖这两个部（以及其他部）的轮机业务大组一级进行，也就是说，这个轮机业务大组是个战略（计划）经营单位。这个大组的战略思想是向全世界的工业和公共事业用户提供发电设备。大型蒸汽轮机的功率高，而燃气轮机的特点是灵活，将二者都包括在一个战略（计划）经营单位之内，就可以使它们相辅相成，而不是相互竞争。又如，通用电气用两种牌子（通用电气和"热点"）销售包括电冰箱、洗衣机设备在内的全套家用电器设备。为了有效地进行生产，这些家用电器被分别组织在一些不同的部门之内。但是，为了制订战略性计划，所有生产家用电器的部门，都被集中到一个单独的主要家用电器业务大组内。这个大组便成为一个战略（计划）经营单位。这既可使公司对顾客有一个内外的战略，又可使公司具有业务上的敏感性。

2. 制订计划的程序

这个主要是靠一步一步地进行分析。例如，当观察外界环境时，通用电气公司考虑到社会、经济、政治和技术发展趋势，在过去和将来都会影响到市场、顾客、竞争对手和供应厂商，由此可以找出发展机会和对公司的威胁。当分析到本公司的资源时，应考虑到本公司酝酿、设计、生产、销售、资金和管理等方面的能力，以找出本公司的强点和弱点。当分析到企业目标时，应考虑到公司股东、贷方、顾客、雇员、供应厂商、政府和社会的期望，并辨别出每一个因素如何指导或限制企业的发展。总之，这个过程所强调的是进行全面的分析，在分析时将一切因素都考虑进去。该公司认为，经过这种分析，就会出现非常有效的战略。

制订战略计划过程中的各个分析步骤，也使通用电气找到了发展业务和进行多样化生产的机会。通用电气下属的战略计划经营单位下决心兼并考克斯广播公司，这使得通用电气在广播和可视电报方面有了新的市场。公司之所以如此快地进行这次兼并，是由于通过战略性的分析，预计到在这方面有发展的机会。同样，对其他国际公司的兼并，也是出自战略上的考虑。这次兼并使得通用电气加强了自己在能源和工业原料供应方面的地位。

3. 规定一些共同遵守的原则,以保证计划的制订

这些原则可以从以下几个方面加以说明:

(1) 所有管理人员都要参加战略计划的制订和学习。通用电气的 300 多名高级管理人员,要集中 4 天时间研究和制订战略计划。400 多名未来的计划人员,要集中用两周时间全部完成战略计划的制订工作。在全公司一万名各级经理人员,要接受一天了解战略的视听训练。公司认为,这种时间代价虽然大,但却是成功的关键。

(2) 制订计划时间表,以便对各种战略计划进行检查,并通过预算对不同的发展机会分配公司的资源。对战略计划的审查是为了使其付诸实施,通过预算对不同的发展机会分配资源,是为了从物质上保证战略性计划的实施。

(3) 用投资矩阵图(又称业务屏幕)来表明投资的轻重缓急。每年通用电气公司都用上述矩阵安排自己的投资。战略计划经营单位用顶上的横轴估价工业的吸引力,用边上的纵轴来估价自己的企业在该行业中的竞争力量。对投资增长类的企业在投资时排在第二位。而对选择盈利类则要求它们在投资同利润之间保持平衡。对业务萎缩类的企业,则逐渐撤回投资。公司认为,关键的问题是如何衡量工业的吸引力和企业本身的力量。为了解决这个问题,公司应用了多种因素估计表。对与外界各种因素和本企业本身的力量有了精确的估价后,战略计划经营单位的经理就有了做出决策的信心。

(4) 对战略计划经营单位的经理人员实行奖励制度。对于战略计划经营单位经理人员的考核,主要是看这些经理人员对通用电气公司的全面贡献如何。对投资增长类的企业经理人员来说,当他们的行动和计划能为全公司带来长远利益时,他们会得到更多的奖励。另一方面,对于业务萎缩企业的经理人员来说,奖励的多少主要是看这些经理人员能否在短期内为公司赚取更多的利润。把奖励与战略性的任务联系起来,有助于克服那种不顾企业本身的实际潜力而使业务盲目增长的倾向。

通用电气认为,从 20 世纪 60 年代的分权管理发展到 70 年代的战略性计划的制订,又发展到 80 年代的战略性经营管理,由于这种管理制度的演变,适应了公司规模和经营多样化的发展,因而给公司带来了巨大利益。为了管理像通用电气这样规模巨大的多样化的企业,公司还在继续研究新的管理方法。但公司认为,管理程序、管理的结构和管理制度固然重要,但同样重要的是,还需要有一批经理人员,这些处于各阶层的经理人员必须能够从战略上去思考问题。

(资料来源:杨明刚:《现代实用管理学——知识·技能·案例·实训》,华东理工大学出版社,第二版)

思考与讨论

1. 结合案例谈谈什么是战略管理?
2. 结合所学知识谈谈通用公司是如何进行战略管理的?

第四章 协调力

第一节 协调力的概述

一、协调力的概念

所谓协调力，简单的说就是指决策过程中的协调指挥才能。而作为决策的领导者必须懂得一套科学的组织设计原则。[①] 除此之外，还应该熟悉并善于运用各种组织形式，还应该善于用权，能够指挥自如，控制有方，协调人力、物力、财力，以获得最佳效果。其中，协调是核心。而所谓协调，是指领导者为实现组织目标，而运用各种措施和方法，使其所领导的组织同外部环境，以及组织中的各个部分和组成人员协同一致，相互配合，以便高效率地实现领导目标的行为。

说到协调，不得不提到沟通。沟通与协调是不可分割的。沟通是社会中的个人或组织基于一定的需求和目的，通过语言、文字、图像、行为等多种方式，交流思想、观点、情感等信息，以期获得相互信任、相互了解、相互支持，达成共识，实现组织和谐有序发展的一种行为和动态过程。一般说来，沟通力是指沟通者所具备的能胜任沟通工作的优良主观条件。简言之，人际沟通的能力指一个人与他人有效地进行沟通信息的能力，包括外在技巧和内在动因。其中，恰如其分和沟通效益是人们判断沟通能力的基本尺度。恰如其分，指沟通行为符合沟通情境和彼此相互关系的标准或期望；沟通效益，则指沟通活动在功能上达到了预期的目标，或者满足了沟通者的需要。

但每个学科对协调的内涵有不同的见解，从语用上讲"协调"有两个层面的含义：一是指事物间关系的理想状态；二是指实现这种理想状态的过程。经济学中"协调"既可以视为在各种经济力共同作用下经济系统的均衡状态，也可以视为经济系统在各种经济力的共同作用下，趋向均衡的过程。管理学中，协调主要指实现管理目标的手段和过程，强调的是对各种管理要素的综合考虑。系统科学中，协调是为实现系统总体演进的目标，两种或两种以上相互关联的系统或系统要素之间相互协作、配合得当、互为促进的一种良性循环态势及其控制过程。可见"协调"尽管定义不同，但基本都具有目标和过程两层含义。

现今，大多运用辩证法的观点理解"协调"，协调是具有系统属性的事物及其构成要素间。在运动、发展中的对立统一是差异中的一致，是由不协调→协调→不协调→协调→不断循环往复的螺旋式上升的过程。

[①] MBA智库百科 http：//wiki.mbalib.com/wiki/协调能力。

二、协调力的特点

（一）广泛性

其广泛性主要体现在程度与范围两个方面上。在程度上，行政协调贯穿于行政管理的组织、领导、决策、实施、督促、检查、总结和交流的全过程。而在范围上，行政系统内部的协调包括上下级政府或部门之间的协调，平行部门之间地区之间的协调。行政系统外部的协调：包括行政系统与执政党的组织、与其他国家机关之间的协调，以及行政系统与外部环境和工作对象之间的协调等。

（二）客观性

协调力的客观性首先体现在行政协调对象的客观性，协调者通过一定的方式方法作用于被协调的对象，这是一个主观影响客观的过程，因此协调者必须尊重和适应协调对象的客观规律，绝不能主观任意地协调。其次体现在行政调解过程的客观性，通过行政协调活动达到行政系统由混乱向有序的转变，这是行政协调者遵循客观规律的结果，是不以人的主观意志为转移的客观过程。

三、协调力的功能

（一）调节功能

组织行政协调可以有效地调节组织与外部单位以及组织内部的各种关系，保证组织的经营活动有一个和谐的内外环境。在社会主义市场经济条件下，组织同外部单位（例如主管单位、政府部门、同行组织、科研单位等）及组织内部各部门之间的联系愈来愈密切。因此，只有通过组织行政协调不断调节组织的内外关系，才能取得多方面的支持与合作，顺利实现组织的目标。

（二）优化功能

在组织行政管理活动中，通过科学的分配人力、物力和财力，就能够收到事半功倍的效果。组织行政协调可以根据组织生产目标的需要，加强管理的规范性和计划性，减少盲目性，促使组织内部的人力、物力、财力达到最佳配置，从而提高生产效率，增进经济效益，减少不必要的浪费。

（三）规范功能

组织行政协调可以明确规范各个部门的职权和责任，使它们各司其职、各尽其责、彼此分工、相互配合。如果组织行政管理不规范，就会出现思想不统一、行动不一致的混乱局面。组织行政协调不仅可以有效地理顺各种关系，化解各种矛盾，调和各种冲突，还可以统一思想，统一行动，使组织的行政管理活动规范化和有序化。

(四) 凝聚功能

组织行政协调可以极大地增强组织凝聚力，使组织内部的各个部门、人员之间密切配合，团结协作，消除工作的脱节和重复。工作的脱节会延迟组织目标的实现，而工作重复则是人、财、物的浪费。只有通过及时有效的组织行政协调，才能使组织的部门之间、人员之间互相沟通，增进了解，培养出团体精神与合作意识。

四、协调力的地位与作用

协调力，是化解矛盾的能力，是聚分力为合力的能力，是变消极因素为积极因素的能力，是动员群众、组织群众、充分调动人的积极性的能力。固然，个人的力量总是有限的。领导者要履行好自己的职责，必须把周围同志的积极性调动起来，使其潜能发挥出来，靠集体的力量攻克难关。可见协调力的重要性非同一般。

(一) 提高协调办事能力是领导机关抓工作落实的需要

领导机关是一个整体，许许多多的工作都是需要由一个部门牵头、多个部门配合共同抓好落实的。有些工作是我们自己牵头办的，有些却是别的部门牵头办的。但不管是牵头还是不牵头，都有个协调的问题。如果在这个问题上，因我们的水平低、能力差，牵不好头、协调不利，那抓落实就成了一句空话，机关的作用就不会得到很好的发挥。现在，有的单位忙乱现象突出，这里固然有工作多，四平八稳就完成不成任务的因素。但也有的是由于上下之间、部门之间协调不够、欠沟通造成打乱仗、低效工作的现象。

(二) 提高协调办事能力是领导机关提高工作效率的需要

我们说了领导机关的大量工作是需要通过各个部门相互配合、相互协调完成的。因此，要提高机关工作的效率，就必须提高机关干部的协调办事能力，这是个前提条件。协调办事看起来简单，实际上却是一项复杂的工作，需要对其做出缜密的思考、进行周全的安排和不辞辛苦地抓落实。

(三) 提高协调办事能力是机关干部履行职责的需要

机关工作一个很大的特点就是协调各方面，形成一个合力，共同完成上级机关和领导交给的工作任务。因而，机关干部如果协调办事的能力不强，就很难履行职责，就不能说是一个称职的机关干部。现在，一些同志没有把协调办事当作自己的职责范围。对于由别人牵头、需要自己配合的工作不积极主动。认为不是自己的事不负主要责任，没有认识到支持配合别人共同抓好工作落实，同样也是自己应尽的职责。绝不是可办可不办、可办好可办坏的，而是必须尽力协调办好的。对于由自己牵头，需要别人配合的工作，缺乏耐心，一遇挫折和矛盾，就退缩了。不是从自己能力水平上找原因，而是一古脑地把责任推给别人，埋怨别人。没有认识到争取不到别人的配合，完成不了工作任务，自己也有责任，应该主要从自己身上找原因。

（四）提高协调办事能力是机关干部成长进步的需要

据美国《幸福》杂志下属的研究会对美国 500 位年薪 50 万美元以上的企业界高级管理人员和 300 名政界人士的调查，结果表明，其中 93.7% 的人认为人际关系顺畅和较强的协调能力是事业成功的最关键因素。我们国内调查显示，中国每 100 位头脑出众、业务过强的人士中，就有 67 位因人际关系不畅、协调能力不强而在事业中严重受挫，难以获得成功。许多在机关、基层两个领域交替发展并逐步走上领导岗位的人。看一个干部是否具有领导才能，有多大的发展前途，标准当然很多，像政治素质、道德水准、文化知识、决策水平等，但还有一个很重要的方面，就是协调办事能力如何。一个优秀的领导干部一定是善于运用、协调各方面的力量，使人尽其才、才适其位、运用自如、井然有序。相反，一个协调能力弱的领导，只会把一个单位搞成一盘散沙、混乱不堪。以行政协调为例，可以说明协调力的作用之大。行政协调①是指行政主体在行政管理过程中通过沟通、协商以及对相关主体职能、权责关系的明晰和调整，以促进组织目标实现的过程。其主要作用在于解决各部门之间和人员之间所发生的摩擦、矛盾和冲突，保证决策目标的实现。具体作用表现在：

1. 有利于增强行政凝聚力

一个组织是否具有生命力，取决于其集体向心力和聚合力的程度。可以使各行政部门和行政人员在工作上密切配合、和谐一致，避免内耗和互相冲突。

2. 有利于合理利用资源

有效的行政协调，可以节省金钱，减少浪费，使人、财、物等资源的利用得以适当调节，特别在防止和处理不正常竞争中对资源的开发纠纷和无序开发的现象，乃至急功近利破坏资源的现象，行政协调都有特殊的作用。

3. 有利于提高行政效率

行政协调使有关规章制度相互配套，各项政策、计划、法规，使其互不抵触，使行政组织对重要的事情处理都有合法程序；同时通过对行政系统内外多重要素的综合调控，遏制或减少了系统内部上行、下行、平行各组织单元之间的摩擦、冲突等损耗因素，这本身就是一个减少内耗的过程。另一方面，行政协调沟通内外，融洽环境，使行政过程更多的为外界群众所了解、关心，这对行政实施成本的降低也有很重要的作用。

第二节　协调力的内容构成

在社会学领域的诸多学者中，论及社会行动的协调力问题的，首推舒茨。他认为：我的日常生活世界绝不是我个人的世界，而是从一开始就是一个主体间际的世界，是一个我与我的同伴共享的世界，是一个也由其他人经验和解释的世界。② 舒茨将互动发生其中的社会世界分为两种：一是直接经验的社会世界，也即人们之间的面对面互动构成

---

① 百度百科 http://baike.baidu.com/link.
② ［美］乔纳森 H 特纳：《社会学理论的结构》，上册，38 页，北京，华夏出版社，2001。

的世界；二是间接经验的社会世界，是互动双方身体不同时在场（body absence）的世界在直接经验的社会世界，沟通借助于通过直接观察对他人行动意图的了解在间接经验的世界，实际上借助各种理念类型来理解他人。

一、协调力的内容

行政协调有三层意思[①]，分别是：①协调与外部环境的关系，增强行政系统的适应力、创新力。现代行政系统是一个与外部行政环境变化及信息要求相关的开放系统，它必须根据外部环境对自身的要求，调整政府职能体系与行政组织结构，以增强行政系统适应外部环境变化的能力。②协调内部纵横向的关系，以增强行政系统的协作力、整合力。政府行政系统，为增强适应外部环境变化的能力，必须协调自身内部的各种纵横向关系，这种"纵横向关系"，既包括中央政府与地方政府之间以及地方各级政府上下级之间的关系，又包括政府机关各部门之间的关系。③协调内外部、纵横向的人际关系，增强行政系统的凝聚力、驱动力。由于行政人员所居职位、所持视角、所具有的价值取向等不同，必然造成人际关系的矛盾和冲突。因此，必须通过有效的行政协调，消除彼此之间的隔阂、分歧，增强相互之间的理解、信任、支持，从而增强行政系统的凝聚力、驱动力，实现行政运转协调。具体来说，行政协调[②]包括以下内容：

（一）内部关系的协调

内部关系包含两个含义，一是指行政部门本身工作关系，二是指组织内部各种关系。行政部门内部，若要充分调动每个员工的积极性，做到既有明确分工，又能互相配合，拾遗补阙，始终保证行政部门这部机器的高效正常运转，就需要协调作为润滑剂。从组织内部讲，各部门之间理顺工作关系和工作程序，完善运行机制，使之能紧紧围绕中心任务和总目标协调一致地开展工作。内部关系的协调是行政部门协调工作的重头戏，应下大力气抓好。

（二）左右关系的协调

左右关系的协调是指本组织和其他单位之间的协调。按照系统论观点，一个系统总是存在于一个更大的系统之中，它要和其他系统发生千丝万缕的联系，绝对封闭的系统是不存在的，在改革开放的年代，这种横向的协调尤其重要。左右之间关系的协调包括本组织与兄弟单位间的协调，本组织与友邻单位的协调，本组织与协作单位之间的协调等等。左右关系的协调主要是运用公共关系的原理，建立良好的横向关系，平等互利、和衷共济、共同发展。

（三）上下关系的协调

上下关系即纵向关系，本组织与政府的组织管理机关，本组织与下属单位或业务部门之间的关系。上下关系的协调也是管理层次之间通过信息传递实现双向沟通，上下协

---

①② MBA智库百科 http：//wiki.mbalib.com/wiki/行政协调。

调一致。其主要任务是对下级通过开会、发文件等形式，使下级的思想、行为能够统一到正确轨道上来，进而统一步调，完成共同的目标和任务。对上级，通过请示、汇报等形式，把组织的情况和需要政府部门帮助解决的问题，向上反映，达到协调一致的目的。

（四）领导之间关系的协调

领导人之间由于各人认识上的差异和分管不同工作的局限，往往会对同一问题产生不尽相同的看法，行政部门要在自己的职权范围内主动向领导成员，特别是主要领导全面反映情况，沟通不同意见，努力协调好领导成员之间的关系，使意见统一到正确轨道上来，以利于把握全局，密切配合，促使问题的解决和工作的顺利进行。

二、协调力的分类[①]

（一）对事的协调与对人的协调

从协调的对象上看，可以将行政协调划分为对事的协调与对人的协调。行政活动总体上属于执行性的活动，目的是事与事之间能得到合理适当的匹配。因此，必须明确各项事务在执行体系中的地位和作用，明确各项事务间的相互联系，必须对行政执行进行周密部署，区分事务的轻重缓急，正确协调好诸如中心工作与非中心工作，规范性的工作与突击性的工作，上级布置的工作与本级计划的工作，相邻单位的工作与本单位的工作等的关系，保证行政事务有条不紊、和谐有序地进行。人是行政行为的主体，行政协调突出表现在对人的协调上。组织与组织、个人与组织之间的关系，在一定的场合，也需要通过人际之间的沟通加以理顺。人际关系的协调，必须以符合党和国家的根本利益为原则。

（二）内部协调与外部协调

从协调的范围看，行政协调有内部协调与外部协调之分。内部协调是指行政组织自身的协调，行政组织自身的协调是个十分复杂的问题。以行政组织之间的协调为例，作为实现行政管理的工具，行政组织是一个日益复杂的系统，需要有机地进行协调，既要遵从上级集中统一指挥的原则，又要尽可能地发挥下级的积极性和主动性，在集权与分权之间，寻找一个最佳结合点，而这就需要进行协调。

外部协调的范围十分广泛，从广义上说，外部协调实际上就是行政组织与社会发生关系的体现。当今社会的发展使行政组织越来越直接、广泛地介入社会生活，承担着管理社会的任务。但行政组织本身又是从社会中产生的，其发展趋势又必须逐步回归到社会中去。行政组织与社会之间是一种互动的关系。从狭义上说，外部协调是指行政组织与国家政权建设的关系，指行政组织与其他国家政权机关、政治组织的关系。

[①] MBA智库百科 http：//wiki.mbalib.com/wiki/行政协调。

（三）认识性协调与利益性协调

从协调的内容上看，行政协调有认识性协调与利益性协调之分。在行政执行过程中，各个具体的执行主体，由于各自的知识水平、能力结构、心理素质、价值观念等的不同，对于同样一个行政目标，可能产生不同角度、不同程度的理解，并通过一定的态度、情绪、作用反映出来。有时，这种不同认识会直接影响到行政行为的和谐齐整，需要进行协调。认识性协调的成效主要取决于合情合理的讲解叙述、耐心细致的思想教育和循循善诱的工作方法。行政行为能产生一定的行为后果，总会以直接或间接的方式涉及执行主体的物质利益需求，充分调动执行主体的工作积极性，提高工作效率，是行政协调的根本目的。所以，必须正确处理国家利益、集体利益和个人利益三者的关系，正确处理长远利益、全局利益与眼前利益、局部利益的关系。公共行政行为，必须以实现国家利益为重，以服从长远、全局利益为重；同时，又兼顾集体与个人利益。而在处理个人利益之间的关系时，应本着社会主义团结互助的精神，尽可能照顾到各个方面，提倡整体协作、谦让友爱、牺牲奉献精神。

（四）促进式协调与纠偏式协调

从协调的性质上看，可以将协调分为促进式协调与纠偏式协调。在行政执行中，由于某些部门或个人成绩突出，如行政人员提出行政革新并在工作中取得成效，使得各部门在执行进展上拉开差距，这种不平衡是新生事物的必然表现，代表着事物向前发展的方向。这时，领导的协调就必须旗帜鲜明地支持先进，积极地采取各种方式、各种手段来鞭策后进，通过积极的促进来达到新的平衡，但不能为了强调平衡而因循守旧。在行政执行过程中，某些部门或个人从局部的利益出发来考虑问题、处理问题，违反行政规范，破坏整体利益，给全局工作造成损失。对此，领导的协调就必须做到是非分明，认真负责，果断勇敢，彻底消除这些破坏性的消极因素，通过严肃的纠偏来维护正常的秩序，决不能无原则地调和矛盾，姑息迁就。

（五）合作式协调与应变式协调

从协调的方式上看，可以将协调分为合作式协调与应变式协调。一级行政组织管辖若干个职能部门，每个职能部门都有明确的岗位职责，但这种职能分工并非画地为牢，各个机构并非各自为政，而是形成一个有机整体，各职能部门服从于整体的行政目标。许多行政行为存在于各个部门相互关联的生长区间，带有综合性质，即使以一个职能部门为主的行政行为也会引起其他部门的连锁反应。这些行政行为不仅需要纵向层级的树型沟通，而且讲求横向的、彼此贯通的辐射沟通。它们需要多个部门的齐抓共管，共同合作，需要有机地进行协调。在具体的决策过程中，有可能某些决策先天不足，但在决策范围内又无法验证自身缺陷，一旦付诸实践，就显现出不合理；亦有一些决策原本是正确的，但由于社会实践的诸要素发生了变化，为了适应社会实践内在规律的要求，行政决策必须相应地进行调整修正，必须进行应变性协调。这种协调还可分为积极去调查研究、发现问题、进行调整的主动性协调和遇到矛盾、由下级反映上来而进行处理的被动性协调。

(六) 会议协调与非会议协调

从协调的途径来看,可以将协调分为会议协调与非会议协调。会议协调是经常使用的一种协调方式,可以具体通过座谈会、讨论会、汇报会等形式进行。协调会议应吸纳与行政行为有关的组织及其人员共同参加,顾及方方面面的权利和利益,具有防止独断专行的功能。协调会议围绕特定的行政主题,面对面地反复进行沟通,开拓思维视野,促进思维震荡,具有集思广益的功能。协调性会议对于有关会议资料、讨论的计划要点、提出问题的内容方式、讨论的程序范围等都要事先充分准备好,要杜绝那种不计成本、无端耗费的会议,要防止责任不明;互相推诿的会议。会议性的协调都是正式的,而非会议性的协调既可以是正式的,也可以是非正式的。非会议性的协调方式很多,可以因人因事制宜进行。非会议性协调可以通过人员的个别交谈、广播电视等新闻媒介进行,也可以通过由有关人员在签呈文件上共同签字以表了解的方式进行。

三、协调的方法

在组织行政协调过程中,由于运用的方式,针对的对象以及权力大小的不同,行政协调的方法也各不相同。就当前组织行政管理而言,常用的协调方法[①]有以下几种:

(一) 会议协商法

会议协商法是指通过召开各种形式的会议来组织力量、布置工作,协调各级部门、各级人员之间的关系,以达成共识、解决矛盾。会议协商有两种形式:

1. 座谈工作的会议

这类会议是进行多方沟通的一种形式,主要内容是通过上下级部门的沟通和平级部门之间的交流,对组织各部门的规章制度、工作方法、执行措施和办事程序,进行深入的探讨,以达到互通有无,取长补短的目的。此外,工作座谈会还可以使与会各方增进了解,减少矛盾,保证组织各项工作得以协调有序地进行。

2. 解决问题的会议

针对工作中出现的某一问题展开讨论,寻求解决问题的可行方案。这类会议要求:①会前要做好调查研究,对可能出现的情况,制定出相应的解决方案。②会要有议,议要有决,讨论的每件事情都必须及时处理。③会议的组织者要有一定的权威性,使协调工作能够顺利执行。④会后进行追踪检查,防止会上制定出的方案在执行中走样。会议协商法是组织行政协调的一种有效方式,它可以提高协调工作的效率,避免不必要的浪费。但是这种方法也容易产生相互推诿和扯皮的现象,无法使问题彻底解决。所以,会议的主持者必须注意多方面的意见,认真引导,统一认识。

---

① MBA智库百科 http://wiki.mbalib.com/wiki/行政协调。

（二）总体平衡法

在规模庞大、功能复杂的现代组织中，组织行政协调的关键在于总体平衡。这种组织组织层级复杂，专业分工细微，业务跨度大，唯有通过总体平衡的协调方法，才能使组织与社会之间以及组织自身各部门之间维持一种稳定合理的关系，从而促使组织健康、持续、和谐地发展。总体平衡的协调方法需要处理好组织外部环境与内部有效管理的平衡，组织管理幅度与管理层级的平衡，组织的部门改革与整体发展的平衡，组织各部门职权、责任与利益的平衡以及组织的管理部门与生产部门的平衡等。组织的总体平衡是一种不断调整的动态平衡。它要求行政协调者具有全局观念和清晰的思维能力，能够在纷繁复杂的社会条件下，排除障碍性因素，理顺组织与外部环境之间以及组织内各部门之间的关系，以加强组织多部门、多方向的协作，使组织在动态的平衡中实现预定目标。

（三）信息沟通法

它是指通过交流信息、传递资料、传阅通报和文件、发布公告、张贴布告等形式，促使组织有关各方及全体成员了解事实真相，互相信任，最终精诚合作的协调方法。在瞬息万变的信息社会，依靠信息进行组织管理已成为现代组织的一个重要特征。如果组织内部信息渠道不畅，会造成组织各个成员缺乏必要的沟通，各个部门也无法把握工作目标的进展情况，从而使整个组织陷入信息失灵、管理失控和效率低下的局面。现在的许多组织已经开始建立形式多样的信息系统，运用信息交流的方法来开展组织行政协调工作。组织行政管理的实践证明，通过信息沟通不但可以使组织内部分工合理、协调一致，而且也是使整个组织统一意志、统一指挥、统一行动，提高效率，实现组织行政管理效能的重要保证。

（四）分工负责法

分工负责是指按照责任大小合理分工，明确规定组织各职能部门或者各个成员的职责范围，将其职权和责任密切相连、有机统一，使它们各尽其职、各负其责，从而防止推诿扯皮现象的发生。这种协调方法的目的在于避免产生无人管理的问题，做到出现矛盾和冲突时，有明确的规章制度可以遵循，并能够以此为根据迅速加以解决。

在组织行政协调中，针对各部门之间出现的矛盾，必须实事求是地进行调查，使有关各方明确分工和责任，做好自己分内的工作，以保证组织总体目标的实现。分工负责的协调方法要求：

1. 分工明确

组织各个部门、各个职位都有专人管理和负责，避免有事无人管理、无人负责现象的发生。

2. 权责相称

赋予多大的权力，就要承担多大的责任，反之亦然。任何无权有责、有责无权、权责不一的现象，都会破坏组织行政管理总体功能的实现。

3. 协同合作，解决问题

组织各部门分工不分家，虽然责任必须明确，但是出现问题时仍然需要有关各方共同协作予以解决。

（五）统一思想法

组织各个部门的组成人员由于受诸多因素的影响，对组织经营管理目标的理解不可能是整齐划一的。这种思想上的分歧和认识上的差异将不可避免地反映到各自的管理工作中去，导致成员之间在行动上相互脱节，危害组织的整体利益。为了保证组织总体目标的实现，需要通过开展深入细致的思想教育工作，用说明、引导等多种方法来统一认识，达到既充分发扬民主又统一思想的目的。在我国，组织既要担负宏观管理体制的转轨，又要面临内部机制的变革。特别是现代组织制度的建立，新旧体制的冲突，不断反映到职工头脑中，就会产生各种各样的思想问题。因此，只有扎扎实实地做好组织成员的思想工作，协调好各个部门以及各成员之间的关系，才能使上下齐心，共同努力，保证组织顺利转型。

（六）中介协调法

这是对于牵涉面小，不太复杂问题的协调方法。采用这种方法，行政协调者不必直接包揽，而是以中介人的身份为有关各方牵线搭桥，使之了解问题的性质、上级领导的要求以及解决问题的质量时限要求，至于具体问题，则由有关方面自行协商解决。

（七）文件协调法

这是通过发布各种政策性、制度性文件等形式，来规范各方行为，促其按章办事，达到统一行动的目的。文件协调的另一层含义是，组织行政部门要严把发文关。有时候某个部门牵涉到有关几个部门的问题时，不与有关部门协商便单独发文，结果造成工作失误和其他部门的不满。因此对于应该几个部门共同下发的文件，要组织他们协商讨论，达成共识，联合拟制。

（八）强制协调法

强制协调适用于有直接隶属关系的协调。这种协调是必须坚决照办执行的，没有讨价还价余地，这种以领导指示或上级发文形式的协调直接反映了领导机关和领导的意志，具有权威性。采用这种协调方式，直接有效，便于处理紧急情况，是其他协调方式无效后的一种补充方法。有些问题由于其本身的不确定性，不能要求有一种固定不变的协调方法，因此要根据不同的情况，临时采用不同的方法灵活处理。

四、协调力的原则

行政协调的原则是对各级行政机关及其领导者协调行为的本质要求，是行政协调的准绳和尺度。行政协调除了必须遵循行政活动的基本原则，如民主集中制原则、依法行政原则、精简和效率原则外，还要根据行政协调工作的特点，遵循和坚持以下原则：

（一）调查研究、实事求是的原则

对所协调的问题进行充分的调查研究，是做好行政协调工作的首要环节。无论协调解决什么样的矛盾和问题，都要从调查研究入手，深入实际，多方面了解情况，掌握事物全貌，只有对事物有透彻的了解，才能客观地得出正确的结论。对于调查到的大量素材，要按照马克思主义的认识论和方法论进行由此及彼、由表及里、去粗取精、去伪存真的加工整理，分析综合，透过现象，抓住本质，这样才能提出科学合理的协调意见。如果对事物不做全面深入的调查研究，不采取实事求是的态度，就很难认清问题的"症结"，找到解决矛盾的"钥匙"，甚至在协调中会误入主观主义的歧途，不但无助于问题的解决，反而会使矛盾更加复杂化，增加解决矛盾的难度。

（二）客观公允、秉公协调的原则

所谓客观公允，就是全面听取和反映被协调对象的意见和要求，做到"兼听则明"，防止"偏听则暗"。所谓秉公协调，就是要出以公心，在协调中对人对事"一碗水端平"，不偏不倚。在协调中，要以维护国家利益、公共利益和人民群众的根本利益为出发点，来调整和平衡各个方面的关系，解决存在的矛盾和问题。行政协调切忌偏听偏信、主观臆断、从印象和个人好恶出发，更不能感情用事，甚至出自私情，在协调中偏袒或倾向哪一方。对协调中未采纳其意见的一方，更要耐心讲明道理，使之心悦诚服。

（三）坚持原则性和灵活性相结合的原则

政策是行政协调工作的准则，任何协调工作，都要有政策和法律的依据，都要控制在一定的限度内。尤其是权力协调、职责协调、利益协调和战略协调、计划协调等方面，坚持原则性十分重要。离开了党和国家的方针、政策和法律、法规，协调工作就失去了一定的尺度，处理问题就容易出现偏差。同时可在依据政策和法律的前提下，做到具体问题具体分析，区别不同情况，"一把钥匙开一把锁"，防止"一刀切"。实际上，行政协调工作也是不可能千篇一律的。

（四）立足全局，服从总体目标的原则

总体目标体现着党和人民的整体利益，实际工作中需要协调的问题，尽管千差万别，有各种类型，但无论属于哪种类型，都要坚持从党和人民的整体利益出发，按这一总体目标来协调，这是协调工作的根本出发点和归宿。延伸来讲，党和人民的整体利益，在一定时期、一定阶段或一项工作、一件事情上，又具体地反映为正确的工作目标。因此行政协调工作，必须以保障工作总体目标的实现为主线，并紧紧围绕这条主线来开展和完成协调工作。对协调工作的最基本要求，就是要化解矛盾，解决矛盾，理顺关系，推动工作的顺利开展，实现党和人民的最高利益，实现行政活动的具体目标。往往有许多事情从局部目标或部门利益看是适宜的，合情合理的，但从总体目标和整体利益考虑，却需要做出妥协和让步，甚至牺牲一定的局部利益。这样，协调者的大量工

作，应该是不断帮助和启发被协调者讲党性、顾大局，从党和人民的整体利益出发，自觉做到局部利益服从全局利益，各自目标服从总体目标，积极配合，使问题得到妥善解决。

（五）统一领导，统筹兼顾的原则

协调的本意就是为了统一思想，统一步调。办公室担负协调工作时，更应强调统一领导的原则。也就是说，办公室应在领导者的统一领导和统一要求下，根据领导意见和授权范围，协助领导或受领导委托进行协调工作，协调的结果不能"走样"，决不允许与领导的意图相违背。同时，在具体工作中，同一层级对一件事情的协调，主持部门或主持者应是单一的，即只能是统一协调，而不能是你也协调、他也协调，这样往往容易由于协调者的意见不一致，导致新的矛盾，更无助于问题的解决。在统一领导的前提下，还要在协调中注重统筹兼顾，对被协调对象的诸方，统筹考虑他们的意见及利益，掌握好采纳和取舍的程度，在落实工作目标的基础上，尽可能将矛盾双方的意见拉近，缩小不同意见的距离，兼顾各方合理的要求，使协调的结果大家基本能够接受。可以说，统筹兼顾也是最终协调意见能够顺利执行的重要条件之一。

（六）为领导服务与为基层服务相一致的原则

行政办公室承担着为领导服务、为基层服务的双重任务，虽然"两个服务"的层次、对象不同，但对上负责和对下负责的目的是一致的。一方面要协调好各方关系，为领导的正确决策提供坚实基础；另一方面要本着为基层办事的原则，及时协调解决基层急迫的问题。既让基层满意，又为领导搞好服务，二者相辅相成。通常容易出现这样一种倾向，就是比较重视为领导服务，而忽视为基层解决实际问题，基层存在的问题长期得不到解决，最终会爆发出更大的问题，为领导服务也就成了一句空话。因此，办公室只有牢固树立"两个服务"的观点，并做到"两个服务"有机结合，才能保证领导机关的威信不断提高，领导决策尽快落实；而决不能把对下协调当作负担，推托不管，以免对工作造成损失。

第三节　协调力的培养途径

一个管理机构中，要使管理工作富有成效，激发干部职工的工作热情，离不开协调这条途径。现代领导者必须具有均衡种种关系、运筹事物发展过程的协调力，这种协调力是做好领导工作，提高工作效率的基本条件之一。它要求领导者着眼全盘，掌握信息，善于启动中介，工作措施适度，这是领导者的德性、智能及实践经验的综合表现。

一、影响行政协调力的因素

影响行政协调力的因素有以下几个方面：[1]

---

[1] 杨志忠：《影响行政协调的因素及对策》，载《改革研究》，1992（2）。

（一）计划不完全符合实际情况

计划是以客观实际为依据而制定的，是主观对客观认识的产物。辩证唯物主义认为，人们在认识客观事物的过程中，受主观和客观条件的限制，对客观事物的认识总带有一定的片面性或局限性，不可能对客观事物达到全方位的正确认识。因而再周密的工作计划也有某些不符合客观实际的地方，从而就产生了实施计划中的不协调问题。

（二）"长官"意志发生了变化

在任何一个国家中，行政首长实际上都是掌握有一定行政决策权力并具有人、财、物权力的"实权"人物，其权力和意志对社会的影响是很大的。在我国，目前法制尚不完备，依法治国刚刚起步，"人治"在行政管理工作中仍然处于重要地位。如果行政领导的意志发生变化，一句话、一个观点，就会导致决策上的变化，从而给整个工作带来前后的不协调。

（三）各自为政是影响行政协调的一个主要因素

行政首脑虽然有较大权力和影响，但在国家完整的行政管理体系中也仅仅是其中重要的一环。面对社会政治、经济、文化等各个领域纷繁复杂的各项事务，行政首长不可能事必躬亲，他总是要授权给职能部门领导一定的权力和责任。由于各部门分工不同，所强调的工作重点不同，从而会出现一些矛盾和互相不协调的问题。加之政府的机构设置多半是从过去计划经济的模式沿袭而来，不是根据我国目前商品经济的实际在科学论证的基础上建立的，政府的目标和机构之间缺少必然的联系。所以部门与部门之间职能重复或交叉，往往出现一件事情两、三家管理，政出多门，职责不清。我国省级以下的行政部门除接受上级行政部门的领导外，在工作上还要接受上级业务部门的领导，如果行政协调不力，造成"条"与"条"、"条"与"块"之间各执"令箭"，就会发生管理上的矛盾和管理层次上的混乱，导致各自为政的问题发生。

（四）个人主义也是行政协调的一大障碍

有些行政官员有法不依，有令不行，只强调自己工作的重要性，而不顾整体的利益，处理问题随意而为，这就必然产生许多不该产生的矛盾。行政管理中的不协调往往与领导班子搞内耗、不团结有很大关系。在兄弟部门之间和部门内部，有的同志不以大局为重，热衷争权夺利，计较个人得失。使许多事情，由于各持己见而长期议而不决互不妥协，从而贻误工作。

二、行政协调存在的问题

（一）协调办事能力较弱

我国很多部门显现出协调能力不足的问题，集体表现在：一是协调办事的意识性不强，平时不注意加强与各方面的联系，满足于独立完成一些具体的业务工作，遇到复杂的问题不知道用协调的手段去解决，往往是一个人或一个部门在那里跑单帮，完成不了重要的协调任务；二是遇事不清楚怎么去协调，需要和哪个部门协调，和谁协调，先找谁协调，后找谁协调，心中没谱，路数不清，只是现请教别人、现打听招法，办起事来效率低，漏洞百出，三是凡事只有领导出面才能协调好。当然，对于一些涉及部门较多的重大活动，需要财力、物力、人力给予重点保障的事情，由领导出面统一协调是必要的，但对于一般性的协调工作，我们还是提倡机关干部发挥主观能动性，争取不依赖领导就能自己协调解决。

（二）对协调办事存有偏颇认识

对于政治机关干部来说，要求具有较强的政治素质和组织材料水平，这是我们政治机关的特点。一些同志对这一特点有片面认识，似乎只要文字水平高，材料写得好，就是一个称职的机关干部；至于其它工作，其它能力水平，过得去就行。有的同志瞧不起协调办事的活，认为协调办事是具体事务性的工作，是敲边鼓的工作，没必要投入太多的精力。也有的同志认为协调办事就是跑跑颠颠，没啥大出息，那玩意儿谁都会干，像通信员似的，长个腿就行，不需要太高的能力水平；因而在实际工作中对协调办事不热心，不注重提高这方面的能力素质，一旦遇到重大问题需要协调多方面的力量时，就显得很吃力。

（三）对协调办事存在畏难情绪

办事难确实是当前协调工作中的一个实际情况。一些同志受畏难情绪的影响，在进行协调时容易出现三种情况，一种情况是遇事绕着走。当领导布置了一项较难协调的工作时，能推就推，能躲就躲，怕完不成任务不好交代。另一种情况是对已经接手的工作不尽力、标准低，协调中一遇难处就往回转，得过且过，敷衍了事，只求完成任务，不管标准高低；第三种情况是搞不负责任的较劲儿跟别人协调某项工作时，只要对方提出这事如何如何难办，自己就不再进一步做工作，认为反正都是工作上的事儿，用不着软磨硬泡，将来出了毛病，领导追究下来，也不全是自己的责任。

（四）协调办事时掺杂私人情感

本来是工作上的事儿，通过正当途径就应该协调办好，也要讲私人交情、个人关系。关系好、有交情的，工作就好协调，事就好办；关系差，有积怨的，工作就协调不了，事就办不成；关系一般，或者说只是一般的工作关系，那就看人家高兴不高兴了，高兴的就给你协调办了；不高兴时就给你推一推、拖一拖，直到拖得你筋疲力尽，这就是人们常常谈论的公事私办。在这种风气的作用下，一些同志不是在协调工作上想办法，而是在协调私人关系上动脑筋。

（五）协调办事时受利益左右

所谓利益观念，就是在协调办事前先掂量掂量对自己是否有利，能得到什么好处。有好处的，积极性就高；没好处或有损自身利益的，积极性就差些或干脆消极对抗，漠然处之。在利益的驱动下，一些同志协调办事的出发点发生偏差，做事看人下菜。有的同志对上级机关和领导交办的事比较热心，生怕人家挑出毛病来；对一般同事和下级托付的事却满不在乎，甚至故意给人家出难题。有的同志对有权、有钱、有物的部门唯唯诺诺、有求必应，为的是将来自己求着人家时好办事；对没权、没钱、没物的部门却冷若冰霜，又是一种态度。还有的帮助别人协调成了一件事就好像自己立了多大功、对人家有多大恩德似的，伸手要好处、图报酬，如此等等，人为地给协调办事增加难度。

三、讲究策略：提高行政协调能力

（一）自觉加强学习，提高政治素养

办公室工作人员从事的工作具有很强的政治性。而协调工作的成败，在很大程度上又取决于协调者的素质水平，阅历和经验。因此，作为办公室工作人员，应自觉加强学习，不断提高自身的政治素养。要在平时坚持不懈地认真学习马克思列宁主义、毛泽东思想、邓小平理论和"三个代表"重要思想，学习党的基本路线、方针和政策。始终与党中央保持高度一致。注重用正确、科学的理论武装头脑，自觉改造并树立正确的世界观、人生观、价值观。并通过不断的学习，发扬理论联系实际的学风，在实践中增长知识、增长才干，逐步提高自己判断是非的能力及政治敏锐力，培养自身快速的反应能力及应变能力，并善于在复杂的社会现象中去伪存真，抓住本质，不断提高自身的政治素养，从而为各类协调工作提供良好的思想素质基础。

（二）丰富知识储备，提高业务素养

要提高协调能力，办公室工作人员就要认真学习各方面的知识，以此来促进自身思维能力和口头表达能力的提高；同时还要具备相关的法律知识和各类社会科学知识储备，才能在协调工作中，在贯彻落实依法办事、依法行政的原则上，在维护国家利益、公共利益和人民群众的根本利益的基础上，客观公允地调整和平衡各方面的关系，秉公解决存在的矛盾和问题，统筹兼顾地做好各类协调工作。

（三）注重方式技巧，提高协调质量

做任何事情要想顺利进行，就要符合事态的常理和逻辑。因此，我们首先要遵循协调的一般程序。先对所协调的工作进行深入细致的调查研究，掌握所协调问题的相关情况，以便在出现复杂矛盾时做出符合实际的判断；在协调过程中，严格遵循正确的政策法律依据；在协调意见初步形成，尚未提交领导决策之前，与相关部门进行充分沟通，征求意见，反复商榷；领导一经决策，我们就要认真落实，同时还要注意做好督促落实的工作。其次，我们还要注意选择恰当的协调时间。我们应在具体的工作过程中，紧密围绕决策确定的工作目标，对实施的各个环节、所遇到的影响工作进展的矛盾和问题及工作完结的善后问题等进行周密的考虑，根据实际情况去合理选择事前协调、事中协调还是事后协调。再次，要采取合适的协调方式。协调方式在具体实施过程中大致可分为会议协调、现场办公协调、上级行文协调及互相沟通协调。我们应视具体协调的事项采

取有利、有效的方式，从而增加协调力度，更好地发挥办公室穿针引线的作用，提高协调工作的质量，达到最佳效果。

（四）自觉磨炼心智，提高心理素养

良好的心理素质对协调工作的顺利完成起着不可或缺的促进作用。因此，要提高协调能力，办公室工作人员就要不断加强自身的心理素养，一要培养坚强的意志及自信心，以便在困难与矛盾错综复杂的状态下，化恒心为力量，迎难而上；二要有理智，学会以柔克刚，刚柔并济，从而有利的控制各种复杂的局面；三要有幽默感，这有利于建立良好的人际关系，以便拉近与被协调者的距离，在轻松、愉快的气氛中更好地完成各类协调工作。

第四节　协调力专题：时间管理

一、时间管理的概述

前面说了关于协调力的基本问题，在实际操作方面，为人所熟知的是时间管理。何为时间管理，即通过事先规划和运用一定的技巧、方法与工具实现对时间的灵活以及有效运用，从而实现个人或组织的既定目标，EMBA、MBA等主流商业管理教育均将时间管理能力作为一项对组织管理者的基本要求涵括在内。时间管理是一个概念，更是一种方法。每一个人都需要对自己进行时间管理，但是更需要时间管理的其实是组织。因为作为单个人员，如果你没有时间管理的概念也可以去工作，个人还能应付得了自己的工作。而作为组织，它需要的时间管理概念是一个整体。如果这个整体出了问题，那么整个公司就会处于不健康的状态。因为一个组织不是靠某一个人来运转的，而是要靠所有的员工高效率的配合才能产生最大的效益和价值。单个员工工作不进行时间管理看不来什么问题，但是如果所有的员工都没有时间管理的概念，那么对于公司来说将会造成巨大的损失。

因为时间管理是一个虚拟的概念，很多人对时间管理没有很明确的定义，并且时间管理不仅仅是个人安排一下自己的日程表这么简单而已，时间管理有很多需要总结计划调整的环节在里面。所以组织必须有一个系统的时间管理概念来贯穿整个公司的体系，所以组织需要提高时间管理的体系，更需要给员工提供一个学习时间管理的手段。而学习时间管理的方法，无非就两种方式，一种是创建自己的培训部门来培训员工，或者是花钱聘请培训公司对员工进行培训。另外一种方式就是找一些可以强化员工时间观念的工具来使用。第一种方式是给员工一个方法，第二种方式是让员工强制使用工具来塑造自己的工作习惯。我个人认为第二种方式要好过第一种，因为及时你花钱去请人来培训员工，可是培训过后还是需要面临执行问题。所以倒不如直接找一款管理工具让员工来使用，直接落实到执行层面。

管理人员在总体自我价值感、一般自我价值感和特殊自我价值感上都不存在性别差异，这可能与管理人员的社会角色有关。一个管理者，不管性别如何，如果没有对自己的认可与接纳，就难以成为一个合格的管理者。而各个层次的自我价值感的核心成分都应是"自我价值判断和体验"，因此管理人员的自我价值感不存在性别差异。但是，在抽象程度较低的一般自我价值感和特殊自我价值感上，国企管理人员则显著低于私企管理人员，这仍然可能是由于管理体制对个体的影响与塑造。私企管理人员在激烈的竞争环境中求生存，不仅需要在总体自我价值感上有较好的情绪体验，同样在一般自我价值感和特殊自我价值感上也得到了提升。当然，也有可能是私企更能吸引在自我价值感的各个层面上都认可、接纳自己的人。还有一种可能是，在一般自我价值感和特殊自我价值感上偏低的私企管理人员在优胜劣汰的竞争环境中遭到了淘汰。这个结果不仅表明了私企和国企管理人员在自我价值感上的区分，实际上也是对自我价值感结构效度的支持。另外，值得注意的是，受教育水平高的管理者在自我价值感的三个层面上都显著高于受教育水平较低的管理者。这说明，自我价值感的形成虽然有多种来源，但教育对管理者的自我价值感的提升有不可忽视的作用。在对管理人员时间管理倾向与自我价值感关系的研究中，不仅发现时间效能感与总体自我价值感、一般自我价值感和特殊自我价值感的相关系数最大，并且在随后的多元回归分析中，时间效能感都进入了回归方程，且具有最大的偏回归系数。时间效能感作为个体对自己利用和运筹时间的信念和预期，反映的是对时间管理的信心以及对时间管理行为能力的估计，是自我效能感在时间领域的具体体现。在时间管理倾向的三个维度中，有关时间的信念和预期的时间效能感维度对涉及自我情绪体验的自我价值感具有最大的预测效应，这实际上也反映出对时间管理的认知在一定程度上决定着自我的情感。在前面的研究结果中，私企管理人员的时间效能感明显高于国企管理人员的时间效能感，私企管理人员的一般自我价值感和特殊自我价值感也显著高于国企人员，这些结果实际上也是与时间效能感的预测效度相一致的。当然，时间效能感与自我价值感的关系可能还相当复杂，我们将在进一步的研究中继续探讨这个问题。总之，时间效能感似乎是自我价值感的一个非常重要的来源。要提升个体的自我价值感，培养其时间效能感似乎是一个有效的途径。

二、时间管理的相关管理方法

时间管理的方法有很多，我们主要总结了五个常见的方法。

（一）新概念 GTD

GTD[①]是英文 Getting Things Done 的缩写。GTD 的具体做法可以分成收集、整理、组织、回顾与行动五个步骤。

1. 收集

收集就是将你能够想到的所有的未尽事宜（GTD 中称为 stuff）统统罗列出来，放入 in-box 中。这个 in-box 既可以是用来放置各种实物的实际的文件夹或者篮子，也需要有用来记录各种事项的纸张或 PDA。收集的关键在于把一切赶出你的大脑，记录下所有的工作。

---

① ［美］大卫·艾伦著，张静译：《尽管去做：无压工作的艺术》，23 页，北京，中信出版社，2003 年。

2. 整理

将 stuff 放入 in-box 之后，就需要定期或不定期地进行整理，清空 in-box。将这些 stuff 按是否可以付诸行动进行区分整理。对于不能付诸行动的内容，可以进一步分为参考资料、日后可能需要处理以及垃圾几类；而对可行动的内容再考虑是否可在两分钟内完成，如果可以则立即行动完成它，如果不行对下一步行动进行组织。

3. 组织

个人感觉组织是 GTD 中的最核心的步骤，组织主要分成对参考资料的组织与对下一步行动的组织。对参考资料的组织主要就是一个文档管理系统，而对下一步行动的组织则一般可分为：下一步行动清单、等待清单和未来/某天清单。下一步清单是具体的下一步工作，而且如果一个项目涉及多步骤的工作，那么需要将其细化成具体的工作。GTD 对下一步清单的处理与一般的 to-do list 最大的不同在于，它做了进一步的细化。比如按照地点（电脑旁、办公室、电话旁、家里、超市）分别记录只有在这些地方才可以执行的行动，而当你到这些地点后也就能够一目了然地知道应该做那些工作。等待清单主要是记录那些委派他人去做的工作。未来/某天清单则是记录延迟处理且没有具体的完成日期的未来计划、电子邮件等等。

4. 回顾

回顾也是 GTD 中的一个重要步骤，一般需要每周进行回顾与检查。通过回顾及检查你的所有清单并进行更新，可以确保 GTD 系统的运作，而且在回顾的同时可能还需要进行未来一周的计划工作。

5. 行动

根据时间的多少，精力情况以及重要性来选择清单上的事项来行动。实现 GTD 的五类工具包括：①在线资源很多，可以直接查找，如 RTM（remember the milk）。②计算机：outlook MLO life balance。③PDA：MLO（wm 版）life balance（Palm）。④纸+笔：GTD 笔记本。⑤计算机+PDA：文夹 GTD 工具。

（二）6点优先工作制

该方法是效率大师艾维利在向美国一家钢铁公司提供咨询时提出的，它使这家公司用了5年的时间，从濒临破产一跃成为当时全美最大的私营钢铁组织，艾维利因此获得了2.5万美元咨询费，故管理界将该方法喻为"价值2.5万美元的时间管理方法"。这一方法要求把每天所要做的事情按重要性排序，分别从"1"到"6"标出6件最重要的事情。每天一开始，先全力以赴做好标号为"1"的事情，直到它被完成或被完全准备好，然后再全力以赴地做标号为"2"的事，依此类推。艾维利认为，一般情况下，如果一个人每天都能全力以赴地完成6件最重要的大事，那么，他一定是一位高效率人士。

（三）帕累托原则

这是由19世纪意大利经济学家帕累托提出的。其核心内容是生活中80%的结果几乎源于20%的活动。比如，是那20%的客户给你带来了80%的业绩，可能创造了80%

的利润，世界上80%的财富是被20%的人掌握着，世界上80%的人只分享了20%的财富。因此，要把注意力放在20%的关键事情上。根据这一原则，我们应当对要做的事情分清轻重缓急，进行如下的排序：1. 重要且紧急（比如救火、抢险等）——必须立刻做。2. 紧急但不重要（比如有人因为打麻将"三缺一"而紧急约你、有人突然打电话请你吃饭等）——只有在优先考虑了重要的事情后，再来考虑这类事。人们常犯的毛病是把"紧急"当成优先原则。其实，许多看似很紧急的事，拖一拖，甚至不办，也无关大局。3. 重要但不紧急（比如学习、做计划、与人谈心、体检等）——只要是没有前一类事的压力，应该当成紧急的事去做，而不是拖延。4. 既不紧急也不重要（比如娱乐、消遣等事情）——有闲工夫再说。

（四）麦肯锡30秒电梯理论

麦肯锡公司曾经得到过一次沉痛的教训：该公司曾经为一家重要的大客户做咨询。咨询结束的时候，麦肯锡的项目负责人在电梯间里遇见了对方的董事长，该董事长问麦肯锡的项目负责人："你能不能说一下现在的结果呢？"由于该项目负责人没有准备，而且即使有准备，也无法在电梯从30层降落至1层的30秒钟内把结果说清楚。最终，麦肯锡失去了这一重要客户。从此，麦肯锡要求公司员工凡事要在最短的时间内把结果表达清楚，凡事要直奔主题、直奔结果。麦肯锡认为，一般情况下人们最多记得住一二三，记不住四五六，所以凡事要归纳在3条以内。这就是如今在商界流传甚广的"30秒钟电梯理论"或称"电梯演讲"。

（五）莫法特休息法

《圣经新约》的翻译者詹姆斯·莫法特的书房里有3张桌：第一张摆着他正在翻译的《圣经》译稿；第二张摆的是他的一篇论文的原稿；第三张摆的是他正在写的一篇侦探小说。莫法特的休息方法就是从一张书桌搬到另一张书桌，继续工作。"间作套种"是农业上常用的一种科学种田的方法。人们在实践中发现，连续几季都种相同的作物，土壤的肥力就会下降很多。因为同一种作物吸收的是同一类养分，长此以往，地力就会枯竭。人的脑力和体力也是这样。如果每隔一段时间就变换不同的工作内容，就会产生新的优势兴奋灶；而原来的兴奋灶则得到抑制，这样人的脑力和体力就可以得到有效的调剂和放松。

第五节 案例研讨

案例一

马林的工作

马林是某集团公司一名客户服务主管，为人勤奋，事事亲力亲为，每天工作十多个小时，即使周末、周日及公众假期都常加班，从没有怨言。在别人眼中，他是好同事，好上司。但马林心里明白，他是在自欺欺人，他忙啊忙，一天下来，总觉得一事无成。

许多宏图大志、个人理想都不能付诸行动,心中经常感叹:"没有时间啊!"这是他的错吗?你读下面的故事就知道了。

一天,某副总,也就是他的上司跟他说:"马林,下周五有一个会议,因为我外出培训,你要代我出席,在会上,请你报告一下我们已经谈妥的来年公司工作计划,这是你的机会,好好表现吧!"从副总办公室走出来,马林感到十分兴奋。他心想,终于可以在一些关键人物面前表现一下,这次只许成功不许失败,必须趁这一周的时间,好好准备一下。接下来的几天,马林虽然每天还忙这忙那,但心中总是记着这件事。他心想还有时间呢,况且这样重要的事,必须要在绝对安静的环境下才能构思和准备,迟一些再说吧!好了,所谓"光阴似箭,日月如梭",直到有一天,马林才惊觉无法再拖,明天就要开会了。"好"他说:"今天什么也不要处理,用一整天来准备应该是没有问题的。"上午8点,正当他摩拳擦掌,准备好好干一番的时候,电话来了,原来有个女性朋友的叔叔家要装修,想托他帮忙上网查点信息。责无旁贷,反正大不了损失一个上午,下午还有几个小时呢!吃过午饭,回到办公室,正要开始做报告,总经理办公室打电话过来说总经理有事召见。原来总经理收到一些投诉,与马林负责的工作有关。需要马林马上调查,下班前给他报告调查结果。真要命!总经理的命令怎么可以不理!可是那份报告!没关系,下班后还有时间,而且到时候更清静,可以安心地做,大不了不回家吃饭好了。让被投诉的员工作检讨,见过总经理后,总算有惊无险。到晚上6时,可以开始今天要做的事了吧!马林坐下来,构想着怎样做个令领导们印象深刻的报告才好,开场白该怎么说呢?就在这时,电话响起来。又是一个无聊的电话!再重新投入工作时,想了许久,也想不到什么!唉!太疲倦了,还是先回家吧,吃过饭或许会精神一些。下班时间总是堵车,回到家已快7点。沐浴过后,吃完饭,正准备工作时,刚巧电视在转播甲A联赛,马林最喜欢足球了,岂可放过,虽有一点内疚,但还是坐下来安慰自己说:"看一会儿,松弛一下,做事会事半功倍!"足球看完,一看墙上的钟,已是晚上10点多,马林可有点焦急了;但越急,越想不到东西,他狠狠掴了自己一巴掌,都是贪看电视之过。但现在什么灵感也没有,倒不如先睡觉,明早4点起床再做吧。4点,闹钟准时响起。马林习惯赖床,在半梦半醒中挣扎了几下,终于在5点多起床了。洗漱过后,坐在书桌前,洋洋洒洒写好了几页,才发觉有些文件没有带回来,后面的部分做不成,那只好先到办公室。早上,又是一轮交通堵塞,来到办公室已经是8点多,还有两个钟头就要开会了。就在一个多小时匆匆忙忙之后,马林终于完成了报告。这份报告,花了马林前后3小时。一份他本来希望是"一鸣惊人"的报告,结果是仓促完工。结果怎样,可想而知。是的,马林每天都很忙,他的绝大部分时间都是在工作,所以他认为自己没有时间,是理所当然的。

思考与讨论

1. 假如我们仔细分析马林的工作方式,让我们来分析一下他在使用时间上出现了那些问题,并提出相关解决方案。

2. 根据相关方案,为马林制订一个时间计划表。

案例二

"背上的猴子"

经理应该通过尽量减少"自己的时间"中受下属制约的时间部分来提高自由支配时间部分。然后利用这些提高的自由支配时间部分来更好地处理老板和公司给他规定的工作。大部分经理几乎从未意识到：他们大部分时间都花在了下属问题上。所以，我们将使用"背上的猴子"这个比喻来解释"受下属制约的时间"是如何形成的，以及经理应怎样做。

第一部分：猴子在哪儿？

让我们想象一下，一个经理正走在大厅时，这时他看见一个下属 Jones 迎面而来。两人碰面时，Jones 打招呼道，"早上好。顺便说一下，我们出了个问题。你看……"。当 Jones 继续往下说时，经理发现这个问题与所有下属提出的问题具有两个相同之处，引起了他的注意。这两个相同之处是：（1）经理知道自己应该参与解决问题；（2）经理知道目前还无法提供解决问题的方案。于是，经理说："很高兴你能提出这个问题。我现在很忙。让我考虑一下，再通知你。"然后他就和 Jones 各自走开了。

现在我们分析一下刚才发生的一幕。他们两个人碰面之前"猴子"在谁的背上？下属的背上。两人走开之后，又在谁的背上？经理的。一旦猴子成功地从下属的背上跳到上司的背上，"受下属制约的时间"便一直持续到猴子回到真正的主人那儿接受照顾和饲养。在接收这只猴子的同时，他也就自动地站到了他下属的位置上。也就是说，当经理做了两件一般应让下属为老板做的事时，他也让 Jones 将他变成了她的下属。这两件事就是——经理从下属那儿接过了责任，并承诺汇报工作进展状况。而下属呢，为了确保经理不会忘记这件事，以后她会将头探进经理办公室，欢快地询问道，"怎么样了？"（这叫监督）。或者让我们想象一下经理是如何结束他和另一位下属 Johnson 的谈话的。他离开时说，"好的。给我一份备忘录。"我们分析一下这个场景。猴子现在在下属的背上，因为下一步要采取的行动是他，但猴子准备跳跃了。观察这只猴子。Johnson 尽职地写好经理要求的备忘，放在发件篮里。然后很快经理从收件篮中收到并读了一遍。现在该谁采取行动？经理。如果他不迅速采取行动，下属就会越生气（因为他会浪费时间），经理也就越内疚（他所背负的"受下属制约的时间"也会越来越重）。或者，设想经理在和另一个下属 Smith 会面时，他同意为他让 Smith 作的公共关系建议书提供一切必要的支持。结束的时候经理说："需要帮助尽管告诉我。"我们来就此作一个分析。同样，猴子本来是在下属背上的。但是又有多久呢？Smith 意识到：直至经理批准她的建议书才能让经理"知道"。根据经验，她也意识到她的建议书会在经理的公文包里呆上几个礼拜才能得到处理。

是谁真正得到了猴子？谁要找谁核实？浪费时间和瓶颈问题又会发生。第四个下属，Reed，刚从公司的另一部门调任，将发起并管理一项新的业务。经理说过他们马上要碰个头，订出一套新的工作目标，并补充说，"我会草拟一个跟你讨论的大纲。"我们也来分析一下。下属（通过正式委任）得到了一份新工作并（通过正式授权）负有全部责任，但是经理要负责下一步的工作。在他做出任何行动之前，他肩负着猴子，而下属也无法开展工作。为什么会发生这样的情形？因为在各种情形下，经理和下属在最初时总是自觉或不自觉地认为他们所考虑的问题是两人共同的问题。每次猴子都是在经理和下属的背上跳来跳去。它所要做的就只是不合时宜地跳，然后，一转眼，下属就机敏地消失了。于是，经理的一大堆事务中又增添了一桩。当然，可以培训猴子合时宜地跳，但在最开始就阻止它们叉腿坐在两个人的背上就更容易些。

第二部分：谁为谁工作？

设想一下，如果这4个下属都能为他们上司的时间周全地考虑，从而尽量使每天跳到经理背上的猴子不超过3只。在5天的工作周里，经理就会得到60只尖叫的猴子——猴子太多，会令他无法一只一只地处理好。所以他只能将"受下属制约的时间"花在搞定"优先事情"上。周五下午快下班时，经理把自己关在办公室时考虑面临的事情，而他的下属们则等在门外希望能抓住周末前的最后机会提醒他"快作抉择"。想象他们在门外等的时候怎样彼此悄悄议论："真是难办。他根本没法作任何决定。真是不知道像他那样一个没能力作决定的人怎么在公司做得这么高。"最糟的是，经理无法做出任何"下一步的行动"是因为他几乎所有的时间都花在了应付上司和公司要求做的事上了。要完成这些事，他需要自由支配的时间，而当他忙于应付这些猴子时，也就失去了自由支配的时间。这样经理就陷入了恶性循环中。但是时间却被浪费了（这是说得轻的）。经理用对讲机告诉秘书，让她转告那几个下属，他只能礼拜一早上见他们了。晚上7点，他离开公司，下定决心要第2天回办公室，利用周末处理事情。第2天清晨，当他回到办公室时，却透过窗户看见高尔夫球场上有两对人正在打球。猜到是谁了吧？这下好了。他现在知道谁是真正为谁工作了。而且，他现在也明白了，如果他这个周末完成了他要完成的任务，他的下属就会士气高涨，从而每个人都会提高跳到他背上的猴子数量。简而言之，当他登高远眺时，现在他明白了他越被纠缠不放，就会越落后。于是他像躲避瘟疫似地飞快地离开了办公室。那他的计划呢？多年来他一直没时间做的一件事：和家人共度周末（这是自由支配的时间的众多形式之一）。周日晚上他享受一次长达10小时的香恬醇酣，因为他对周一已有了清楚的计划。他要摒弃下属强加给他的时间。而同时，他也得到相同长度的自由支配时间。其中，他还要将一部分自由支配时间花在下属身上，以确保他们学会艰涩难懂却极有意义的管理艺术——"猴子的照料和喂养"。经理也有了大量的自由支配时间来控制他的"受上司制约的时间"和"受公司制约的时间"的时限和内容。这也许需要几个月的时间，但和一直以来的情形相比，回报将是异常丰厚的。他的最终目标是管理自己的时间。

第三部分：摆脱猴子

周一早上，经理尽量晚地回到办公室，他的4个下属已聚集在他的办公室门口等着询问他猴子的问题。他把他们逐一叫进办公室。每次面谈的目的是拿出一只猴子放在两人中间的办公桌上，共同思考下属的下一步行动应是什么。对于有些猴子也许要花更长一些的时间。下属的下一步行动也许很难定夺，那么经理也许可以暂时决定先让猴子在下属背上过夜，然后在第二天早上约定的时间把猴子带回到经理办公室，继续寻求下属的下一步行动方案（猴子在下属和经理的背上都睡得一样香）。

当经理看见各个下属带着各自的猴子离开办公室，觉得很满足。在后来的24小时里，不再是下属等待经理；相反，是经理在等待下属了。后来，似乎是为了提醒自己有权利在间歇期间参与一项有建设性的工作，经理踱步走到下属办公室门口，探进头去，欢快地问道，"怎么样？"（这里的时间，对于经理是自由支配时间；对于下属则是上司施加的）。当背着猴子的下属在第二天约定的时间与经理会面时，经理这样解释基本规则："任何时候当我帮助你解决这样或那样的问题时，你的问题都不应成为我的问题。你的问题一旦成为我的问题，那你就不再有问题了。我不会帮助一个没有问题的人。""这次面谈结束后，问题应该由你带出去——正如由你带进来一样。你可以在任何约定的时间向我求助，然后我们可以共同决定下一步谁应采取什么行动。""在偶尔需要我采取行动的情况下，我们俩要共同决定，我不会单独采取任何行动。"经理就这样将他的思路传递给各个下属，一直谈到上午11点。这时他突然明白他不用关门了。他所有的猴子都不见了。当然他们都会回来——但只在约定的时间，他的日程安排将确保这一点。转移主动性。我们采用这个"背上的猴子"的比喻的目的是经理能将主动性转给并一直留在他的下属那儿。我们曾试图强调一个浅显易懂的老生常谈，即：在培养下属主动性之前，经理必须确保他们有这种积极主动的精神。一旦他将主动性收回，他也就失去了它，并要向自由支配时间说"再见"。一切又将回到受"下属制约的时间"。同样，经理也无法与下属同时有效地拥有主动性。一旦有人说"老板，我们这儿有个问题"时，即暗含着这种双重性；同时，也正如以前提到过的，说明猴子叉腿坐在了两个人的背上，这对于开始职场生涯的一只猴子来说是很糟的。因此，让我们花几分钟的时间来探讨我们说的"管理主动性剖析"。

经理在处理他与上司和公司的关系时可以有5个级别的主动性：（1）等着被叫去做（主动性的最低级）；（2）问应该做什么；（3）提出建议，然后采取最终行动；（4）采取行动，但马上提出建议；（5）自己行动，然后按程序汇报（主动性的最高级）。显而易见，经理应该足够职业化，从而在处理与老板或公司的关系上不会采取1级和2级主动性。采取1级主动性的经理无法控制受老板制约的时间和受公司制约的时间的计时和内容，从而失去了对他被要求工作的内容和时间进行抱怨的权利。采取2级主动性的经理可以控制计时，却无法控制内容。而采取3、4、5级主动性的经理则可以控制计时和内容，尤以采取5级主动性的经理控制力最大。在处理和下属的关系上，经理的工作是双重的。首先，取缔1级和2级主动性，这样下属就不得不学习并掌握"完成的员工工作"。然后，他必须确保每一个离开他办公室的问题都有一个认同的主动性级别，和与下属会面的下一次时间及地点。后者应在经理的日历上标明。

第四部分：猴子的照料与喂养

为了进一步弄清背上的猴子与分配任务和进行控制之间的比喻关系，我们可以大致参考经理的约会安排。经理的约会安排需要运用指导"猴子的照料与喂养"管理艺术的5人严格规则（违反这些规则会造成自由支配时间的丧失）。

规则1：猴子要么被喂养，要么被杀死。否则，他们会饿死，而经理则要将大量宝贵时间浪费在尸体解剖或试图使他们复活上。

规则2：猴子的数量必须被控制在经理有时间喂养的最大数额以下。下属会力所能及地尽量找到时间喂养猴子，但不应比这更多了。饲养一只正常状况的猴子时间不应超过 5 到 15 分钟。

规则 3：猴子只能在约定的时间喂养。经理无须四处寻找饥饿的猴子，抓到一只喂一只。

规则 4：猴子应面对面或通过电话进行喂养，而不要通过邮件。（记住：如果通过邮件的话，采取下一步行动的人就是经理）。文档处理可能会增加喂养程序，但不能取代喂养。

规则 5：应确定每只猴子下次喂养时间和主动性级别。这可以在任何时间由双方修改并达成一致，但不要模糊不清。否则，猴子或者会饿死，或者将最终回到经理的背上。

"控制好工作的时间和内容"是一条关于管理时间的恰当建议。对于经理而言，商务中首要任务是通过消除"受下属制约的时间"来增加自己的"自由支配时间"，其次是利用这部分刚发现的自由支配时间确保各个下属确实具有并运用积极性。最后经理利用另一部分增长的自由支配时间控制"受老板制约的时间"和"受公司制约的时间"。所有这些步骤将提高经理的优势并使他花在支配"管理时间"上的每个小时的价值能无任何理论限制地成倍增长。

思考与讨论

1. 根据每个部分的内容，探讨其中蕴含的时间管理原则。
2. 根据以上内容，我们从中可以得出的启示是什么？

第五章 沟 通 力

第一节 沟通力的概述

一、沟通力的概念

一般说来，沟通能力指沟通者所具备的能胜任沟通工作的优良主观条件。简言之，人际沟通的能力是指一个人与他人有效地进行信息沟通的能力，包括外在技巧和内在动因。其中，恰如其分和沟通效益是人们判断沟通能力的基本尺度。恰如其分，指沟通行为符合沟通情境和彼此相互关系的标准或期望；沟通效益，则指沟通活动在功能上达到了预期的目标，或者满足了沟通者的需要。表面上来看，沟通能力似乎就是一种能说会道的能力，实际上它包罗了一个从穿衣打扮到言谈举止等一切行为的能力。一个具有良好沟通能力的人，他可以将自己所拥有的专业知识及专业能力进行充分的发挥，并能给对方留下"我最棒""我能行"的深刻印象。

从内容上看，沟通能力一般包含着表达能力、争辩能力、倾听能力和设计能力（形象设计、动作设计、环境设计）。沟通能力看起来是外在的东西，而实际上是个人素质的重要体现，它关系着一个人的知识、能力和品德。沟通过程的要素包括沟通主体、沟通客体、沟通介体、沟通环境和沟通渠道。

二、沟通力的特点[①]

（一）具目的性

在当今社会网状式的交际圈内，沟通力不可避免地有其目的性存在。比如你在一个城镇中迷路了，想开口问路希望能够因此而获得帮助，不论你问的是什么对象，一名警察或是小孩，不论你的语气是和缓或着急，均有一个你所要设法求得的目的性存在；就是你想知道你身处何方，如何找到你要走的路。或者向别人借东西，沟通中的许多文字也许是多余的，也许因不好意思开口，而拐弯抹角地说，但其目的仍是要跟人借东西而做的沟通。所以沟通时具有目的性。在沟通中，沟通双方都有各自的动机、目的和立场，都设想和判定自己发出的信息会得到什么样的回答。而双方的动机、目的和立场可能相同也可能不相同，因此，沟通的双方在沟通过程中发生的不是简单的信息运动，而是信息的积极交流和理解。

---

① 贾启艾：《人际沟通》，67页，南京，东南大学出版社，2010。

（二）具象征性

沟通可能是语言性也可能是非语言性，如面部表情能够表现出你的非语言沟通；或者用文字沟通，如书信，或文章文摘等，能够传达出其表征的含义；均有一种象征性的作用。所以比如吵架，有破口大骂的一种非理性沟通方式；也有冷战不说话，但彼此双方也能够明白对方所表征出的意思。人际沟通借助语言和非语言两类符号，这两类符号往往被同时使用。二者可能一致，也可能矛盾。

（三）具关系性

其意指在任何的沟通中，人们不只是分享内容意义，也显示彼此间的关系。在互动的行为中涉及关系中的两个层面：一种是呈现于关系中的情感，另一种是人际沟通中的关系本质在于界定谁是主控者。而关系的控制层面有互补的也有对称的。在互补关系中，一人让另一人决定谁的权力较大，所以一人的沟通讯息可能是支配性的，而另一人的讯息则是在接受这个支配性。在对称关系中，人们不同意有谁能居于控制的地位，当一人表示要控制时，另一人将挑战他的控制权以确保自己的权力。或者是一人放弃权力而另一人也不愿承担责任。互补关系比对称关系较少发生公然的冲突，但是在对称关系中，权力较可能均等。

（四）具互动性

沟通力不仅是一种能力，也是一种动态系统，当沟通的双方都处于不断的互动即相互作用中，刺激与反应互为因果，如乙的言语是对甲的言语的反应，同时也是对甲的刺激。我们把人际沟通定义为产生意义的互动过程。沟通是互动的，因为意义发生于两位参与者之间的原始讯息和对讯息的反应。沟通历程发生于不同的人之间讯息的传递和接收（Feedback），此历程透过会被噪音干扰的知觉管道来进行。要形成一个良性的双向互动沟通，必须包含三个行为，就是有说的行为、听的行为还要有问的行为。一个有效的互动沟通技巧就是由这三种行为组成的。换句话说，考核一个人是否具备互动沟通技巧的时候，看他这三种行为是否都出现，以及三种行为分别出现的频率。

（五）具可塑性

因为人际关系好像是自然的，与生俱来的能力，所以很少人注意沟通形态与技巧。有时把一些沟通上或态度上的错误都想成"这是天生的，无法改变的"，就不试着去改变自己的错误沟通态度。但其实沟通是需要学习的，我们要试着去观察周遭环境的人，谁的沟通技巧好，谁的态度顽固不堪，都是我们值得去学习与警惕自己别犯了同样的错误，所以我们都必须去学好沟通，而且要在不断的学习和练习中获益。

三、沟通力的功能

沟通力具有心理上、社会性和决策上的功能，和我们生活的层面息息相关。心理上人们为了满足社会性需求和维持自我感觉而沟通；人们也为了发展和维持关系而沟通；

在决策中，人们为了分享资讯和影响他人而沟通。

（一）心理功能

在心理学的角度，沟通力的功能首先是为了满足社会需求和他人沟通。沟通力在心理学中认为人是一种社会的动物，人与人之间的相处就像需要食物、水、住所等必需品同样重要。如果人与其他人失去了相处的机会与接触方式，大都会产生一些症状，如产生幻觉，丧失运动机能，且变得心理失调。但山居隐士们采自愿式选择遗世独立，是一种例外。我们平常可与其他人闲聊琐事，即使是一些不重要的话，但我们却能因此满足了彼此互动的需求而感到愉快与满意。其次是为了加强肯定自我而和他人沟通。通过沟通，我们能够探索自我以及肯定自我。要如何得知自己有什么专长与特质，有时是借由沟通从别人口中告诉你的。与他人沟通后所得的互动结果，往往是自我肯定的来源。人都想被肯定，受重视，结果从互动中就能找寻到部分的答案。

（二）社会功能

人际关系提供了社会功能，并且通过社会功能，我们可以发展、维持与他人间的关系。我们必须经由他人的沟通来了解他人。同时借由沟通的历程，关系得以发展、改变或者维系下去。因此在与某人做第一次的交谈后，可能会决定和此人保持距离或者接近他抑或远离之。

（三）决策功能

人类除了是一种社会的动物之外，也是一种决策者。我们无时无刻都在作决策，不论是接下来是否要去看电视，明天要穿哪一套衣服，或者是否该给对方一个微笑与否，都是在作决策。但有时可能是靠自己就能决定的，有时候却得和别人商量后一起作决定。而沟通满足了决策过程中的两个功能，一个是沟通促进资讯交换与沟通有影响他人两种功能。而正确和适时的资讯是做有效决策之钥。有时是经由自己的观察，一些是从阅读，有些是从传播媒体得来的资讯，但也有时是经由与他人沟通而获得的许多资讯。而今天我们也借由沟通来影响他人的决策，如和朋友去买衣服，他的询问意见与你的传达意见之间的互动就可能会影响到结果。

四、沟通力的理论基础

行政沟通的理论基础大致有四个：

（一）民主参与理论

民主参与理论也称受众参与理论，是在20世纪70年代以后随着社会信息化的发展和媒介集中垄断程度达到新的高度，在美国和欧洲、日本等一些发达国家出现的一种新的媒介规范理论。[1] 现代管理的民主参与理论的提出者（如巴纳德、西蒙即梅奥等人）

---

[1] 郭庆光：《传播学教程》，第2版，178页，北京，中国人民大学出版社，2011。

认为，不论组织是属于全体成员的。这也是组织获得员工认同的基础，是组织得到员工支持与合作的主要因素。因而所有员工都有平等的发言权，每个人都有参与组织决策的权利与机会，组织与员工共同发展。

（二）决策制定理论

组织是一个提供合理决定的有机体，而合理决定所借助的手段就是沟通。西蒙曾说明决策制定有三个主要活动：情报活动，即探究问题之所在与收集有关资料；设计活动，基于情报活动的结果，再进一步研究问题，提出并估量各种解决问题的可能方法以及方法中的各种细节；选择活动，基于设计活动所提出各种可能解决的方法，并经过判断后选择一种予以实施。在整个活动中沟通扮演了重要的角色。

（三）动能组织理论

美国学者巴纳德认为，人是组织中最基本的元素，因此，组织必须以人而不是以结构和规范为中心。然而，人作为一种社会动物，在组织中就会有交往、互动行为，这就是沟通。沟通是组织动态、有活力，因而组织的主管人员要成为沟通的中心，发挥其协调职能。

（四）人格尊重理论

民主社会的一个重要特征是人的尊严能得到维护。如果在管理上能够尊重人格，这个组织必然会生产较高的效率。尽管尊重人格的方式很多，但尊重其言论权是其中重要的一项。因而保障组织中每个人员交往沟通的自由是组织民主管理的基本内涵。

五、行政沟通的形态

组织中员工相互间沟通的形态可以分为以下六种：

1. 连串式的沟通形态

组织中各员工的沟通，排成一条直线，每个人仅与上下或左右两边的员工间发生间接沟通关系。如受一个指挥部监督系统限制的组织，员工只能与直接主管及直接属员沟通意见，生产线上的员工只能与左右两旁的员工沟通意见。

2. 放射式的沟通形态

以一个员工为中心，称为放射焦点，该员工与其他员工可发生意见沟通关系，而其他员工相互间沟通关系也存在。如采用独裁领导方式的单位主管与其属员间的意见沟通，即属此种形态。

3. 循环式的沟通形态

组织内每一个员工均有同等机会与其他员工间发生意见沟通，此乃组织中员工间最大的沟通形态。采用民主或放任的领导方式的单位，大致属于此种形态的沟通。

4. 放射连串式的沟通形态

将放射与连串沟通形态相结合。组织内某一员工可与其他员工发生放射式的意见沟通，但其他员工相互间只有连串式的意见沟通。

5. 放射循环式的沟通形态

将放射与连串沟通形态相结合。组织内某一员工可与其他员工发生放射式的意见沟通，但其他员工间相互又形成一种循环式的意见沟通。

6. 连串放射连串式的沟通形态

这是由两个连串式与一个放射式的沟通形态所联结而成。

六、沟通力的地位与作用

人是社会的动物，社会是人与人相互作用的产物。马克思指出："人是一切社会关系的总和。"[①] 因此，沟通能力是一个人生存与发展的必备能力，也是决定一个人成功的必要条件，可见其地位之重要。

（一）沟通力的品质决定了生活的品质

人与人之间的关系，是由事情联系起来的，人在世上一定要做事。要想做好事，必须要先做好人，因为事的主体就是人，成功做事，就先要成功地做人。"人对了世界就对了"，要想"人对了"最重要的是要沟通。而在社会活动中更需要沟通力，人们在生活中每时每刻都离不开实践活动，总不免要与他人沟通。但是，沟通本身也不是非常容易的事。要向他人表达一个意思，始终说不清楚；要为他人办一件好事，但有可能弄巧成拙；本来想与他人解除原有的隔阂，但可能弄得更僵。所以说，现实的实践活动需要有一定的沟通能力。

（二）沟通力的品质决定了做事的品质

对一个组织而言，良好的沟通可以使成员认清形势，使决策更加有理、有效，建立组织共同的愿景。主管可以通过沟通，引导属员更好地工作；属员可以通过沟通，更好地理解、执行领导的意图和决策；同事之间可以通过沟通，更加精诚团结密切合作。在一个组织里，所有的决策和共识，都是通过沟通来达成的。在各行各业中，无论是会计、社会工作者、工程师，还是医生、护士、教师、推销员，沟通的技能非常重要。整体护理活动的实践表明，护士需要70%的时间用于与他人沟通，剩下30%左右的时间用于分析问题和处理相关事务。很显然，如同其他职业一样，护理不仅需要专业知识和技能，而且越来越需要与他人沟通的能力。

（三）沟通力是管理工作的灵魂，同时也是提高工作效率，实现共同目标，满足各种需要的重要工具

我们所做的每一件事情都是在沟通，比如：上情下达或下情上传等。不论沟通是否有效，沟通构成了我们日常工作中的主要部分。管理工作中70%的错误是由于不善于沟通造成的。成功的公司管理人士通常会将90%以上的工作时间用于部属之间的良性沟通之中。通过清晰的指导与决策节省时间与精力，减少重复劳动，提高工作效率。提

---

① 朱光潜：《对'关于费尔巴哈的提纲'译文的商榷》，载《社会科学战线》，1980（3），36～42页。

升他人和自己对工作的满意度，用非强制性策略影响或激励他人。美国通用电气公司就是靠着感情沟通式的管理，以惊人的速度发展起来的，这种沟通式管理给人以深刻的启迪。国内外事业有成的名企，无不视沟通为管理的真谛。

（四）沟通力也是个人身心健康的保证

尤其是在与家人沟通时，能使你享受天伦之乐；与恋人沟通时，能使你品尝到爱情的甘甜；在孤独时，沟通会使你得到安慰；在忧愁时，沟通会使你得到快乐。英国著名文学家、哲学家培根有句名言：如果把快乐告诉朋友，你将获得两个快乐；如果你把忧愁向朋友倾吐，你将被分担一半忧愁。① 以行政沟通为例，即行政信息沟通，指的是行政体系与外界环境之间，行政体系内部各部门之间、层次之间、人员之间凭借一定的媒介和通道传递思想、观点、情感、交流情报信息，以期达到相互了解、支持与合作，谋求行政体系和谐有序运转的一种管理行为或过程。行政沟通具有以下特征：

（1）行政沟通是实现行政决策科学化、民主化的重要基础，是提高政府工作透明度，推动社会主义民主建设的有效途径。在行政决策的制定过程中，决策者的知识、经验及观念往往影响着决策的质量。尤其是处于变革时期，决策者的首要任务是通过信息沟通和情感沟通来原有政策利益者的抵触态度，改变其行为，这样才能实行他们之间的良好合作，又可激励利益相关者的政策热情和参与改革的积极性，提高他们的信心，使其能够积极主动地为改革献计献策，增强其民主意识，从而提高政府工作的透明度，进而推动社会主义民主建设。

（2）行政沟通是行政执行各环节顺利进行的重要基础，是提高行政管理效率的保证。行政管理的实质是对各种对象资源的一种整合，但由于各种资源在客观上是各自独立隔绝的，他们自己无法直接互相发生组合和联系，因此就需要管理者为了达到某种目的对它们施加？有效的处置和影响，从而在它们之间建立起有效和牢固的联系。这中间需要各种联系的桥梁。而沟通与协调就是这些桥梁和联系。而行政管理的过程是一刻也离不开沟通与协调，行政管理管理的过程是资源组合的过程，组合的过程必须借助于各种资源信息和组合方式的信息的大量复杂的交流、反馈。没有这些大量？的信息交流、反馈，即沟通与协调的发生、实现，管理的过程就要中断或残缺，甚至失去控制。所以，领导者必须重视职工并且开放沟通与协调的渠道，才能善用沟通与协调技巧，提高部门或组织的绩效管理。因为分享理念需要有高效率的沟通与协调能力和技巧，高频率地同组织内部的成员进行直接沟通与协调非常必要，他们知道越多，就越能理解，也就越关心。部门或组织上下齐心协力地向同一个方向前进，就没有任何事物可以阻挡他们，这样的组织才有生命力，才能不断地向前发展，才能不断创造新的工作绩效和不断实现新的工作目标，从而降低行政成本，提高行政效率。

（3）行政沟通是所有行政人员参与管理，是改善人际关系，鼓舞士气，增强组织凝聚力的重要手段。信息不可能仅仅在一个部门中流通，如果是这样的话，决策将很难作出，更不要说执行了。所以，通过沟通，可以使信息在各部门中流通，使决策的作出

---

① ［英］弗兰西斯·培根著，吴昱荣译：《培根随笔》，118页，北京，中国华侨出版社，2013。

有强有力的信息基础。同时沟通可以使各部门之间的冲突与问题，彼此相互协调存在的问题，理解相互间的问题，进而解决所存在的问题，减少沟通障碍。使决策执行起来畅通无阻，快速圆满完成组织目标，提高行政效率。

第二节 沟通力的内容构成

行政组织之间、行政组织与公务人员之间、以及公务人员之间，为实现共同的行政目标，彼此交换意见，相互了解，求得共识的过程。它是行政协调的前提。行政沟通的方式多种多样，可以根据不同的标准划分。根据沟通的组织结构的不同将沟通划分为正式沟通和非正式沟通。根据沟通的方向的不同将沟通划分为向下、向上和水平的沟通。按沟通的路线划分，有单向沟通和双向沟通。根据沟通的传递和接受方式的不同将沟通划分为口头的、书面的和其它的方式。

一、沟通力的分类

根据有关学者[①]的研究得出，在公共部门中行政沟通的分类主要有以下几种：

（一）公共部门行政沟通的正式沟通与非正式沟通

公共部门行政沟通的正式沟通，就是按照公共部门的明文规定，依靠公共部门的正式机构和权限关系为渠道进行的信息传递与交流。例如公共部门发布各种文件、召开正式会议、制订正式报告、手册；公民个人或群体向公共部门提出意见或者建议；公共部门领导与下属因公务所进行的正式接触与会谈等。可以说，正式沟通要依法办事，遵章守矩，具有一定的连续性和稳定性。公共部门行政沟通的非正式沟通，是指公共部门正式组织之外的信息传递和意见交流，这种沟通方式是建立在部门人员之间及与群众之间的社交及感情基础之上，是人与人之间的相互行为产生的。非正式沟通具有以下特点：以社会关系为基础；从各类人群的专长、嗜好、习惯和兴趣中发展；多数在非正式的场合进行，不受时间、地点和条件的限制；具有开放性，非正式沟通不限于公共部门内部，还与社会环境中其他因素相互作用。例如部门人员间的日常接触、社交，非正式渠道的消息传播等。非正式沟通可以传达行政组织无法或不愿意通过正式手段传达的消息或资料、解决通过正式沟通无法解决的问题，但非正式沟通有时会造成其他后果，如歪曲事实、误传消息，造成不必要的误会与事端等。

（二）公共部门行政沟通的下行沟通、上行沟通与平行沟通

下行沟通指自上而下的沟通，也就是公共部门上级向其下级传递信息、公共部门向人民群众发布信息，因而又称传递沟通。下行沟通的主要作用是：让下级部门和成员及时了解公共部门工作目标和领导意图；增强公共部门工作人员的向心力和归属感；提供关于公共部门的情况，发布相关政策及声明；协调公共部门或工作人员对任务及其他关

[①] 冯新新：《浅析我国公共部门的行政沟通》，载《经济工作》，2013（10），94页。

系的了解等等。通过下行沟通，可以协调公共部门组织内部各个层次的活动、明确工作意图、行动目标等。但在下行沟通过程中，要注意避免产生消极对抗情绪，加强沟通的互动与反馈。

上行沟通指自下而上的沟通，也就是公共部门下级向上级反映意见和情况、群众向公共部门提出建议和意见，形成自下而上的信息交流，又称为反馈沟通。上行沟通的目的是要将下级或群众对有关情况的看法、意见和建议及时反映上来，以利于上级及时解决出现的问题，对下级的工作进行进一步的指导，或者是吸收和采纳下级与群众的合理化建议。但在上行沟通中，要注意全面、客观地听取下级意见，防止报喜不报忧的情况出现，同时更要避免信息失真问题。

平行沟通指横向的沟通，也就是同级部门或同事之间的沟通，在公共部门系统中层次相当且不相隶属的个人或各单位间所进行的信息传递和交流。由于工作或业务上的关系，不同组织与人员之间或多或少总是存在某种联系，因而便产生了横向沟通。横向沟通可以互通信息，避免相互之间的误解、扯皮以及踢皮球现象，减少层级辗转、节省时间，有利于为实现公共部门的共同目标而奋斗。

二、沟通力的过程

沟通力的过程，就是信息传送者将信息传送给信息接收者的过程，是信息发出者和接收者之间的交流，带有个体情绪、认知、态度等心理特征，它不仅是一种逻辑的传递。也是一种理性与情感的混合交流。在组织沟通发生前，必须有一个由发送者表达并传递的目的，它在发送者与接收者之间传递。在对于沟通力的过程中，不同学者有不同的看法。有学者认为沟通力的信息首先被转化为信号形式进行编码，然后通过媒介物（沟通渠道）传递给接收者，接收者再将接收到的信号进行解码。这样一个过程被称为"沟通过程"。如下图所示：

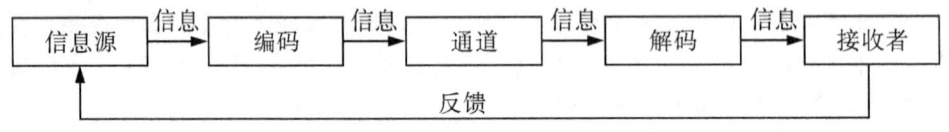

图5-1 沟通过程

还有一些组织学家认为，沟通的过程包括下述六个步骤：步骤一：意念的产生；步骤二：信息的编辑；步骤三：信息的传送；步骤四：信息的接收；步骤五：信息的解读；步骤六：信息的执行。以上两种认识大同小异，可以说，组织沟通过程的实体包括了信息的产生、编码、传递、接收、解读等步骤。发送者把头脑中的想法进行编码而形成信息，信息实际上是人们把抽象思维进行编码后的实体产品（语言、文字、符号等）。所以，当我们进行交谈时，表达的就是信息；当我们书写的时候，表达的也是信息；甚至当我们做手势、面部出现某些表情时，传达的还是信息。沟通渠道是指用以传递信息的媒介物，它取决于发送者。发送者必须决定采用哪种通道，可以是正式渠道也可以是非正式渠道，可以是口头的也可以是书面的。一般而言，应选择一种最合适的渠道进行沟通。接收者是信息指向的客体。在信息被接收前,接收者必须先将通道中加载的信息翻译成自己能理解的形式,这就是对所接收信息进行解码的过程。沟通过程的最后一个环节是反馈,反馈的作用是检验是否准确传达了信息以及是否被接收者有效理解了,即使发生信息失真或被曲解的情况,也能及时加以纠正。

(一) 信息转换为编码阶段

在这一最初的阶段,影响有效沟通的主要因素首先是语言和非语言性沟通手段的使用。语言是对客观事物的抽象概括,是信息的载体。因为自身的抽象性,语言很容易被歪曲和误解。其次,发送者表达能力的强弱、好坏是能否实现有效沟通的关键要素之一;沟通双方环境和知识背景的状况也会制约沟通的效果,古语"秀才遇到兵,有理讲不清"说的就是这个道理;另外,发送者与接收者在知觉、信仰、价值观等方面的差异,会导致双方对信息的不同选择、组织和翻译。因此,良好的沟通需要考虑上述各方面的情况,只有做好了充分的准备工作,才会有一个好的开始。

(二) 信息传递阶段

在信息由发送者传递到接收者的过程中,选择何种传播渠道(媒介)非常重要。在组织沟通中可以选择的渠道很多,如面谈、电话、信函、传真等等。除此之外,信息量的多少也会影响沟通的质量和效果。信息量负载过多或过少都不利于沟通,只有在考量了一系列媒介的负载能力、组织性和个人因素的基础上才能确定一个适当的信息量。在信息的传递中,还应该注意避免信息内容的漏失和错传,排除不正当的干扰,保证信息传递的准确性和安全性。

(三) 信息转译(解码)阶段

在接收者把接获的信息转变为自己所能理解的形式的时候,首先要注意的是倾听的有效性。从一定程度上说,倾听的有效性决定了解码的质量,应该加强主动性倾听,抓住问题的核心和本质。在信息的解码阶段',接收不会、也不可能对所有的信息刺激作出反应。由于个人所处的社会环境、生活背景、思维习惯等的不同以及个人性格、情绪的影响,会对不同的信息作出不同的反应。人们往往习惯于接收某些自己认为重要的信息而忽略其他不重要的信息,即接收者具有知觉上的选择性。

(四) 信息反馈阶段

沟通过程中的反馈环节主要是接收者把信息经过自己的理解、表达和处理再传递给原先发送者的过程。对整个组织沟通而言,反馈可以起到拾遗补阙、纠正偏差、消除障碍的作用。其中,沟通双方的态度是决定反馈效果的关键。如果双方能本着解决问题、工作为重的态度,则接收者可以在反馈阶段说明情况和存在的问题,大家平等协商,进行充分的探讨与沟通,那么就能够进一步提升组织沟通的质量。

上图为沟通的一般过程,但具体来说,以公共管理的角度,更好地说明沟通力的过程,以行政沟通为例,行政沟通的过程包括以下七个阶段:第一个阶段是发送者意愿的形成。发送信息的一方,首先必须决定发送何种信息,也就是决定发送信息的内容。信息的内容越简明,意见沟通的效果就越大。而意愿的形成,则受到发送者的人格、学识、经验、能力及目的等因素影响。第二个阶段是选择发送意愿的媒介。媒介的选择,对发送效果影响很大,因而必须作慎重的选择。选择媒介时应该注意这几个问题:接受者的认知能力、接受者的数目、所发送意愿的性质等等。第三个阶段是将意愿转化为符号。当发送的媒介选定之后,即根据媒介将意愿转化为一连串的符号,以便通过媒介来发送。第四个阶段是决定发送的途径与时间。意愿的发送效果与发送的途径、时间关系密切。同一意愿可以由发送者直接向接受者传递,也可以以某个中介人为媒介向接受者传递。第五个阶段是接受者注意并收受信息。意愿的发送必须是针对某个人或某些人的,否则将失去发送意愿的作用。第六个阶段是接受者对意愿的了解。接受者受到所发送的信息后,对此意愿需要作一番了解。其情形大致包括:①完全了解发送者所发送的意愿,并认为意愿合理正确,因而接受了此部分意愿。②只部分了解发送者的意愿,并认为合理正确,因而接受这一意愿。③虽然了解发送者的意愿,但认为并不正确或并不完全正确,因而拒绝接受或只接受了一部分意愿而拒绝接受另一部分意愿。一般来说,接受者都应将自己的意愿反馈给发送者,以取得一致意见;第七个阶段是接受者采取配合行动。意见沟通的目的在于采取某种行动,在接受者未采取行动时,不能认为意见得到沟通。

第三节 沟通力的培养途径

一、行政沟通存在的各种障碍

行政沟通对于行政系统内部的科学民主以及和谐稳定都具有十分重要的意义,然而目前国内行政沟通中还存在很多障碍。[①]

(一) 客观障碍

1. 行政体制导致的沟通障碍

行政体制的不完善会直接造成上下级、内外部之间的沟通障碍。目前来看国内行政体制对行政沟通的监管制度中对行政沟通的效果、监控的考核及责任追究仍存在很严重的制度缺位现象。制度缺位问题的存在导致无法对沟通相关人员产生相应的制度约束,从制度上无法确保行政信息准确无误的上报、下达及平行间的传递。纵向沟通也即是上下级间沟通中存在的各种障碍。横向沟通也即是各组织内部人员及各部门间的沟通,组织内部的各部门之间既有不同分工,同时又相互依赖,通过相互监督相互配合实现有序的发展。然而由于当前国内体制不够健全,使得组织内部横向沟通出现协调力度不够、权债不清、机构设置不合理、信息沟通不流畅诸多问题。如果没有一套健全的制度,下级部门因害怕打扰到上级领导的工作,便采取听命于上级领导,不主动与领导进行沟通

---

① 陈智凯:《行政沟通中的障碍与对策分析》,载《经营管理者》,2012(13),92页。

的方式。而上级领导以组织中的大事或组织外的相关事务为主,更没有时间主动与下属进行沟通,久而久之必然对下级不够信任。长久下去必然导致行政组织沟通的不顺畅,对工作的开展及决策的正确性等问题缺乏应有的信任和监督。

2. 组织结构存在的障碍

组织机构是当前国内实施行政活动最基本的组织单元,然而纵观国内行政组织机构让存在着机构臃肿、层次过多、渠道单一以及关系不顺等问题,而这些问题的存在严重阻碍了高效沟通的进行。由于沟通周期过长,使得信息在长期传递过程中出现失真等现象,另外渠道的单一也使得信息出现反馈不及时等问题,严重影响了行政工作的效率及信息传递的及时有效性。

3. 地域障碍

地域障碍是指因通信交通条件、地理距离条件等时空距离此类自然因素造成的沟通障碍。当行政机关通信条件落后薄弱、单位距离相对分散的条件下,上下级之间和部门之间的沟通就会因此类障碍而受到严重影响,造成信息不够通畅、沟通不便等现象的发生。

(二) 主观障碍

1. 个人素养差异引起的障碍

行政人员的文化水平、个人经历、个人素质存在差异,其思想观念、性格特点、利益观念、思想情感等均存在不同的差异,对事物的认知水平也不同;因此即便是对同一事物、同一思想其表达的方式也会有所不同,对其可能产生的结论和看法也会不同。这些问题的存在也会给沟通双方带来一定的障碍。

2. 职级差异引起的障碍

职级差异引起的障碍主要是指沟通的双方因处于上下级的关系,而造成沟通中的心理障碍,沟通中的下级出现"报喜不报忧""明哲保身"的现象,而上级行政领导则"骄傲自大""唯我独尊"。因职级高低不同而产生的这种心理障碍,严重影响了国内行政运行的有效性及稳定性。

(三) 其他障碍

沟通过程中除了存在的各种主管和客观障碍意外,其他方面也存在一定的障碍,如沟通方式、沟通语言、沟通渠道等。目前来看在科技大发展的今天,沟通渠道的选择并不能紧跟科技发展的步伐,一些选择的不当给沟通带来了明显的障碍。媒介众多的今天,行政沟通中过多地考虑了沟通的范围忽视了不同媒介的优缺点,因此媒介未能选择最优的形式,导致不能实现应有的沟通效果。另外行政沟通过程中,一些客套话、官话过多,这些无用的信息占据了太多的主题内容,导致沟通出现无效性。

二、我国公共部门行政沟通的障碍

有学者提出,我国公共部门行政沟通特点明显,沟通方式多样,尤其是近年来,随着我国行政体制改革的不断推进,我国公共部门行政沟通水平有了一定程度的提高。公共部门也逐渐认识到行政沟通的重要性,公共部门内部及公共部门之间的组织系统和制度保障已开始逐步建立,办公自动化和公共部门联网工程也已取得初步成效。但由于多种原因,目前还存在一些行政沟通障碍,因此也需要我们正确认识公共部门行政沟通的障碍。①

(一)公共部门行政沟通方式选择不当

我国公共部门行政沟通方式具有多样性,既有正式和非正式沟通,还有下行、上行和平行沟通,并且这些沟通还可以通过不同的传递与接收方式来完成,尤其是随着网络和多媒体技术的快速发展与成熟,更使得沟通方式呈现多元化趋势。但我国公共部门在很多时候没能选择最佳的行政沟通方式,沟通方式还在遵循着以前的经验和方法,没有做到与时俱进与开发创新,这样的情况不但浪费了人力物力,还可能使得沟通效果不尽人意。例如,我国习惯性解决问题的方式之一就是开会,在公共部门,这种行政沟通方式更是常见。通过开会固然会解决大多数问题,但很多时候,这种方式会阻塞一些本来更有效的沟通渠道,同时还容易形成官僚主义的工作作风。

(二)公共部门行政沟通过程信息失真

在我国公共部门中,其组织结构类型属于金字塔型的垂直领导关系,中央与地方之间、地方上下级之间、公共部门与民众之间都可能存在信息传递中间环节多、过程太长、沟通纵强横弱的现象。这些现象的存在很容易导致行政沟通信息失真。公共部门的行政沟通过程信息失真,主要包含两个方面的内容。其一是公共部门内部进行行政沟通时存在信息失真。公共部门的组织结构对内部的信息传递会直接产生影响,组织结构不合理、组织机构过于庞大、中间层次太多,沟通的信息从最高决策层传递到最基层进行的下行沟通不仅容易产生信息失真,而且还会浪费时间,影响效率。另外公共部门内部进行上行沟通时,上下级间容易产生地位上的障碍,部分下级一味逢迎、报喜不报忧,或隐瞒事实、该报不报,这些情况更使得公共部门内部行政沟通出现信息失真,造成公共部门行政沟通障碍。其二是公共部门和民众之间进行行政沟通时存在的信息失真。在行政沟通中存在信息不对称,有些组织和个人由于知识掌握上的或所处位置上的便利,对于某些信息比另外一些掌握得多一些,使得公共部门行政沟通传递的信息呈现不均匀、不对称的分布,造成公共部门信息向民众传递出现信息失真。同时,公共部门对民众的信息了解滞后与不全面,基层民众的想法和情况不能快速传达到公共部门内部。有时如果民众信息传输通道不畅,公共部门与民众之间的行政沟通变成单行沟通,缺乏反馈环节,更会加剧行政沟通的信息失真度。

(三)公共部门行政沟通传递通道不畅

目前在我国公共部门中,部门内部由上及下的行政沟通传递通道比较规范,但也会存在一些信息被阻塞在沟通渠道中,不能及时传达的情况,比如有些文件和报表被层层

---

① 冯新新:《浅析我国公共部门的行政沟通》,载《经济工作》,2013(10),94~95页。

传达到基层时,可能已经是上交的最后期限了,人们根本来不及体会文件精神和报表内容,只能匆匆应付了事。公共部门对民众行政沟通的传递通道可以说大部分还停留在老办法上:电视、报纸、杂志和公共部门内部的公告栏。在推行上网工程后,由于公共部门缺乏相应管理经验,导致很多网站都只有一个内容空泛的网页,有的甚至网站建立后基本没有更新过内容,这种做法就间接地阻塞了一个很好的沟通渠道。

三、沟通力的培养途径

(一) 沟通力的一般培养途径

1. 建立有效的良性沟通机制[①]

有效的良性沟通机制,严格责任追求制度,是确保行政沟通有效进行的前提保证。通过严格责任追求制度和组织责任的监督来消除像职级障碍等问题引起的沟通障碍。同时还可通过定期召开座谈会和例会等形式来形成正式的沟通渠道。另外,编者认为一切机制的开展均应遵循人性化管理的前提原则,通过一些集体活动的开展来实现上下级之间和谐关系的构成,同时还可增强双方的信任感。以良性的沟通机制为前提来确保良性沟通的持续进行。

2. 健全组织机构,完善沟通制度

行政组织应积极跟随时代发展的脚步,不断完善健全组织机构及行政沟通制度。精简行政机构,缩减组织层次,确保信息能够实现对称沟通,同时明确人员的不同责任分工,实现行政的高效和精确,避免因组织机构人员、层次过多造成的信息失真等各种沟通障碍。同时健全行政信息采集和发送制度。完善相互监督的独立性系统,做好行政机构信息收集、信息加工、信息存贮等服务。通过具体可行的规章制度来确保信息不受任何外界意志的干扰,使行政机构可以有效全面的了解信息,为决策工作提供科学的信息依据,改善单一沟通渠道形成的障碍,从而有效提高行政信息的有效性和真实性。

3. 加快行政沟通的现代化信息进程

完善的行政现代化信息沟通系统,是确保行政系统内外部信息沟通、传递的重要保证。随着信息技术的日新月异,信息传递手段也发生了质的变化,现代化的信息沟通模式正以不可阻拦的形式向前发展。电子信息政务系统的构建,可定期实现向组织内外部的信息公布,使信息的沟通和反馈更趋完善,信息化正逐步在社会经济发展的进程中处于引领的地位。要想克服行政沟通存在的各种障碍,现代化的信息技术必不可少。除了要实现行政机构办公的自动化,同时还应充分借助电子网络,以及网络中的各种资源来实现信息的及时有效沟通。与此同时培养一批高素质信息人才,来作为信息工作开展的保证。技术上保证行政沟通的畅通有效,才能在实际沟通中做到真正有效。

4. 强化思想教育,提高沟通双方人员的素养

沟通双方人员的素质提高,是解决行政沟通主观障碍的重要途径。因此必须加强行政人员的思想素质,使他们能够明确组织的行为规范及组织目标,树立共同的价值准则

---

① 张寅玮:《党政机关信息工作中行政沟通的障碍及对策分析》,载《档案》,2011 (6),20~22 页。

和价值观念。通过素质的不断提高，使行政人员明确自己的行政职责，以便能够如实的向上级进行信息的反馈，以此来预防信息沟通的不对称，从而有效提高行政沟通的合理全面性。总而言之，当前国内行政沟通中存在的主、客观问题障碍还比较多，需要我们不断探索和实践，采取合理、科学的应对措施来积极地解决，以便有效提升行政部门的现代化服务质量及管理水平，促进行政部门工作的良好发展。

（二）提高我国公共部门行政沟通水平的途径

科学技术的迅速发展、人民民主意识的不断提高、公共部门职员和民众需求的复杂多变以及先进管理模式的普及等多重因素，渐渐让人们认识到公共部门行政沟通水平提升的重要性和迫切性。有学者[①]提出，要提高我国公共部门行政沟通水平，在分析了存在的沟通障碍后提出有针对性的培养途径。

1. 正确选择行政沟通方式

正如第二节的第二小节中所分析的，行政沟通方式有很多种，每一种都各有其特点，这就要求公共部门在进行行政沟通的时候要进行选择，选择适当的沟通方式可以很顺利地达到行政沟通的目的，使行政沟通事半功倍。而选择何种行政沟通方式才是最合适的，则涉及执行人的经验和判断。公共部门行政沟通方式的选择具有一定的策略性，首先要了解对方的信息接收方式，然后选择合适的沟通手段，才能使要传达的交流意图得到比较完整准确的接收和理解。尤其是作为公共部门的领导者，更要头脑灵活，不要一成不变、生搬硬套，要学会将多样的行政沟通方式融入工作中；并在工作过程中多做总结，归纳出什么情况适合哪种沟通方式，提高工作效率，提升行政沟通水平。

2. 避免行政沟通过程信息失真

行政沟通过程其实也是信息传递的过程，因此信息失真会极大地影响行政沟通水平，所以公共部门在进行行政沟通时要尽力避免信息失真。在公共部门内部，为防止内部传达信息时出现信息失真，可以采取文件下发的方式来避免人为造成的信息失真。但采取此种方式必须做到文件不要长篇大论，避免过多地强调重要性、意义等，尽量要做到简洁明了，避免另一种形式的信息失真。对于上行沟通过程中存在的信息失真，可以通过第三方决策咨询机构，此类决策咨询体系不受政府部门领导，具有相对独立性，它可以从各个渠道和方面收集信息，随时可以为公共部门领导提供反馈信息，可以与基层上报的情况进行对比，这样就避免了下情上传时，只报喜不报忧的情况出现，从而避免信息失真对公共部门决策的影响。

3. 电子政务环境下搭建行政沟通传递通道

公共部门行政沟通的最终目的是为人民服务，因此，更要拓宽沟通渠道，使公共部门和民众之间可以通畅地进行信息传递，这有利于政策的执行和对民意的了解，进而达到较好的行政沟通效果。随着现代科学技术的发展，信息化正在不断影响和改变着社会，公共部门行政沟通普及信息化，不但可以拓宽沟通渠道、提高效率，还可以用最少的投入来达到最大的效果。公共部门进行的信息化建设，又称之为电子政务。电子政务

---

① 冯新新：《浅析我国公共部门的行政沟通》，载《经济工作》，2013（10），94～95页。

环境的特点就是使用便捷性、范围广泛性、传输快速性，而良好的行政沟通则需要这些特性来保证沟通的顺利进行。利用好电子政务环境，搭建行政沟通的传递通道，是提高公共部门行政沟通水平的一个有效途径。

首先，公共部门人员要适应电子政务环境下的信息传递方式，要做到每天查看自己的电子邮箱、OA 系统，保证新生的行政沟通渠道顺畅运行。同时，还要将电子政务理念贯穿于工作之中，充分利用电子政务带来的行政沟通上的便捷。其次，要开发建设面对民众的行政沟通信息系统，要充分规划该系统要进行哪些方面的行政沟通，该系统的模块组成和更新模式都要有明确计划，同时该系统必不可少的就是民意反馈和在线答疑模块。最后，要有规章制度的约束，保证该行政沟通系统可以正常运行。至此，一个可以充分发挥现代信息技术优势的行政沟通渠道便搭建成了。电子政务环境下搭建的信息沟通系统可以集成很多行政沟通方式的优点，对公共部门行政沟通水平的提升有很好的效果。总之，行政沟通水平的高低，直接影响到公共部门日常工作的进展。在充分了解其特点和方式之后，可以有针对性地对造成公共部门行政沟通的障碍进行解决。除本文中提到的外，其它解决途径还有很多，例如：可以加大上行沟通力度、多采用双向沟通、处理好公共部门上下级关系、加强行政沟通技巧的培训等。

第四节 沟通力专题：人际沟通

一、人际沟通的概述

人际沟通（Interpersonal Communication）是个人之间在人际交往中彼此交流思想、感情和知识等信息的过程，是信息在个人间的双向流动。在这个概念里包含以下三个意思：

第一层意思是指人际沟通是一种历程（Process），在一段时间之内，是有目的式地进行一系列的行为。与您的亲人饭后闲聊，或和您的好友千里一线牵的电话聊天，甚至您使用网路在 Chat room 里与网友们对谈都是一种人际沟通的例子。而在每一个沟通的历程里，都会产生意义，此行为都算是在实行人际沟通。第二层在于它是一种有意义（Meaning）的沟通历程。沟通的过程中，其内容表现出的是"什么"？其意图所传达的是理由是"为何"？以及其重要性的价值对应出此沟通"有多重要"？第三层意思是指双方在沟通历程中表现的是一种互动，在沟通的过程当时以及沟通之后所产生的意义都要负有责任存在。在尚未沟通之前，不能先预测沟通互动后的结果。例如小孩跟父母开口要钱，说了"我没有钱了，能不能给我一千元当零用钱"？此时在还未造成互动前，不能知晓结果为何。可能是 Yes，也可能是 No，而且 Yes 或 No 的结果又存在着许许多多的语气态度等差别。

二、人际沟通的沟通机制

（一）沟通时人脑的作用

生产出复杂的思想并将之予以沟通是人脑的主要成就之一。它执行三项基本的任务,其中两项是吸取和加工大脑接收的材料,第三项就是把材料加工生产成连贯而有意义的思想。首先吸收印象。见到、听到和感觉到的材料根据人们独特的偏好被大脑作为图画、词语或声音吸收和存储起来。就有些人而言,视觉形象能产生最大的冲击,而对其他人而言则可能是言语、声音或触觉最重要。其次加工思想。不同类型的输入材料储存在大脑的不同"记忆库"里,并且为了能生产出思想,各部分必须相互协作。大脑这种找出备选信息并进行必要的关联是非常重要的。最后生产语言。为了把思想转换成语言传输出去,必须生产出一种用以表达的设施。这涉及给物体命名、寻找动词并且把名词和动词组装起来,以便形成互为关联的句子。有时您会觉得要把自己的意思用语言准确地表达出来很困难,这并不奇怪。所以有些人在处理视觉概念时需要有图表或模型帮助理解,另一些人能想象物体的形状,但找不到适当的名称;还有一些人不能把名词和动词连在一起组成有意义的句子。您是否还有这样的经历:有时您别无他法,只好说:"您知道我的意思是什么",急切地希望对方已经知道。

(二) 影响沟通的可变因素

总而言之,人脑的思维过程大致相似,但为了使自己免遭外界信息和刺激的压倒,人们学会了选择和加工信息。也就是说,并非所有散布的信息都被吸收,被吸收的信息将被个人独特感知能力、情绪状态,以及性别进行判断和评价。

1. 感知能力

首先,人们感知外部世界的方式在他们产生思维的方式中起着至关重要的作用。可能您已经意识到,所见之物有时是幻觉,它只不过是对大脑加工信息的方式耍了个花样以使其见到或期望见到的事物。人的感知是自出生以来通过基本的学习而形成的,包括态度和假设、动机和兴趣的发展。感知的事物在许多方面会影响到思想的生产方式,如:选择信息:经历相同事物的人极少获得相同的信息。解释情景:使用相同信息的人几乎会相当肯定地根据各自评价对信息作出完全不同的解释。作出假设:解释情景的人可能把互不关联的事件或事实当作相关联的,反之亦然。每个人都会依据自己的印象、先前的经验和企望以迥异独特的方式生产思想,即对信息的加工,但这种加工的余地是相当大的,而且明显带有偏见,它本身会影响沟通的过程。

2. 情绪状态

感觉的方式在您加工信息和生产思想的方式中起着重要的作用。人的情绪状态会过滤吸收和输出的信息。接收或输出的同一信息会根据情绪是否高涨、平静或超然作不同的处理。例如:如果您觉得情绪激动或紧张,沟通就有可能受阻,因为您本应更为理智的思想过程可能被这些情绪所蒙蔽。您还有可能以一种比预期更加肯定或否定的态度接受信息。因此,人们的情绪状态能左右接收和传送信息的方式,还直接影响到信息的接受和理解的方式。

3. 性别

不管喜欢与否,交流者的性别在沟通过程中也起着作用。众所周知,男女大脑的结构有一定的差别,这种差别也影响着各自的沟通方式,例如:男性大脑的语言和视觉结构似乎彼此联系较少,而女性则不然。女性具有较强的整合视觉和语言的能力。这意味着男性长于集中精力处理个别事物,而女性则更能通观全局。如此说来,可以完全归咎于不同性别而产生的差异能显著地影响男性和女性吸收和评价彼此沟通的方式。确保适当沟通总是有些像抽彩票,如果能意识到人们是怎样吸收、储存和加工信息,生产思想并将之转换成一语言系统的,对适当沟通这一点做到心知肚明要容易得多。想想每当人们沟通时带有各自的偏好,会发生什么事,同样也令人开心。另外,没有哪个人的解释与另一个人的解释如出一辙,感知、情绪和性别都在个人挑选和加工信息的方式上起着重要的作用。

三、人际沟通的必要条件

人际沟通是人与人之间信息的传递、思想的沟通、情感的交流。其实,思想、情感也可以看作是信息的一种类型。因此,人际沟通就可以归结为信息的交流。因而,人际沟通服从于一般的信息沟通规律。信息沟通的一般模式如图5-2所示:

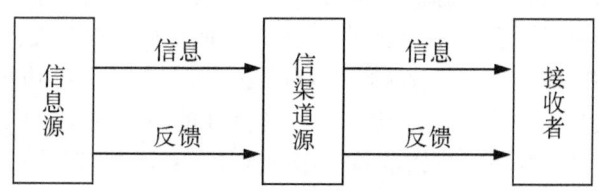

图5-2　信息沟通的一般模式

从这个模式中我们可以看出,实现人际沟通的必要条件是:第一,要有发出信息的人——信息源(Information Source)。没有信息源,就无法进行人际沟通。第二,要有信息。信息是沟通的内容。人们进行沟通,要是没有内容,沟通的必要性就不存在。第三,要有信息渠道(Information Channel)。信息渠道是信息的载体,即信息通过何种方式、用什么工具从信息源传递给接收者。信息一定要通过一种或几种信息渠道。

四、人际沟通的工具

作为信息传递的过程,人际沟通必须借助于一定的符号系统才能实现,所以,符号系统是人际沟通的工具。我们可以把符号系统划分为两类,即语言符号系统和非语言符号系统。

(一) 语言符号系统

语言符号系统(Verbal sign system),是利用语言进行的言语沟通。语言(Verbal)是社会约定俗成的符号系统,而言语(Speech)是人们运用语言符号进行沟通的过程。语言是人类最重要的沟通工具,也是信息传递的最有力的手段。

1. 语言的分类

语言可以分为口头语言(Oral speech)和书面语言(Written speech),即语音符号系统和文字符号系统。在面对面的沟通中,口头语言是最常用的,而且收效最快。例如，会谈、讨论、演讲及当面对话都可以直接、及时地交流信息，沟通意见。在间接沟通中，一般采用书面语言。它不受时间和空间的限制，可以长时间地保存，可以远距离传递，发出信息者可以充分地考虑言语的恰当性。书面语言扩大了人们认识世界的范围。

2. 言语的社会功能

语言对我们的影响是巨大的，通过言语交流，我们实现了不同的目的。言语的社会功能主要包括：认知功能、行为功能、情感功能、人际功能和调节功能。认知功能，是言语最基本的社会功能，是指我们通过言语来传递某种知识、信念或观点。我们需要清晰的表达来传达具体的信息，比如如何操作一台机器。

行为功能，是指我们通过言语去影响听话人的行为、态度，或改变听话人的状态等，以完成某项工作。比如老师对学生说："去把作业拿来！"这样就通过言语交流影响了学生的行为。情感功能，指我们用言语来表达情绪体验、联络情感。我们需要有力、生动的语言来表达自己的感情、感染听众、激励他人，比如我们熟知的马丁·路德·金的那篇著名的演讲《我有一个梦想》。人际功能，即言语的交际被用来建立、保持和维护人际关系的功能。例如，见面时的打招呼和问候等。调节功能，我们用言语来调节身心状态。我们都有过类似的经历，通过向信任的人诉说自己的苦恼来缓解心理压力。言语的表达有宣泄情绪、促进心理健康的作用。在心理咨询中，来访者的言语宣泄本身就有着治疗的功效。

3. 语言的复杂性和策略性

不同的国家有不同的语言，不同的地区有不同的方言。在我国，现代汉语共有十大方言，语言使用状况比较复杂；不同的群体有不同的语言风格，医生、律师、科学家等群体都使用各自的专门术语。鉴于语言本身的这种复杂性和其在沟通中的作用，语言对人际沟通的影响是广泛而深入的。因此在沟通时，语言的运用要根据不同的对象和环境而改变，不然沟通就有可能在任何一个环节出现误会。

显然，在交往中，面对复杂多变的情境，人们表达同一意图的言语形式并不唯一。有大量的研究表明，人们对语言的运用，表现出明显的策略性。我们说话时依赖不同的文化背景下的社会约定俗成的规则、交际礼仪和契约；我们还会根据特定的情境和交际对象，话语时而直接，时而委婉；最后，我们采用的言语表达形式也体现了语言的策略性。

说话也是门艺术，虽然我们每天都在说话，但是没有几个人是真正的语言高手，作家、诗人和演讲者都是语言运用的高手，他们能用语言给我们打开一个世界，激发我们的感情、想象和行动，我们无法想象，如果没有这些美丽的语言，我们的生活该是如何的枯燥乏味。语言的表达是如此重要，但制定在所有场合和情况下如何选择语言的规则是不可能的，语言的学习有赖于多年的学习和实践。

（二）非语言符号系统

非语言符号系统（Non-verbal sign system）是指在人际知觉和沟通过程中，凭借动作、表情、实物、环境等进行的信息传递。人们常常认为非语言符号系统是不重要的，数量较少的，但是事实并非如此。美国传播学家艾伯特·梅拉比安（Albert Mehrabian）通过实验把人的感情表达效果量化成了一个公式：信息传递的100% = 7%的语言 + 38%的语音 + 55%的态势。从以上公式可以看出，非语言符号系统在沟通中具有重要的功能，它能补充、调整、代替或强调语言信息。通过非语言符号系统进行的沟通具有重要的功能，它能补充、调整、代替或强调语言信息。绝大多数的非语言信息具有特定的文化形态，在传达时是习惯性的和无意识的，它可能与语言信息相矛盾，以非常微妙的方式传递感情和态度。非语言符号系统一般有以下几种形式：

1. 视-动符号系统

手势、面部表情、体态变化等都属于这个系统。动态无声的皱眉、微笑、抚摸或静止无声的站立、依靠、坐态等都能在沟通中起作用。在人际交往中，视-动符号系统会给我们很多提示，通过了解一个人的行为语言，我们可以分析他人的状态，调整自己的谈话方向。比如，当对方双手抱在胸前和你讲话时，可能意味着对方有戒备心；微笑代表友好和赞同，但在美国人而言，微笑更多意味着友好，他微笑着听你说完你的提案，但并不代表他同意你的意见；手叩击桌子代表不耐烦；扬眉往往意味着怀疑；双手紧紧握住对方的臂肘代表很有诚意，而攀肩搂腰的一方，则暗示着其支配的地位。如图5-3所示：

图5-3　视-动符号系统

2. 时空组织系统

人际空间距离可以表现出人与人之间关系的密切程度。个体空间的一般距离会因文化有异，也会因地位差异与性别有别，在社交环境里，人们都要遵守支配空间使用与运动的社交准则。有关人们在人际互动中如何使用空间和距离的研究，被称作空间关系学（Proxemics），这是由霍尔（Edward Hull）提出的概念，他将人际空间距离分为四种：亲密距离、个人距离、社会距离和公众距离。

亲密距离，0—18英寸（0—46厘米），属于亲爱的人、家庭成员、最好的朋友，在此区域中，可以有身体接触，如拥抱、爱抚、接吻等，话语富于情感，并排斥第三者加入。个人距离，18英寸—4英尺（46厘米—1.2米），同学、同事、朋友、邻居等在此区域内交往，由于距离有限，在此区域内说话一般避免高声。社会距离，4—12英尺（1.2—3.6米），在此区域人们相识但不熟悉，人们交往自然，进退也比较容易，既可发展友谊，又可彼此寒暄，纯粹应付。公共距离，12英尺（3.6米）到目光所及，与陌生人的距离，表明不想有发展，在此区域人们难以单独交往，主要是公共活动，如作报告、等飞机等。

人们每天随着交往环境的变化，使用不同的人际空间距离。在学校，你做演讲时，你和听众之间的距离最大，是公众距离；在和客户谈判时，你们之间的距离是社会距离；个人距离是你和朋友聊天的距离；等到你回到家，和孩子、爱人之间的亲密接触就是亲密距离。当人们违反了这些规则，就会引起对方不舒服的感觉。我们每个人都有自己的心理空间距离，这个距离太远或太近都会让自己不舒服。接近性的平衡理论认为如果人际距离小到不合适的时候，人们就会减少其他途径的接近性，比如，减少注视、用倾斜的姿势等。典型事例是在电梯里或公交车的行为，人们为了避免眼神直接接触的尴尬，会采取读书看报或听音乐的方式。随着人口的增长和都市化进程的加快，人们在各种公众场合的个人空间越来越狭小。研究显示出，人们尝试去适应越来越狭小的个人空间。正如图5-4所示：

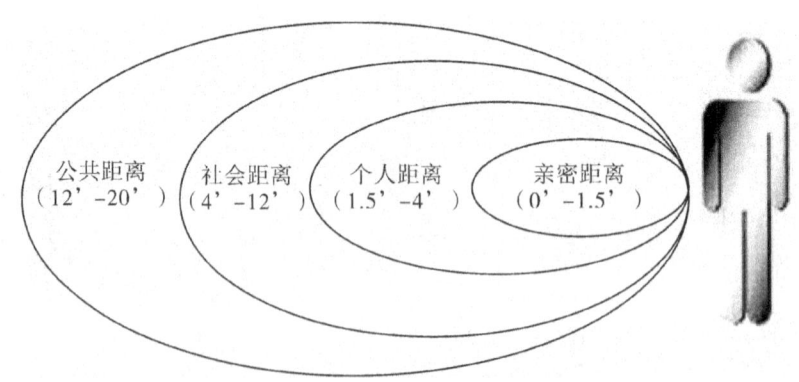

图5-4 时空组织系统

3. 目光接触系统

目光接触（Eye Contact）即人际互动中视线交叉，是一种广泛的非语言交流形式，具有非常重要的作用。相互之间的目光接触，可以加强表达效果。在谈话中，迎合对方的目光，意味着你对谈话的专注和兴趣；但当对方回答问题故意避开和你的眼神接触时，也许意味着事实还另有内情。心理学的研究表明，人们在观察对方时，关注最集中的地方就是眼睛和嘴。一个人的语言可以修饰，但眼神信息却是很难掩盖的，我们甚至可常常透过一个人的眼神来归纳对方的品质，是温暖的、真诚的，还是凶残的、狡猾的。

眼神信息在许多文化中是有影响力的、意味着地位和权力，有句非洲名言说："眼睛是侵略的手段。"在印度，失去孩子的母亲是不允许以嫉妒的眼神看他人的孩子的，因为他们相信，这种眼神会给孩子带来不好的影响。在我国古代，臣子朝拜时是不能对视皇帝的眼睛的。直到现在，在大多数非洲国家和世界的其他地方，如果对方地位比你高，你就不该看他的眼睛。

4. 辅助语言系统

音质、音幅、声调、言语中的停顿、语速快慢等因素，都能强化信息的语意分量。辅助语言可以表达语言本身所不能表达的意思。对于同样一个主题，不同的演讲者表达效果就有所差异，在这种差异中，辅助语言是一个很重要的影响因素。一位非言语沟通研究者估计，沟通中39%的含义受声音的表达方式的影响，在英语以外的语言中，这个百分比可能更高。比如，研究显示，在交往中语速对于第一印象有重要影响。讲话急促表达的是激动兴奋，并可能具有表现力和说服力。但讲得太快会使对方神经紧张。另外，辅助语言研究者迪保罗（B. M. Depaulo）的研究发现，鉴别他人说谎的最可靠的因素是声调。尽管老练的说谎者可以控制自己的语言和表情，但其说谎时提高声调却是不自觉的。同时，一句话的含义常常不是决定于字面意思，而是决定于它的弦外之音。语言表达方式的变化，尤其是语调的变化，可以使相同的词语表达不同的含义。例如"谢谢"一词，可以动情地说出，表示真诚的谢意；也可以冷冷地吐出，表达轻蔑的含义。

五、人际沟通的功能

对于人际沟通的功能，学者们看法不一。美国学者费斯汀格[①]认为，人际沟通有两种功能：第一，传递信息的功能；第二，满足个人心理需要的功能。有的学者认为，人际沟通有三种功能：第一，信息的沟通功能；第二，思想的沟通功能；第三，人际关系的沟通功能。其他学者还有不同的提法。我们综合各家的论述，认为人际沟通的功能可以归纳为以下三个方面：

（一）协调作用

人际沟通的协调作用体现在两个方面：其一，协调情感，即人际沟通可以使沟通者心理得到某些满足；其二，协调动作，即沟通者从沟通的信息中自动调节自己的行为。如果一个团体中人与人之间沟通阻塞，那么成员间的隔阂、误会、矛盾就会骤然上升。一旦这些阻塞被排除，沟通畅通了，那么隔阂、误会、矛盾就会逐渐消失。因此，人际沟通有利于提供信息，增进了解，起到提高情绪、增强团结、调整行为的作用，也即协

---

① ［美］利昂·费斯汀格著，郑全全译：《认知失调理论》，45页，杭州，浙江教育出版社，1999。

调作用。但是，苏联社会心理学家彼得罗夫斯基（A. B. Petarovski）[①] 注意到，并非所有的人际沟通都能起协调作用，有时候人际沟通则可以起破坏作用。例如某人打了别人一个耳光，或骂了一句难听的话，双方关系能协调吗？他认为，人际沟通可以起协调作用，也可以起不协调作用。

（二）保健作用

人际沟通是人类特有的需求。如果人的这种需求得不到满足，就会影响个人的身心健康。因此，人际沟通对于个人来说，也是个体生活中不能缺少的行为。保持人与人之间的充分的思想情感的交流，保持实现沟通行为所必须的条件，是保证个人心理健康成长所必需的，这就是沟通的保健功能。

人际沟通对老年人来说，更是不可忽视的动力源泉之一。如果老人之间缺乏信息的传递，个人就会感到空虚、抑郁，还会促使脑细胞萎缩。美国心理学家摩根对纽约州退休老人作调查，发现凡是在人际关系方面保持较多来往并较为协调的老人，比那种很少与人往来的老人，有更多的幸福感。而后一种老人更多地体验到的是悲伤感和孤独感。为此，许多国家建立了各种老年中心、老人俱乐部等机构，以增进老年人之间的信息传递。

（三）形成和发展社会心理的作用

人的社会心理正是在同他人进行人际沟通过程中，逐渐形成和发展起来的。社会心理现象主要包括个体在社会、群体和他人的影响下心理发展变化的规律，个人对群体、群体对个人的相互影响和心理效应，以及群体间的相互影响和作用，而这些心理现象和规律又无一不是以交流信息为前提的。例如，社会态度的变化依赖于交流信息，群体的构成和维系离不开人际沟通，沟通信息量的多寡决定领导行为，权力模式和决策过程也依赖于信息交流。由此可见，没有人际的信息交流，就没有社会心理的产生。这在一定程度上也说明了为什么有的学者把人际沟通视为社会心理学这一学科的整个问题系统的逻辑中心。

第五节 沟通力案例研讨

案例一

王艳的困惑

王艳是一个典型的北方姑娘，在她身上可以明显感受到北方人的热情和直率。她喜欢坦诚，有什么说什么，总是愿意把自己的想法说出来和大家一起讨论。正是因为这个特点，她在上学期间很受老师和同学的欢迎。

2015年7月，王艳从西安某大学的人力资源管理专业毕业。她认为，经过四年的

[①] ［苏联］彼得罗夫斯基，雅罗舍夫斯基主编，赵璧如等译：《心理学辞典》，89页，北京，东方出版社，1997。

学习，自己不但掌握了扎实的人力资源管理专业知识，而且具备了较强的人际沟通技能，因此她对自己的未来期望很高。为了实现自己的梦想，她毅然只身去广州求职。经过将近一个月的反复投简历和面试，在权衡了多种因素的情况下，王艳最终选定了上海市的一家研究生产食品添加剂的公司。她之所以选择这家公司是因为该公司规模适中、发展速度很快，最重要的是该公司的人力资源管理工作还处于尝试阶段。如果王艳加入，她将是人力资源部的第一个人，因此她认为自己施展能力的空间很大。但是到公司实习一个星期后，王艳就陷入了困境中。原来该公司是一个典型的小型家族企业，企业中的关键职位基本上都由老板的亲属担任，其中充满了各种裙带关系。尤其是老板给王艳安排了他的大儿子做王艳的临时上级，而这个人主要负责公司研发工作，根本没有管理理念，更不用说人力资源管理理念。在他的眼里，只有技术最重要，公司只要能赚钱其他的一切都无所谓。但是王艳认为越是这样就越有自己发挥能力的空间，因此在到公司的第五天王艳拿着自己的建议书走向了直接上级的办公室。

"王经理，我到公司已经快一个星期了，我有一些想法想和您谈谈，您有时间吗？"王艳走到经理办公桌前说。"来来来，王艳，本来早就应该和你谈谈了，只是最近一直扎在实验室里，就把这件事忘了。""王经理，对于一个企业尤其是处于上升阶段的企业来说，要持续企业的发展必须在管理上狠下功夫。我来公司已经快一个星期了，据我目前对公司的了解，我认为公司主要的问题在于职责界定不清；雇员的自主权力太小致使员工觉得公司对他们缺乏信任；员工薪酬结构和水平的制定随意性较强，缺乏科学合理的基础，因此薪酬的公平性和激励性都较低。"王艳按照自己事先所列的提纲开始逐条向王经理叙述。王经理微微皱了一下眉头说："你说的这些问题我们公司也确实存在，但是你必须承认一个事实——我们公司在赢利这就说明我们公司目前实行的体制有它的合理性。""可是，眼前的发展并不等于将来也可以发展，许多家族企业都是败在管理上。""好了，那你有具体方案吗？""目前还没有，这些还只是我的一点想法而已，但是如果得到了您的支持，我想方案只是时间问题。""那你先回去做方案，把你的材料放这儿，我先看看然后给你答复。"说完，王经理的注意力又回到了研究报告上。王艳此时真切地感受到不被认可的失落，她似乎已经预测到了自己第一次提建议的结局。果然，王艳的建议书石沉大海，王经理好像完全不记得建议书的事。王艳陷入了困惑之中，她不知道自己是应该继续和上级沟通还是干脆放弃这份工作，另找一个发展空间。

思考与研讨
1. 请用人际关系相关知识分析王艳与经理沟通失败的原因？
2. 你认为如何才能实现有效的沟通，实现沟通目标？（请结合该案例作答）

案例二

"5–15报告"法

如果一个企业的人员散布在不同的地区，而且常常是不同的时区，那么他们的工作时间就会迥然不同。如果在同一个地方工作，员工们总会在咖啡厅或饮水器前进行一些信息交流。然而，当同事之间不能经常见面，这种交流机会也就荡然无存。在这种情况下，应该如何保证企业内部的沟通与联系呢？

麦克尼利斯集团（McNellis Group）行政总裁麦克尼利斯（Jerry McNellis）采用了一种叫作"5—15 报告"的工作程序。其方法是：每位职员每周须提交一份报告，报告必须能在 15 分钟内写完，能够让读报告的人在 5 分钟内读完。报告共分三个部分：（1）简要叙述本人一周以来的工作情况。（2）坦率地叙述本人的精神面貌及周围同事的士气。（3）一条针对本人工作、本部门或公司的改进建议。

使用这种工作程序一段时间之后，麦克尼利斯发现报告的第三部分中很少出现有益的建议，而往往充斥空洞无物的官样文章。因此，他删掉了这一部分，但却保留了这一基本程序作为企业内部沟通的主要手段。"在一个像我们这样人员分散的企业中，这个工作方法大有裨益。麦克尼利斯说："从我得到的信息反馈看，实施 5-15 报告程序后，我们的许多驻外人员都觉得和公司更加形同一体。对于全职人员，报告每周一份；而对于兼职人员和咨询顾问，则要求每月一份。报告一般在周一中午之前递交。因为我们的人员较少，所以每人都能得到所有报告的全套复印件。我们还把它们抄送给我们公司的主要业务单位、合资企业和重要客户，作为加强联系的一种办法。"

"5-15 报告"中主要汇报客户中出现的情况，正在起草中的提案，可圈可点的会议，出现的问题和新的计划等。这种工作程序为员工提供了一个论坛，人们可以在这里分享成功经验，对同事表示慰问，寻求帮助，提出建议，发泄愤怒或传递一些大家感兴趣的信息。麦克尼利斯集团的内部报告中还有一个非常重要的内容，就是员工的个人生活，诸如孩子出生、亲属去世、同仁结婚等等。由于这种内容每周都有，而且人人均可读到。设计这种报告体系是用来通报大家共同感兴趣的情况的，但麦克尼利斯却注意到：这种报告常常能够促使员工进行深层次的个人交流。他补充道："我非常仔细地阅读这些报告，尤其是有关精神面貌的部分。我经常会对报告中的某些内容做出批示，然后发还给报告提交人，这样就形成了一个快速高效的反馈循环。"

思考与研讨

1. 根据沟通的原理分析麦克尼利斯集团的"5—15 报告"法是怎样有效的消除沟通障碍、促进沟通的。

2. 谈谈如何结合我国企业现实使用"5—15 报告"法。

第六章 情绪控制力

第一节 情绪控制力的概述

一、情绪的概念

情绪是身体对行为成功的可能性乃至必然性，在生理反应上的评价和体验，包括喜、怒、忧、思、悲、恐、惊七种。行为在身体动作上表现的越强就说明其情绪越强，如喜会是手舞足蹈，怒会是咬牙切齿，忧会是茶饭不思，悲会是痛心疾首等，这就是情绪在身体动作上的反应。情绪是信心这一整体中的一部分，它与信心中的外向认知、外在意识具有协调一致性，是信心在生理上一种暂时的较剧烈的生理评价和体验。美国哈佛大学心理学教授丹尼尔·戈尔曼认为："情绪意指情感及其独特的思想、心理和生理状态，以及一系列行动的倾向。"

情绪不可能被完全消灭，但可以进行有效疏导、有效管理、适度控制。情绪控制情绪无好坏之分，一般只划分为积极情绪、消极情绪。由情绪引发的行为则有好坏之分、行为的后果有好坏之分，所以说，情绪控制并非是消灭情绪，也没有必要消灭，而是疏导情绪、并合理化之后的信念与行为。这就是情绪控制的基本范畴。[1]

情绪被描述为针对内部或外部的重要事件所产生的突发反应，一个主体对同一种事件总是有同样的反应。情绪持续时间很短，产生的情绪包含语言、生理、行为和神经机制互相协调的一组反应。人类的情绪也来自生物性能，特别是在演化中被强化。因为情绪可以为一些远古人类常常面临的问题提供简单解决方法（如产生恐惧并决定逃离）。

许多学派给情绪下的定义反映了这些特点和这类关系。例如，功能主义把情绪定义为：情绪是个体与环境意义事件之间关系的心理现象[2]（Campos，1983）。阿诺德的定义为："情绪是对趋向知觉为有益的、离开知觉为有害的东西的一种体验倾向。这种体验倾向为一种相应的接近或退避的生理变化模式所伴随。"（Arnold，1960）。拉扎勒斯提出与阿诺德雷斯的定义："情绪是来自正在进行着的环境中好的或不好的信息的生理心理反应的组织，它依赖于短时情绪的或持续的评价。"[3]（Lazarus，1984）这些定义都标示出情绪对人的需要和态度的关系，阿诺德和拉扎勒斯还指出了情绪依此而具有的特点，诸如体验、生理模式、评价等。

---

[1] 华君：《和情绪面对面》，见《情绪管理（职场减压完全手册）》，第一章第一节，89页，北京，长征出版社，2009。
[2] 黄冰瑜：《基于计算动词的情绪模型初探》，厦门大学博士论文，2010，55页。
[3] 理查德·格里格等著，王垒等译：《心理学与生活》，12页，北京，人民邮电出版社，2003。

心理学认为："情绪是指伴随着认知和意识过程产生的对外界事物的态度，是对客观事物和主观需求之间的关系的反应。"包括情绪体验、情绪行为、情绪唤醒和对刺激物的认知等成分。① 利珀把情绪定义为："情绪是一种具有动机和知觉的积极力量，它组织、维持和指导行为。"② 关于情绪有很多的定义，现在还没有统一的说法。综合大多数定义，有学者综合多方观点，得出一个较为完整的定义："情绪是外界事物作用自身后主观意识的互动反应，并在一定时期内对心理及行为产生影响。"③

二、情绪控制力的概念

所谓情绪控制力是指通过研究个体和群体对自身情绪和他人情绪的认识、协调、引导、情绪控制互动和控制，充分挖掘和培植个体和群体的情绪智商、培养驾驭情绪的能力，从而确保个体和群体保持良好的情绪状态，并由此产生良好的管理效果。

情绪控制的概念最早可以追溯到 20 世纪 80 年代初期的组织行为学研究。当时，"情绪工作"（Emotion Work）的概念曾引起过社会学、心理学、管理学等相关学术界的广泛关注。此概念是由社会学家阿利·罗素·霍奇柴尔德（Arlie Russell Hochschild）在对 Delta 航空公司空服人员的情绪表达进行深入个案研究后所提出的。1975 年霍奇柴尔德提出"情绪工作"（Emotion Work）的概念，用以说明社会成员能够衡量他们在情绪控制表现中的努力程度。他们相信情绪受他人的影响，Work 这个词倾向于指在社会领域中，所有的情绪控制表现都需要有意识的努力。1979 年霍奇柴尔德提出情绪劳动（Emotion Labor）这一概念，用以指去感觉或尝试感觉工作中"正确的"情绪以及引导他人产生"正确的"情绪。她认为情感受到"微笑""心境""情感"或者"关系"的影响，在组织中发生了变异，更多地属于组织而不是自我。④ 霍奇柴尔德正式提出"情绪控制"的概念，情绪控制观点接近于一种情感互动的解释，一方面，它不同于拟剧论的观点，另一方面也不同于精神分析的观点。情绪控制观点比上述两种观点与情感经历、情绪控制、感觉规则和意识的关系更加接近，使我们能够监察他们之间的关系。情感规则被认为是涉及情和情感的意识的边缘。她认为情绪控制就是一种需要遵循情感规则的工作，是个人试图去改变情绪或感觉之程度或质量所采取的行动，并且情绪是可以根据环境的要求来进行管理的。⑤ 她进一步指出情绪工作是指试图去改变情绪或感觉之程度或质量所采取的行动。就我们的目标而言，以一种情绪或情感来工作就相当于去管理情绪或者做出大的动作。情绪工作涉及企图采取行动的努力而不是结果，因为结果可能是成功也可能是失败。⑥

---

① 高菲：《情绪控制术》，10 页，北京理工大学出版社，2010。
② 何茂荣：《给情绪找个好去处》，载《企业研究》，2005（1），12 页。
③ 吕毅辉：《情绪影响因素及情绪管理研究》，华侨大学博士论文，2011 年 3 月。
④ Hochschild A. The Managed Heart: Commercialization of Human Feeling (Beerkeley: University of California Press, 1983).
⑤ Hochschild A. Emotion Work, FeelingRules, and Social Structure (American Journal of Sociology, Vol. 85, No. 3, 1979), pp551-561.
⑥ Hochschild A. Emotion Work, FeelingRules, and Social Structure (American Journal of Sociology, Vol. 85, No. 3, 1979), pp. 561.

虽然霍奇柴尔德区分商业化和社会化的情感规则以及个体想要控制情绪的动机是有用的，但是她没有对不涉及商业动机的工作场所中有关的情感规则做出任何区分。在霍奇柴尔德研究的基础上，Bolton 和 Boyd 对职场中的情绪控制进行了分类研究，他们认为情绪表达有三个不同类型的规则：商业、专业或社会的情感规则。[①] 根据不同规则可以进行多样化情绪控制：如利益化情绪控制、规范化情绪控制、表象的情绪控制和慈善的情绪控制。利益化的情绪控制和规范化的情绪控制与霍奇柴尔德情绪劳动和情绪工作的概念相似，它们表示了在组织中情绪的商业用途。组织试图以商业化和职业化的情感规则强加产生"利益化"和"规范化"的情绪控制表现。"表象的"情绪控制是指基本的社会化自我。对于刚进入新组织的员工而言，虽然他们不了解该组织的特殊规定，但是员工仍然知道最基础的规则。慈善的情绪控制指的是同事之间的相互支持和友谊，对顾客真挚的同情等超越规范和利益之外的情绪表现。这两种情绪控制是较新的概念，弥补了原有情绪劳动的不足。[②] Bolton 和 Boyd 认为情绪控制是工作场所中个体在多重规则管辖下，出于不同目的使用不同情绪技能的过程。Lisa 和 Katherine 对员工退缩行为问题的研究表明，积极情绪的降低更容易导致员工缺席行为、消极情绪的增加更容易导致跳槽行为。[③] 焦虑情绪会限制信息处理，导致僵化、自动应答。他们认为员工的工作态度和情绪可以用来预测和管理员工的退缩行为。

编者在文献检索中发现，不少作者误以为情绪控制的概念最先诞生于心理学领域。这主要是因为哈佛大学心理学家戈尔曼（Goleman）在 1995 年出版的《Emotional Intelligence》一书中提出带有革命性的概念——情绪智商（EQ）。戈尔曼将情绪智力界定为五个方面：[④] ①自我意识能力：了解自身情绪的能力。②自我管理能力：处理自我情绪及冲动的能力。③自我激励能力：面对挫折和失败时的坚持能力。④同理心能力：能体会和理解他人情绪的能力。⑤人际关系的管理能力：善于对待和处理他人情绪的能力。戈尔曼将情绪自我管理作为情绪智力理论结构中的一个维度进行了详细描述。他认为情绪的自我管理就是调控自己的情绪，使之适时、适地、适度。这种能力建立在自我觉知的基础上。如何自我安慰，如何有效摆脱焦虑、沮丧、激怒、烦恼等因失败而产生的消极情绪侵袭的能力。情绪控制能力弱的个体容易受到负性情绪的困扰，情绪控制能力高的个体则可以突破情绪的困扰，重整旗鼓。事实上，Salovey 和 Mayer 提出情绪智力概念的同时提出了一个 3 因素 10 变量的情绪智力结构设想。Salovey 和 Mayer 将 3 因素扩展为 4 因素，同时也将情绪控制能力作为情绪智力理论结构中的一个维度进行了详细描述。该四个维度的情绪智力模型，包括情绪感知能力维度、情绪推进能力维度、情绪理解能力维度和情绪控制能力维度。其中，情绪控制能力维度具体包括：对愉快和不愉快

---

① S Bolton, C Boyd. Trolley Dolly or Skilled Emotion Manager. Moving on from Hochschild's Managed Heart (Work, Employment and Society, Vol. 17, No. 2, 2003) pp. 292.
② S Bolton, C Boyd. Trolley Dolly or Skilled Emotion Manager. Moving on from Hochschild's Managed Heart (Work, Employment and Society, Vol. 17, No. 2, 2003) pp. 297 - 299.
③ Lisa H P, Katherine R X. Down and Employee Withdrawal Behavio (Journal of Management, Vol. 25, No. 6, 1999) pp. 878.
④ Goleman D. Emotional Intelligence (New York: Bantam Books, 1995).

的情感保持开放心情的能力；根据对信息的判断和利用，熟练进入或远离某种情绪的能力；熟练监察自己和别人相关情绪的能力，如清晰性、象征性、影响力或逻辑推理其意义；真实把握信息，管理自我和他人情绪，调节消极情绪，促进积极情绪的能力。[①]

三、情绪控制力的功能

（一）自我防御功能

情绪控制能够帮助我们做出迅速的反应。当我们遇到相应的事情时，会产生应激的反应，这些反应都有明显的自我保护倾向。自我在寻求表现的本我冲动与否定它们的超我要求之间的日常冲突中，用来保护自身，维持平衡的心理策略。当自我以理性的方式消除焦虑而未能奏效时，就必须改换为非理性的方法来缓解焦虑，从而达到自我保护免于发生身心疾病的目的。例如，当你生气的时候会选择抗拒；当你惧怕的时候会选择更为安全的策略。这些都表明情绪控制有自我防御的功能。

（二）适应功能

情绪导致个体对不同的事件产生不同的应激性反应，并且因为不同的反应来调整或保持自身与环境之间的关系。情绪具备的这种灵活多变的特征，是因为情绪的机能除了来源于个体所蕴含的类似于条件反射的先天机能之外，还来源于个体后天的所有学习及认知活动。很多类型的情绪都具备调节群体间关系的互动性。例如，当个体对他人造成各种伤害时，罪恶感可以重新构建社会平等；羞耻感则可以使个体加强与社会习俗的一致性。诸如此类可以调节个体与群体关系的情绪还有同情感、好恶感、责任感等，都能起到构建及保持社会关系的作用。不但可以增强群体的凝聚力还可以在一定程度上提高个体的社会适应能力。

四、情绪控制力的特征

（一）强调社会智力

重视智力的实践性和智力运用的现实情景性，重视社会文化因素对智力的制约作用。在强调社会智力时，情感智商理念承接了加德纳（H. Gardner）多元智商的观点。加德纳对以比奈（A. Binet）为代表的、以统计和测量为基础的、特质论的传统智力提出强烈批评，他对传统的智力理论只重静态的因素分割，忽视智力的发展，不能较好地预测个人在现实生活中的成功表示强烈的不满。认为智力不是单一和一成不变的。智力是多元的、全方位的。丹尼尔·戈尔曼[②]在发展情商概念时秉承了这一观点，并对加德纳提出的人际关系能力做了拓展。把加德纳关于"能洞察、辨析他人的情绪、气质、动机以及欲望等，并能对此作了适当反应""了解自我内在的情绪，有能力辨析这些感

[①] 竺培梁，卢家楣：《中国当代青少年情绪能力现状调查研究》，载《心理科学》，2010（6），29～33页。
[②] 丹尼尔·戈尔曼著，耿文秀，查波译：《情感智商》，48页，上海科学技术出版社，1997年。

受，并以此引导自己的行为"是人际关系智能的核心这一观点加以转化，并认为它是情感智商的核心。在智力三重结构理论中，智力成分亚理论，说明智力有其不变性和普遍性；经验亚理论表明智力有其相对性；智力情境亚理论，说明智力从本质上说有其特殊性，因人而异。物质与精神的关系日益复杂和多样化，人们的情绪生活更易受到破坏，而情绪对于协调人与人、人与物的关系有重要的作用。同时他也看到社会的发展、科技的进步更加需要人们的合作，需要集体力和智力的发挥。在这种情况下，情商至关重要。

（二）重视超情感的作用

随着心理学的发展，传统的智力理论和测验存在的缺点和不足日益明显。传统智力理论内部，并没有就什么是智力取得一致意见，不能保证智力测验测出东西，就是某一智力理论定义的智力，不能很好地说明智力的文化背景、种族差异、性别差异、智商的变动性和相对稳定性。传统智力理论，只对智力做出来某种静态的分割，只注意分析智力的产物，忽视了智力活动的过程。智力测验的情境与智力发挥作用的实际情境不同，对动机、个性等因素对智力的影响的说明，苍白无力。在行为主义占统治地位的时代，由于传统智力理论与行为主义与行为主义思想倾向合拍，加之它与统计学的发展紧密结合，并深受心理物理学的影响。虽然在传统智力理论的发展初期，就有研究者对此理论提出非议，但非议并没有对传统的智力理论产生太大的冲击。然而，随着行为主义心理学中的地位逐步被认知心理学取代，一些研究者对传统智力理论日益不满，部分研究者开始以认知过程分析为基础，提出多种"超越"、"重新建构"传统智力理论的认知智力理论。

（三）融入本主义心理学思想于情感智商之中

情感智商是加德纳关于智能可以划分为七类，其中一类是人际关系能力观点的进一步演化。在演化过程中，情感智商在阐述人际关系时，大量采用人本主义心理学思想。移情、识别他人的情绪意，站在他人的立场上思考问题，充分感受他人的需求与欲望，以及良好的人际关系，有助于潜能的发挥是罗杰斯人本主义心理学思想的基本点。在丹尼尔·戈尔曼关于情感智商的理论里，对于移情、人际关系、精神与治疗 情感教育的论述，相当部分都直接与罗杰斯的人本主义心理学思想有关。对于这一点，丹尼尔·戈尔曼并不忌讳。"最后两种则是加德纳称为'个人智能'的同体两面：一面是人际关系技能，如心理治疗大师卡尔·罗杰或世界级领袖人物马丁·路德·金展示的；另一方面则是所谓的'内心的'自我审视能力。"

五、关于情绪的理论

人类有几百种情绪，此外还有很多混合、变种、突变以及具有细微差异的"近亲"。情绪的微妙之处已经大大超越了人类语言能够形容的范围。情绪不可能被完全消灭，但可以进行有效疏导、有效管理、适度控制。情绪无好坏之分，一般只划分为积极情绪、消极情绪。由情绪引发的行为则有好坏之分、行为的后果有好坏之分，所以说，情绪管理并非是消灭情绪,也没有必要消灭,而是疏导情绪、并合理化之后的信念与行为。

(一) 情绪理论

研究人员一直在争论到底哪些情绪属于基本情绪,甚至到底是否存在基本情绪。基本情绪即情感的红、黄、蓝三原色,以此为基础可混合成千上万种的情绪。美国加利福尼亚大学旧金山分校心理学家保罗·艾克曼的发现在一定程度上证实了,人类的确存在少数几种核心情绪。艾克曼指出,人类的 4 种基本情绪(喜、怒、哀、惧)[①] 所对应的特定面部表情,为世界各地不同的文化所公认,包括没有文字、尚未受到电影电视污染的人群,这说明情绪具有普遍性。(注意:是喜、怒、哀、惧——喜悦、愤怒、悲伤、恐惧,而不是日常我们所讲的喜怒哀乐)

(二) 维度理论

按照情绪状态可将情绪分为心境、激情和应激三种。情绪状态划分来源于情绪维度理论,情绪的维度是指情绪所固有的某些特征,主要指情绪的动力性、激动性、强度和紧张度等方面。这些特征的变化又具有两极性。冯特提出的三维理论认为:情绪是由三个维度组成的,即愉快-不愉快;激动-平静;紧张-松弛。每一种具体情绪分布在三个维度的两极之间不同的位置上。他的这种看法为情绪的维度理论奠定了基础。20 世纪 50 年代,施洛伯格根据面部表情的研究提出,情绪的维度有愉快-不愉快;注意-拒绝和激活水平三个维度,建立了一个三维模式图,其三维模式图长轴为快乐维度,短轴为注意维度,垂直于椭圆面的轴则是激活水平的强度维度,三个不同水平的整合可以得到各种情绪。20 世纪 60 年代末,普拉切克提出,情绪具有强度、相似性和两极性等三个维度,并用一个倒锥体来说明三个维度之间的关系。顶部是八种最强烈的基本情绪:悲痛、恐惧、惊奇、接受、狂喜、狂怒、警惕、憎恨,每一类情绪中都有一些性质相似、强度依次递减的情绪,如厌恶、厌烦、哀伤、忧郁。美国心理学家伊扎德提出情绪四维理论。认为情绪有愉快度、紧张度、激动度、确信度等四个维度。黄希庭认为若撇开情绪所指的具体对象,仅就情绪体验的性质来看,可从以下四方面进行分析:强度、紧张度、快感度、复杂度。按照情绪发生的速度、强度和持续时间对情绪的划分可将情绪分类心境、激情和应激三种。

(三) 早期理论

"詹姆斯-兰格理论"美国心理学家詹姆斯和丹麦生理学家兰格分别提出内容相同的一种情绪理论。他们强调情绪的产生是植物性神经活动的产物。后人称它为情绪的外周理论。即情绪刺激引起身体的生理反应,而生理反应进一步导致情绪体验的产生。詹姆斯提出情绪是对身体变化的知觉。在他看来,是先有机体的生理变化,而后才有情绪。所以悲伤由哭泣引起,恐惧由战栗引起;兰格认为情绪是内脏活动的结果。他特别

---

① 丹尼尔·戈尔曼著,杨春晓译:《情商:为什么情商比智商更重要》,108 页,北京,中信出版社,2010。

强调情绪与血管变化的关系。詹姆斯－兰格理论看到了情绪与机体变化的直接关系，强调了植物性神经系统在情绪产生中的作用；但是，他们片面强调植物性神经系统的作用，忽视了中枢神经系统的调节、控制作用，因而引起了很多的争议。

"坎农—巴德学说"认为，情绪的中枢不在外周神经系统，而在中枢神经系统的丘脑，并且强调大脑对丘脑抑制的解除，使植物性神经活跃起来，加强身体生理的反应，而产生情绪。外界刺激引起感觉器官的神经冲动，传至丘脑，再由丘脑同时向大脑和植物性神经系统发出神经冲动，从而在大脑产生情绪的主观体验而由植物性神经系统产生个体的生理变化。该理论认为，激发情绪的刺激由丘脑进行加工，同时把信息输送到大脑和机体的其他部位，到达大脑皮层的信息产生情绪体验，而到达内脏和骨骼肌肉的信息激活生理反应，因此，身体变化与情绪体验同时发生。"巴甫洛夫的动力定型理论"认为，人们在大脑皮层中按照刺激物的顺序形成了比较稳固的暂时神经联系系统，这种系统叫作动力定型，是人学习、习惯和需要的生理基础。

（四）认知理论

"詹姆士—兰格的情绪理论"认为，情绪是由于某一情境的变化引起自身状态的感觉。

美国心理学家阿诺德提出，刺激情景并不直接决定情绪的性质，从刺激出现到情绪的产生要经过对刺激的估量和评价。情绪产生的基本过程是刺激情景—评估—情绪。同一刺激情景，由于对它的评估不同就会产生不同的情绪反应。情绪的产生是大脑皮层和皮下组织协同活动的结果，大脑皮层的兴奋是情绪行为的最重要的条件。美国心理学家沙赫特和辛格提出，情绪的产生有两个不可缺少的因素：一个是个体必须体验到高度的生理唤醒；二个是个体必须对生理状态的变化进行认知性的唤醒。情绪状态是由认知过程、生理状态、环境因素在大脑皮层中整合的结果。这可以将上述理论转化为一个工作系统，称为情绪唤醒模型。

（五）分化理论

情绪具有动机的性质。伊扎德的情绪动机－分化理论是以情绪为核心，以人格结构为基础，论述情绪的性质与功能。伊扎德认为：情绪是人格系统的组成部分，是人格系统的动力核心。情绪系统与认知、行为等人格子系统建立联系，实现情绪与其他系统的相互作用。当人们体验到消极情绪时，免疫系统功能会减弱；而当人们体验到积极情绪时，免疫功能会增强。情绪常产生于人们对环境的评价方式和反应方式（如果按照情绪ABC理论，人们对环境的评价方式即B，人们对环境的反应方式即C——A表示诱发性事件，B表示个体针对此诱发性事件产生的一些信念，即对这件事的一些看法、解释。C表示自己产生的情绪和行为的结果）。研究者已逐步达成共识，认为情绪的研究离不开动机，而动机的研究也离不开情绪。但之前并非如此，在20世纪30－40年代，动机是以需要来界定的。那时的研究者认为，需要能为行为提供动力、能量、方向和维持性。他们完全不考虑情绪的作用。"拉扎勒斯的认知－评价理论"认为情绪是人与环境相互作用的产物。在情绪活动中，人不仅反映环境中的刺激事件对自己的影响，同时要调节自己对于刺激的反应。也就是说，情绪是个体对环境知觉到有害或有益的反应。因此，人们需要不断的评价刺激事件与自身的关系。具体有三个层次的评价：初评价、次评价、再评价。

六、情绪控制力的作用

（一）个人情绪控制的作用

首先，积极控制好个人情绪，能够让自己保持稳定、良好的情绪状态。而良好的情绪又有利于身体健康，保持身体各个机能的发挥。医学实验证明，人在发脾气的时候，身体会产生化学反应，而该化学反应的合成物却足以让小白鼠在短时间内毙命。个人情绪的控制能够减少身体产生不良的化学反应，从而保持更好的身体条件和精神条件。其次，管理好个人的情绪能够让自己比较理性的处理问题。良好的情绪状态能够让其他人感受到愉悦，有利于加深人与人的沟通，增进关系。一个善于管理情绪的人总能够让自己处于一个和谐的人际关系圈中，相反不善于管理情绪的人很多时候都会让自己处于比较不利的位置。最后，情绪控制的重要目标就是实现"和谐管理"，形成管理各事物间协调地生存与发展的状态，满足人的情感需要，突出情绪的健康表达。情绪控制能够促进人与人和谐，人与群体和谐，人与自然和谐，从而形成全面和谐的局面。

（二）组织情绪控制的作用

在组织情绪控制中，组织首先应对组织内部的情绪进行认知，然后对内部成员进行合理的导向。这种导向性的管理，会让组织的成员达成共同的目标，有利于大家在追求共同目标时增进彼此的了解。另外，组织情绪控制也能让成员在工作过程中保持愉快的心情，同时也能够使得同事间减少摩擦，从而促进组织成员的团结协作。其次组织的情绪控制能够让成员保持比较稳定而良好的情绪，而良好稳定的情绪可以促进工作效率的提高。另外，组织的情绪控制能够让组织成员更加团结协作，同样有助于促进组织效率的提高。再者每个组织中，员工的情绪都是组织文化不可或缺的一部分。而组织情绪的有效控制能够促进员工对于组织目标的理解和期望，同时还能够促进成员的团结协作，因此，进行情绪控制势必会有利于推进组织文化的建设。最后，整个社会的经济体由不同的单位组织所组成。组织情绪控制住能够促进个体组织的效率提高，增强个体组织的经济效益，必然也能够对整个社会经济体产生重大的影响，全面促进整个社会的经济进步。

七、情绪控制力的重要性

（一）提升个体情商是增强社会成员的内驱力

要提高社会整体情商，首先应该从提社会成员的个体情商开始。虽然个体情商会受到先天因素的影响，但其本身也受环境的影响，具有可引导性和可塑造性。后天有意识地培养，可以从根本上提高对个人情绪进行成熟调节的能力。具体来说，可以围绕增强成员的内驱力，从培养社会成员对自身的情绪感知与控制能力和提高社会成员对他人的情绪感知与影响能力这两方面来对成员的个体情商进行提升。

（二）构建社会心理契约是强化社会总目标的聚焦力

社会成员内在的工作热情在很大程度上来自对利益关系的认同，而利益关系的认同必须建立在对组织目标认同的基础之上。从前面相关分析数据可以知道，目标聚焦各具体因素与社会绩效之间存在着显著的正相关。强化社会的目标聚焦力主要应做到以下几点：首先，实施有效的目标激励。强化社会的目标聚焦力的关键在于提高组织目标以及参与过程的明确程度，强化成员对组织目标的承诺，增强社会的凝聚力，从而真正发挥社会的目标导向性功能；其次，注重构建组织心理契约。心理契约实际上是指社会与成员双方对于相互之间责任和义务的期望。建立组织成员之间的心理契约是加强对社会角色管理的重要内容。这就要求通过构建共同愿景，强化组织目标聚焦力，将组织目标与成员的职业生涯设计相结合，用共同愿景凝聚成员的工作热情；最后，建立健全相应的组织规范。社会管理的关键在于建立并维护组织目标和社会规范。在建立目标之后，组织必须设法使所有成员共享组织目标，并且在日后的组织运行中，持续关注目标的开发与修正。

（三）健全角色管理机制，提高社会的分工协作效率

在社会中，管理权力的有限性导致角色定位比职能定位更加重要，社会绩效与社会角色管理密切相关。社会在确定了组织目标与任务之后，就需要围绕着社会目标与任务，将社会工作进行细分并落实到每一个社会成员。角色分工和定位需要依各人的个性特质产生，做到易于被社会成员所接受与适应，充分地发挥出他们的能力和潜能。社会在进行角色管理时，需要做到"三化"，即工作细分科学化、角色定位合理化和协调管理人性化，积极鼓励社会成员之间相互合作，以使社会紧密结合，形成一个强大的整体。

（四）建立有效的沟通机制，营造和谐的文化氛围

沟通是管理的高境界，良好的沟通有助于排除社会的脆弱性，使人际关系和谐，以顺利完成工作任务，实现社会绩效目标。沟通的实现有赖于良好的机制。这就要求社会首先应加强内部正式沟通渠道建设，搭建多渠道信息交流平台，实行社会知识共享。同时，注重信任管理，努力在社会成员之间建立起一种动态合作的契约关系，最大限度地发挥社会成员个人的作用，通过与社会成员的真诚合作来实现社会的目标。另外，还要特别注意建设积极向上的社会文化，通过丰富多彩的活动来营造社会成员之间的认同感，促进成员之间的相互理解和支持，以提高社会的凝聚力和运行绩效。

第二节 情绪控制力的内容构成

一、情绪控制力的基本范畴

"情绪控制"即是以最恰当的方式来表达情绪，如同亚里士多德所言："任何人都会生气，这没什么难的，但要情绪控制能适时适所，以适当方式对适当的对象恰如其分地生气，可就难上加难。"据此，情绪控制指的是要适时适所，对适当对象恰如其分表达情绪。位列全美畅销书排行榜的《情绪智慧》（Emotional Intelligence）甚至将 EQ 与情绪控制画上等号。根据一些心理专家的观点，情绪智慧涵盖下列 5 种能力：

（一）情绪的自我觉察能力

情绪的自我觉察能力是指了解自己内心的一些想法和心理倾向，以及自己所具有的直觉能力。自我觉察，即当自己某种情绪刚一出现时便能够察觉，它是情绪智力的核心能力。一个人所具备的、能够监控自己的情绪以及对经常变化的情绪状态的直觉，是自我理解和心理领悟力的基础。如果一个人不具有这种对情绪的自我觉察能力，或者说不认识自己的真实的情绪感受的话，就容易听凭自己的情绪任意摆布，以至于做出许多甚遗憾的事情来。伟大的哲学家苏格拉底的一句"认识你自己"，其实道出了情绪智力的核心与实质。但是，在实际生活中，可以发现，人们在处理自己的情绪与行为表现时风格各异，你可以对照一下，看看自己是哪种风格的人。

（二）情绪的自我调控能力

情绪的自我调控能力是指控制自己的情绪活动以及抑制情绪冲动的能力。情绪的调控能力是建立在对情绪状态的自我觉知的基础上的，是指一个人如何有效地摆脱焦虑、沮丧、激动、愤怒或烦恼等因为失败或不顺利而产生的消极情绪的能力。这种能力的高低，会影响一个人的工作、学习与生活。当情绪的自我调控能力低下时，就会使自己总是处于痛苦的情绪漩涡中；反之，则可以从情感的挫折或失败中迅速调整、控制并且摆脱而重整旗鼓。

（三）情绪的自我激励能力

情绪的自我激励能力是指引导或推动自己去达到预定目的的情绪倾向的能力，也就是一种自我指导能力。它是要求一个人为服从自己的某种目标而产生、调动与指挥自己情绪的能力。一个人做任何事情要成功的话，就要集中注意力，就要学会自我激励、自我把握，尽力发挥出自己的创造潜力，这就需要具备对情绪的自我调节与控制，能够对自己的需要延迟满足，能够压抑自己的某种情绪冲动。

（四）对他人情绪的识别能力

这种觉察他人情绪的能力就是所谓同理心，亦即能设身处地站在别人的立场，为别人设想。愈具同理心的人，愈容易进入他人的内心世界，也愈能觉察他人的情感状态。想要提高自己的人际关系管理能力，首先要做的当然是建立起自己的人际关系网。在与人交往中，我们给对方留下的第一印象很重要，因为最初的印象最容易决定对待一的人的态度。所以，我们只有给对方留下深刻的印象，才能有助于日后建立长期的友谊。如何让对方对自己的印象更加深刻呢？这就要求我们要在与人交往中时刻保持着友好，谦卑，自信，礼貌的态度，并且勇于向对方展现自己的能力，这样的话当对方遇到困难时才会向我们寻求帮助。而且对对方信息的记忆也是至关重要的，如果你准确的记得一位新朋友的姓名、性格、喜好等各方面的信息，那么对于加深友谊绝对是极其有益的。其次，我们需要懂得如何去管理自己的人际关系网，让它高效迅捷的运行起来。俗话说得好，"不说的话也要说三遍，不走的路也要走三回"。你的每一位朋友都是你关系网中的一个节点，我们需要定期的联系和关注对方才能使其发挥更大的作用。

（五）处理人际关系的能力

处理人际关系的协调能力是指善于调节与控制他人情绪反应，并能够使他人产生自己所期待的反应的能力。一般来说，能否处理好人际关系是一个人是否被社会接纳与受欢迎的基础。在处理人际关系过程中，重要的是能否正确地向他人展示自己的情绪情感，因为，一个人的情绪表现会对接受者即刻产生影响。如果你发出的情绪信息能够感染和影响对方的话，那么，人际交往就会顺利进行并且深入发展。当然，在交往过程中，自己要能够很好地调节与控制住情绪，所有这些都需要人际交往的技能。

二、情绪控制力的基本形态

（一）拒绝

拒绝接受某些事实的存在。拒绝不是说不记得了，而是坚持某些事不是真实的，尽管所有证据表明是真实的。例如，一名深爱丈夫的寡妇在丈夫死去后很久，仍然表现得好像他还活着，吃饭的时候仍然还留着位置，给他盛饭。拒绝是一种极端的情绪防御形式。一般人很难纠正她，因为在心理机能上，她是无法接受外界的帮助的。

（二）压抑

压抑是一种积极的努力，自我通过这种努力，把那些威胁着他的东西排除在意识之外，或使这些东西不能接近意识。和拒绝不同，压抑是一种强压，势必带来一些副作用。压抑在某种程度上是违背人的本性的。当然，也许只有人这种最高级的动物才有能力去压抑。什么叫提高人的修养？提高修养在某种程度上就是进行自我压抑，不能干想干的事，不能说想说的话。修养的提高是付出了人性的代价的。压抑是人在情绪控制中经常运用的。但过分压抑也是有害的，如果不能有效进行疏导的话。我想，宗教之所以能存在，从他的基本功能上就有疏导情绪的功能。任何人都可以通过对神甫忏悔、对菩萨念过来疏导情绪。宗教的确是一方镇静剂，在维护社会稳定上有着不可替代的作用。

（三）替代

将冲动导入一个没有威胁性的目标物。在实际运用上，有一种表现形式就是迁怒。如果今天你被你老板骂了，如果你有下属，你很容易迁怒下属。如果你又没有下属可以迁怒，势必会将这种情绪带回家。妻子或丈夫将成为不幸的对象，妻子和丈夫可能又会把它传给孩子。孩子去学校，又会去招惹其他孩子，一顿打架后，老师又会传你到学校，也许你还不明白由头。这的确就是一个迁怒的恶性循环。怎么找一个好的替代品也许是解决问题的关键，建立一种良性的替代形式既可以使情绪得到有效管理，又不伤及无辜。

（四）升华

这是唯一真正成功的情绪控制机制。升华是可怕的无意识冲动转化为社会接受行为的渠道。例如，如果你把攻击性的冲动直接指向你想攻击的人，那么你将陷入困境。但是，把这些冲动升华为诸如拳击、足球比赛之类的活动，就可以被接受。在我们的社会里，攻击性的运动员被看成是英雄。拳击比赛之所以这么受欢迎，还在于他不仅仅让比赛的选手的情绪得到了升华，同时让观众的攻击性情绪也得到了排解，看人打，似乎自己也打过了，气也出了。

三、情绪控制力的分类

编者认为情绪控制力按照不同的标准应有不同的分类方法。按是否有意识分类，可以分为有意识的情绪控制及无意识的情绪控制；按管理对象不同，可分为自身的情绪控制及对他人的情绪控制；按管理的范围不同，可分为个人情绪控制及组织情绪控制。

（一）有意识的情绪控制及无意识的情绪控制

有意识的情绪控制是指在进行情绪控制时，施动者有主观意识进行相关的管理活动。在这个过程中，施动者对情绪控制有一定的了解，并有一定的计划，带有一定的目的性。比如，企业的人力资源部门进行的情绪控制活动就属于有意识的情绪控制；个人计划性的情绪调节也属于有意识的情绪控制。有意识的情绪控制有明确目的，执行也有计划性，能够有的放矢，收获比较好的效果。而无意识的情绪控制经常发生在我们平常的生活中。很多时候当我们生气的时候就会告诫自己冷静，难过的时候就会希望自己能够开心等等，这些都是无意识的情绪控制。无意识的情绪控制让我们保持一定的理性，让情绪趋向平稳，但是无意识的情绪控制只是偶发的事件，没有计划性，也没有系统性，只是起到临时调节的作用。

（二）自身的情绪控制及对他人的情绪控制

自身的情绪控制就是对自己所进行的情绪调节等活动，以便自己能够保持良好的情绪状态。自身的情绪控制能够对自己的生活及工作甚至是其他人产生重要的影响。积极进行情绪控制就能够让自己比较多地处于良好的情绪状态，从而在其他方面也能够取得比较好的收获。对于他人的情绪控制是指通过同他人的交往过程中，正确辨认和应对他人的情绪进行辨认、理解和应对可以让自己维持一个良好的人际关系，也能够让自己和他人保持健康的情绪，从而对工作及生活都会产生重大的影响。

（三）个人情绪控制及组织情绪控制

个人的情绪控制就是对自己所进行的情绪调节等活动，以便自己能够保持良好的情绪状态。个人自身的情绪控制能够对自己的生活及工作甚至是其他人产生重要德尔影响。积极进行情绪控制就能够让自己比较多地处于良好的情绪状态，从而在其他方面也能够取得比较好的收获。组织情绪控制是指组织对于组织内的成员，根据组织的目标，相应地对员工的情绪进行引发及控制，以便员工能够以合理的情绪状态达成组织的目标。组织情绪控制人力资源新兴的课题之一，许多组织还没有引入正常的工作中加以运用。有效的组织情绪控制能够加强组织各成员的协作性，提高组织工作效率，增加组织效益，最终更好的实现组织的目标。

第三节　情绪控制力的培养途径

情绪控制力注重以人为本，着眼于管理向服务的转变，现在大多数企业要贯彻以人为本的情商管理，必须要转变观念，增强沟通与服务意识。科学的情商管理理念是用正确的态度和技巧来管理人们的情绪，建立冲突预警机制，充分利用情绪带来的正面价值与意义创造良好的企业文化氛围，帮助员工开发自身潜能，促进企业朝着既定目标健康、有序发展。有学者提出情绪控制力的两个方面方法包括两大模块：自我情绪管理和员工情绪管理。

一、影响情绪的因素

（一）环境与情绪

家庭、学校和社会等各方面都要为儿童和青少年的情绪情感发展提供健康和谐的环境，其中家庭的作用尤为重要。第一，从情绪的发展来说，学校和家庭要创设环境，促进孩子正向情绪的发展。第二，从情绪的均衡发展来说，如果儿童期某类情绪情感的发展不足或被剥夺，就容易导致个体情绪发展不均衡，进而影响其他方面的发展。如儿童早期母爱的剥夺可以导致身体、心理、人际关系等各方面的发展不足或受阻。相反，如果溺爱也可以导致情绪发展失衡，使儿童易于焦虑、过分敏感、不能体谅他人等。第三，从情绪的成熟来说，家长和教师都要提供适当的环境，安排适当的活动，使儿童和青少年有适当的机会表达愉快的情绪，宣泄不良的情绪，培养抵抗挫折的能力。

（二）色彩与情绪

色彩会影响情绪。在英国，过去常常有人在伦敦一条黑色的伯列费尔桥跳河自杀。当用蓝色油漆刷过桥之后，跳河自杀的人减少了一半。在美国加州，一座监狱的看守长为犯人寻衅闹事而苦恼。有一次,他偶然把一伙狂暴的犯人换到一间浅绿色的牢房里,奇迹出现了:那些原来暴跳如雷的犯人,就好像服用了镇静剂一样,渐渐平静下来,看守长由此受到启发,便把囚室漆成绿色,于是犯人闹事事件随之减少。由于蓝色、绿色使人感到幽静、安谧,故有"心理镇静剂"之称。

这些颜色对人的心理的影响,即是心理学家所说的颜色的心理效应。每种色彩都表示一定内容:红——热情、活力、健康、希望;橙——兴奋、喜悦、活泼、华美;绿——青春、和平、朝气;青——希望、坚强、庄重;蓝——秀丽、清新、宁静;黄——温和、光明、快活;紫——高贵、典雅、华丽;褐——严肃、浑厚、温暖;灰——平静、稳重、朴素、压抑;黑——凝重、哀痛、肃穆、神秘;白——圣洁、天真、清爽;金——光荣、华贵、辉煌。日常生活中,我们要巧妙利用颜色对人的心理的影响。例如消除烦躁和愤怒应避免红色;化解沮丧应避免令人情绪低落的黑色或深蓝色,而应选用能使人心情愉快的亮丽的暖色;减轻焦虑、紧张,应选择一些具有缓解及镇静作用的清淡颜色,如绿色、浅蓝色。

(三)认识与情绪

人们经常认为,引起他们的各种好、坏情绪的原因是某件事情本身。实际上这是一种错误的看法。人之所以产生各种各样的情绪,原因不在于事件本身,而在于个人对事件的看法。同一件事情,只要个人的看法不同,结果在他(她)内心产生的情绪就会不同:积极的看法引发积极的情绪,消极的看法引发消极的情绪。因此面对一件事情产生何种情绪体验,决定权完全在个体自己的手中。例如对"你被人踩了一脚"这件事,假如你的想法是"这人太可恶了,故意踩我一脚",就会感到非常生气;而假如你的想法是"这里人太拥挤了,他也不是故意踩我的",就会感到不介意。所以当情绪尤其是不良情绪产生或增强的时候,我们要尽量客观地分析"是不是我对这件事消极的看法引起了这种情绪反应?""我能换一种积极的想法吗?"随着看法的改变自然会产生一种新的情绪。

(四)音乐与情绪

先看一个"听音乐治绝症"的真实的例子。1975年,美国音乐界知名度很高的金太尔夫人患了乳腺癌,病情不断恶化。这时,药物治疗已毫无效果。悲伤中的父亲为了安慰她,就经常为病床上的女儿弹奏乐曲。不曾想到的是,奇迹发生了,金太尔夫人的病情不断地好转。两年后,她终于战胜了乳腺癌。为这奇迹所鼓舞,金太尔夫人康复后,以极大的热情参加音乐治疗工作。她常常带着吉他和动人的歌曲走遍全国,帮助癌症病人战胜绝症。

音乐不仅能够增添生活情趣,给人以美感享受,还可以调节人的情绪。音乐对人体有独到的作用。医学专家认为,音乐可调节人体大脑皮层的生理机能,使人体分泌出有益健康的激素和乙酰胆碱等物质,提高体内生物酶的活性。音乐还能调节血液循环和活化神经细胞,并能使肠胃蠕动趋向规律化,令唾液和胰岛素分泌也相应增加,从而促进机体新陈代谢,增强抗病能力。不仅如此,音乐在调节情绪方面起着重要的作用。当心情烦躁时，听听轻松的音乐，不舒畅的心情可以得到缓解。工作有压力时，听一些独奏的管弦乐曲，可减轻紧张感。节奏鲜明的音乐能振奋人的精神，而缓慢、悠扬的乐曲又会对人起松弛和催眠作用。

（五）饮食与情绪

最新研究表明，糖类更能使人心境平和、心情舒畅。因为糖类能增加大脑血液中复合胺的含量，而该物质则被认为是一种人体自然产生的镇静剂。因此喜欢吃甜的人性情通常比较温和。还有一些研究结果表明长期喜欢吃酸的人易产生妒忌情绪，喜欢吃辣的人易产生愤怒情绪，进食过多苦的食物会引起恐惧情绪。以下是一些食物对情绪的影响：食物中的谷氨酸能提高大脑中羟色胺的水平，使人产生愉悦的感觉。而全麦面包或一些高淀粉食物以帮助谷氨酸的吸收。紧张与镁缺乏密切相关，所以，生活忙碌的人在食谱中应补充富含镁的食品如香蕉。每天150毫克剂量的维生素C（约两只橙）就可以使紧张、易怒、抑郁的不良情绪得到改善。巧克力具有镇定作用，因此受到不良情绪困扰时，不妨吃些巧克力。缺铁会使人感觉疲劳，心情抑郁，而吃生肉可帮助铁的吸收。蛋白类食品则使人保持警戒状态和精力充沛，如甲壳类、鱼类、鸡、小生肉和瘦生肉。高咖啡因的摄取也会引起心情变化。对比试验发现，对某些人来说，高咖啡因摄取与抑郁、烦躁和忧虑的加深有密切关系。后天性长期缺乏钙质的人和神经质的人，精神老是不安，失魂落魄的这些人应多食用含钙丰富的生奶、芝麻、花生和豆类食品等。容易发火，一般是患慢性缺钙症的表现。在食物方面，除适当补钙外，最好多吃水产品，如贝类、蟹、鱼和海带等。如果同时缺乏维生素B，情况则更为严重：特别易怒，脾气暴躁，嫉妒心强。在这种情况下，可以多吃些米面食物。

二、讲究策略：情绪控制的提高方法

（一）自我情绪控制的方法

1. 心理暗示法

从心理学角度讲，就是个人通过语言、形象、想象等方式，对自身施加影响的心理过程。这个概念最初由法国医师库埃于1920年提出，他的名言是"我每天在各方面都变得越来越好"。自我暗示分消极自我暗示与积极自我暗示。积极自我暗示，在不知不觉之中对自己的意志、心理以至生理状态产生影响，积极的自我暗示令我们保持好的心情、乐观的情绪、自信心，从而调动人的内在因素，发挥主观能动性。心理学上所讲的"皮格马利翁效应"也称期望效应，就是讲的积极的自我暗示。而消极的自我暗示会强化我们个性中的弱点，唤醒我们潜藏在心灵深处的自卑、怯懦、嫉妒等，从而影响情绪。

与此同时，我们可以利用语言的指导和暗示作用，来调适和放松心理的紧张状态，使不良情绪得到缓解的方法。心理学的实验表明，当个人静坐时，默默地说"勃然大怒""暴跳如雷""气死我了"等语句时心跳会加剧，呼吸也会加快，仿佛真的发起怒来。相反，如果默念"喜笑颜开""兴高采烈""把人乐坏了"之类的语句，那么他的心里面也会产生一种乐滋滋的体验。由此可见，言语活动既能唤起人们愉快的体验，也能唤起不愉快的体验；既能引起某种情绪反应，也能抑制某种情绪反应。因此，当我们在生活中遇到情绪问题时，我们应当充分利用语言的作用，用内部语言或书面语言对自身进行暗示，缓解不良情绪，保持心理平衡。比如默想或用笔在纸上写出下列词语："冷静""三思而后行""制怒""镇定"等等。实践证明，这种暗示对人的不良情绪和行为有奇妙的影响和调控作用，既可以松弛过分紧张的情绪，又可用来激励自己。

2. **注意力转移法**

注意力转移法，就是把注意力从引起不良情绪反应的刺激情境，转移到其它事物上去或从事其他活动的自我调节方法。当出现情绪不佳的情况时，要把注意力转移到使自己感兴趣的事上去，如：外出散步、看看电影、电视、读读书、打打球、下盘棋、找朋友聊天、换换环境等，有助于使情绪平静下来，在活动中寻找到新的快乐。这种方法，一方面中止了不良刺激源的作用，防止不良情绪的泛化、蔓延；另一方面，通过参与新的活动特别是自己感兴趣的活动而达到增进积极的情绪体验的目的。

3. **适度宣泄法**

过分压抑只会使情绪困扰加重，而适度宣泄则可以把不良情绪释放出来，从而使紧张情绪得以缓解、轻松。因此，遇有不良情绪时，最简单的办法就是"宣泄"；宣泄一般是在背地里，在知心朋友中进行的。采取的形式或是用过激的言辞抨击、谩骂、抱怨恼怒的对象；或是尽情地向至亲好友倾诉自己认为的不平和委屈等，一旦发泄完毕，心情也就随之平静下来；或是通过体育运动、劳动等方式来尽情发泄；或是到空旷的山林原野，拟定一个假目标大声叫骂，发泄胸中怨气。必须指出，在采取宣泄法来调节自己的不良情绪时，必须增强自制力，不要随便发泄不满或者不愉快的情绪；要采取正确的方式，选择适当的场合和对象，以免引起意想不到的不良后果。

4. **自我安慰法**

当一个人遇有不幸或挫折时，为了避免精神上的痛苦或不安，可以找出一种合乎内心需要的理由来说明或辩解。如为失败找一个冠冕堂皇的理由，用以安慰自己，或寻找的理由强调自己所有的东西都是好的，以此冲淡内心的不安与痛苦。这种方法，对于帮助人们在大的挫折面前接受现实，保护自己，避免精神崩溃是很有益处的。因此，当人们遇到情绪问题时，经常用"胜败乃兵家常事""塞翁失马，焉知非福""坏事变好事"等词语来进行自我安慰，可以摆脱烦恼、缓解矛盾冲突、消除焦虑、抑郁和失望；达到自我激励，总结经验、吸取教训之目的，有助于保持情绪的安宁和稳定。

5. **交往调节法**

某些不良情绪常常是由人际关系矛盾和人际交往障碍引起的。因此，当我们遇到不顺心、不如意的事，有了烦恼时，能主动地找亲朋好友交往、谈心，比一个人独处胡思乱想、自怨自艾要好得多。因此，在情绪不稳定的时候，找人谈一谈，具有缓和、抚慰、稳定情绪的作用。另一方面，人际交往还有助于交流思想、沟通情感，增强自己战胜不良情绪的信心和勇气，能更理智地去对待不良情绪。

6. **情绪升华法**

升华是改变不为社会所接受的动机和欲望，而使之符合社会规范和时代要求，是对消极情绪的一种高水平的宣泄，是将消极情感引导到对人、对己、对社会都有利的方向去。如一同学因失恋而痛苦万分，但他没有因此而消沉，而是把注意力转移到学习中，立志做生活的强者，证明自己的能力。

（二）员工情绪管理的方法

情绪是指个体对本身需要和客观事物之间关系的短暂而强烈的反应。而在企业当中，企业管理者如果不能很好地进行员工情绪管理，那么将会导致企业的工作效率低下，从而影响企业的发展。那么如何做好企业员工的情绪管理呢？

1. 建设企业文化，理顺组织情绪

在现代企业管理中，企业文化已经逐渐成为新的组织规范。事实上，企业文化对员工不仅具有一种强有力的号召力和凝聚力，而且对员工的情绪调节起着重要作用。一般而言，员工从进入企业起的那一刻便开始寻求与企业之间的认同感，如果企业文化中有一个员工愿意为之奋斗的愿景使命，一种被员工认同的价值观和企业精神，那么这个企业就能够激励员工超越个人情感，以高度一致的情绪去达成企业的目标愿景。

2. 开放沟通渠道，引导员工情绪

积极的期望可以促使员工向好的方向发展，员工得到的信任与支持越多，也会将这种正向、良好的情绪带到工作中，并能将这种情绪感染给更多的人。企业管理者必须要营造良好的交流沟通渠道，让员工的情绪得到及时的交流与宣泄，在企业管理中如果交流沟通渠道受阻，员工的情绪得不到及时的引导，这种情绪会逐步蔓延，影响到整个社会的工作。

3. 匹配工作条件，杜绝消极情绪

工作环境等工作条件因素对员工的情绪会产生很大影响，在实际的工作中，企业管理者需要将工作条件与工作性质进行匹配，从而避免其消极情绪的产生。如 IT 行业的工作具有强烈的不确定性，非常强调员工的社会合作能力，因此，工作环境应设计成开放式结构，在办公用具的摆放、员工工作空间等方面可相对宽松，有利于社会成员间的交流。

4. 培训情绪知识，增强员工理解

情绪心理学家 Izard 指出，情绪知识在决定人们的行为结果时可能起到调节作用。情绪知识是员工适应企业的关键因素，企业管理者可以通过针对性的"情绪知识"培训，增强员工对企业管理实践的理解能力，激发员工的工作动机以适应组织的需要。

5. 营造情绪氛围，提升个体感受

每个企业都有一定的氛围，表现为组织的情绪，如愉快的工作氛围、沉闷的工作氛围、复杂的人际关系等。这种组织情绪会影响员工的工作效率和心情，甚至会成为一个员工是否留在企业的原因。《老板》杂志表示在企业管理当中整个组织的情绪氛围会影响和改变员工的情绪，尽管员工和组织的情绪是相互影响的，但是组织对个体的影响力量要比个体对整个组织的影响力量大。因此，从企业发展的角度来看，企业管理者必须要营造企业良好的情绪氛围。

6. 离职情绪管理

不管是主动离职的员工，还是企业辞退的员工，在员工离职前，都应与其进行离职

面谈，关注其情绪变化，引导其重新认识企业，这也是对员工的一种情绪管理。离职员工也是一种财富，最好用人性化的方式，给离职员工留下良好的口碑。不管员工因何种原因离开，不要与员工结下私怨，将员工当成好朋友对待，让员工感受到企业的爱和宽容，员工离职后可能会成为企业的客户、企业的合作伙伴、企业的竞争对手，他们会直接向市场传递自己在这家企业的感受。这个过程中，离职面谈所起的作用非常重要。离职面谈指的是在员工离开公司前与他进行的面谈，是离职管理的一个重要组成部分，好的离职面谈会让离职者有很好的感受，还会留下很好的建议，这对任何一方都是好事。

7. 主动离职人员情绪管理

一般来说，员工选择离开公司，基本上出于以下几类原因：①外部诱因，有更好的发展机会，竞争者的挖角，自行创业，现服务公司外迁造成交通不便等。②组织内部推力，缺乏个人工作成长的机会、企业文化适应不良、薪资福利不佳、与工作社会成员合不来、不满主管领导风格、缺乏升迁发展机会、工作负荷过重、压力大、不被认同或不被组织成员重视、无法发挥才能、没有充分机会可以发展专业技能、公司财务欠佳、股价下滑、公司裁员、公司被并购等。③个人因素，为个人的成就动机、自我寻求突破、家庭因素（结婚、生子、迁居、离婚）、人格特质（兴趣）、职业属性、升学（出国）或补习、健康问题（身体不适）等。

离职访谈最好以面对面的形式进行，这有利于双方的沟通和理解，也有利于更好地发现和从根本上消除敏感及抵触的情绪。同时，面谈双方的语气及表情细节，也有助于提高沟通的有效性。在离职面谈的过程中，代表公司与离职者进行面谈的人员应多听少说，应给予离职人员合适的空间和足够的时间。适当的时候，应对离职人员进行善意引导或打消他的疑虑，而不是施加压力。多数情况下，无须对员工的片面理解进行解释，因为这既无助于改变结果，也容易使面谈的员工产生封闭的情绪，减少信息的输出。

进行离职面谈时，还必须提醒他，遵守职场的"伦理道德"，办理移交手续，履行"保密协议""竞业禁止条款"（如有事先签订《竞业限制协议》）的约束，保护企业的知识产权，以及离职生效日期前的少请假，以维持员工的纪律管理。离职面谈前可以设计一个规范的离职面谈表格，其中列举一些离职面谈的样题，为一些离职面谈的样题举例，企业可以根据离职面谈的场合、离职岗位情况及公司情况对这些样题进行删减，或用于编写离职调查问卷或电子反馈表格。

8. 辞退人员离职情绪管理

辞退员工其实是正常管理工作的一部分，我们对员工进行管理，进行严格要求其实正是爱员工的一种表现，员工终有一天会感受到这份良苦的用心。对辞退人员开展离职面谈前要进行充分的准备工作，被辞退员工的基本资料、辞退书、考核记录表、岗位说明书、员工手册、补偿通知书等一定要掌握在手，因为这是谈话时需要出示的充分证据。

面谈的整体时间不宜过长，最少20分钟，最多40分钟，选择轻松、明亮、无干扰的环境，营造一个和谐、信任的氛围，以保证双方在友好的氛围下开始商谈。在对辞退人员进行面谈时，一定要注意尊重客观事实。要用事实来说话，不能存一己之私，要尽量地做到公平、公正、合理。面谈过程中要引导员工认识到自己工作中所犯的过错，让员工明白企业对他所做的处罚完全是基于客观事实的基础，从而让员工在当场签下

《离职申请书》或《处罚通知单》等文件。辞退的理由、辞退的补偿这两方面的信息都必须清晰沟通，让员工清楚明白的了解。如果员工心生怨情的，也应让员工有辩解和倾诉的机会，引导员工化解心中的不悦。在此类面谈中，一定要注意不要过多地掺杂个人情感，更不要轻下承诺。辞退员工时，一定要关注其心理变化，如果处理不当，可能会造成很大的矛盾冲突，有时甚至会危及个人及公司安危。不要让被辞员工带着怨恨离开公司，导致产生劳动争议或在市场上散布大量的负面信息。

第四节　情绪控制力专题：逆商

一、逆商的概述

近年来，随着社会竞争的愈加激烈，现在除了智商、情商外，还流行一个新概念：挫折商（逆商）。"IQ""EQ""AQ"并称"3Q"，成为人们获取成功必备的不二法宝。有专家甚至断言，100%的成功等于20%的IQ加上80%的EQ和AQ。

逆商AQ来自英文Adversity Quotient全称逆境商数，一般被译为挫折商或逆境商。是美国职业培训师保罗·斯托茨提出的概念。它是指人们面对逆境时的反应方式，即面对挫折、摆脱困境和超越困难的能力。大量资料显示，在市场经济日趋激烈的今日，大学生创业成功与否，不仅取决于其是否有强烈的创业意识、娴熟的专业技能和卓越的管理才华，而且在更大程度上取决于其面对挫折、摆脱困境和超越困难的能力。因此，高校教育工作者在实施创业教育的过程中，应该把大学生的逆商培养作为着力点。积极进行大学生的逆商培养，使其在逆境面前，形成良好的思维反应方式，增强意志力和摆脱困境的能力。从而提高大学生创业的成功率。AQ不仅是衡量一个人超越工作挫折的能力，它还是衡量一个人超越任何挫折的能力。同样的打击，AQ高的人产生的挫折感低，而AQ低的人就会产生强烈的挫折感。

二、逆商的内容构成

保罗·史托兹教授将逆商划分为四个部分，即：Control：控制感；Origin & Ownership：起因和责任归属；Reach：影响范围；Endurance：持续时间。

（一）控制感

"C"（控制感）：控制感是指人们对周围环境的信念控制能力。面对逆境或挫折时，控制感弱的人只会逆来顺受，信天由命；而控制感强的人则会凭借一己之力能动地改变所处环境，相信人定胜天。举个例子：控制感弱的人经常说：我无能为力、我能力不及；但控制感强的人则会说：虽然很难，但这算什么、一定有办法。

（二）起因和责任归属

"O&O"：造成我们陷入逆境的起因大致可以分成两类：第一类属内因：因为自己的疏忽、无能、未尽全力、抑或宿命论。往往表现为过度自责，意志消沉、自怨自艾、自暴自弃。第二类属外因：合作伙伴配合不利、时机尚未成熟、或者外界不可抗力。因内因陷入逆境的人会说：都是我的错、我注定要失败，因外因陷入逆境的人会说：都是因为时机不成熟、事前怎么就没想到会发生这样的情况呢？高逆商者，往往能够清楚地认识到使自己陷入逆境的起因，并甘愿承担一切责任，能够及时地采取有效行动，痛定思痛，在跌倒处再次爬起。

（三）影响范围

"R"（影响范围）：高逆商者，往往能够将在某一范围内陷入逆境所带来的负面影响仅限于这一范围，并能够将其负面影响程度降至最小。身陷学习中的逆境，就仅限于此，而不会影响自己的工作和家庭生活；与家人吵架，就仅限于此，而不会因此失去家庭；对事争执，就仅限于此，而不致对人也有看法。高逆商者能够将逆境所产生的负面影响限制在一定范围，不至扩大到其他层面。越能够把握逆境的影响范围，就越可以把挫折视为特定事件，越觉得自己有能力处理，不致惊惶失措。

（四）持续时间

"E"（持续时间）：逆境所带来的负面影响既有影响范围问题，又有影响时间问题。逆境将持续多久？造成逆境的起因因素将持续多久？而逆商低的人，则往往会认为逆境将长时间持续，事实便会如他们所想。

三、逆商培养的重要性

美国优秀小说《汤姆叔叔的小屋》中汤姆叔叔的原型乔·塞·亨森原是一名黑奴，他在历尽曲折道路、战胜重重逆境而获得人生自由和经营上的成功后，坎特博雷主教问他："先生，你是从什么大学毕业的？"亨森回答道："逆境大学"。"逆境大学"——多么铿锵有力的回答，多么意味深长的话语，这就是一个强者的声音。他将挫折当成人生最好的教材，不断地去抒写。一项关于"面对人生前程"的调查显示：人们一致认为未来的竞争将越来越激烈，生活的压力也将越来越大。这种挑战与压力会使我们随时随地遭遇逆境。如果种种逆境是无法回避的，那么我们又将如何面对呢？是沮丧、灰心、愤怒、绝望，还是消极地悲叹命运的不公？所有这些都无济于事。只有认真、辩证地对待逆境，逆境才会消失，才会变成一条崎岖的小路将我们引向成功的殿堂。

大量资料显示，在充满逆境的当今世界，事业的成败、人生的成就，不仅取决于人的智商、情商，也在一定程度上取决于人的逆商。而综观当代大学生的实际特点，一方面，从入学起，他们就承受着较大的思想压力，诸如：学业上的压力、综合素质的提高、未来就业的不确定感、环境的不适应等等。另一方面，大学生正值青春年少，缺乏人生经验，抗挫折能力与调控能力较差。面对困境与重压，容易沉陷在消极的泥潭而不能自拔。例如：一些大学生不能承受学习成绩下降、失恋等带来的身心压力，呈现焦虑、失眠、抑郁、恐惧；个别学生精神崩溃、跳楼自杀…身心的失衡，不仅影响其智能的发挥，而且还会使其潜能的挖掘、综合能力的培养、人格的完备受到抑制。因此，高校积极开展大学生逆商培养的教育活动，促使其在逆境面前形成良好的思维方式、良好的行为反应方式十分必要。

心理学家认为,一个人事业成功必须具备高智商、高情商和高挫折商这三个因素。在智商都跟别人相差不大的情况下,挫折商对一个人的事业成功起着决定性的作用。高AQ可以帮助产生一流的成绩、生产力、创造力,可以帮助人们保持健康、活力和愉快的心情。有研究显示,AQ高的人手术后康复快,销售业绩也远远超过AQ低的人,在公司中升迁的速度也快得多。高AQ是可以培养的,并且最好是从小培养,所以现在许多教育机构都在提倡挫折教育。在挫折商的测验中,一般考察以下四个关键因素——控制(Control)、归属(Ownership)、延伸(Reach)和忍耐(Endurance),简称为CORE。控制指自己对逆境有多大的控制能力;归属是指逆境发生的原因和愿意承担责任、改善后果的情况;延伸是对问题影响工作生活其他方面的评估;忍耐是指认识到问题的持久性以及它对个人的影响会持续多久。

除此之外,逆境还有积极的功能:首先,只有在逆境中人们才能学会如何思考。只有在逆境中、在遭受失败和挫折后,才能真正发现自己的不足。这些思考和经验都能为前进打下坚实的基础。古往今来,经过失败、努力、再失败、再努力,不断在逆境中总结经验教训,最后成功的例子比比皆是。为了发明电灯,爱迪生曾经失败了17000次,终于获得了成功。正是他把每一次失败都当成一次学习的机会,才使我们拥有了今天的光明。其次,当挫折发生的时候,它能给予我们警告,提醒我们加倍小心。逆境,是一座警钟,它警告人们,之所以遭遇逆境,肯定是在某方面出了问题。或者观念不对、态度不对、立场不对、方式不对、方法不对、计划不对;或者客观条件不成熟,天不时、地不利、人不和或者主观与客观不一致,主观愿望违背了客观规律等等。逆境有人为原因,也有自然因素,所以面对逆境时,不能怨天尤人、消极等待,而是要积极的反思、客观地寻找病症。最后,逆境也给我们警示人生有喜有悲,有顺势必有逆势,凡顺势不要骄傲,盲目乐观,而应该未雨绸缪。懂得了这些道理,逆境才能发挥其积极的功能,才能进一步激起人们的斗志和求胜的欲望。具有这种心态的人,逆境犹如兴奋剂,激励着人们焕发青春、斗志、热情和潜能,向着希望的顶点不懈地攀登。

任何人并非只有智商一个平面,而是包括个人理财的商数,即财商;个人的道德品质商数,即德商;个人在逆境中成长的商数,即逆商,等等商数。因此,任何人都应做一个立体的人。面对逆境,如果选择了放弃,也就是选择了失败。在人生的旅途中,一些人虽然也曾经努力过,但收效甚微。这是因为在前进的旅途中遭遇了困难,漫长的,看起来毫无结果的征途使他们厌倦了,于是,他们就会停下来,寻找一个避风的港湾,在那儿躲避风浪。没有什么比半途而废的放弃和丧失希望对未来威胁更大的了,放弃和丧失希望不仅不能解决现实存在的问题,而且还会让我们在未来陷入更大的困境之中。美国的《成功》杂志每年都会报道当年最伟大的东山再起者和创业者,他们的传奇经历中有一个相同的部分,那就是他们在遇到强大的困难和逆境时始终保持乐观的态度,从不轻言放弃。同样,有人在对上千个保险公司,为数众多的代理人进行长达五年的研究中发现,对待逆境的态度,在许多方面决定了一个保险代理人是否能够成功。乐观的销售人员卖出的保险单要比悲观的销售人员多88%——尽管他们的才华差不多。

四、逆商的提高途径

高逆商可以化逆境为顺境。每个人在其生存发展中，有风和日丽、阳光明媚的顺境，也有令人寸步难行、十分难熬的逆境。逆境看起来似乎是对人的折磨和摧残，但逆境更能磨炼人的意志，激励人们克服前进道路上的障碍和困难，使人风雨兼程，奋发向上，取得人生的辉煌。巨石拦路，勇者把它视作前进的阶梯，弱者则把它视作拦路的障碍。可以说，人们对逆境不同的态度，会产生不同的人生结局和命运。那应该如何提高逆商呢？

首先，要正确认识人生的挫折和逆境。司马迁说过：文王拘而演周易，仲尼厄而作春秋；屈原放逐，乃赋离骚；左丘失明，厥有国语；孙子膑脚，兵法修列……遍阅古今中外科学家、政治家、文学家、军事家的传记，不难看出这样一个规律：一帆风顺而又成就卓著的人凤毛麟角，历经坎坷艰辛的人，出类拔萃者众多。不错，逆境是人生发展的障碍，但是你超越和克服了它，无疑会磨炼意志，使你变得更坚强。

其次，要树立战胜逆境的信心和决心。办法总比困难多，要有勇气，要有挑战精神，敢于面对和克服各种障碍，实现人生的自我超越。你越过了一个障碍物，人生就前进了一步，离成功就近了一步，战胜困难的决心也随之增大。为磨炼孩子的意志品质，日本对中小学生进行"荒岛"生存实验，川崎阳光幼儿园对儿童进行四季裸体锻炼；美国开展野外独立生存活动；印度则设立"饥饿日"，让孩子们增强忍耐饥寒的能力。近年来，国内一些高校也利用寒暑假，组织在校大学生开展"生存"训练，磨炼大学生的意志品质。那些志愿接受"训练"的大学生们感觉收获很大。

逆商是人才基本素质不可缺少的组成部分，一个人智商再高，如果逆商很差，那么他意志软弱，缺乏应有的胆识，就不可能把自己的智慧和潜能最大限度地挖掘出来。也就是说，一个人的智商会受到逆商的制约。逆商提高了，心理素质和意志品质过硬，你就会成为社会所欢迎的优秀人才。以当今大学生为例，编者提出相关的提高方法。

首先要以当代大学生的兴趣、需求、性格及气质特点为切入点，科学设置逆商培养的课程。通过课程的安排，使大学生明晓、掌握培养逆商的知识要点、方法和技巧，如：何为逆商？逆商在学习、生活及工作中的意义？如何辩证地看待困境与失败？如何调整心态，使自己愈挫愈勇？如何使自己的良好反应方式成为习惯性行为？

其次，要以提高当代大学生的逆商为落脚点，引入情境教育。在施教过程中要以学生为本，把握其个性倾向与心理特征，熟知其兴趣与需求。教师的职能应从知识传授转变为价值引导，使学生在兴趣、需求中，在欣赏、评判中，完成有关知识、品质和能力的建构。教师还应根据学生的兴趣、需求、气质与性格特点，结合逆商培养的内容和目标，选择与建立逆商培养的"欣赏视角"，将如何面对困难、摆脱困难、超越困难设置成能撞击学生心灵的生活化情境，使学生在"情境"的欣赏与评判中，完成有关优良意志品质的建构、升华和积淀。

另外，可通过让学生写逆境行为反应日记，了解学生面对逆境、面对挫折时的心理过程、行为措施。然后依据每个学生的个性特点，遭遇的具体情况给予个例指导，提高学生对逆境的觉察能力、控制能力。促使学生视困难为历练，学会分析困难的关键、选择解决困难的最佳方案。在人生的攀越过程中,智商、情商、逆商为不可缺少的三要素,它们相互影响、相互作用。教育工作者不仅要充分挖掘大学生的智商与情商,更应积极对其逆商进行培养,使受教者人格更趋完善,为当代大学生的人生未来铺就成功之路。

第五节　情绪控制力案例研讨

测试一

情商测试

情商(EQ)是一个近几年才提出来相对智商(IQ)而言的心理学概念,是情绪的商数或称情绪智慧;指人的乐观与悲观,急躁与冷静,大胆与恐惧,沉思与直觉等情绪反应的程度。这是一组欧洲流行的测试题,共 33 题,测试时间 25 分钟,最大 EQ 为 174 分。如果你已经准备就绪,请开始计时。

第 1～9 题:请如实选答下列问题,选择一个和自己最切合的答案。

题号	题目	选项
1	我有能力克服各种困难:	A. 是的　B. 不一定　C. 不是的
2	如果我能到一个新的环境,我要把生活安排得:	A. 和从前相仿　B. 不一定　C. 和从前不一样
3	一生中,我觉得自己能达到我所预想的目标:	A. 是的　B. 不一定　C. 不是的
4	不知为什么,有些人总是回避或冷淡我:	A. 不是的　B. 不一定　C. 是的
5	在大街上,我常常避开我不愿打招呼的人:	A. 从未如此　B. 偶尔如此　C. 有时如此
6	当我集中精力工作时,假使有人在旁边高谈阔论:	A. 我仍能专心工作　B. 介于 A、C 之间　C. 我不能专心且感到愤怒
7	我不论到什么地方,都能清楚地辨别方向:	A. 是的　B. 不一定　C. 不是的
8	我热爱所学的专业和所从事的工作:	A. 是的　B. 不一定　C. 不是的
9	气候的变化不会影响我的情绪:	A. 是的　B. 介于 A、C 之间　C. 不是的

第 10～16 题:请如实选答下列问题,选择一个和自己最切合的答案。

题号	题目	选项
10	我从不因流言蜚语而生气:	A. 是的　B. 介于 A、C 之间　C. 不是的
11	我善于控制自己的面部表情:	A. 是的　B. 不太确定　C. 不是的

续上表

题号	题目	选项
12	在就寝时,我常常:	A. 极易入睡　B. 介于A、C之间　C. 不易入睡
13	有人侵扰我时,我:	A. 不露声色　B. 介于A、C之间　C. 大声抗议,以泄己愤
14	在和人争辩或工作出现失误后,我常常感到震颤,精疲力竭,而不能继续安心工作:	A. 不是的　B. 介于A、C之间　C. 是的
15	我常常被一些无谓的小事困扰:	A. 不是的　B. 介于A、C之间　C. 是的
16	我宁愿住在僻静的郊区,也不愿住在嘈杂的市区:	A. 不是的　B. 不太确定　C. 是的

第17～25题：在下面问题中,每一题请选择一个和自己最切合的答案。

题号	题目	选项
17	我被朋友、同事起过绰号、挖苦过:	A. 从来没有　B. 偶尔有过　C. 这是常有的事
18	有一种食物使我吃后呕吐:	A. 没有　B. 记不清　C. 有
19	除去看见的世界外,我的心中没有另外的世界:	A. 没有　B. 记不清　C. 有
20	我会想到若干年后有什么使自己极为不安的事:	A. 从来没有想过　B. 偶尔想到过　C. 经常想到
21	我常常觉得自己的家庭对自己不好,但是我又确切地知道他们的确对我好:	A. 否　B. 说不清楚　C. 是
22	每天我一回家就立刻把门关上:	A. 否　B. 不清楚　C. 是
23	我坐在小房间里把门关上,但我仍觉得心里不安:	A. 否　B. 偶尔是　C. 是
24	当一件事需要我作决定时,我常觉得很难:	A. 否　B. 偶尔是　C. 是
25	我常常用抛硬币、翻纸、抽签之类的游戏来预测凶吉:	A. 否　B. 偶尔是　C. 是

第26～29题：下面各题,请按实际情况如实回答,仅须回答"是"或"否"即可,在你选择的答案下打"√"。

题号	题目	选项
26	为了工作我早出晚归,早晨起床我常常感到疲惫不堪:	A. 是　B. 否

续上表

题号	题目	选项
27	在某种心境下,我会因为困惑陷入空想,将工作搁置下来:	A. 是　B. 否
28	我的神经脆弱,稍有刺激就会使我战栗:	A. 是　B. 否
29	睡梦中,我常常被噩梦惊醒:	A. 是　B. 否

第30～33题:本组测试共4题,每题有5种答案,请选择与自己最切合的答案,在你选择的答案下打"√"。答案标准如下:从(1)从不(2)几乎不(3)一半时间(4)大多数时间(5)总是

题号	题目	选项
30	工作中我愿意挑战艰巨的任务。	1　2　3　4　5
31	我常发现别人好的意愿。	1　2　3　4　5
32	能听取不同的意见,包括对自己的批评。	1　2　3　4　5
33	我时常勉励自己,对未来充满希望。	1　2　3　4　5

计分时请按照记分标准,先算出各部分得分,最后将几部分得分相加,得到的那一分值即为你的最终得分。

第1～9题,每回答一个A得6分,回答一个B得3分,回答一个C得0分。计_____分。

第10～16题,每回答一个A得5分,回答一个B得2分,回答一个C得0分。计_____分。

第17～25题,每回答一个A得5分,回答一个B得2分,回答一个C得0分。计_____分。

第26～29题,每回答一个"是"得0分,回答一个"否"得5分。计_____分。

第30～33题,从左至右分数分别为1分、2分、3分、4分、5分。计_____分。总计为_____分。

测试二

逆商测试

AQ(Adversity Quotient),逆境智商,是一种反映人们在克服困难和面对逆境时的能力。许多人在职场上遇到困难或重大挫折时,虽然一时悲痛、沮丧,但最终能挺过来开始新的发展,但也有些人一蹶不振、自卑自弃,职业发展从此跌入低谷。这两种结果的差别就在于逆境智商AQ不同。AQ与智商、情商一样,也可以测定,而且可以通过种种训练来改善和增进。度过了逆境,将又是一次成长哦;同时在挫折中你的AQ将不

断的提升；测试一下自己职场方面的逆商。

本测试为德鲁克职业咨询专家选用的测量工具之一。每题有3个选项，请对照自己的真实情况，在下列选项中选择与你最为相似的选项。

题号	题目	选项
1	我不难相信别的同事或朋友，也很容易跟同事、朋友建立友谊。	A. 是　B. 不确定　C. 不是
2	公司新规定新制度的颁布和实施，是顺理成章、势在必行的事。	A. 是　B. 不确定　C. 不是
3	每次在工作中遇到挫折和失败，都会使我长时间感到极度沮丧。	A. 是　B. 不确定　C. 不是
4	在我的薪水不高时，照样手头总感到宽裕。	A. 是　B. 不确定　C. 不是
5	我对生活中某些团体有贡献（如家庭、学校、公司、社区等）	A. 是　B. 不确定　C. 不是
6	我步入社会后路途坎坷，屡遭白眼。	A. 是　B. 不确定　C. 不是
7	我对自己在工作中实现既定目标的进度感到满意。	A. 是　B. 不确定　C. 不是
8	对职业发展来说，明智比运气更重要。	A. 是　B. 不确定　C. 不是
9	运气的来临归功于往日的努力。	A. 是　B. 不确定　C. 不是
10	如果锲而不舍，最终会创出新的天地。	A. 是　B. 不确定　C. 不是
11	接连遇到几件不愉快的事，我一次比一次感到苦恼。	A. 是　B. 不确定　C. 不是
12	对我来说，适应新环境是不难的，比如转学、调工作、搬家。	A. 是　B. 不确定　C. 不是
13	与性情不同的人一起工作是活受罪。	A. 是　B. 不确定　C. 不是
14	原定加薪有我份，公布名单却换了别人，此时我能坦然以对。	A. 是　B. 不确定　C. 不是
15	朋友带来一个令人讨厌的人，我感到气愤。	A. 是　B. 不确定　C. 不是

注：统计方法：第1、4、5、6、7、8、9、10、12、14题，选A得3分，选B得2分，选C得1分；第2、3、11、13、15题，选A得1分，选B得2分，选C得3分；请按照上述规则将你每题的分数累加。

第七章 谈 判 力

第一节 谈判力的概述

一、谈判力的概念

谈判在我们日常生活中很常见,尤其是在商业领域,很多商业活动是通过谈判解决的。大多数谈判者意识到,谈判力因能给予谈判一方相对于对手来说更多的优势而在谈判过程中扮演着重要角色,拥有这种优势的谈判方会利用其在结果中获得更多份额,或者选择自身偏好战略。[①] 现有文献研究谈判均衡调整过程中,很少将谈判力加以考虑。阿伯指出,"选择一致性精炼均衡"这个概念说明,均衡选择不是武断和随机化,而是谈判力的外化。[②] 再假设谈判力在这个过程中保持不变,同时与过去行为不相关,那么均衡集就是子博弈精炼均衡子集,因为第一期的均衡选择必须与子博弈中的均衡选择相一致,反之亦然。[③]

对于谈判力的研究,大多基于爱默生(Emerson)的"权力依存理论"(Power-dependence Theory)。权力依存理论认为,A 对 B 拥有权力等价于或者说基于 B 对 A 的依赖。而依赖性又有两个维度:一方面,它与结果中的价值贡献成正比;另一方面,它又与该资源可替代程度成反比。举例来说,甲对乙的权力与乙的获利程度直接相关,因为乙能从与甲的关系中得到的利益大于乙从其他相关者处得到的利益。[④] 基于"权力依存理论"的分析框架有三个优点:第一,可以从两个维度对谈判力进行概念化;其次,在此框架下,很容易将谈判力来源要素整合在一起;第三,这个框架也暗示谈判方如何改变自身谈判力。笔者认为,所谓谈判就是指双方或多方为了消除分歧、改变关系而交换意见,为了取得一致谋取共同利益而相互磋商的行为和过程。

掌握了谈判的定义,我们需进一步把握它与其他相近的词语的联系和区别。首先是谈判与对策。通俗地说,对策就是研究对手的目的和策略,并以此确定自己对付的策略和方法的决策活动。目前管理科学中兴起的对策论就是研究如何在互动中进行科学对策、最优对策的。谈判当然需要对策。科学对策对于谈判各方具有重大意义。对策首先是谈判准备阶段不可缺少的环节;同时在谈判进行阶段,谈判者也要时时观察分析对手,采取相应的对策。但是,谈判包含对策,对策并不是谈判本身,对策是谈判的环节

---

① Cross, J. G. The Economic and of Bargaining Basic Books [M]. Inc, 1969: 165 – 167.
② Abreu, D., Pearce, D., Stacchetti, E. Renegotiation and symmetry in repeated games [J]. Journal of Economic Theory, 1993, (60), 217 – 240.
③ Lewis, M. Liar's poker [M]. New York: Penguin Books, 1990: 367 – 369.
④ Emerson, R. M. (1962). Power – dependence relations. American Sociological Review, 1962 (27): 31 – 40.

和手段，却不是谈判的全过程和本质。

其次，谈判和对话。对话，顾名思义就是双方交换看法，沟通信息，求得对方的理解。对话具有双向、平等的性质，它不是一方对另一方的指令，严格来讲也不是一方对另一方的教育、劝告、建议。谈判必须对话，没有对话谈判就无法进行。谈判中的对话称之为会谈、洽谈、协商。现代谈判尤其需要这种双向、平等的对话形式。但谈判不只是对话，对话只是谈判的一个环节、一种手段。谈判的目的是迫使一方或企求双方妥协，解决某些分歧，达成一致协议。对话并不一定具有这种目的，主要是为了求得相互理解。

二、谈判力的特点

谈判作为人类交往活动的重要组成部分，作为实现和满足利益需求的行为，谈判是一种协商分配有限资源的决策过程。同时谈判是谈判者的相互作用过程，因此，谈判力具有以下特点。

（一）普遍性

谈判是人类社会生活的组成部分，是一种普遍存在的社会现象。从历史起源来看，人类从动物界分离出来之后，就需要进行谈判。人类要生存，就需要协调和统一行动，就必须进行联络和沟通。这种原始、简单的沟通与联络，为谈判的发展提供了雏形。原始社会后期，私有制初步产生，为了占有更多财产，部落间经常发生战争，于是出现了解决冲突、调停战争的军事谈判。为了抗击共同的敌人，出现了部落联盟，部落联盟间的"议事会"便是解决联盟共同事物的政治谈判。随着生产力的发展，出现了商品生产和交换，商品交易谈判便应运而生。

从涉及领域来看，谈判早已突破政治、军事领域，遍及全社会。参与谈判已经不再是部落首领、国家代表人物的专利，各种社会组织及任何个人都有可能参与谈判活动。我们可以概括地说，从古代的部落吞并、奴隶主争雄到现今的卫星上天、和平共处；从不同制度之间的交流往来到家庭成员之间的解决纠纷；从具有不同信仰、不同立场的党派之间的争议到商品交换的讨价还价；从重大决策的制定和确立到具体方法的落实和实施，人们都需要为满足各自的欲望，协调相互关系而沟通信息、交流思想。其实，也就是需要进行谈判。我们可以毫不夸张地说，谈判活动遍布于人类社会的每一个角落，谈判行为伴随着每个社会成员的人际交往，所以谈判力也就具有普遍性的特点。

（二）行为性

谈判力是人的一种行为能力，而且是人的理性行为能力。无论谈判是在国家之间进行，在组织之间进行，还是在个人之间进行，进行谈判活动的总是具体的人。人都具有自己的欲望、需求、思想、情感、爱好、性格、风俗、习惯、价值观念、抱负水准等。这些因素可以引起人的动机，而动机又支配和影响着人的行为。谈判就是在人的动机支配下采取的一种为了满足需求的行为活动。为了满足需求，就要互相交换条件，既有取，又有给。在给与取的问题上就存在着竞争，存在着智慧的较量，采取着不同的行为。一般说来，谈判人员较善于忍耐克制，将喜怒哀乐等情绪藏于心底，以示其雍容大度,可谈判桌前时而有人像演员一样,善于运用感情冲动作为沟通思想的方法,巧妙地掩饰内心的真实想法。多数谈判者都耳聪目明、善于言辩、反应敏捷、精明强干,可有的人却故意装聋作哑、假装糊涂、自称才疏学浅、一问三不知。通常谈判者为了获取利益而层层设防、步步为营、寸利必争、奋力进取,可有的人却偶尔故露破绽、装乖卖傻、以进为退、欲取故予。谈判人员的谈判力一般都是经过训练和培训的,他们的行为都经过了思考和设计,所以,装聋、做傻、发怒都未必是真的,都有可能是为了达到某种目的而故意采取的策略。在多数情况下,并不是对方的行为不合乎情理,而是我们自己对他人行为的认识没有理性化。在现实谈判中,谈判人员必须注意将对方的行为与整个格局联系起来,以免出现判断失误。

(三)合作性

谈判的前提是参与者都存在着尚未满足的欲望和需求,否则,就不会有谈判发生。需要和对需要的满足是谈判的基础。要想通过对方使自己的需要得到满足,就必须把谈判当作参与各方彼此合作的过程。

谈判的目标不是一方独得胜利,另一方完全失败,而应该是参与各方重视谈判的合作性特点,在合作的基础上进行协商,才能深明大义,为实现双方的利益目标而努力。对于共同利益和目标的追求,是取得一致的巨大动力。谈判人员应该随时注意彼此原因。准确地表达思想、顺利地进行信息交流,并不是一件容易的事。即使是朋友、同事、夫妻之间的交流也会有误解出现,在互怀猜忌、戒备或防范的谈判人员之间发生交流困难就更不足为奇。谈判的各方具有不同的目的、立场和意见,各有自己的动机、欲望和需求,因此,看问题的观点就不会相同,观点不同、动机不同自然就会产生意见分歧。谈判人员应该全面理解谈判力的沟通性特点。在信息交流的过程中,要尽量准确地表达自己的思想,消除误解,避免感情冲突。其实,冲突并不存在于客观现实中,而存在于人的头脑之中。误解也往往来源于错误的信息或感情冲动。减少或避免感情冲突,从压抑的感情负担中解脱出来,就会使谈判减少一些反对的举动,而多一些赞成行为,就会更加主动地去解决问题。

在信息交流、沟通思想的过程中,必须重视谈判的合作性特点。谈判人员应该掌握把自己放在对方的立场上来估计形式这种重要的技巧。这就不仅需要考虑自己的利益,而且需要顾及对方的利益,需要了解对方的观点和感情的力量,既要认识对方与自己的差距,又要承认自己与对方的差距。为了消除认识上的分歧和差距,就应该把问题摆出来,以坦诚的态度来对待双方的意见,彼此进行明确的有说服力的语言交流。

三、谈判力的作用

从古至今,谈判一直是人们生活的组成部分,使人们为了解决争议,建立和改善社会关系而采取的行为。

(一)谈判力是解决争议的重要能力

生活在大千世界中的人们,存在着各种各样的争议、矛盾或利益冲突。家庭、家族成员之间有争议，同学、同事、朋友之间有争议，个人与企业、组织之间有争议，企业、组织、单位之间有争议，行业与行业之间、党派与党派之间、地区与地区之间也有争议。争议也是一种矛盾。矛盾和争议会使各方关系紧张，处于对抗状态。出现了争议、矛盾和对抗就需要解决。解决争议和矛盾的方法不拘一格，如市场机制、规章制度、传统惯例、行为规范以及执法部门和权威机构的裁决等。谈判也是解决争端的重要手段。

（二）谈判力是平息争端的途径

通过谈判解决争端，可避免矛盾激化，大动干戈。如果矛盾已经激化，已诉诸武力，也不能无休止地打下去，也要通过谈判平息争端，停止武装冲突。中国自古就有"三寸不烂之舌，强于百万之师"的说法，此类事例不胜枚举。所以，长期以来，谈判被看作是发挥军事优势和弥补军事劣势的一种战略手段。第二次世界大战以后，新独立的主权国家增多，整个国际政治局势发生了根本变化，和平与发展已经成为当今时代的主题。因此，国际谈判的主要作用仍然是防止战争，解除武装冲突，争取和平与发展。

（三）谈判力是调整利益的能力

随着社会的进步和科学的发展，出现了一系列带有全局性的问题。任何一个国家的发展和建设都受到外部条件的影响和制约，因此，必须加强国家间的经济贸易、科学技术、文化艺术、教育医疗等领域的交流与合作。国家间多个领域的合作与交流不断发展，使得谈判的形式、内容以及作用出现了很大的发展和变化。当前，建立、调整和改善关系已经成为国际谈判的重要内容。如建立外交关系，限制人口增长，维护生态平衡，控制核武器的发展，裁减武装力量，改变经济关系，建立经济秩序、科学技术的协作，文化艺术的交流等。就这些重要内容而进行的谈判，其主要作用是调整各个方面的利益关系，以避免出现危害发展的矛盾和冲突。

（四）谈判力是发展经济的桥梁

当前，经济建设已经达到国际化的程度，任何一个国家的经济繁荣都取决于国际经济关系的正常发展。因此，越来越多的国家实施外向型经济发展策略，越来越多的企业开始从国内经营向国际经营方向发展。国家间、企业间的经济往来日渐频繁，由此引起的经济贸易谈判也逐渐增多，谈判在经济发展方面的作用显得至关重要。经济谈判的作用主要是加强国家之间、企业之间的经济联系，促进经济贸易的发展。

（五）谈判力是改善环境的能力

和平发展的新形势，不仅推动着社会经济的繁荣与发展，而且对社会生活的各个领域也具有深刻影响。正如马克思、恩格斯所说，随着新生产力的获得，人们改变着自己的生产方式，随着生产方式即保证自己生活的方式的改变，人们也会改变自己的一切关系。社会的变革改变着人的需要。与以往相比，现代人的交往需要更加强烈。高速交通工具的发明和使用、信息传播手段的更新和普及为人际交往提供了方便条件。当今，人际交往已打破了血缘、行业、地域甚至国家的界限，开始从狭窄的领域进入广阔的天地。人际交往的观念、模式、行为也具有新的特点。在新的形势下，每个社会成员都面临着如何处理、建立和改善人际关系的问题。因此，大量的个人与个人之见的谈判出现在日常生活之中，而且遍及各个领域。日常生活谈判有助于调解和缓和人们之间的冲突与矛盾，有利于创造和谐的生产、工作、生活、学习环境，有益于物质文明和精神文明建设。

第二节　谈判力的内容构成

谈判力的基础知识包括：谈判的基本方式、谈判的基本原则、谈判的方法以及谈判的基本程序。常见的谈判策略大多属于温和或强硬的方式。温和的方式总是尽力避免摩擦和冲突，为了达成共识，往往很快作出让步。强硬的方式则以战胜对方为目标，坚守立场，常常导致两败俱伤。还有第三种谈判方式，它既不温和也不强硬。"哈佛大学谈判项目"提出了一种"原则谈判方式"。这种谈判方式根据事情本身的是非曲直寻求解决方案，强调把人和事分开，着眼于利益而不是立场，当双方利益发生冲突时，让谈判结果基于某些客观的标准。"原则谈判方式"不需要装腔作势，也不需要耍花招。它可以帮助我们得到想要的东西而又不失风度，让我们公平有理的同时又能保护自己不被对方利用。

一、谈判的原则

谈判的基本原则即谈判的指导思想、基本准则。谈判具有不同的层次、不同的类型、不同的方式、不同的内容。但无论何种层次、何种类型、何种方式、何种内容的谈判都是双方或多方互相交换条件、谋求共同利益、满足各自需要的合作过程。一切成功的谈判，都应该是双方或者多方共同努力的成果。从宏观上来讲，他应该有利于社会的进步，有利于人类发展，有利于改善和建立社会关系。从微观上来看，他应该使谈判的双方或多方都各有收获，并通过谈判建立起长期合作的友好关系。一切成功的谈判都是参与者共同努力的结果，而能否成功的关键在于谈判人员是否遵循谈判的基本原则。

（一）坚持正义原则

坚持正义原则是指谈判人员应该奉行公正、有利于社会进步、有利于和平和人类发展的谈判标准。坚持正义原则主要适用于政治军事谈判。这是由政治本身的特点决定的。进步的政治力量代表着社会的发展趋势，代表着大多数人的利益。如果谈判在国家间进行，坚持正义表现在从世界人民的利益出发，维护世界和平与发展；如果谈判在某一国家内部和党派集团之间进行，坚持正义原则表现为维护广大劳动人民的合法利益和政治地位。坚持正义的原则符合历史发展的必然。任何历史活动家不管他具备多么高超的谈判能力，如果不坚持正义，虽然可能会取得谈判的暂时成功，但随着历史的发展，终将受到人们的唾弃。这是被无数历史事实证明了的真理。

(二) 平等互利原则

平等互利原则是指谈判人员在享受平等权利，承担平等义务的基础上进行洽谈，以求取得各自都有益的谈判结果。谈判是达成协议的手段，协议的最终目的是满足各自的利益，要想使利益得到满足就必须取得对方的同意和认可。因此，可以说谈判的过程实际就是双方互相利用的过程，各自利用自己的优势作为交换条件，换取对方的优势来满足自己。我们很难想象，一场谈判的某一方获利，另一方一败涂地，或者双方都一无所获，而谈判能够成功。人的需要有不同的层次、不同的内容，满足利益也有不同的渠道。有的时候，某一方在经济上可能赔钱，但是他必另有所图，这"另有所图"也是一种利益。总之，谈判的成功在于利益交换，互利是谈判成功的基础。

要想实现利益互换就必须平等相待。谈判中出现不同意见、不同观点是不可避免的，但只能通过协商加以解决，而不能采用强硬、胁迫手段将自己的意志强加于他人之上。平等互利原则适用于各个层次、各种类型的谈判。尤其是在涉外谈判中，更应该本着互利互惠、彼此尊重、相互理解、平等相待的精神去谋求共同利益，这样才能建立起友好合作的交往关系。平等互利原则，在理论上似乎没有人反对，但在实践中却往往表现出有背离的情况。例如，在谈判中只考虑自己一方的利益越多越好，卖方漫天要价，买方拼命压价，既不客观的分析形势，也不为对方着想。这样的谈判往往会导致失败。

(三) 谋求一致原则

谈判不同于辩论会，不同于体育比赛，更不同于战争，非得分出个输赢不可。参与谈判的各方具有不同观点，代表不同的利益，之所以坐到一起就是为了谋求一致，谈判的各方要想达到预期的目的，就必须在谈判过程中既考虑自己一方的利益，又考虑对方的利益，找到双方利益的结合点，认定共同利益之所在，求同而存异。这一点从理论上来讲，也是容易理解的。因为，只有使各方的利益都能得到满足，谈判才能达成协议。可是在实践过程中，却难以做到。因为，共同利益往往不明显，比较模糊，况且，每一方都希望自己得到的更多、失去的更少。其实，只想自己占便宜是不明智的做法，因为，这种做法很难与对方建立长期友好的合作关系。作为一名谈判人员，在谈判中应该设法寻求各方都感到满意的解决方案。关于谋求共同利益，以下几点值得注意：

首先，每场谈判都潜伏着共同利益。共同利益可能不是十分明显的，谈判人员应努力去寻求，寻求合作的途径和互利的机会。其次，共同利益是机会而不是天赐。谈判人员要善于创造机会、利用机会，抓住时机将共同利益明确地表述出来，系统的阐释清楚。其三，强调共同利益对各方的好处。在互相交流的过程中，要尽量说明共同利益给自己与对方带来的好处，尽量避免发生对谈判进展无益的争执。

(四) 依据标准原则

他盘的过程就是解决矛盾、缓和冲突的过程。谈判中的矛盾和冲突集中体现在"给"与"取"的问题上。"给"与"取"也就是条件交换。交换条件可以有不同的方式，通常表现为互相妥协让步，而妥协和让步的行为需要有一定的前提条件为基础。有的妥协和让步可能是屈服于对方的压力；有的妥协和让步则基于一定的客观标准。屈服于压力而引起的妥协则会产生敌对情绪；出于友好的愿望而让步，则有悖于谈判的竞争性。屈服于压力或出于友好愿望而作出的妥协与让步都只能是单方面的行为，这不符合谈判的平等互利原则和谋求一致原则。谈判各方之间的矛盾与冲突是客观存在的。谈判当事人之间需要建立友好的合作关系，但是理解与合作必须建立在客观基础之上。也就是说，谈判需要依据一定的客观标准作为交换条件的前提。

客观标准是指独立于各方意志之外的合乎情理，具有普遍性、公正性、适用性的准则。如市场价格、以往惯例、通用准则、道德标准和科学依据等。由于谈判所涉及的内容广泛，所以客观标准也各不相同。但从总体来看，客观标准具有普遍性、公正性和适用性的共同特点。

普遍性是指谈判涉及的每个问题都有需要探讨的客观标准。如价格问题可以市场上同类商品的价格作为标准，质量问题可以商品的使用价值作为标准，索赔金额可以违约程度作为标准。公正性是指客观标准应符合各方的意愿，当事人公认为合情合理、不偏不倚、机会均等。各种法律、法规、方针、政策，规则、原则一般都具有这种性质。适用性是指客观标准必须符合实际情况，不能脱离现实。例如，涉外谈判的双方在选择仲裁机构的问题上可能会有三种情况，即甲方所在国的仲裁机构，乙方所在国的仲裁机构，第三国的仲裁机构。这三种选择都可以成为客观标准，但选择哪一种，应根据谈判的具体情况来决定。如果谈判的两个国家都在东南亚，而且是一般的外贸谈判，那么，选择一个设在欧洲的仲裁机构就不大方便，也没有必要。以客观标准作为交换条件的基础，可以使谈判双方的矛盾与冲突得到公正的解决；坚持客观标准的原则，可以避免无休止的纷争，有利于通过谈判建立长期友好合作的关系。

（五）真诚守信原则

谈判是人际交往的一种形式，需要通过信息交流来实现。通过信息交流，双方互相了解各自的意愿和需求，在此基础上进行利益交换。如果在互相交流的过程中能够真诚以待、互守信用，将有助于谈判的进展。

真诚是谈判成功的首要条件，谈判行为应该处出于真诚的愿望。只有出于真诚，双方才会认真地对待谈判；如果没有真诚的愿望，只是把谈判当作一种手段，当成一种借口，企图达到不可告人的目的，这样的所谓谈判就不会有好的结果。国共两党的重庆谈判就是最好的例证。蒋介石和美国驻华大使赫尔利三番五次地电邀毛泽东到重庆谈判。他们的阴谋是：如果毛泽东不去，就借此宣传共产党没有诚意，把发动内战的责任推到共产党身上；如果毛泽东去了，他们又可利用谈判之机，加紧抢夺胜利果实，加紧准备内战。蒋介石的邀请实际是假戏真做，制造舆论。而共产党为了人民的利益，尽一切可能争取和平，同时揭露敌人的阴谋，便派毛泽东、周恩来、王若飞三人前往重庆谈判。共产党的真诚举动使蒋介石出乎所料。蒋介石既无和平诚意，又不遵守诺言，在谈判过程中以及签订协议之后，密令各战区大肆进行反共宣传，对解放区"努力进剿"。重庆谈判因蒋介石没有诚意而导致破裂。同时，也因为蒋介石把谈判当成一种阴谋，阳奉阴违，不守信用而在政治上遭到惨败。

讲求信用也是谈判非常重要的原则。谈判中的"信用"应该包含以下含义：其一，讲真话，而不说假话，这叫"言必信"；其二，遵守合同，实践诺言，这叫作"行必果"。无论谈判的目的是为了治国安邦还是为了理家生财，都离不开信用。蒋介石之所以节节败退，就是因为他失信于民。失信则失民心，失民心则必败。真诚守信是有实力的一种具体表现，谈判人员应该凭借实力去征服对方。虚伪与谎言只能蒙骗一时，真诚守信才能天长地久。

（六）确定灵活原则

确定灵活原则是指谈判的目标要确定，应用的策略技巧要灵活。策略技巧是为实现目标服务的，为了实现确定的目标就需要灵活地加以运用。因此，可以说，确定性中包含着灵活性，灵活性则不能脱离确定性。如果只有确定的目标，而没有灵活的策略技巧，那么目标则难以实现；如果灵活性脱离既定的目标，那么，将会使谈判变成一场游戏，变成没有实际意义的争论。巧妙的灵活性与明确的确定性相结合，才能取得谈判的成功。

（七）时间效率原则

随着市场经济的迅速发展，人们的时间观念、价值观念、效率观念、信息观念都在不断地加强。"时间就是生命""效率就是金钱"，这种说法也适用于谈判。时间效率原则主要适用于经济谈判。

重视时间效率，可以占领消费市场。人们的消费观念受文化素质、知识水平和经济条件各种因素的影响而有所差别。因而，对某一产品的需求高峰存在着地区差异。利用这种空间分布的需求时间差异是延长产品生命周期的有效途径。也就是说，在某地区对某一产品的需求还处于初级阶段时，这是占领该市场的最佳时机。如果谈判中重视时间效率，抓住这个有利时机，将会取得更大的收益。

（八）最低目标原则

目标是谈判人员的行为指向，激励着谈判人员的行为。实现目标是谈判的最终目的，然而，目标却有不同的种类。一般来说，有总目标和分目标，大目标和小目标，长远目标和近期目标，最优期望目标、可接受目标和最低限度目标。因为实现谈判目标要受到各种因素的影响和制约，客观条件与人的主观愿望之间总有一定的距离，所以，目标的实现只能分阶段、分步骤地进行。谈判人员的认识和行为只能顺应这种客观事物的规律。谈判过程中，应该为实现最优目标而努力，以实现最低目标为原则。即只要达到最低目标就应该同意签约，而不能只为自己打算，一味追求实现最优目标。

（九）以战取胜原则

"以战取胜"原则，在一般情况下不宜首先使用。因为"以战取胜"往往会失去对方的友谊，失去进一步合作的机会，一旦遇到对方的反击，还有导致两败俱伤的危险。但当谈判面临着一场尖锐的冲突，对方已展开攻势的情况下，也应该以牙还牙，以其人之道还治其人之身。运用"以战取胜"原则进行反击时应该注意以下几点：

1. 阻止进攻

最好是在对方将要发起攻势时就加以阻止。如尽量回避对方开场的提问，不被对方的试探提问所干扰，不让对方占据主导地位。

2. 控制局势

如制订谈判程序，规定谈判进度，按计划进行谈判，不脱离谈判主要议题，坚持客观标准，不搞无所谓争论等。

3. 以毒攻毒

在原则问题上，要寸土必争，寸利不让，等价交换条件，如果对方发怒或采取无理行为，就可以宣布中止谈判。

4. 切勿动怒

即避免被对方的言辞或行为所激怒，切勿采用不理智的报复手段。

（十）遵规守法原则

遵规守法原则主要适用于经济谈判、科技谈判。这条原则是指谈判的内容及所签订的契约必须严格遵守国家的法律、法规和政策。经济活动的宗旨是合法经营。在市场经济迅速发展的条件下，通过经济活动获得利润和赚取金钱，这是无可非议的，但必须合乎法律法规。合乎法律规定的经济谈判活动，将会受到法律的保护；非法的谈判活动也将受到法律的制裁。近些年，随着经济体制改革和科技体制改革的不断深化，技术市场有了飞速发展，成为连接科技与经济的桥梁，许多工矿企业、大专院校、科研单位和公民个人，通过谈判使大批科技成果转化为生产力，取得良好的经济效益。为了保护科技交流活动的正常进行，科技谈判也必须遵守相关的法律法规。

二、谈判的基本程序

不同类型和不同方式的谈判，可以有不同的程序。但一般正规的大型谈判多数可划分为五个阶段：谈判准备阶段、谈判开局阶段、交流探测阶段、磋商交锋阶段和协议签约阶段。

（一）谈判准备阶段

为使谈判人员在复杂多变的局面中头脑清醒，有条不紊地左右谈判形式，控制谈判进程，谈判的准备阶段应该尽量做好以下几项工作。

1. 收集有关信息

古人云"知己知彼，百战不殆"，这句话也适用于谈判。只有掌握大量的有关信息，摸清对手的实际情况，才能对症下药，制定出切实可行的行动计划。所以，有人说，获取信息是通向成功之路的大门。一般来说，收集有关信息可选用以下三种方法：其一是检索法。这是指通过对存储文字材料的收集与分析，去了解有关情况。文字资料包括对方的商品目录、公司截杀以及有关对方的报刊、书籍等。这种方法投资少，效率高，简单易行，信息一般确实可靠。其二是直接调查法。即通过谈判人员直接接触来收集、整理资料。如何向对方打过交道的人咨询,通过电函方式直接同对方联系,安排非正式的预备性接洽等。其三是委托购买法。即委托或雇用他人为自己提供所需情况。

2. 制订谈判决策

为了在谈判过程中掌握主动权,有效地影响对方,谈判人员不仅需要"知彼",还应该做到"知己"。"知己"主要指确定明确的谈判目标,理清采取对策的思路,在充分估计和认真分析形势的基础上,制订出切实可行的谈判决策。

3. 拟订谈判计划

计划是谈判人员的行动指针和左右进程的方向盘。切实可行的计划对取得谈判的胜利至关重要。拟订谈判计划首先要用精炼语言准确地描述谈判的主要议题;其次是确定谈判要点,如目标、人选、对策等;然后是安排谈事的议事日程。确定议事日程是拟订谈判计划工作中最主要的环节,必须引起谈判人员的高度重视。议事日程应该通盘考虑,做到主次分明,先后有序,统筹兼顾。

4. 做好物质准备

这主要包括谈判人员的食宿安排、安全保卫和谈判场所的布置等。如果是到外地或外国进行谈判,还需要提前安排好交通问题。

(二) 谈判开局阶段

各种不同类型的谈判,都以谋求一致为目标。为了谋求一致,双方或多方谈判人员经过认真的准备后,走到一起开始正式谈判。常言道"良好的开端是成功的一半。"开局阶段的好坏对整个谈判过程具有举足轻重的影响。开局阶段的主要工作有三项,即确定谈判人员、确定谈判议程和提出谈判方案。

(三) 交流探测阶段

交流阶段也叫作探测阶段。该阶段应该以"谈"为主,即谈判人员应该集中发表自己的意见、动机和意图,通过交换观点,达到互相了解。交流阶段的发言要尽量防止话题过分单一,应该广开言路,探讨各种合作途径;最好不要互相询问,更不要在具体问题上无休止地纠缠。要注意听清对方的发言,准确地理解其中含义。然后与本方谈判人员商量,有针对性地调整谈判方案,确定谈判策略,为磋商阶段做好准备。

(四) 磋商交锋阶段

磋商阶段也叫作交锋阶段。这是双方谈判人员真正进行"谈"和"判"的阶段,是谈判的主体阶段。在价格谈判中磋商的中心内容是讨价还价。这一阶段双方谈判人员都会根据自己的谈判目标,为达成协议而千方百计地说服对方接受自己的观点。磋商阶段,谈判双方的对立状态明显展开。各方都为掌握谈判的主动权而大显神通,毫无保留地施展本领,时而唇枪舌战,时而较智斗力。

(五) 协议签约阶段

双方通过磋商之后,如果在重要议题上取得基本一致的意见,并认为已经达到了预期的目的,就可以表示同意签订契约、达成协议。协议签约阶段应当做好以下四项工作。

1. 通过谈判记录

谈判记录是记载洽谈情况的原始资料,也是草拟协议或者契约的重要依据和基础。谈判人员在洽谈的过程中应该尽量作好记录,将所讨论的问题和各个阶段的原则性协议记录下来,以备查索。谈判记录可以按照所谈议题进行加工整理,整理出一条清晰的主线和若干枝节。在谈判双方表示同意达成协议、正式起草协议或者契约之前当场通过。

2. 查阅背景资料

谈判背景资料主要指谈判各方的社会、政治或者文化背景,具体地说是指谈判各方代表的身份、地位,其所代表的组织资信情况、履约能力及以往的履约情况等。这些背景因素既影响谈判过程,也会影响谈判契约的签订和履行。因此,审阅背景资料便成为签约阶段的另一项基础工作。

3. 讨论契约初稿

契约是用文字形式记录协商结果,规定合作各方权利与义务的法效性条文。契约包括合同、协议、合同、协定、公约、条约、意向书、议定书等。契约基本上可以分为两类:协约、公报类契约和合同类契约。协约、公报类契约主要用于政治、军事谈判;合同类契约主要用于经贸、科技、文化交流等方面的谈判。契约应当真实、准确、贴切地表达谈判各方的共同意愿,因此,个别人员起草的契约初稿需要经过认真讨论和修改。初稿一般为纪要,纪要经过修改成为契约。

4. 各方代表签字

纪要经过各方代表讨论推敲、修改完善之后,参与各方的代表签字确认。契约的作用是约束当事人履行所承担的义务。各方谈判代表在契约上签字之后,从形式上说谈判程序便告结束,但谈判作为一个整体过程并没有终止。因为契约都有一些审视、纠举的内容。而在签字瞬间,这些条文便开始生效并具有法规性质,因此,各方的行为都要受到契约中有关条款的约束和限制。在履约过程中,如果出现纠纷,处理的方法主要有:协商、调节、仲裁、审判。如果出现违约行为,则应当受到谴责、惩罚或者制裁。

第三节 谈判力的培养

谈判力是人的理性行为能力,人也是谈判的主体,人和谈判活动都必须由人或者由人组成的群体去完成。在理性行为相互对抗的谈判中,谈判人员的个体素质和谈判群体的整体能力是制约谈判局势的重要条件。

一、谈判人员的个体素质

任何谈判活动都必须由谈判人员去完成,谈判人员对谈判成功有否具有决定性作用,而谈判人员的个体素质则是其中最重要的因素。谈判具有不同的类型,因此,对于从事不同类型谈判的谈判人员也应该具有不同的素质要求。

（一）谈判人员的道德素养

道德素养是指人们通过自我锻炼和自我改造在道德品质和思想意识方面所达到的境界。尽管道德素养不直接涉及谈判内容，但对谈判人员的动机和行为却有支配和影响作用。如果谈判人员在道德修养方面存在着问题，那么就有可能给谈判带来负面影响，从而使国家、民族、团体的利益受到影响和危害。谈判人员参与谈判活动虽然是以个人的身份出现，但却代表着国家和团体。为了通过谈判确保国家、团体的利益目标得以实现，我们认为谈判人员在道德修养方面应该做到：立场坚定、法纪严明、作风民主、廉洁正直、勇于奉献、坦诚守信。

1. 立场坚定

谈判活动是谈判各方为维护自身利益而进行的一种竞争，谈判人员就是各自利益的代表者、维护者。在我国，国家民族的利益、组织团体的利益和谈判人员的个人利益是一致的，这应该成为谈判人员坚持立场的基础。谈判人员应该具有坚持四项基本原则，为国家利益、人民利益、团体利益而努力工作的坚定信念。涉外的政治、军事、经济、科技谈判人员，因为代表着整个国家、中华民族的尊严和利益，应当在谈判活动中体现出忠于人民、维护国家主权、维护民族尊严的坚定立场。

2. 法纪严明

"没有规矩不成方圆"。没有严明的法纪则难以保证谈判活动顺利进行。经济活动的宗旨是合法盈利，合乎法律规定的经济谈判活动，将会受到法律的保护；非法的谈判活动也将会受到法律的制裁。WTO既是一个贸易组织，也是一组贸易规则的集合，加入世贸组织就必须遵循其规则。因此，我们强调谈判人员应该严格遵守"遵规守法原则"。谈判的特点决定谈判人员在大多数情况下需要独立承担并完成谈判任务，因此，要求谈判人员必须具有强烈的法纪意识，具有强烈的组织观念，识大体，顾大局。必须严格执行组织或谈判群体的相关规定。如果谈判人员独断专行，我行我素，不按相关的法纪办事，那么，就有可能因为触犯法规而造成严重后果，或者因为谈判群体成员之间未能相互配合而导致被动。

3. 作风民主

谈判的参与者都存在着尚未满足的欲望或需要，满足需要是谈判的基础。要想通过对方使自己的需要得到满足，就必须把谈判当成合作的过程，必须将取得双赢当成努力的目标。相关理论认为即使是双边谈判也需要达成三项协议：一项是双方主体之间需要达成的协议；另外两项则是每一方内部需要达成的协议。由此看来，谈判人员的作风民主表现在对外、对内两个方面。对外是指与谈判对手之间，要坚持平等协商原则，要善于同谈判对手合作共事，在处于优势地位的情况下，不可盛气凌人，更不能以强欺弱。对内是指在谈判群体内部，要充分发扬民主。只有充分发扬民主，大家集思广益，才能提高决策的科学性，才能密切配合，取长补短，去的谈判优势。

4. 廉洁正直

无论是群体之间、组织之间还是国家之间的谈判，都需要有谈判人员作为代表出面交谈。谈判人员所代表的群体、组织、国家的利益与谈判人员的个人利益交织在一起，共同制约着谈判人员的行为。正因为如此,在现代谈判特别是经济谈判中,向谈判人员行贿送礼,以金钱美女做诱饵,便成为某些谈判人员常常使用的"策略技巧"。因此,作为代表群体、组织、国家利益的谈判人员必须具有廉洁正直的品格,在诱惑面前保持冷静的头脑,不上当受骗,不中饱私囊;必须具有强烈的角色意识,时刻想到自己的责任和义务,时刻想到自己代表的群体、组织和国家的尊严和利益。为了通过谈判使群体、组织和国家的利益得到满足,既要注重与对方建立友谊,又不能采取不正当手段。

5. 勇于奉献

谈判活动直接牵涉到双方或多方的切身利益,所以,某些大型的复杂谈判往往需要经过艰难曲折的过程,中国的"复关"和"入世"谈判就是最好的例证。从 1986 年 7 月 10 日,中国正式提出恢复关贸总协定缔约国地位的申请至 2001 年 9 月 17 日中国"入世"谈判宣告完成,关贸总协定中国工作组共举行了 19 次会议,世贸组织中国工作组共举行了 18 次会议,长达 15 年时间这些谈判都是在环境非常险恶的情况下完成的。以上事例证明,如果谈判人员没有克己奉公、勇于奉献的精神,则难以取得的谈判的最后成功。

6. 坦诚守信

谈判是一种合作,谈判人员的坦诚是合作的基础,谈判人员的守信则是通过谈判实现目标的保障。没有坦诚的合作过程,则难以达成双方或多方都比较满意的协议;没有守信作为保障,则难以顺利履行谈判合同。谈判守信是对谈判人员道德品质的基本要求。谈判人员出于对各自利益的追求,在谈判的交流过程与磋商阶段,都会尽可能低保守秘密,都有可能采取"声东击西""逆向报价"等相关策略。这些策略的运用体现着谈判的竞争性特点。谈判既需要竞争又需要合作。如果一方谈判人员能够做到坦率真诚、信守诚信,那么,则容易引导对方采取同样的合作态度。双方的友好合作,则容易使谈判获得成功。同时,坦诚守信也是具有实力的表现,容易建立自己的信誉并取得对方的信任。如果谈判人员惯于尔虞我诈,并常常出尔反尔,不仅无法实现与对方的真诚合作,甚至有可能影响所在群体的信誉和形象。

(二)谈判人员的知识结构

谈判人员的知识结构是指根据谈判的主要工作内容和谈判活动的基本特点,为了适应工作而应掌握的知识系统。我们认为,谈判人员的知识系统应该包括四个子系统的知识,即谈判的基础理论知识、谈判的主要实务知识、相关的基础学科知识和相关的行业基础知识。

1. 谈判的基础理论知识

谈判人员应该掌握的谈判基础理论知识包括:谈判的基本特点、谈判的基本方式、谈判的基本程序、基本原则、谈判的主要类型、激发动机的原则、激发动机的策略、谈判主体的行为特征、影响主体行为的因素、对谈判人员的动机预测、对谈判人员的行为预测、谈判的决策过程和方法、谈判的策略和技巧等。

2. 谈判的主要实务知识

谈判的主要实务知识是指谈判人员应该掌握的在谈判活动中经常运用的实际操作知

识。包括：整理相关资料、计算统计数据、制定谈判计划、确定谈判议程、起草谈判文书、安排相关活动、主持召开会议、处理日常事务活动等方面的知识和常识。

3. 相关的基础学科知识

谈判活动遍及人类社会的各个领域，谈判内容涉及人们生活的各个方面。从谈判实际需要的角度看，谈判人员的知识面越宽越好，但是人们凭有限的精力在有限的时间内只能掌握有限的知识。因此，对相关的基础学科知识难以走出准确的界定。这里强调的是指与谈判活动联系紧密的主要基础学科知识。相关的基础学科知识主要由以下两大类：第一，文化基础学科知识。包括马克思主义基础理论、语言、数学、逻辑、历史、地理、外语、计算机等。这些知识是学习或掌握其他科学知识的基础，也是从事并胜任谈判工作的基础。第二，专业基础学科知识。主要有法律学、市场学、经济学、营销学、社会学、行为学、心理学、信息学、策划学、文化学、民俗学、礼仪学、口才学等方面的知识。这些知识是与谈判活动密切相关的基础学科知识，对于创造性地运用谈判理论或谈判技巧具有重要的指导作用。

4. 相关的行业基础知识

谈判人员分别服务于不同的领域、行业或组织。我们在此所说的相关行业基础知识主要是指有关谈判人员为之服务的组织所属的领域或行业知识。例如，政治领域、经济领域、科技领域、文化领域，工业、农业、商业、教育，工厂、矿山、商场、学校、饭店、医院等。不同的组织分别属于不同的领域或行业，各自具有不同的性质和特点。每一个谈判人员都应该熟悉并掌握与自己所在组织相关的行业基础业务知识。例如，在生产性企业工作的谈判人员就应该了解并熟悉本企业生产的产品性能、设计、制造，原材料的成本、产品和利润，与同类产品比较的优势和差别，企业的合作伙伴、竞争对手、主管部门等相关情况。在外贸部门工作的谈判人员就应该了解和掌握本国对外经济贸易的方针政策及本国政府颁布的有关涉外法律和规则；某种商品在国内、国际的生产状况和市场供求关系；有关贸易的相关法律、国际惯例和习惯做法；各国货币的比率、支付方式；涉外经济谈判的保险、核验、索赔、不可抗力、仲裁；涉外经济谈判涉及的技术内容和性能、技术资料的交付、技术咨询与人员培训、技术考核与验收等。

二、谈判力的培养途径

对谈判人员谈判力的培养是提高谈判班子整体水平和谈判人员整体素质的重要途径，也是提高谈判效率，取得谈判成功的有效手段，应当引起谈判人员的重视，也应当受到相关人员的重视。由于谈判人员已经在谈判实践中形成了一定的个性特征和能力差别，因此，对于培养和提高能力的方式与途径也不能一概而论。我们只能就谈判人员的共同特点和一般情况，来探讨培养谈判力的有效途径和应该遵循的原则。

（一）培养和提高谈判力的途径

谈判人员培养和提高谈判力的方法或者途径可能有很多种，我们主要强调的有以下几点。

1. 正视自我，超越自我

现实社会充满了竞争，而且竞争越来越激烈，竞争的方式也在不断地变化。谈判的本质是为了满足需求，满足需求必须通过合作来交换条件，必须通过竞争才能取得相应的报偿。谈判的合作与竞争没有明确的规则和既定的胜负标准。对方的需要动机、目标体系、报复水准、能力结构事先难以预料，谈判桌上的战略技术、策略技巧、形势变幻、时机转化常常使人眼花缭乱。所以说，谈判是知识和能力的较量，谈判人员的知识和能力是取得谈判成功与否的关键。谈判人员必须正式谈判活动的本质，正视现代竞争的特点，正视提高能力的必要，在此基础上，有针对性地学习理论、从事实践，逐渐提高自己的谈判能力。

2. 提高认识，热爱职业

谈判活动遍布与人类社会的各个角落，美国谈判专家荷伯·科恩说："现实世界是一张巨大的谈判桌，每个人都有可能成为谈判者。"要想成为一名合格的谈判人员，必须通过学习和实践锻炼来提高自己的能力。谈判人员培养和提高自己的谈判力需要通过谈判实践来进行，而对谈判职业的强烈兴趣爱好，则是培养和提高谈判力的动力源泉。杨振宁在总结科学家的成功之路时曾说："成功的秘诀在于兴趣。"爱因斯坦曾说："热爱是成功的老师。"也有人说："爱是可以创造奇迹的。"兴趣和热爱能够使谈判人员在培养和提高谈判力的进程中心明眼亮、目标明确、坚定信念、永不退缩、战胜困难、取得成效。

3. 积累知识，循序渐进

培养和提高谈判力必须明确知识和能力的相互关系。掌握知识的多寡、深浅和完善程度。直接影响着能力的培养和提高。王充曾经说过："智能之事，不学不成，不问不知。"因此，培养和提高能力首先需要全面掌握谈判及相关理论、知识、方法、策略和技巧。同时，也需要明确能力非知识的堆积，而是知识的结晶。将知识转化为能力需要经过学习、提炼、改造、创新、实践等过程；在这个过程中，必须循序渐进，才能收到获取和增强谈判力的效果。

4. 理论指导，勤奋实践

培养和提高谈判力需要在正确的理论指导下进行，经历坚持不懈、持之以恒的实践锻炼。理论和实践的结合，可以通过自己的亲身经历去研究探索，也可以借鉴他人的经验，取长补短。将这两条途径进行比较，前者不仅需要经历"吃一堑，长一智"的缓慢过程，而且难以达到对谈判的精通；而后者则既可以避免花费巨大的代价去换取教训，又可以节省研究、学习、探索、总结的时间。当然，最有效的办法还是将两者有机地结合起来。为了促进这两种方法的有机结合，对自己或他人的谈判案例进行理论分析，并从中总结教训，将理论与实践相结合，是迅速提高和培养谈判力的有效途径。

（二）培养和提高谈判力的原则

谈判人员培养和提高谈判力应该遵循以下原则：首先是服务原则。即培养和提高谈判力必须以谈判工作的需求为依据，以服务于本组织的谈判工作为宗旨。其次是动态原则。社会在迅速进步，改革在继续深入，体制在逐渐调整，形式在不断变化，谈判人员的能力的培养和提高必须与形式的发展相适应。再次是创新原则。知识无涯，人生无限。在以信息和科技为主要特征的知识经济时代，即使是一个智力超群、勤奋非凡的谈判人员，也只能掌握全部知识的星星点点。为了充分利用有限的人生为谈判工作做出应有的贡献，必须注重培养创新的能力。最后是层次原则。就总体来说谈判人员从事的是相同的工作，但相同工作的不同分工对能力的要求也有所不同。每个谈判人员都应该针对自己的具体工作，考虑能力的作用范围和需求程度，有所侧重地培养和提高。

第四节　谈判力专题：需要与动机

"需要""动机"是谈判心理学的两个重要概念。影响谈判行为的需要与动机是谈判心理学研究的重点内容。研究的目的在于探索谈判人员的行为内因，了解、预测进而控制谈判人员的行为。

一、需要的性质

所谓需要，就是人的自然和社会的客观需求在头脑中的一种反应。人既是生物有机体，又是社会的成员。人类为了生存和发展，对衣、食、住、行以及生育产生需求，这属于生理需求或者叫自然性需求。此外，还有对生产劳动、交往、友谊、信仰、理想等方面的需求，这是超越生理的需求，属于社会性的需求。需要是人的一种主观性观念，是人的一切行动的原动力，需要和对需要的满足是一切谈判的基础。谈判的前提是参与各方都被自己的需要所策动，都期望通过谈判得到某种利益，得到某种满足。如果不存在还没有得到满足的需要，那么，就不会和他人坐到一起去谈判。例如，在商务谈判中，买方希望以最低廉的价格换取货物或者服务来满足自己的消费需求；而卖方则希望以最理想的价钱出售货物或者服务，来满足自己对于货币的需求。谈判双方都有通过谈判满足自己需要的愿望。然而，需要具有以下几种性质。

（一）对象性

在任何需要都有自己的特定对象，没有对象的需要是不存在的。需要的对象既可以是某种物质、某种利益，也可以是某种关系，还可以是物质、利益、关系的结合。人的需要不是空洞的，而是有目的、有对象的，而且也随着满足需要的对象的扩大而发展。人的需要的对象既包括物质的东西，如衣、食、住、行，也包括精神的东西，如信仰、文化、艺术、体育；既包括个人生活和活动，例如，个人日常的物质和精神方面的活动，也包括参与社会生活和活动以及这些活动的结果。例如，通过相互协作，带来物质成果，通过人际交往，沟通感情，带来愉悦和充实；既包括想要追求某一事物或开始某一活动的意念，也表现为想要避开某一事物或停止某一活动的意念，这些意念的产生都是根据个人需要及其变化决定的。各种需要彼此之间的区别，就在于需要对象的不同。但无论是物质需要、还是精神需要，都必须有一定的外部物质条件才能满足。例如，居住需要房子，出门要有交通工具，娱乐要有场所作为基础。

（二）社会制约性

人不仅有先天的生理需要，而且在社会实践中，在接受人类文化教育过程中，发展出许多社会性需要。这些社会需要受时代、历史的影响，又受阶级性的影响。在经济落后、生活水平低下时期，人们需要的是温饱；在经济发展、生活水平提高的时期，人们需要的不仅是丰裕的物质生活，同时也开始需要高雅的精神生活。具有不同的阶级属性的人需要也不一样，资产阶级需要的是不劳而获、坐享其成；工人阶级需要的是自由、民主、温饱和消灭剥削。由此可见，人的需要又具有社会性和历史与阶级的制约性。

（三）独特性

人与人之间的需要既有共同性，又有独特性。由于生理、遗传因素、环境因素、条件因素不同，每个人的需要都有自己的独特性。年龄不同的人、身体条件不同的人、社会地位不同的人、经济条件不同的人，都会在物质和精神方面有不同的需要。

二、动机及其特点

动机就是引起、维持并且指引行为去实现目标的主观原因。心理学上把人们经常以愿望、兴趣、理想等形式表现出来的激励人们行动的主观因素叫作动机。简单地说：动机就是促成人们去满足需要的驱使和冲动。"动机"这个概念具有以下含义：其一，动机是一种内部刺激，是个体行为的直接原因。其二，动机为个体行为指出目标。其三，动机为个人行为提供力量已达到其心理平衡。其四，动机使个体明确其行为的意义。从动机的产生及其实现的过程来看，它具有原发性、潜伏性和实践性的特点。

（一）原发性

需要是动机的直接原因，动机是行为的直接原因。即由需要产生行为，由动机引起行为。因此，动机是人们进行活动的直接推动力。动机一旦形成，人们将实现动机而进行一系列活动。动机在人的谋略参与下，可能会以各种各样的方法来达到不同的活动目的。但无论活动方法如何改变都是为了实现既定的动机以达到对需要的满足。

（二）潜伏性

动机是人们的心理活动，在意识的作用下，通常表现为三个形式：内隐层、过渡层、表露层。内隐层是活动的内心起因，即为了满足需要，它使动机潜伏起来，不易被人们直接察觉。过渡层反映着一个人从事活动的间接目的，是为了满足将来的需要，使行为间接地体现动机。表露层是一个人希望达到的直接结果，也就是实际目的。动机虽然具有潜伏性，但它总是要通过实际表现反映出来，所以，只要对人的表现用心观察、认真分析就可以从中找到他们之间的必然联系。

（三）实践性

动机是一种心理倾向，它表明个体已经与需要相适应的客体建立了心理上的联系。

动机是头脑中的动态意向,因此,动机一旦形成,必然会导致某种行为,而行为也必然会反映动机。动机是在需要的基础上产生的。与需要相对应,动机也可以分为不同的种类。某些动机比较强烈而稳定,某些动机比较微弱而不稳定。比较强烈而稳定的动机叫作主导动机,微弱而不稳定的动机叫作辅导动机。在同一个人身上,不同种类的动机所占地位和所起的作用也不同,主导动机对人的行为具有更强烈的激励作用。

三、需要、动机与谈判

人们从事活动的积极性由动机所推动,作为行为的动机又由个体的需要所激发,需要和对需要的满足是一切谈判的共同基础。因此,谈判人员只有了解对方的真正需要和真实动机、明确动机和需要之间的关系,才能预测对方的行为,进而采用相应的策略和技巧去引导对方的行为,调动对方为达成协议、实现谈判目标而积极努力。谈判人员的需要是在其行为活动与客观环境的相互作用中产生的,产生的需要便会激发动机。引起谈判动机的主要因素可以分为内部动力和外部条件。

内部动力包括谈判人员自身的迫切需要、强烈的兴趣、坚定的理想、必胜的信念、牢固的世界观等。这些因素都可以促使人们产生采取行为的动机。需要是动机的基础和前提,动机是需要的表现和反映。组成内部动力还不能必然产生动机,的产生还需要有外部条件的作用,及外部刺激,心理学上称之为激励或诱因。

外部条件主要有两个方面:一是目标引力,二是外界压力。目标引力主要包括适宜的刺激强度,新奇、有效的工作,利于个人发展的条件,领导的信任,和谐的人际关系,优厚的生活待遇,舒适的工作环境,合理的报酬、奖金等。实践证明,这些条件越充分,对人的吸引力越大,越能激发人的积极参加活动的动机。外界压力主要包括必须履行的职责,领导、同事以及亲友的期望,上级的督促、检查,组织的批评、惩罚,强大的群众舆论等。外界压力是有形或无形地强加给人的一种力量。这种力量迫使人们努力奋进,同样能使人产生行为动机。

一般说来,动机强度的大小与上述三种力量的大小成正比。其中目标引力起着激励作用,外界压力起着鞭策作用,而内部动力则起着决定性作用。虽然三种力量的作用各不相同,但是,他们又可以互相渗透,互相影响。只有这三种力量为了实现目标同时发挥作用并且作用的方向一致,才能使人产生积极、稳定、有力的活动动机。

通过上述分析可以看出,在参与谈判的问题上,动机的作用表现在两个方面:一方面,动机具有推动行为的作用。谈判人员参与的动机之后,能对其行为发生推动作用,具体表现在:采取谈判行动,加强交流协商,直至达成协议。另一方面,动机具有选择行为的作用。动机能为谈判人员选择并确定努力方向。在正确方向的指引下,动机是促使谈判行为不断进展的健康因素。因此,谈判人员应该注意观察对方的动机,并针对对方的动机采取有力措施,施用策略技巧,以增加对方的动机强度。这将有利于谈判成功。

第五节　谈判力案例研讨

案例一

索赔有理，从容争利

中国曾从日本 S 汽车公司进口大量 FP－418 型货车，使用一段时间后，发现普遍存在着严重的质量问题。为此，中方蒙受了巨大的经济损失，特向日方提出索赔。双方的谈判在北京举行。

关于卡车质量问题的交涉

日方深知，FP－418 汽车质量问题是无法回避的，而质量问题与索赔金额又具有必然的因果联系。他们采取避重就轻的策略，所讲的每一句话都是经过反复推敲过的。如，有的车轮炸裂，挡风玻璃炸碎，电路有故障，铆钉争端，有的车架偶有裂纹……

对于日方的态度，中方代表早有预料并有充分准备。于是便用事实给予回击："贵公司的代表都到过现场，亲自查看过，经商检和专家小组鉴定，铆钉非属震断，而是剪断的；车架出现的不仅仅是裂纹，而是裂缝、断裂！而车架断裂不能用'有的'或'偶有'，最好还是用比例数来表达，则更为准确……"

日方代表没有料到自己的对手竟是如此精明和难以对付，连忙改口："请原谅，比例数字，尚未做准确统计"。中方："贵公司对 FP－418 货车质量问题能否取得一致看法？"日方："当然，我们考虑贵国实际情况不够……"中方："不，在设计时就应该考虑到中国的实际情况，因为这批车是专门为中国生产的。至于我国的道路情况，诸位先生都已经实地考察过了，我们有充分理由否定那种属于中国道路不佳所致的说法。"……

双方针锋相对，谈判气氛趋于紧张。日方转而对这批车辆的损坏程度提出异议："不至于损坏到如此程度吧？这对我们公司来说是未发生过的，也是不可理解的。"中方拿出商检证书，说："这里有商检公证机关的公证结论，还有商检拍摄的录像，如果……"日方："不，不，不！对商检公证机关的结论，我们是相信的，无异议，我们是说贵国是否能做出适当的让步。否则，我们将无法向公司交代。"日方的一位部长不得不承认，这是由于设计和制作上的质量问题所致。

对 FP－418 货车损坏的原因归属问题取得了一致的意见，但是更艰巨的较量还在后头。索赔金额才是谈判的实质性议题。中方的一位代表具有丰富的谈判经验，他深知技术业务谈判，不能凭大概，只能依靠科学准确的数据。他事先已做了充分的准备，在他面前的纸上大大小小的索赔项目旁，布满了密密麻麻的阿拉伯数字。他不紧不慢地提出："贵公司对每辆车支付的加工费是多少？这项总额又是多少？"日方："每辆 10 万日元，计 58400 万日元。"接着又反问："贵国提价是多少？"中方："每辆 16 万日元，此项共 95000 万日元。"久经沙场的日方主谈人淡然一笑，与助手耳语了一阵，神秘地瞥了一眼中方代表，问："归国报价的依据是什么？"中方将车辆损坏各部件，需要如何维修加固，花费多少工时，逐一报出单价。接着说："我们提出这笔加工费不高。如果贵公司感到不合算，派人维修也可以。但这样一来，贵公司的耗费可能是这个数字的好几倍。"

日方对此测算表示认可，问："贵方能否再压一点？"中方："为了表示我们的诚意，可以考虑。贵公司每辆出多少？"日方："12万日元。"中方："13万日元如何？"日方："行。"这项费用日方共支付77600万日元。

关于间接经济损失赔偿金

日方在谈到这项议题时，也采取逐条报出的方式，语气坚定，仿佛对每一项金额都要圈上不留余地的句号。而且每报完一项，总要间断地停一下，观察一下中方代表的反应。此项损失日方提出共支付30亿日元。

在此之前，中方有关人员昼夜奋战，已经做出详细、精确的计算。在谈判桌上，中方代表琢磨着日方每一笔报价的奥秘，把那些"大概"、"大约"、"预计"等含糊不清的字眼都挑了出来，指出里面埋下的伏笔。接着是中方报价，报出每个项目和金额后，讲明这个数字测算的依据。在那些有理有据的数字上，语气非常肯定。最后，中方提出索赔间接经济损失费70亿日元。

日方代表听了这个数字之后，惊得目瞪口呆，连续说："差额太大，差额太大……"日方代表哀求着："贵国提的索赔额过高，若不压半，我们可都是有妻儿老小的……"中方代表反驳说："贵公司生产的产品如此低劣，给我过造成了难以挽回的经济损失！我们不愿为难诸位。如果你们做不了主，最好请贵方决策人来与我们谈判。"

双方各不相让，只好暂时休会。即日，日方代表接通了北京通往日本S汽车公司的电话，与公司决策人密谈了数小时。谈判继续进行，先是一阵激烈的唇枪舌战，继而双方一语不发。中方代表打破僵局："如果贵公司有赔偿的诚意，彼此均可适当让步。"日方："我公司愿付40亿日元，这是最高数额了。"中方："我们认为贵公司最低限度必须支付60亿日元。"

这样一来，使谈判又出现了新的转机。但差额毕竟还有20亿日元！后来，几经周折，提出双方都能接受的方案：中日双方最后的各报金额相加除以二，等于50亿日元。

此外，日方愿意承担下列三项责任：一是确认出售到中国的全部FP-418型卡车为不合格产品，同意全部退货，更换新车；二是新车必须重新设计试验，精工细作和制造优良，并请中方专家试验和考察；三是在新车未到之前，对旧车进行应急加固后继续使用，由日方提供加固件和加固工具等。至此，一场罕见的特大索赔案终于公正、合理地得到了解决。

思考与讨论

1. 中日双方为FP-418货车而举行的索赔谈判是一场比较典型的涉外经济谈判。谈判中涉及一系列的谈判基础知识、基本理论以及策略技巧有哪些？

2. 从案例中的谈判过程中可以总结那些谈判技巧，并探讨改善谈判力的方法有哪些？

案例二

商场如战场，谈判显神通

中方某公司向韩国某公司出口丁苯橡胶已一年，第二年中方又向韩方报价，已继续供货。中方公司根据国际市场行情，将价格从前一年的成交价每吨下调了 120 美元（前一年 1200 美元/吨）韩方感到可以接受，建议中方到韩国签约。中方人员一行二人到了首尔该公司总部，双方谈了不到 20 分钟，韩方说："贵方价格仍太高，请贵方看看韩国市场的价格，三天以后再谈。"中方人员回到饭店感到被戏弄，很生气，但人已来首尔，谈判必须进行。

中方人员通过有关协会收集到韩国海关丁苯橡胶进口统计，发现从哥伦比亚、比利时、南非等国进口量较大。中国进口也不少，中方公司是占份额较大的一家。价格水平南非最低但高于中国产品价。哥伦比亚、比利时价格均高于南非。在韩国市场的调查中，批发和零售价均高于中方公司的现报价 30% - 40%，市场价虽呈降势，但中方公司的给价是目前世界市场最低的价。为什么韩国人员还这么说？中方人员分析，对手以为中方人员既然来了首尔，肯定急于拿回合同回国。可以借此机会再压中方一手。那么韩方会不会不急于订货而找理由呢？中方人员分析，若不急于订货，为什么邀请中方人员来首尔？再说韩方人员过去与中方人员打过交道。有过合同，且执行顺利，对中方工作很满意，这些人会突然变得不信任中方人员了吗？从态度看不像，他们来机场接中方人员。且晚上一起喝酒，保持了良好气氛。从上述分析，中方人员共同认为：韩方意在利用中方人员出国心理，再压价。根据这个分析，经过商量中方人员决定在价格条件上做文章。总的讲，态度应强硬，（因为来前对方已表示同意中方报价），不怕空手而归。其次，价格条件还要涨回市场水平（即 1200 美元/吨左右）。再者不必用二天给韩方通知，仅一天半就将新的价格条件通知韩方。

在一天半后的中午前，中方人员电话告诉韩方人员："调查已结束，得到的结论是：我方来首尔前的报价低了，应涨回去年成交的价位，但为了老朋友的交情，可以下调 20 美元，而不再是 120 美元。请贵方研究，有结果请通知我们，若我们不在酒店，则请留言。"韩方人员接到电话后一个小时，即回电话约中方人员到其公司会谈。韩方认为：中方不应把过去的价再往上调。中方认为：这是韩方给的权利。我们按韩方要求进行了市场调查，结果应该涨价。韩方希望中方多少降些价，中方认为原报价已降到最低。经过几回合的讨论，双方同意按中方来首尔前的报价成交。这样，中方成功地使韩方放弃了压价的要求，按计划拿回合同。

思考与讨论

1. 中方的决策是否正确？为什么？
2. 中方运用了何程序、何方式做出决策的？其决策属于什么类型？

第八章 执 行 力

第一节 执行力的概述

一、执行力的概念

所谓执行力,就是把战略意图,预定目标变成现实操作的能力。跟我们想象的不一样,执行力,并非单一素质,它是多种能力的结合与表现。因此,执行是命脉。目标与计划固然是重要的,然而只有执行力才能使之体现出实质的价值。

执行的英文翻译有许多种译法,例如:Administration,Implementation,Enforcement,Execution 等。而伍德罗·威尔逊在公共行政学的原始文摘的《行政学研究》文中颇有一番的说法,并提出了 Administration 一词。威尔逊认为行政是与政治和宪法相互区别却又紧密联系的一个研究领域:"行政管理的领域是一种事务性的领域,它与政治领域的那种混乱和冲突相距甚远。""公共行政就是公法的明细而系统的执行活动。"[1]

行政执行(Administrative Implementation),特指以国家行政机关为主体的多元社会组织,为了落实和实施国家意志、国家目标,依法贯彻法律、法规、公共政策的诸活动的总称。而公共行政执行,则是指公共行政机关及其工作人员为实现一定的政策目标,充分调动各种政策资源(人力、物力、财力、政策资源等),采取一系列措施落实已做出或已批准的公共政策。从时间或过程上讲,公共行政执行发生在决策之后,因此,科学而正确的决策是有效行政执行的前提条件。[2]

从不同的角度看,学者们对行政执行有着各自的理解与看法。首先,从学科发展的角度来看。在行政学的古典时期,学者们奉行的是政治和行政的二分法,其中主要采用的是规范研究方法,借鉴弗雷德里克·泰罗的科学管理思想、亨利·法约尔的一般管理思想和马克斯·韦伯的官僚组织理论,形成了"政策一经制定就会通过官僚组织自动完美地执行"这一理念。[3] 正在这一时期,执行所指的政策制定与实际执行结果之间差异这一个特定的研究领域并没有进入传统公共行政学者的视野。以至于执行研究被称为"遗漏的环节"。[4] 接着,行政学的发展期间,行为主义的研究方法逐渐称为主流。它反对传统的公共行政的规范理论,坚持价值中立,把研究的重点放在了个人心理、组织行为及决策过程上。其中以赫伯特·西蒙的观点为决策学派的代表人物。他揭示传统公共

---

[1] [美] 伍德罗·威尔逊著:《行政学研究》,14-16 页,美国,美国政治学评论,2009。
[2] 王乐夫:《公共行政学》,242 页,北京,高等教育出版社,2006。
[3] Dye T R. Understanding public policy [by] Thomas R. Dye [J]. pp. 5-6
[4] See E. C. Hargrove, The Missing Link, Washington, DC: The Urban Institute, 197.

行政理论原则间存在内在矛盾，提出的"有限理性"观点在一定程度上否定了行政学古典时期的"政策一经制定就会通过官僚组织自动完美地执行"，但其"管理就是决策"的观点却忽略了决策与执行结果间差异性的问题。其次，从实践的角度来看。约自20世纪30年代始，罗斯福的"新政"，标志着美国政府的"国家干预主义"。其间美国政府出台了众多的政府规划项目，但这些正当的公共财政并不能取得预期的效果，这就是所谓的"决策与执行结果间差异性的问题"。自20世纪70年代开始，学者们对约翰逊政府的多项政府项目进行系统研究，丰富了政策执行领域中"决策与执行结果间差异性的问题"的研究。

公共行政涉及的概念较为广泛，内容也是十分复杂。在此可以根据立足点的不同进行简单的分类。从任务的角度出发，可简单分为例行性工作和非例行性工作。例行性工作是指行政机关在公共行政执行的过程中，会遇到很多可能会重复进行的工作，这些工作可能量大，具有经常性。而非例行性工作，顾名思义，指的多是在行政机关执行任务过程中存在的任务型或计划型的活动，包括偶发性事件及特殊事件等。

二、执行力的特征

（一）执行主体中的国家行政机关

凯恩斯的国家干预学说和苏联计划经体制的崛起，影响了国家和政府在治理国家时候的作用，导致了20世纪30年代至70年代国家和政府在治理过程中不断扩大其作用。但是，随着20世纪70年代西方国家政府改革运动越来越明显，新理念、新机制的出现打破了"国家行政机关是唯一的国家行政执行主体"一说。国家机关更多的是利用市场的本色作用，处于掌舵的位置，促进企业的自动合法竞争，形成行政执行主体多元化的新局面。行政执行主体包括企业、社会团体、第三部门、社区社团等。在法律约束下，它们受国家行政机关的领导。因此，不得不重视的是行政执行具有法制性。这是行政执行的最基本的特征，国家行政机关作为具有行政主体资格的机关决定了它必须对国家立法机关负责，遵守宪法和相关法律法规，在宪法及法律法规范围内进行国家管理。在法律范围内行使权力，同时也意味着承担相应的法律责任。

（二）执行统一目的性与手段多样性

先有决策，再有执行，执行后于决策，这是理所当然的。执行，简单而言，就是为了实现决策的目标而存在的各种活动，在于贯彻和落实已经成型的国家意志、目的。执行由始至终都在为决策的目标服务，整个过程及全部活动都必须严格服从决策目标的宗旨，目的性很明显，因此目的性始终贯穿全过程。

执行的目标是明确的，但达到目的的手段却是多样的。第一，行政执行价值的多样。行政执行中存在多种价值，包括民主、公正、公平、效率等，这些价值本身存在冲突，而在执行过程中，执行主体需要综合各方面的价值的考虑，也就是必须考虑到各方面价值的冲突与矛盾。第二，执行方式的多样。执行主体的多元化、执行客体的复杂化、价值的多样性导致了执行方式的多样。而行政机关可以亲自执行，也可以委托第三方或者其他社会组织执行；行政机关可以通过政府单体主体提供，亦可通过市场积极竞争提供，可见，执行方式是多样的。第三，执行效果的多样。以行政机关为例子，相同的国家意志、目的在不同的行政机关手里能产生不同的执行效果；相同的目标在不同的执行手段及方法中，得到的执行效果也是截然不同的。

（三）执行统一现实性与时效性

鉴于决策还停留在文字层面，直接现实性是决策不能直接体现的。但跟决策不一样，执行就是具体将文字转化为实际的行动，因而执行具有直接现实性。国家意志、目的、法律法规、公共政策等，均为抽象、意识的存在，只有通过执行，才能将其转化为实在的实施活动。这个特点贯穿在执行的全部活动中，其中需要执行的主体因地制宜针对正在形成或已经形成的公共问题，就资源、效率、公平等价值因素的考量，运用合适的方式、方法或手段，改变现实状况，努力解决公共问题。直接现实性就是执行的实践性，实践要保持不断创新，与时俱进。

执行很大一个方向就是针对公共问题，直接把目标定位在解决这些公共问题上，而不同的公共问题在不同的时间段有着轻重不一的体现，因而，除了直接现实性，执行也要关注时效性，在必要时期，解决必要的公共问题。执行通常有着较为明确的时间界限，这就要求执行高效而且及时地完成决策的任务。执行应紧紧把握其时效性特点，充分发挥时效性的功能，与时俱进，分析、策略的有用性是其中最为重要的方面，要了解外部环境的变化，具体情况具体应对，并相应调整决策以利于执行的顺利进行。

（四）执行统一灵活性和经常性

以行政执行来说，执行所要贯彻的国家意志、国家目标、法律、法规和公共政策，一般来说都具有一定程度的模糊性。政策边界和作用需要行政执行主体依据法律和政策精神，根据实际情况，通过一定的民主行政过程逐步地界定和明晰。通过"目标—手段链"的逐步展开而最终落实行政执行的最初目标。[1]

执行是把决策的目标具体化，在具体化的实施过程中，会遇到各种各样的状况与问题，这要求执行按照具体的情况具体分析，因时、因地制宜，坚持原有的大方向大方针不变的情况下，仔细有针对性地开展执行工作，只有这样把握灵活性，才能切实把执行落到实处。而为了更好地实现决策的目标，执行部门需要包揽起系列的惯例性的日常工作，这些惯例性的日常工作也就构成了执行的主要工作内容，周而复始进行了一些相关的工作，也需要从中不断发现新问题，解决新问题。

执行的灵活性与经常性特点还在于：在执行过程中，难免涉及众多的利益调整，利益集团关注的必定是自身的切实利益，这会驱动利益集团不断借助自身的力量，左右执行主体对执行决策与执行手段的选择。比如，美国的联邦管制政策，在执行过程中就是典型的政府与企业、公民博弈的体现。

---

[1] ［美］赫伯特·西蒙：《管理行为——管理组织决策过程的研究》，220页，北京经济学院出版社，1988。

(五) 执行的相对独立性和层次性

一项任务一旦启动了，执行机关就可以在原有的组织架构上充分利用资源，对原有的组织进行利用、变革、创新，调节出合理的流程与程序，建设独立的执行领导小组，通力合作以保证执行的高效完成。执行的相对独立性不是凭空捏造的，而是由执行机关、执行权力的性质和特点来决定的。执行有异于决策，其基本的价值是提升执行的能力与有效程度。因此，在执行组织活动及执行过程中，应当好好保持其相对独立性，如此可保障执行过程是相对独立，免受外界不必要的因素影响，保证将来国家意志、目的可以畅通贯彻。

行政执行是一项由众多机构及人员共同参与的系统活动。在行政执行过程中，明确分工、各司其职得尤为重要。一般情况下，上层行政机关的活动是指挥、统领全局。而下层行政机关主要负责落实具体的操作。层次分明利于有条理贯彻及落实相应的行政执行任务。

三、执行力的地位与作用

美国学者艾利森（Graham Allison）认为，为实现政策目标，在执行过程中，确定方案占10%，而有效执行占90%。因此，执行在整体过程中，其重要性可见一斑。

(一) 执行是行政过程中的重要环节

行政执行在公共行政的程序性机制当中占有重要的地位，是连接行政决策（公共政策）和行政评估的中介环节。尽管传统公共行政学者意识到"执行一部宪法比制定一部宪法要困难得多"。[①] 但是长期来看，学者们把研究焦点放在了官僚组织的过程上，得出遵循行政过程与原则便可达到高效效果的结论。行政执行研究被长期忽略主要有四个原因：一是人们抱有天真的假设，认为执行过程是一个简单而且为人熟知的过程，无须研究。二是过分强调了权威决策者的作用，忽略了下层执行的重要性。三是任务在执行过程中遇到了棘手问题是无法确定相关的行动人员。四是时间与各资源的消耗问题。这种种因素让20世纪70年代以前的行政执行研究成为"遗漏的环节"。

设立合理的行政机构，培养高素质的执行人员，健全工作制度，制定正确的决策，这些对完成行政执行任务十分重要。这些因素的作用往往只能通过行政执行才能得以体现。行政组织机构是否妥当，人员编制是否合理，决策是否正确，也就只有通过行政执行活动加以体现。离开了行政执行活动，行政管理过程中的其他职能和环节的功能，都不能得以有效体现的。

(二) 执行是政策过程的中介环节

首先，政策不可能一步到位并十分完美，它需要在执行过程中不断发现问题，不断解决问题，使其不断地充实与完善。决策者在执行过程中要不断根据具体情况的变化来

---

① ［美］伍德罗·威尔逊著：《行政学研究》，4页，美国，美国政治学评论，2009。

修正和完善政策的具体内容，以便于及时提高政策的可行性与实操性。此外，如前文所述，执行需要时效性。任何政策都是有时效性的，只有在一定的时间空间范围内发生了影响与作用，才能真正发挥效用，完成使命。旧的政策往往会被新的政策取代，道理便是如此。人们所面对的社会现实中，要的就是新旧政策共同发挥效力。

一项政策，必须经过执行阶段，才能对其质量、实施效果、目标达成程度进行有效评估，"历史检验表明，许多政策失败并非制定的政策不当所致，而是由于执行不力或者执行的过程当中政策被扭曲所致"。① 执行不力与执行无能导致的政策夭折，反映出同一个道理，管理综合体存在较大的问题，反之则说明管理综合体要求较强的有效性。

（三）执行是检验政策质量的重要标准

所有的政策抉择都在对若干政策方案进行甄别、权衡的基础上做出的。换而言之，这种行为仅仅是主观范畴的行为。要最终检验、确定政策的质量（即信度和效度），必须执行这种客观实践活动，实践是检验真理的唯一标准。一般来说，公共政策质量是由合法性、合理性、可行性三项标准来判定的。合法性，指行政执行在形式上能符合宪法和法律的要求；合理性，指公共政策符合经济原则及科学规律；可行性，指公共政策能符合特定的约束条件及执行条件。公共政策质量如何，终究要通过行政执行来检验。刘少奇曾说"执行检测就是实践，在实践中间认识客观世界，在实践中间发现我们的错误，在实践中间发现新的问题，制定新的政策。所以重要的问题在于执行，在于实践。"②

现实复杂多变，决策活动中涉及的各种变数也是未知之数，变量间的关系可能在实践中出现众多的变化，通过政策的执行，不仅可以检验政策，还可以在过程中不断发现问题，不断充实和完善政策，科学的决策也需要执行，在实践中得到更有效、更全面的调整和协调。总之，执行可以检验政策的合法性、合理性、可行性，并以此来不断提高政策的质量。

（四）执行的效果是评价实践的主要依据

执行的效果是完成行政工作的标志，也是管理工作中各效能的整体反映。其中体现的是组织机构设置的科学性、人事管理的健全性、领导体制的合理性、管理手段的灵活性等问题，是否严格按照法律法规的要求，是否严格遵循整个体系整体运行的要求等都得到足够的体现。例如：在人事管理方面，制度是否健全，人员分工是否合理，人事关系是否融洽等；在管理效能方面，办事效率的情况、工作绩效问题、人员工作积极性问题等。这些都会对执行的效果产生直接影响。

经常以执行的效果作为衡量行政工作的指标，及时纠偏，将有助于改进管理、提高行政工作的效率，利于健全和完善管理机制，创造出更加有效的管理机制，积极推动经济发展、促进社会进步等。

---

① 张马金主编：《公共政策分析：概念、过程、方法》，92页，北京人民出版社，2004。
② 刘少奇：《刘少奇文集》，下卷，457-458页，北京人民出版社，1985。

第二节　执行力的内容构成

一、执行力的内容

（一）阐释方案

决策在制订之后，需要一个过程给人民了解与接收。阐释，顾名思义，阐明意思，解释清楚。决策者在政策制订以后，需要进行决策方案的阐释，具体包括将决策的内容、目的、背景、精神等详细的信息转化为人民所能理解，所能容易接受的信息。在此过程中，可借助丰富的大众传媒将需要传播的内容生动化、形象化、具体化，务求让群众更容易，更愿意去接受这些新的信息。只有让群众充分了解决策与自身利益存在切实的关系，才有助于群众认同决策的内容，更好地支持决策的开展与执行。

（二）制订计划

计划是联结目标与目标之间的桥梁，也是联结目标和行动的桥梁。没有计划，实现目标往往可能是一句空话。决策的执行需要按照步骤、计划有条不紊地进行，因此，科学具体地执行计划显得尤为重要。制订计划是对决策的具体化，是在时间、空间、人物、财务上的安排与统筹。在执行制订具体计划的时候，要注意计划需是灵活性与可行性的结合，是系统性和重点性的结合，是原则性和挑战性的结合。制订计划，有助于稳住执行下达的总体方向，有助于决策目标的完成。

（三）政策实验

政策实验，多指执行者为验证政策方案的正确性、可行性，使实施这些方案的具体化，因而在一定范围内进行的一种局部性的决策活动。既可以验证政策，也可以从实验中找到能对政策有普遍指导作用的东西。部分涉及大局重要关系的政策，尤其是部分带有风险性的政策，受着各种条件的制约，有时会难以对政策进行精确地定量分析。如缺乏政策经验、结果难以预料的政策，都必须要经过政策实验。例如，我国的顺延型养老政策试点、启运港退税政策试点等，这些政策均在试点进行了检验，根据试点情况所取得的经验后再进一步决定是否能在全国范围内进行推广。政策实验能在一定程度上避免大的国家方针政策因失误所导致的政治经济文化上的损失。

（四）组织落实

政策计划的落实需要通过组织进行，有了组织的参与，才能使方案计划得以贯彻落实。在组织落实的过程中，第一，要明确责任部门与人员，根据决策的目标，明确指定专门的组织或人员落实执行任务，具体工作落实到人员上，做到分工明确。第二，将决策目标和方案的任务层层分解再落实。第三，准备好相关的物力，包括经费和硬件设备。执行者应该根据预算情况详细做好相应的准备，为完好执行政策创造良好的外部条件。第四，进一步制定及完善相关的执行规章制度，让各层工作有序开展，形成良好的执行风气。

（五）协调监督

协调是指运用各种的手段、方法通过各要素的相互配合，建立有序和谐的关系的过程。通过协调，解决机关之间、人员之间的矛盾与冲突，能有效促进执行的工作步调一致地开展，利于提高实现决策目标的效率。而这里的监督控制，是指各执行机构的负责人及相应的监督控制机构依据一定的标准，运用各种的监督控制机制衡量执行机关和人员完成计划的情况，及时发现纠正偏差，以确保计划执行和决策目标的实现。由于制定与执行间容易存在明显的差别，因而在执行中要保持对实施过程的全面监督和控制，使执行活动不偏离政策目标。

（六）总结

总结是一个反馈的过程，第一次的行政终结其实便是二次行政的开始。通过总结能使行政人员意识到工作中存在的不足与差错，从整体出发，对已经完成的执行工作进行全面分析总结，从中得出执行的一些本质性的规律。总结时需要充分听取各方的意见与建议，最好可以是自上而下的总结与自下而上的总结相结合起来，弥补单一总结的片面性与局限性，认真把总结工作落到实处，切实在总结工作中不断进步，不断为下一次的执行工作做好准备。

二、执行的分类

（一）根据执行任务的渊源

依据执行任务的渊源，可以将执行分为两类，分别是执行法律的行政行为及执行公共政策的行政行为。执行法律的行政行为，即行政机关落实和适用法律的过程，行政机关采用了具体的行为，直接影响着对方的权利与义务，并对组织或个人的权利义务问题进行检查。执行公共政策的执行，就是行政机关对于公共政策的贯彻与落实的具体体现。此外，行政执法有着相对固定的程序与方式，而公共政策的因地制宜、灵活复杂，也使得执行公共政策成为考核执行能力的重要指标。

（二）根据执行任务的性质

根据执行任务的性质，大致可把执行分为两类，即常规性执行与非常规性执行。常规性执行多指执行主体对于日常、例行、量大的工作的执行，这些任务通常比较简单，容易通过行政管理的习惯、常识指导得以完成。而非常规性执行主要指执行主体在特定时期对于特定情况的特定处理，其中多为突发事件、非常态事件、危机事件等。非常规性执行没法仅凭行政管理的习惯、常识来解决，其中涉及灵活应变的知识，建立新的组织机构，培养新的执行人员，改变常规的执行模式等。而这些都是由非常规性事件的复杂性决定的，它们影响着事态的动态发展，需要不断创新，与时俱进，运用新的知识层层解决。

(三) 根据执行任务的主体

根据执行任务的主体，可以将执行分为两类，分别是单一执行主体和多元执行主体。单一执行主体指国家行政机关作为单一的执行主体来完成所有的行政任务的执行工作，如国家税务机关的工商执法活动。而多元执行主体是指以国家行政机关作为主导，以其他社会组织参与政治、法律、市场等活动为辅的执行模式。国家行政机关扮演了安排者和掌舵者的角色，通过建立良好的制度基础，维护一个公正的执行环境，建立公私合作伙伴关系，形成公共事务的善治。[1] 多元的执行主体正是充分整合了各方的资源，在和谐的氛围中，在国家行政机关的领导下，共同为执行做出贡献。

(四) 根据执行的效果

根据执行的效果，可以把执行分为两类，分别为成功的执行和失败的执行。成功的执行，即能贯彻和落实国家的意志、目的及法律法规、公共政策的执行。失败的执行，即将其扭曲、改变了。维持一种无效率的制度安排和国家不能采取行动来消除制度的不均衡，这两者都属于政策失败。政策失败的起因有以下几种：统治者的偏好和有界理性、意识形态刚性、官僚政治、集团利益冲突和社会科学知识的局限性。[2] 执行的失败是政策失败的一大重要原因。在执行研究中，学者们发现了行政目标与实际的执行效果之间是存在着差异的，当他们发现形成这一差异的各类现实要素的时候，推动了学界对于执行研究的兴起，在一定程度上真正为研究行政行为打下了坚实的基础。

三、执行的方式

(一) 执行的管理方式

执行的管理方式，指在执行的过程中，通过借鉴和吸收管理学的价值、理念、工具、方法等来处理执行过程中各要素的关系，从而形成由效率、效益、经济等价值为导向的执行架构，从而使执行功能得以实现。

20世纪70年代末，"新公共管理运动"风靡了西方的行政改革活动，而执行的管理方式在70年代成为西方行政改革的主要方向之一。在执行中，管理的理念和价值得到了运用，执行的开展建立在遵循管理理念和价值的基础上。此外，执行过程中也充分运用了管理的工具，新公共管理兴起以来，众多的企业管理工具被成功地运用到执行中，如法令委托、合同承包、绩效评估等的管理工具都在更好地为执行服务。再者，管理方法在评估执行结果时也发挥了重要的作用，执行的管理方式借用了管理中的元素，重视结果和绩效的测量，能提高执行能力和有效性。

---

[1] [美] 萨瓦斯著：《民营化和公私部门的伙伴关系》，105页，北京，中国人民大学出版社，2002。
[2] 林毅夫：《强制性制度变迁与诱致性制度变迁》，见 [美] R. 科斯，A. 阿尔钦，D. 诺思等著：《财产权利与制度变迁——产权学派与新制度学派论文集》，379～400页，上海人民出版社，1994。

(二) 执行的政治方式

执行的政治方式起源于学者们对罗斯福"新政"所形成的"国家干预主义"影响的思考。执行的政治方式提倡运用民主的价值观来使行政权力得到正当、规范的行使。执行的政治方式，就是借鉴和吸收政治学的民主、责任、代表性等政治价值实现特定的执行功能。执行的政治方式表现在执行过程中运用政治动员、政治参与等形式，还有诸如代表制度、审查制度、责任制度等典型的民主制度。再例如，在苏联、中国等原计划经济体制国家的执行体制就具有典型的准政治动员的特征。[1]

(三) 执行的法律方式

执行的法律方式，指在执行过程中，运用法律的理念、价值、方法来处理执行过程中各要素的关系，形成诸如依法行政、权力平等、程序正当等法律价值为导向的执行结构。执行的法律方式体现在：第一，宪法至上。宪法至上能约束执行的权力，保护公民的合法权益不受侵害；第二，依法行政。执行过程要严格按照宪法及相关法律法规的规定，遵循执行的法定程序；第三，权利平等。执行的过程中，不能存在因性别、籍贯、财产、信仰等因素而有差别待遇；第四，程序正当。通过正当的法律程序，避免执行中的随意行为，保障利益相关人的切身利益。

(四) 执行的市场方式

执行的市场方式，即通过公共产品的众多主体间的积极竞争，利用市场机制提供公共产品和服务来完成执行任务。执行的市场方式建立在四个基础上：首先，打破垄断、壁垒，利用市场竞争保证执行的效率；其次，分开公共产品的安排和提供，公用产品因其属性的不同，可以采取不同的安排方式和提供方式；[2] 再者，公共产品有多元的提供主体，包括政府、企业、第三部门、社区、私人；最后，偏好私营企业，认为私营企业执行公共政策和公共方案比政府更有效率和效益。[3] 执行的市场方式广泛应用在政府基础设施、教育、医疗、消防、养老等方面的管理上，利于提升公共服务的效能。

(五) 执行的伦理方式

行政伦理是人们对行政过程中的活动的判断，涉及了行政活动的合理性、正当性等问题，包括公务员个人在行政管理实践中的道德规范及观念，也包括行政主体作为群众及组织机构在行政活动中的价值规范与准则。执行的伦理方式要求行政主体能遵循一定的伦理规范，从而达到约束自身行为的效果，通过伦理的灌输来影响行政客体对于行政活动的消化和吸收，使行政伦理在执行过程中更好发挥积极的推动作用。

---

[1] 徐湘林：《行政审批制度改革的体制制约与制度创新》，载《国家行政学院学报》，2002 (6)，23 页。
[2] [美] 萨瓦斯著：《民营化和公私部门的伙伴关系》，69 页，北京，中国人民大学出版社，2002。
[3] Nicholas Henry. Op. cit., p.371.

四、执行的原则

(一) 忠实决策,以决策目标为指导

从整体上讲,执行的任务就是要把国家的政策、法律法规等有效执行,以实现政府的决策目标。这就需要行政机关及人员准确地把握国家所要贯彻的意志,排除各种因素的影响,以决策目标的实现为指导方向,不折不扣贯彻和落实决策的内容和精神。根据这一原则,执行的工作能围绕行政目标有序展开。因此,行政机关及人员自身更应该着眼全局,端正自我的态度与位置,正确理解决策的意志和目的,决不允许敷衍了事,必须严格按照决策的要求开展执行各项工作。

(二) 合理安排,要有周详的计划

执行是一项系统性的活动,其中要求各项工作要有序开展,在执行中,不可缺少的就是周密的计划安排。从时间角度上看,决策是阶段性和连续性相结合的,从空间角度上看,是协调性与同步性相结合的。开展活动过程中,往往衍生出种种的头绪和做法,各行政机关部门及人员理应主次分明、有针对性、有重点地进行执行的具体工作,妥善安排前后的次序,有计划、有步骤开展执行工作,做到环环相扣、统筹全局。缺乏合理安排计划的执行,往往是低效率的执行。

(三) 及时有力、准确迅速开展工作

执行具有很强的时效性,这要求执行有坚决的信念,并准确朝着这些决策的意志目的出发,努力把决策目标变为现实。所谓准确,首先指决策的执行者要正确、准确地理解决策的基本精神、精髓,准确把握其本质及实质的理念。其次,在执行过程中,执行者不能搞一些应付式的表面模式的绩效,不能搞所谓的"土政策""上有政策,下有对策"的虚假工作。再者,要准确把握信息的内容及精神。在信息时代,只有把握住海量信息,丰富的方式等,才能及时在众多大众传媒媒介的帮助下,及时传达信息。当然,及时有力并不盲从、莽撞,追求速度的同时,必须重视执行工作的质量,坚持快而准。

(四) 主动创新、灵活执行

执行主体尽管是执行上级决策的任务,但在执行过程中,所要面临的通常是一个多变的环境。因此,执行机关及其人员要积极主动应对,开拓创新,积极运用创造性思维去完成执行工作。对于一些带有方向性、全局性的决策任务,在具体执行时要讲究因地制宜,在准确理解决策任务的精神意志基础上,合理根据实地情况,制定合理的执行方案,努力把任务落到实处。灵活执行强调的是在方式、手段上的创造性运用,是为了免于决策掉入唯心主义、教条主义的陷阱中。

(五) 着眼全局、统筹兼顾

围绕决策的目标开展,执行是由很多零散的工作堆成的,稍不注意,容易形成执行

片面化的局面。这要求执行工作在落实的时候，要求要从整体出发，要求执行者有善于驾驭大局的能力，对各方面进行统筹，兼顾各工作有条理开展，协调好各方的关系，争取整体利益最大化，实现最优的组合方法。此外，在把握全局时，也应特别注意影响全局工作顺利开展的关键点，侧重点，重视薄弱环节。而对"瓶颈"的问题，要加大解决的力度，推动决策的整体施行。

（六）正面激励、跟踪检查

决策主要还是由人来执行，因此，执行人员的积极性的发挥，会直接影响到执行效果的情况。因而，行政机关应运用合理的手段和方法，从正面出发，积极激励执行人员的工作激情，实施合理的奖赏制度，鞭策着执行人员端正态度，积极开展执行工作。同时，有效的执行，有效的行政监督和控制是不可或缺的，因此，在执行过程中，要严格检查执行工作是否有严格依据决策的目标开展，在执行工作过程中是否严格遵守相关的法律法规要求，对于执行中人力、物力、财力等的消耗的合理性也要进行合理的监控，及时发现问题，解决问题。

第三节　执行力的培养

一、影响执行的主要因素

（一）主观人为因素

首先，从主体方面来说，作为合格的执行者，除了具备高度的思想政治觉悟、积极的意向和认真负责的工作态度，具备合理的知识结构、较高的管理水平和执行能力之外，还要能够运用一些必要的政策执行策略。不乏这样的情况，政策执行的偏差是政策执行者本身的思想觉悟力、知识能力、执行能力不够高所造成的，决策者并没有深入、透彻了解某些政策，没及时把握政策的精神实质，却已经盲目根据个人的偏好执行政策的某些方面，遇事随便搞出各种的"对策"，最终只会导致政策失真，过早夭折。如在对功利主义与实用主义的认识上，很多群众都存在着误解。人民容易把实用主义看成"务实"，即认为片面追求功利实质是有经济立场，有经济头脑。这些认识上的偏差为执行带来了工作简单化、任务短期化、绩效功利化等负面倾向。再者，从客体的方面来说，政策目标是多种多样的，但它始终表现为对一部分人的利益进行分配、调整，表现出是对一部分人行为的指导、制约。政策目标能否达到，除了行政主体——执行者的积极作为，还需要行政客体的积极配合。目标群众的科学文化素质及思想文化素质对政策的执行有直接影响，群众的两种素质越高，对于政策的理解、接受程度越高，则更有可能积极、主动配合执行工作的开展；反之，则会延误执行工作的落实，造成政策执行受阻。

（二）物质利益因素

政策的参与者在政策活动中的角色就是要争取自身利益最大化，把自己的利益损失程度降到最低。"利益"成了执行过程中的最大的驱动力，驱动着参与者不断为之调整自己的姿态。政策能否落到实处，利益关系的处理显得尤为重要。由于本位主义[①]和地方利益的驱使，若上级的政策对自身利益没有多大威胁时，下级政策执行会存在"怠工"现象，传达政策缺乏具体操作，执行出现形式化、执行浅层化的局面。若上级的政策可能损害到自身的切实利益时，在这种情况下，下级政策执行则千方百计扭曲政策，寻找"对策"，务求在与上级政策貌合神离的基础上，稳保自身利益受最小化的侵害。由于利益至上的驱动，下级机构对于上级的政策，总是以自我的利益作为对策参数，得益多，则百般愿意将政策落到实处，甚至自行强化施行；得益少或者负得益，则采取抵制措施，甚至变相更改政策的施行。所谓利欲熏心，个中的物质利益关系，执行机构及人员必须认真处理妥当。

（三）体制因素

第一，政策执行机构不完善。政策执行过程是否规范有三个重要因素：首先，依法行政。法律是人民利益和意识的体现，行政机关行使权力、施行决策、落实执行时，应由法律授权开展工作，尽可能杜绝随意行政行为。其次，依权行政。权力大小跟所管辖范围相匹配，规范行政机关的管理幅度，禁止越权行为。再者，依程序行政。行政机关遵循严格的法定程序落实工作，禁止暗箱操作，无疑是增加了政府行为的公开度与透明度。在现实操作中，多头领导、无人管理、分工不明、政出多门等现象并存，增加了执行的阻力，直接影响着执行的质量与效率问题。

第二，政策监督体系不健全。主要体现在：一是执行过程不透明。目标群众对执行工作的进度、具体措施无从得知，更免谈监督。二是监督和检查制度缺乏科学性。表现为过多或者单纯注重对执行的进度和执行的结果的检查监督。对执行过程中人力、物力、财力、时间的成本及执行过程中问题的出现与解决的忽视，是执行偏差扩大化。三是现有的选拔淘汰机制和干部交流回避机制缺乏科学性。对造成执行偏差的人、事的发现与惩戒力度不够，使执行中本位主义、主观主义、教条主义的行为屡屡存在。政策监督，目的就是纠正政策运行过程中可能存在的种种偏差，以保证执行顺利开展，保障政策达到预期的目标。

（四）环境因素

影响政策实行的环境因素可大致分为两大类，宏观因素及微观因素。宏观因素主要有政治、经济、文化等，政治清明、经济发达、国民素质高、国际环境和平轻松，能为政策执行提供良好的外部环境。反之，政治混乱、经济萎靡、国际环境动荡，则容易带来执行偏差，造成政策流失。例如，近几年，由于受住房改革、医疗改革、教育调制改革以及当前经济形势的影响，国内需求不足不旺的局面仍然存在。同样，微观环境，政策执行过程中政策资源是否充足也是影响执行的关键所在。我国还处在政治、经济、文化等有待进步发展的时期，执行政策的资源相对来说显示出不足。我国的许多政策执行

---

① 毛泽东，中共中央俄文编译局：《关于纠正党内的错误思想》，30页，北京，中华出版社，1951。

起来会比较困难,很大原因在于资金的缺乏。比如,国家计划给下岗工人最低的生活补贴,可碍于经费的不足,财政收支的严重不平衡,这些计划便很难落到实处。又比如,关于人力资源的问题,在行政机构中存在这么一个现象,行政机关人员膨胀十分严重,但优秀、高素质的行政机关人员却异常匮乏。由于我国的政府机构设置、运转上存在不合理现象,直接造成了以上种种问题。

总而言之,影响执行的因素众多。20世纪70年代,在行为主义和公共行政学科融合的基础上,执行研究兴起,主要经历了三代的研究:自上而下的研究、自下而上的研究、整合的研究。三代学者们更是不约而同致力于寻找影响执行有效性的因素及其相互关系,为总结出合理的执行理论模式而努力。其中,比较有代表性的学者有丹尼尔·马兹曼尼安和保罗·萨巴蒂尔。

影响执行的因素除上述主要因素之外,也可借用马兹曼尼安和萨巴蒂尔的概况进一步进行了解(如表8-1)。

表8-1 马兹曼尼安和萨巴蒂尔总结的影响政策有效执行的因素[①]

问题的难易程度	法令控制力	非法令性因素
1. 技术难度 2. 目标群体行为的差异性 3. 目标群体占人口总数的比例 4. 要求改变行为的程度	1. 目标的精确性和重要性 2. 因果理论的符合逻辑性 3. 财政资源的最初分配 4. 执行机构内部或者执行机构之间的融合程度 5. 执行机构的决策规则 6. 政策执行官员对法令的认可程度 7. 外部人员的正式接触渠道	1. 社会经济状况和技术 2. 公众的支持 3. 追随者的态度和资源 4. 统治者的支持 5. 执行官员的献身精神和领导技能

由上表可知,我们可以进一步将众多的因素归类为执行的环境因素、执行的主体因素、执行的任务因素、执行的标的因素、执行的工具因素。

二、如何解决执行存在的问题

(一)执行中容易出现的问题

1. 缺乏全局观念,过分强调地方利益

跟改革开放相比,地方政府开始具有明显的独立性了,因此地方政府的独立利益取向会更加明显。有些地方政府在执行中央下达的政策意志的时候就显出了深深的地方利益意识,符合地方利益的政策采取"用足用活"的态度,与地方利益相冲突的政策则

[①] Daniel A. Mazmanian and Paul A. Sabatier" Implementation of Public Policy:A Framework of Analysis" Policy Studies Journal 8(4), 1979-1980, p. 542.

采取"变通""软拖硬抗"的姿态。其中,常见的形态有以下几种:第一,"上有政策,下有对策"。第二,曲解政策,为我所用。例如,住房制度改革政策,其原意为克服福利分房中的种种歪风邪气,而有些地方竟然公然曲解为把住房商品当作低价出售的公房。国务院不得不命令禁止低价出售公房,重新对住房制度改革政策进行解释。绕了大圈子,却又回到原点,实在浪费了当初的宣传成本。

2. 忽视长远目光,只重表面文章与近期效益

表现形式主要有二:一是轻视战略,缺乏远谋。在执行的过程中很容易存在这样的现象:执行者过分把精力放在短期目标上,缺乏长远看问题的目光,只求短期效益,导致忽视经济社会发展中隐藏的深层次问题或潜伏的危机问题。此外,现实中存在的更多是"现炒现卖"的操作方法,严重缺乏创造性与灵活性。二是照抄照搬,简单模仿。执行者疲惫与应付各种应酬与门面宣传,容易疏于学习与思考。对工作很多都采取"一文通天下"的模式,比如在落实文件的通知上,并未及时根据当地的具体情况进行修改或细化,多是等待别人创造经验之后再去临摹。

3. 缺乏系统性,过分片面化

在执行过程中,执行者容易出现坐井观天、唯我独尊、夜郎自大的观念,他们缺乏对执行工作的系统思考,可表现为:一是只见树木,不见树林。某些执行人员往往忽略对政策执行中的综合配套工作的认识,搞孤军突破的模式,结果更可能诱发新的问题,加重工作负担。二是抓住一点,无视剩余。如在经济建设过程中,只看到短期的经济效益,一味追求经济的增长,忽视环境保护,忘了经济建设是"既要金山银山,也要绿水青山"的宗旨。解决每一个社会公共问题,造成环境生态上的后遗症或副作用,这些都值得反省、深思的。执行人员需要从系统的角度出发看待问题,摸清自己在部分工作中的全局位置,培养明确的横向沟通协调意识。

4. 忽视透明公开,过分趋于神秘性

传统的政治向现代政治转型,其中很突出的一点便是政策透明度的提高,让公民享有了充分的知情权。而在执行过程中,部门执行人习惯于"少数人说了算"的观念,认为少数人便可以撑起半边天,能胜任推动执行的工作,造成政策信息的不公开,目标群众只能道听途说,一知半解了解政策信息,或者通过非正常的渠道来探听政策信息,造成小道消息满天飞的情况。对于目标群众来说,知情权没有得到很好地行使,对于执行者来说,执行工作也可能被曲解、被扭曲了,甚至被扭曲到了面目全非的地步,如此情况往往加重了执行的困难程度。

(二) 优化执行的对策

1. 建立适合我国执行实际运行的系统机制

执行机制是公共执行过程的"路径",它是政策走向的"坐标"和"导航器",缺乏这个"坐标"和"导航器",公共执行难免"走失方向"。一套比较全面的适合我国执行实际运行的系统机制包括以下几个环节:第一,不断完善的决策程序。政策的研究、论证、实验、判断,要形成科学、民主的执行程序,使政策研究论证与政策制定职能相互分离。第二,完善政策的传播机制。政府要合理运用各种宣传手段,解释各种要下达的公共政策，积极争取让社会公众准确理解政策，从而让群众更容易参加到执行活动中来，推动执行工作的开展。第三，建立有效的执行制度。明确执行人员各自的职责，避免分工不清、责任不明、职能交叉的情况出现，并且，以制度的形式让执行人员之间融洽相处，积极沟通。第四，落实科学的评价监督办法。要努力形成上级工作监督、群众舆论监督、目标群众投诉等一系列较为完善的办法来防止政策信息失真现象。第五，使政策执行社会化，调动公民积极性，加大公民参与政策执行活动的力度。这是促进公共政策有效执行的基础方法。

2. 从制度上解决合理划分中央与地方事权的问题

一定程度上，地方政府对自身地方性问题是有一定的决策权，但这种决策权是相对的，是必须建立在与中央政策决策权不背离的前提下的。这种地方性的政策决策权，对于中央政策而言，仍然归为政策执行活动。政策执行的一大特点就是紧紧围绕政策目标进行，要坚实为政策目标服务，因而，绝对不允许地方决策与中央决策相违背。此外，也应该考虑到，需要建立属于部门之间、地方之间的政策执行所用到的机制，防止出现对于同一中央政策各部门、各地方之间执行不一致的行为，避免政策执行措施相互冲突的情况发生。

3. 提高执行人员综合素质

改进执行人员的综合素质，提高其政策理解水平与执行水平是解决公共政策失控问题的重点。第一，应该完善执行人员的培训机制。把培训工作列入工作职责之一，督促执行人员认真对待执行培训任务。提高培训的质量，激发其学习的能动性与积极性，提高执行人员的政治素养与专业技能。第二，应该完善对执行人员的责任追究制。加大监督力度，使执行人员严于律己，积极树立牢固的责任意识和道德意识，自我规范自身的公共行为。出现了因为个人公共行为造成执行失误的情况，要按照奖惩规定严格处理，以作警醒之用。

4. 加大执行资源投入，建设良好的执行环境

人力、财力、物力、时间等是重要的政策执行资源，是政策执行的后勤保障。第一，中央政府要合理利用公共资源，加大对部门困难地区的公共资源的投入，确保政策在顺利地执行。第二，地方政府也要作出努力，充分发掘、利用本地的资源优势，为政策执行提供坚实的后盾。第三，要继续完善不同方面的法律法规，确保政策在执行过程中保持权威性、强制性，维护法制对执行主体与执行客体的威慑作用。第四，要运用合理的方式，加强对社会群众进行爱国教育，培养公民正确的世界观、人生观、价值观。尤其是执行主体的教育，使执行主体能真正意义上发挥表率的作用。

三、讲究策略：提高执行能力

（一）谨慎使用手中的权力

1. 谨慎用权、遵纪守法

部分执行人员虽然握有一定的权力，但用权一定要谨慎，要讲究策略。权力宁可备用，也不可以轻易炫耀，更不可以滥用职权。用权的时候要做到禁止以权谋私、禁止以权徇私、禁止义气用权。而遵纪守法要求执行人员熟悉相应的法律法规，因为执行本身就是一种权力。法律面前人人平等，执行人员也不能例外，如果执行人员自身都置法纪于不顾，存在以权代法、以权代纪的行为，损害自我的尊严与威信，终究将失去自己的执行权力。

2. 坚决果断，讲究实效

在原则性问题或是突发的紧急情况下，执行人员需要坚决果断。对违反法律法规的人和事，应不顾亲疏、不徇私情，把握时机，公平公正对待。在执行中，能否取得较好的效用，掌握好权力发挥效用的最好时机非常必要。执行人员可以运用宣传教育等手段，让目标群众明了政策执行的意图，促进人民的自觉行为与预防越轨行为，积极善用自我影响力来推动执行工作的进行。而在遇到特殊情况时，奖惩要适当。奖惩失当只会招致相反的结果，只有实事求是，才会赢得群众的信任与拥护，其执行权力才会被群众所接受、所配合。

（二）感化胜于强制

1. 做好榜样，顺畅执行

执行人员的榜样意识，就是身体力行、率先垂范、为群众做好榜样的思想意识。而在一些组织或部门，部门事务没有执行到实处，很大的原因在于执行领导者没有常抓不懈、以身作则的缘故。大的方面，比如对政策的执行没有坚持始终如一，有始无终为常有的情况。小的方面，如只布置执行任务，缺乏检查工作，即便有也会前紧后松地检查。要想强化执行力，执行领导者必须在每个政策出台之时高度重视，凡与自身思想行为有牵连的都必须率先示范，做出良好榜样。

2. 感化使执行工作事半功倍

在实际的执行中，许多执行人员难免抱怨执行不力，究其原因，多是因为没有在工作中获得群众在感情上的认可，不能得到群众的理解。作为执行人员，需要有足够的个人魅力，它是一种感召，是人格上的征服力。执行人员可以通过自己原有的学识、经验、能力、品格等，深深地感染并影响着群众，无形中令群众追随和服从。

（三）化解冲突，积极执行

1. 回避与妥协

在执行过程中，执行人员难免遇到执行意见不一致的时候，然而冲突的起因都是双方均想更好地完成执行任务。因此，当因执行工作的细小方面出现分歧时，可采取回避的政策，等双方冷静下来再继续沟通，"冷处理"不必要的冲突与矛盾。当冲突属于下面情况之一，则适合采取妥协的解决方法：一是妥协能使双方都获益。二是无需要理想的解决方案。三是只想为复杂的事情找个暂时的解决方案，但妥协情况要尽量避免，通过妥协是不可能找到最佳的解决方案的。

2. 解难与协作

认同这一做法的执行人员认为，只要坦然予以处理、解决问题时努力寻求群体意识，便能有效化解矛盾。他们无论对人对事，都同样地重视，力求面面俱到、有效解决。具备了审时度势、有效化解冲突的能力，才能化主动为被动。在解决冲突时，尤其是执行领导人员，要及时重塑所率的执行队伍的凝聚力与战斗力，这样才能使整个团队有纪律有组织地贯彻执行工作。

第四节　执行力专题：团队执行力

一、团队执行力的概念

所谓"执行力"就是一种通过准确理解组织意图、精心设计实施方案和对组织资源（人、财、物、信息、时间）进行有效控制而实现组织目标的能力。通俗地说，就是把事情做成功的能力。因为，战略的正确不能绝对保证企业的成功。成功的企业一定是在战略方向和战术执行力上都到位。

执行是任何企业当前面临的最大问题，不管是在中国还是在国外，不论国有企业，还是在合资企业。企业的执行力是企业的战略得以实现，战术得到有效实施的关键。企业的各个组织（团队）的执行力直接影响到企业各项目标的完成，因此作为企业部门的领导人时时要关注本部门的执行情况，时时要思考如何提高团队的执行力。

执行是任何企业当前面临的最大问题，不管是在中国还是在国外，不论是国有企业，还是在合资企业。企业的执行力是企业的战略得以实现，战术得到有效实施的关键。企业的各个组织（团队）的执行力直接影响到企业各项目标的完成，因此作为企业部门的领导人时时要关注本部门的执行情况，时时刻刻要思考如何提高团队的执行力。

二、营造执行力文化

企业文化犹如企业的灵魂，是企业成员之间相互理解、共识的产物，是企业精神、企业价值取向及行为方式的总和。企业文化的建立有助于企业员工树立正确的价值观，形成良好的风气。企业文化一旦形成，就会成为一只"无形的手"，实现对企业员工的"软"管理，像海尔员工理解认同了企业"真诚到永远"的文化，所以在为消费者提供服务的时候会自觉地去执行公司的规定。这从一个侧面反映了企业文化对人的行为也就是执行力的影响。对现代企业而言，执行力文化的建设应从以下两个方面进行：

（一）对员工进行企业文化培训

任何企业任何团队都是由每一个个体组成的，优良的团队行为都是由团队成员中个人行为组成的，优良的行为必然由高尚的思想所支配，而高尚的思想来源于良好的习惯，但习惯的养成往往非一日之功，这就要求团队的领导都要从百年企业、百年树人的高度，用向上的企业文化熏陶员工，用非凡的人格魅力引导员工，用严明的纪律约束员工，使员工真正形成用户至上，真诚服务的思想，从思想深处认识到执行是对企业的一种应尽的义务，将自己的成败与企业的兴衰紧密联系在一起。

(二) 建立赏罚分明的执行评价制度

执行文化的核心在于转变企业全体员工的行为，使之能够切实地把企业的战略、目标和计划落实到本职岗位与日常工作中去。美国心理学家斯金纳提出的强化理论认为，人的行为是对其所获刺激的一种反应。如果刺激对他有利，他的行为就有可能重复出现，若刺激对他不利，他的行为则可能减弱，甚至消失。因此，管理人员要能够通过强化的手段营造一种有利于组织目标实现的环境和氛围，以使组织成员的行为符合组织的目标。此外，在企业内树立和培养典型人物，可以加强团队成员对执行文化的理解和记忆，这也是促进执行文化建设的一个重要手段。

三、高效团队执行能力的科学程序

(一) 高效的团队执行程序

要提高团队执行能力，首先应找出影响团队执行能力的因素，然后建立科学的执行程序，从根本上加以改善。影响团队执行能力的 11 个问题有：①团队目标不明确及思路不确定，导致团队成员思想不统一。②管理者没有常抓不懈，在执行过程中常犯虎头蛇尾的错误。③管理者朝令夕改，出台的管理制度不严谨。④管理制度本身不合理，缺少针对性与可行性。⑤团队成员的目标和想法不尽相同，导致团队执行能力大大下降。⑥缺少明确的分工，责任不明晰。⑦执行的过程过于烦琐，囿于条款，不知变通。⑧缺少良好的方法，不会把工作进行分解与汇总。⑨缺少科学的监督考核机制，没人监督，也没有良好的监督方式。⑩只有形式上的培训，不能很好地改造人的思想与心态。⑪团队缺少灵魂人物，缺少成员认同的团队（企业）文化，导致团队没有形成凝聚力。

(二) 提高团队执行能力的科学程序

建立并落实科学的执行程序是提高团队执行能力的有力保障，具体如表 8-2 所示。

表 8-2 团队高效执行工作程序表

执行程序	执行要求
制定清晰的目标	可度量、可考核、可检查
确定任务进度表	要有明确的具体的时间
排列工作优先顺序	体现出工作的轻重缓急
下达工作指令	指令要简明明确，不得有偏差
要求下属做出承诺	监视执行条件并做出承诺
跟踪执行过程	不断关注、跟进、紧盯执行过程
建立反馈机制	对重要环节的脱钩要追究到底

四、提高团队执行力

（一）如何提高团队执行力

要提高团队执行力，首先必须明白什么是执行力？执行就是把目标变成结果的行为，所谓的执行力就是为了贯彻战略意图，完成预定目标的操作能力。它是企业把战略规划转化为效益的关键，执行力包含完成任务的意愿，完成任务的能力，完成任务的程度。提高执行力就是要提高操作能力，把目标转化为最佳结果，发挥好预定目标的最佳效益。那么如何提高团队的执行力呢？主要有以下措施。

1. 营造良好的执行环境是提高执行力的基础和保障

一个国家、一个企业、一个团队的任何一项举措都需要有与之相适应的执行环境。环境影响人的行为。革命年代，英勇的革命战士为了取得战争的胜利，坚决执行党的决定和战术安排，去掉自己的私心杂念，上下同心协力，抛头颅、洒热血，最终战胜生与死的考验，取得战争的胜利。相反，敌人之所以以失败告终，并不是因为他们的指挥官决策不高明，战术不灵活；很大程度上是由于他们内部没有形成良好的执行环境，打起仗来军心动摇、阳奉阴违、将士不用力甚至贻误战机，从而招致失败的命运。

2. 打造学习型团队，不断提高团队素质是提高执行力的关键

知识是人类进步的阶梯，提高团队执行力也离不开知识的积累，一个可持续发展的企业，应该不断地为自己的团队输送新鲜血液和营养，永葆团队的青春活力。那么提高团队的执行力又要具备哪些素质呢？首先，要培养爱岗敬业的团队。人们常说，既来之，则安之。人的一生对于绝大多数人来讲不可能只从事一项工作，这就需要我们团队的每一位员工热爱本职工作，勤于钻研，熟练掌握工作流程，与公司、团队同呼吸共命运，形成团队的合力，提高团队整体工作效益。其次，要培养和建立有组织能力的团队。建立有组织能力的团队是提高执行力至为关键的一环。为什么这么说呢？因为公司的每一项决定或日常规章制度都要靠团队去组织实施。一个组织涣散，没有凝聚力和没有良好操作能力的团队又怎么能够去提高执行力呢？没有执行力或执行力不到位就会导致工作被动，完不成公司预定的目标，甚至给企业带来负面影响，产生巨大的无形损耗。理解和掌握制度的内涵是提高执行力的基础，周密计划，科学安排是提高执行力的关键。提高团队组织能力还必须要求团队的每一个人在任务面前心往一处想，劲往一处使，团队合力越大，执行力越强；反之，合力越小，执行力越弱。斥力和内耗是影响执行力的天敌。我们在工作中要团结同事，以身作则，整体推进，这样才能众志成城，真正提高团队的执行力，把各项任务完成得有声有色。再次，要打造务实奋进的团队。千里之行，始于足下。无论多么美好的愿望和周密细致的组织计划，归根到底都要落实到行动上。没有执行力就没有一切。执行对于公司来讲不仅仅是个人行为，它更是团队的共同行为。我们在工作中不能只当裁判，不当运动员。只有兢兢业业、勤勤恳恳、以身作则、务实奋进，整个团队才能更好地执行每项工作。光有务实的工作作风还不够，个人和团队还必须具有职业化素养；在工作中既坚持原则，又积极主动；既承担责任，又遵守制度；以开放的心态去执行好公司各项规章制度。

（二）提升管理者的执行力

打造执行力团队，关键是要打造好核心团队，尤其是团队管理层，因为核心团队的执行力很大程度上决定战略成功与否。

1. 实现管理者角色定位的转变

作为现代管理者，应坚持"两手抓"，一手抓策略，一手抓执行力。科学的策略是保证做正确的事情，而良好的执行力是正确地做事，再好的策略只有成功执行后才能显示出价值。现代管理者角色定位的转变，要求管理者应具备两种能力的要求：灌输思想的能力，贯彻行为的能力。这两个能力缺一不可，否则许多宏伟规划只能空想。

2. 注重管理举措的认同效果

一些企业试图通过各种报表的填写来约束员工的行为，或通过各种考核制度企图达到改善企业执行力的目的，但往往是事与愿违。最后导致员工敷衍了事，使企业的规定流于形式。所以企业在设计相关的制度和规定时一定要本着这样一个原则，就是所有的制度和规定都是为了帮助员工更好地工作的，是提供方便而不是为了约束，是为了规范其行为而不是一种负担。制定制度时一定要实用，有针对性。这并不是说以制度管人不对，而是说企业制度建立的方式及科学性问题。一个执行力强的团队，其制度的制定必须具备一个特征：全员参与，充分沟通，使下属在正确理解管理举措的基础上心往一处想。重大管理举措的出台应充分征求有关人员的意见，在讨论中允许畅所欲言，允许从不同的角度提出质疑。并且认真对待不同意见，使管理举措更加完善。这样可以使管理举措变成集体智慧的结晶，使大家产生认同，在执行时不至于存在逆反心理。只有员工正确认识和认同的东西，才能在自身的实践中更好地执行它。

3. 建立科学、规范的制度

科学、规范的管理制度，是企业内部的法规，是企业全体员工共同遵守的规则。如果企业内部管理制度不健全，员工行为方式正确与否就没有衡量尺度。久而久之，就会形成企业的内耗，影响团队的协作力，从而影响企业整体工作效率。

4. 建立合理的管理规则

管理的真谛首先在"理"，其次才是"管"。管理者的主要职责就是建立一个合理的管理规则，能让每个员工按照游戏规则自我管理。管理规则要兼顾公司利益和个人利益，并且要让个人利益与公司整体利益统一起来。责任、权力和利益是管理平台的三根支柱，缺一不可。制定有可操作性的工作标准。只有企业内每个员工都明确自己的岗位职责，才不会产生推诿、扯皮等不良现象。但在不同的岗位上，员工的行为怎样才是正确的，这就需要管理者结合岗位要求提出可操作和执行的工作标准。工作标准是员工的行为指南和考核依据。

5. 培养部下的执行力

管理者是策略执行最重要的主体并非说管理者凡事都事必躬亲。管理者角色定位转变很重要一点就是在重视自身执行力提升时，必须重视培养部属的执行力。执行力的提升应该是整个企业范围内的事情，而不只是少数管理者的专利。管理者如何培养部下的执行力，将是企业总体执行力提升的关键。

6. 维护管理制度的严肃性

不少企业在团队建设过程中，过于追求团队的亲和力和人情味，认为"团队之内皆兄弟"，而严明的团队纪律是有碍团结的。这就直接导致了管理制度的不完善，或虽有制度但执行不了，形同虚设。严明的纪律不仅是维护团队整体利益的需要，在保护团队成员的根本利益方面也有着积极的意义。在实际工作中，对问题的纵容或失之以宽会使每个成员产生一种"其实也没有什么大不了"的错觉，久而久之，遗患无穷。

7. 关注细节，强化监督

企业目标一旦确立，一切工作都要服从服务于这项目标，围绕这个目标对参与整个经营活动的团队每一分子要确定明确的目标和任务（谁干什么、如何去干），制定合理的作业流程（谁来制定、如何制定），制定有效的监督措施（谁来监督、如何监督）。企业管理关键就在于细节管理。

8. 建立学习型组织

在知识经济时代，对新知识、新观念的学习能力，影响一个公司的执行力。现代企业建立学习型组织可以从以下几个方面入手：首先，不断挑战自己。人们常说的一句老话：每个人最大的敌人是自己，战胜自己是最困难的。其实，客观环境每天都在变化，过去正确的经验今天可能就不对了，这是自然的，也是必然的。一个企业要想不断发展，就要审时度势，经常重新评价自己，使自己处于不断思考、不断学习、不断进步的良性循环状态。只要企业有这样一种机制，能挑战自己，并及时调整，就能提升应变能力和竞争力。其次，员工间的相互学习。一个成功的企业一定有很多优秀人才，他们在工作中总结出了行之有效的工作流程和工作方法，实行知识共享，畅通内部信息交流，从而提高整个企业集体智商是衡量一个学习型组织的重要标志。再次，运用多种形式，营造学习氛围。在企业内，学习形式应不拘一格，可运用现场指导、领导者授课、外聘专家讲座、交流会、内部刊物、业务竞赛等多种形式，激发员工不断提高自身素质和业务水平，形成一个积极向上的学习型团队。最后，不断总结执行实践中的经验教训。执行的过程就是将理念和设想付之于实践检验的过程，企业在这一过程中不但会取得执行的成果，而且会积累新的对执行工作本身认识的知识。像海尔提出的"管理无小事"、隆鑫集团提出的"细节决定成败"都来源于对企业执行实践升华形成的理念。这些理念通过企业系统的有组织性的收集、整理、加工和再编辑工作，可以成为非常难得的企业内部共享知识和独特资源，对于指导未来的执行工作乃至培育企业的核心竞争力都有着积极的参考价值。

第五节　执行力案例研讨

案例一

执行就是有差距

执行能力已经成为衡量团队竞争力的重要因素。有了任务和目标，剩下要重视的问题就是如何去执行了。而怎样才称得上是高效率的执行呢？

弗诺、布诺和克诺同时受雇于市内一家酒店。大家开始时都从最底层干起。一段时间后三人逐渐拉开距离。弗诺受到总经理的青睐，一再被提升，从领班直到部门经理。布诺也已经做到了部门主管，只有克诺还在原来的岗位干着原来的事情，尽管他和总经理很熟。克诺每天看到弗诺与布诺工作中指挥若定的样子就感到心里很不平衡。终于有一天，克诺忍不住了，向总经理提出辞呈，并抱怨总经理用人不公平。总经理耐心地听着克诺的指责。他了解克诺，小伙子身体棒、肯吃苦，就是缺少了点主心骨。当克诺怒气冲冲地发泄完之后，总经理有了主意。"克诺先生"，总经理说："请您马上到集市上去，看看今天有什么卖的。"克诺听后很快从集市回来说："集市上只有一个农民拉了车土豆卖。""一车大约有多少袋？多少斤？"总经理问。克诺又跑去，回来说："有10袋"。"价格多少？"总经理问道。克诺再次跑到集市上。到最后，总经理望着跑得气喘吁吁的克诺，请他休息一会儿，说："你可以看看布诺是怎么做的。"总经理请人把正在忙着的布诺叫来，以同样的语气对他说："布诺先生，请你马上到集市上去，看看今天有什么卖的。"布诺从集市回来了，汇报说："到现在为止只有一个农民在卖土豆，有10袋。价格适中，质量很好。"他带回几个让经理看。布诺还报告说："这个农民过一会儿还会带几筐西红柿来卖，价格都还公道。我想西红柿是新上市的，价格适当，厨房可以进一些。"

总经理看了一眼坐在旁边听得脸上一阵红似一阵的克诺，说道："好的，布诺先生。你可以回去继续工作了。"接着，总经理叫来了弗诺，同样对弗诺说："弗诺先生，请你马上到集市上去，看看今天有什么卖的。"不久弗诺从集市上回来了，向总经理报告情况："目前只有一个农民在卖土豆，一共有10袋，每袋20斤，每斤两元，质量很好。他还有五筐西红柿，半个钟头后就能送到集市上来卖，一筐30斤，每斤一元。"弗诺喘了口气，继续说道："此外，那个农民所在的镇子种了品种很多并且新鲜的蔬菜。他是负责将他们镇上的蔬菜拿到集市上来卖。如果大量购买的话，所有蔬菜的价格还会更便宜。他卖的蔬菜新鲜，又比我们现在酒店蔬菜进货的价格便宜。如果能够长期供应，这样可以缩减我们酒店菜品的成本。我记下了他的联系方式，并让他在下午两点将他们镇上种的蔬菜送过来一些。"克诺听到这里，已经完全明白了自己与弗诺、布诺的差距，惭愧地低下了头。

同一任务，三人的执行可谓有所不同。克诺只是为执行而执行。他并不去思考任务的目的是什么。布诺在执行中理解了任务的目的，并且发现了市场机会。而弗诺做得更彻底，他不但发现了机会，而且还利用了机会。从三人的执行差距可以看出：执行并不仅仅是完成任务本身，它还包含着执行过程中的问题解决和机会发现。因此，团队成员在执行任务时，不仅要强调执行的及时快速，而且要积极思考；善于把执行过程中遇到的情况整理分析，勤于发掘隐藏在问题背后的机会。

思考与讨论
1. 执行力的特征有哪些？
2. 结合案例和所学知识，评价三者的执行力？

案例二

社会考验政府执行力

软着陆可能成为陷阱，央行请给出不加息的理由

从2015年7月1日起，东莞市实施低收入群众临时价格补贴与价格上涨联动机制。一旦物价上涨超过一定范围，全市57000多名低收入群体即可享受每月44元或66元的临时价格补贴。根据相关实施意见，以连续3个月为监测期，满足CPI同比连续涨幅超过3%，食品类价格同比涨幅连续超过7%，居住类水、电、燃料类价格同比涨幅连续超过7%的其中一个条件，立即启动临时价格补贴机制。启动当月，向补贴对象一次性补发前3个月的临时价格补贴，以后逐月发放。

物价涨跌与老百姓生活息息相关。此次东莞应国家五部委的要求，向低收入群体发放临时价格补贴。一方面能局部缓解物价上涨对低收入群体带来的生活压力。另一方面，在大范围发生活补贴的情形下，有望进一步遏制囤积和哄抬物价的行为。但是，物价问题如弹簧一样，每一轮回都需要加大力度才能控制。但发放临时补贴毕竟不是长久之计，让物价控制在合理水平，严厉打击恶意炒作、操纵市场价格等违法违规行为，考验的还是政府部门的执行力。

新调控将着力地方政府执行力度

"史上最严厉调控"至今已有多年，尽管2011年各地房产市场的量价均有所变化，但离调控预期距离仍然存在一定差距。易居资本投资总监陆昌泉在做客和讯网时表示，鉴于目前限购城市本身存在着许多可以变通的办法，因此在之后的政策调整中，将极有可能着力于对地方政策的严格执行。

陆昌泉表示，在现有资金收紧的基础上，资金版面的政策也有可能继续加大力度，比如税收等。而更重要的是，目前限购城市的政策面上还存在很多的"灰色地带"。"比如说，和GDP挂钩、和增长方式挂钩、还是以人均可支配收入的增长方式来挂钩，这些比较变通的地带都不一定是合理的，所以我相信，关键问题在于执行的力度。"陆昌泉指出。"我看到有一个城市更离谱，定的目标是只要不超过去年的增长，而它们，这个三四线城市去年房价的增长是50%。"陆昌泉举例。"督察组巡视的结果不容乐观，我相信接下来就很有可能在这些执行力度上实行更严格的政策。"

城市活力取决于政府执行力

2013年年初，深圳坪山新区拧紧了发条，向"庸、懒、散"开战。在该区召开的执行力大会上，播出了一段曝光公务员上班炒股、玩游戏，接待办事市民态度冷淡等违纪现象的视频，以对公务员队伍形成有力警示。以政府执行力为主体，从中也不难看出坪山新区进一步提升执行力的决心。可以说，政府的执行力决定了整个城市的活力与发展前景，而政府执行力说到底又取决于公务员的执行力。难以想象，上班炒股、玩游戏，或者一杯茶、一根烟、一只股票聊半天的工作状态，能为市民提供高效的公共服务。明察暗访公务员工作状态的新闻并不少见，大力整顿工作作风的声音也不绝于耳。但值得思考的是，某些公务员上班时为何能如此"从容悠闲"？公务员考试已当之无愧地成为"中国第一考"，但不容忽视的是，曾有一项调查显示，大多数报考者图的就是

公务员饭碗的稳定。那么，又是什么形成并强化了他们的这一种心理预期？

显然，要提高公务员的执行力，提高公共服务效率，有赖于打破公务员"图舒服"的心理错觉，有赖于建立更严格的考核制度以及运转畅通的公务员交流、退出机制。当前，一方面是社会竞争加剧，很多人对未来缺乏必要的安全保障感；另一方面，是公务员队伍相对的超稳定结构，这两者都是不太正常的。坪山新区通过一系列诸如明确主体责任、启动行政效能问责之类的积极措施，让不干事的干部有闲不起的危机感，让不执行的干部有坐不住的忧患感，让不作为的干部有懒不得的紧迫感。这样的危机感、忧患感、紧迫感，正是执行力的控制阀门所在。

进一步说，在这样一个社会转型时期，政府不能只担任守夜人的角色，还应成为"撞钟者"。这需要打造一个与现代性相适应的高素质的公务员队伍，更需要为他们提供一个人尽其才、能者上而庸者下的平台。坪山新区致力于构建"小政府、大服务"，行政服务大厅开始运行，通过流程再造来缩短链条、减少程序、提高效率，而这一切仍取决于贯穿整个链条的公务员的执行力。我们因而期望，剑指"庸、懒、散"的"坪山经验"能在更大范围内推广。

食品安全考量政府执行力

民以食为天，食以安为先。近几年来，政府对食品安全工作不可谓不重视，各项措施一项又一项，专项整治一个又一个，可山河依旧，面貌未改。譬如毒大米、毒粉丝、毒奶粉、毒豆芽、地沟油、注水肉、瘦肉精、染色馒头，等等，中国的食品实在不能让国人放心，让世界放心。有人甚至喊出了："让我们还吃什么？"这样无奈的声音！中国的法律不可谓不全，中国的监管机构不可谓不庞大。从天上飞的到地上跑的，从日用品到食品，哪一个行业没有监管机构？但为什么还是问题层出不穷，屡禁不止？日益爆料的激素、色素、毒素等重大食品安全事件不仅严重影响到人们的身体健康，造成了巨额的财产损失，而且也影响到中国的经济发展、食品出口、社会稳定等一系列问题。食品安全直接考量政府的执行力。所谓政府执行力，就是政府部门及工作人员有效执行公共政策、决策、战略、计划以及执行政府日常公共事务和有效完成政府既定目标任务的内在能力和力量。要提高政府和公务人员的执行力，科学决策是前提，体制改革是保障，提高素质是基础，监督执行是关键。政府执行力是保持政令畅通、提高行政绩效的重要保证；执行力是政府工作的生命力，也是党的执政能力的重要内容和具体体现。食品安全是国家公共安全的重要组成部分，政府作为公共产品的主要供给者，必须通过积极的干预来促进食品产业的健康发展。

思考与研讨

1. 以上案例均摘自新闻报道，结合本章的知识内容，说说你的读后感受。
2. 请结合上述案例（一个或者多个），谈谈你对政府行政执行要注意哪些方面。

案例三

上海浦东以执行力啃改革硬骨头

"原来我们周浦企业办事，要在惠南和区政府两头跑，现在只要到附近的张江行政服务中心,一天就能办完企业投资备案手续。"2014年国庆长假后首个工作日,周浦企业集团公司项目经理陆彬拿到当天出炉的项目许可证,成为浦东行政审批新一轮改革的受益者。

重视基层感受,改变工作作风,用狠抓执行力破除思想"三违",这是浦东开展党的群众路线教育实践活动的一项重要内容。市委常委、浦东新区区委书记沈晓明说,"浦东开展教育实践活动的最大特点,是与改革紧密结合,以活动推动改革。思想作风上的推诿、扯皮、不作为,是改革路上最大的绊脚石。要以抓执行力作为抓作风建设的着力点,进一步增强敢闯敢试敢担当的勇气。"

一项案例引出"四个反差"

作为全面深化改革的先行者,改革是浦东的生命线。近年来,浦东主动对接和服务上海自贸区建设,优化政府管理体制,通过市场监督管理"三合一"改革等,进一步转变职能、提高效能,试图建设一个高效的服务型政府。然而,一个不容忽视的问题摆在改革者面前:在浦东的干部,特别是领导干部中间,不少同志执行的观念淡薄了,执行的力度减弱了,执行的本领退化了。有一个关于执行力的案例在浦东干部中引起热议。那就是浦东的建设项目审批已经从法定的281天压缩到50天,看上去审批时间大大缩短了,但每一次市场调研中,还是有很多企业反映审批效率低下,办事不方便。这是为什么?原来,问题的症结在于审批部门与企业的算法不一样:审批部门是从企业递交符合要求的材料开始计算审批时间,而事实上,企业此前为了准备这些材料,可能已数次登门办理,耗费了大量时间,企业的感受是从第一次递交材料时就开始计算了。"数字好看没有用,不解决企业实际问题!"在分析讨论中,浦东干部认识到,在工作中存在着"四个反差",即:改革创新的认识和行动之间存在反差;漂亮的数字和实际的效果存在反差;"施工"方案和"竣工"结果存在反差;机关的努力和基层的感受存在反差。这些反差与工作作风有关,与执行力退化有关。

执行力减弱,随之带来"作风漂浮""矛盾积累"和"错失机遇"。比如对于改革创新,很多人认识到位,创新想法也有,但涉及部门利益、改到自己头上时,就会患得患失、裹足不前;比如浦东农民收入,在全市排名很好看,但收入结构不合理,关键的财产性收入和经营性收入增长较慢;再比如很多新产业,包括海洋高新、物联网、大数据、互联网金融、跨境电子商务等,浦东干部研究得很深,思考得很多,看得也很准,但落到实处还不够,效果和影响力还不大。

制度建设提高执行力

在教育实践活动中,浦东进一步将"执行力减弱"列入区委专项整治任务,着力破解"四个反差"问题。浦东区委组织部副部长、教育实践办公室常务副主任周奇告诉记者,目前,以"提高执行力"为目标,浦东正在开展"四个一"工程:出台一个意见——《关于提高干部执行力的若干意见》);制定一份守则——《浦东新区党员干部执行力守则》;开展一次"提高执行力"专题培训;健全一批机制和制度,包括科学决策、工作督查、请示报告、考核激励等方面的机制和制度。具体而言,就是在加强科学决策上下功夫,在增强工作合力上下功夫,在改进工作方法、强化过程管理上下功夫，在研究新情况、解决新问题上下功夫，在改革经验的复制推广上下功夫。浦东通过制度建设的方式，要求各级领导机关和领导干部做到解放思想、集思广益。重大事项在决策前要充分讨论，发挥各方面的才智，集中各方面的正确意见。讨论中，分管领导要欢迎班子其他同志发表意见，班子成员要打消各种顾虑，积极参与讨论。增强工作合力，是提高执行力的一个有效途径。在活动中，浦东进一步通过理顺区级机关和街镇之间、区级机关和开发区之间、开发区和街镇之间的工作职责和事权划分，通过改革压缩推诿扯皮的空间，切实解决部门职能交叉、重叠问题以及管理盲点问题，从机制上努力避免出现推诿扯皮、管理空白现象。此外，浦东还在改进工作方法、强化过程管理上，突出问题导向，不断改进督促检查方式，加强人大法律监督、政协民主监督作用，发挥监察组织的行政监察职能和巡察组织的巡察功能，努力形成覆盖全区大督查格局，不让"执行力"成为一纸空文。

以执行力化解"老大难"问题

有了执行力，工作就有精气神，一些老大难的"硬骨头"也被一一化解。"三违"是城市管理中公认的顽疾。2014 年，浦东一举拆除近 300 万平方米违法建筑。这个任务在年初布置时不可想象，如今年底前完成 400 万平方米的拆违目标也指日可待。在整治群租过程中，新区相关部门和街镇创新办法，疏堵结合。唐镇尝试一种全新的代理公租房新路径，即由政府委托的中介机构出面，以 6 年为一个周期，从居民手里收租多余的动迁房，统一装修后，成为公租房性质的人才公寓，以略低于市场的价格出租给有住房需求的人才。目前，已收到房子 600 多套，完成装修的 180 多套全部出租。此举不仅大大缓解了人才住房难题，"堵"住了群租源头，又盘活了居民闲置房的存量资产。"动迁居民逾期过渡"也是涉及老百姓切实利益的要紧事。经排摸，浦东梳理出 2013 年底在外过渡的农（居）民 20966 户，涉及征收安置房建设项目 62 个。然后强化统筹协调，进行整体推进。目前，提前启动并获得曹路、三林共计 170 万平方米的区级征收安置房基地的原则认定批复。同时，还从惠南民乐、周康航、曹路、三林等市大居基地筹措 60 万平方米的房源。截至 8 月底，全区已完成动迁居民回搬 5868 户，年内将完成 7500 户回搬目标。此外，很多职能部门还针对群众反映强烈的问题，及时整改，强化执行。比如，区商务委、区市场监管局等针对"外资企业设立和变更审批时间长"的问题，联合推出外商投资企业设立和变更"一口受理"试点政策，实现外资批准文件、营业执照、组织机构代码证、税务登记证、食品前置许可证的"五证联办"。做到外资企业获取"出生证"时间最短、行业覆盖面最广、受理事项最齐全、办事流程最透明，较国家法定审批时间缩短 90%。

思考与研讨

1. 上海浦东的执行力的变化给了我们什么启示呢？
2. 结合案例，谈谈提升部门执行力的途径有哪些？

第九章　公文写作力

第一节　公文写作力的概述

一、公文写作力的概念

公文是公务文书的简称。我国现存最早的公文是殷商时代的甲骨文卜辞。西周时期出现了"誓""诰""盟书""谱牒""政典"等公文形式。《尚书》是史存最早，较为系统、完整的公文典籍。《尚书》纂集了虞、夏、商、周四个朝代的公文，其体式又分为典、谟、训、诰、誓、命六种。典，"五帝之书也"，即记录五帝时重大国事的文书。谟，"议谋也"，即上层管理者的治世谋略记录。训，"说教也"，即教诲性言辞。诰，"告也"，即告白天下的训诫性文告。誓，"约束也"，是一种誓众文告。命，"使也"，也就是命令。秦汉时期产生了"制""诏""敕""策""章""奏""表""议"等。至唐宋后，又出现了"戒""符""露布""公移""判""国书""谕""疏""札"等公文样式。明清公文在沿袭唐宋体制的基础上，又产生了"题本""奏本""照会""堂谕"等公文样式。

公文是党政机关、企事业单位、社会团体在公务活动中所使用的各类文字材料，是为处理公务而形成的具有法定效力和规范体式的文字材料。[①] 现代公文，主要指党政机关在实施领导和行政管理过程中形成的具有法定效力和规范体式的文书，是进行领导管理和公务活动的重要工具，也泛指各级各类机关、社会团体、企事业单位制订、使用的公务文书。

公文写作工作贯穿机关管理工作的始终。公文是公务活动中所形成和使用的文字材料，是方针、政策、法规、政令和信息、情况的表现者、运载者，是机关实施管理的基本手段和重要工具，发挥着上传下达、下情上报和信息沟通的重要作用。我们要向上级报告情况，需要写成文件；我们要向乡镇、村安排什么工作，提出工作要求，需要写成公文印发下去，备查、备用，便于基层照章执行；我们要告知社会公众一个什么决定，也要印制成公文。因此，公文写作与我们每一个机关工作人员息息相关。可以说，具备较强的公文写作能力，是每一个机关工作人员的基本素质要求。当前，各级各部门都十分缺乏优秀的文秘工作人员。有许多年轻人因为具备较好的文字功底，而被选拔进市、县党委、政府机关工作，从而改变了自己的生活环境和人生境遇。一些机关还因为选不到合适的文秘人员而发愁。由此可见，重视公文写作、加强公文写作，对于年轻人来说，具有更加积极的作用。

---

① 苏宝忠：《基层公务员素质与能力建设》，161 页，北京：清华大学出版社，2009。

二、公文写作的特征

（一）公文的特征

1. 政策性
公文是党政机关在行使职能、办理事务的重要的载体，对治理国家政治、经济、文化、社会等方面都有着重要的指导意义和作用，是维护国家社会主义制度、建设社会主义物质文明和精神文明的重要保障。因此，各级的党政机关及公务人员制定和发布的公文，都必须要符合党和国家的方针和政策，必须与党和国家的政治目标和政策轨道相符合。

2. 权威性
首先，公文是由法定的作者制定和发布的。再者，无论是事实、数字还是各种意见、结论，一旦正式进入了公文成为公文的一部分内容，就不能再任意去改动了。最后，公文是必须与党和国家的政治目标和政策轨道相符合，即代表公文必须体现国家与人民的根本利益，是其权利的象征，也是其开展工作的寄托，公文是具有法定的权威和约束力的。

3. 规范性
公文的撰写、处理的整个程序均有一套规范化的制度，这制度是由国家有关部门制定的。制度中，对公文的体式（包括文种的名称、结构、标记）、用纸等都有统一的严格的规定。因此，任何单位或个人都不能随意进行改动，必须严格按要求来行文。公文的这种规范性既维护了公文的权威和严肃，也使得公文在日常的事务办理过程中发挥出有效的作用。

4. 实用性
公文是各机关和团体在日常事务办理中不可或缺的重要工具，因此公文的应用非常广泛，它是实用性和工具性极强的一个办事工具。此外，公文总是可以根据现实情况和突发事情进行调整继而制发，有着明确的写作目标，可见其实用性之强。

5. 时效性
公文的制发总是针对特有的问题，它们存在于特定的时间内，而且也有送达的期限。公文的适用期不是长久的，一旦时过境迁，公文就没有了实用价值，被立卷、归档从而成为历史档案。因此，公文的写作、传递、办理，通常都有严格的时间规定，讲究时效性。

6. 可靠性
公文写作的基本原则就是内容真实与准确，公文涉及的事实以及相关的材料数据必须是准确无误的，不得有任何的偏差和虚假。公文写作中不得使用一般文学中常见的虚构、想象等写作手法。因此，公文的写作一定要核准事实与数据材料，用绝对可信的事实说话。

(二) 公文写作的特征

1. 公文写作是受命性的写作

文学性作品的写作，往往受作者个人思想和情感的控制；而公文写作则不然，作者在写公文时必须遵照领导的意图，以机关或组织的集体意志为旨意。公文内容到底写什么，什么时间完成，需遵从领导的安排，或依据决策层和全体成员的意愿，在机关单位主要领导人的授意下进行"遵命"写作。因此，这种文章带有明显的"为人作嫁衣""代机关立言"的性质。写作者在公文写作过程中，不能自作主张，抒发己见，任意发挥，随意铺陈，这些要求都是由公文写作的受命性特点决定的。因此，公文写作动机只能是根据公务活动的客观需要，由领导集体或负责人作出安排，一般不允许带有个人的随意性和自发性。

2. 公文写作是实用性的写作

公文写作作为一项社会活动，有着特定的实用目的和实用范围。其作用是"传达贯彻党和国家的方针、政策、发布行政法规和规章，施行行政措施，请求和答复问题，指导、布置和商洽工作，报告情况、交流经验"。① 公文直接形成于内容所针对的现实公务活动中，对受文者及其他有关方面的行为将产生为法律法规所规定的不同程度的强制性影响；如在规定的时间、空间范围和机构、人员范围内，强制执行内容，强制阅读、办理，强制复文等。公文写作是为了某项工作的需要，或为解决公务活动中的某一些实际问题，具有很强的实用性和功效性。因此，在写作过程中，不必拘泥于字句的华美，只要能够表情达意，将要表达的东西讲清楚就行。有人说，写公文就是讲"官话""套话"，就是写"八股文"；其实，这就是公文区别于其他文章的典型特点。

3. 公文写作是时限性的写作

公文的法定作者，指依法成立并能以自己名义行使职权和承担义务的国家机构与其他社会组织（以下统称为机关），公文必须以这些机关的名义或其法定代表人的名义制发。发文机关必须依照法定权限和职能制发公文，不能越权行文、违法违章行文。公文写作受时间的严格约束，公文起草者在日常公文的起草中都受着十分严格的时间限制。有时一份公文必须在几天，或一两天内撰写出来。一旦遇到紧急情况，从接受公文撰写任务到草拟成文只有一两个小时的时间。这就对公文写作者提出了很高的要求，不仅要求他拥有敏锐的反应能力，同时还需要有很好的写作功底。要达到这点，并非一日之功，需要长期的训练和积累，所谓"熟能生巧"。

4. 公文写作是法定性的写作

为保证公文的有效性，国家有关机构规定了各类公文的生成程序，必须履行这些程序，公文才能产生法定效用。之所以说公文写作是法定性的写作，主要是从两方面来谈的。首先，从公文的作者来看，它必须是法定的作者。所谓法定的作者，是指依法成立并能以自己的名义行使职权和承担义务的国家机构和其他社会组织（统称为机关），公文内容代表的是机关意志，它必须以机关的名义或法定代表人的名义制发。公文的撰写

---

① 国务院办公厅：《国家行政机关公文处理办法》，见《北京档案》，13～17页，兰州，秘书之友，1987。

者虽然是个人,但他必须代表集体意志来写作。其次,从公文的内容来看,由于公文是公务活动的沟通媒介,任何公务活动都必须符合各项法律和法规,而不能与法律相冲突;因此,公文的内容必须合法,不得在公文写作中出现任何与法律法规相违背的内容。公文一旦写作完成,就具有一定的施政效力。这就要求公文的撰写者在掌握本系统、本单位的业务知识和能力的基础上,还有必要掌握一定的法律知识,做到在公文撰写中,有违于法律的话不写,有悖于法规的事不做。依法定句,依法行文。

5. 公文写作是定向性的写作

为了维护公文的权威性、准确性与有效性,方便公文的写作与处理,国家有关机构以法规、标准等形式,对公文的文体、结构、格式进行了统一规范,公文制发者必须认真遵循这些规范。任何文章都有一定的读者对象,即写作学上所说的受体。公文的受体是显在的,具有明确的指向性。公文写作时一般要具体写明"主送机关""抄送机关",或在附注中表明阅读对象。诸如上行文的读者是上级机关,下行文的读者是隶属的下级机关,平行文是同一组织系统的同级机关或不相隶属的机关单位。公文写作这种受体的定向性是由公文的工具性功能所决定的。公文写作的被动性是国家管理中的必备产物,是与国家政权的权威性、统一性相一致的。作为公务信息的法定载体写作,即使如有人预言,到了21世纪的"信息社会",文书往来的载体和传输方式有可能发生革命性变革,但万变不离其宗。正因为如此,公文写作时就要考虑到不同的受体对象,选择不同的公文文种,运用不同的表达方式,考虑不同的语气措辞。①

三、公文写作的地位与作用

(一)公文写作的地位

1. 公文写作是机关干部的基本功

机关干部有三大基本功,即办事、办会、办文。不管是办什么,最后都离不开公文写作。你笔头不行,办事能力再强,办会水平再高,办文速度再快,也无法胜任工作。因为你无法正确地表达出自己的想法,不能使个人的智慧变成集体的智慧;最后,你只能帮别人跑跑龙套、打打下手。这样的机关干部,在机关里混已经不容易了,要提拔就更难了。也有人说,我看到一些人不会写,不是官当得比我还大吗?有这种情况,但大都是过去上来的,而且是上了年纪的人;现在的一些领导都是能写的,只不过当了领导不用写罢了。

2. 公文写作是实现自我的重要一环

文字写作最大的一个好处,便是通过写作,使你的思维得到了整理。原本凌乱的想法在写作过程中逐渐明晰起来,一些漏洞得到了暴露和弥补。写作还可以使经验得到提炼和积累,使稍纵即逝的想法固定下来,完善起来,最后形成一个完整的想法。写作也是别人认识你、了解你的一个途径。口头表达的机会更多地被领导所占有,尤其是大会上的发言,一般干部很难有这个机会。书面表达则可以突破时空的限制、层级的限制,

---

① 何青:《试论公文写作的本质特征》,载《攀枝花大学学报》,1997年3月,第14卷第1期,第61页。

你独到的想法，通过公文的交流，可以被更多的人所了解。一不小心被领导采纳，成了决策，无形之中对社会发展做出了贡献。说不定还会被领导所赏识，得到一个发展的机会。

3. 公文写作也是整合组织资源的重要手段

公文从起草、修改、定稿、签发，到接收、贯彻，要经过数人之手，每个人都在上面修改一点，完善一点，最后成了集体智慧的结晶。在这一过程中，通过公文的写作与流转，使组织资源得到了整合。如果没有公文，你传一句话给我，我传一句话给他，要不了几个回合，那话的意思就变了。而通过公文的传递，不但意思不会变，而且会更完善，意见会更统一。这就是公文的意义所在。俗话说口说无凭，立据为证。公文还有一个重要作用就是凭据作用。谁说了都不算，有红头文件才算数。通过红头文件，可以把整个组织的资源都调用起来。

（二）公文写作的作用

1. 颁布法规、传达指令

《国家行政机关公文处理办法》总则第二条强调公文："是依法行政和进行公务活动的重要工具。"传达党和国家的方针、政策，颁布政令、法规，规范人们的行为，这些都是离不开公文，它在维护社会正常生活秩序的工作中发挥作用。

2. 指导管理

各级党政机关的公文，在一定范围内起着领导与指导的作用。上级机关同下级机关是领导与被领导的关系，上级机关对下级机关所发布的公文，自然具有领导与指导的作用。所以，相当多的公文起草、定稿过程，实质上就是指导、管理工作的实施过程。

3. 交流信息

公文还具有交流信息的基本功能。各类机关在日常处理工作、业务活动时，会经常利用公文与上下级、左右级的机关单位进行联系。无论是上情下达、下情上传，还是友邻单位之间的互通情况、交流经验，都需要以公文作为媒介传递信息。

4. 宣传教育

宣传教育就是为了明确宣传党和国家的方针和政策。公文在传达方针政策的时候会规定人们应该怎么做的同时，还应该说明这样做的原因，帮助群众了解这些规定的原因与目的，这样才能发挥宣传的作用，起到教育的作用。

5. 凭证依据

凭证依据是活动开展的依据，也是公务活动的真实记录与凭证。各种公文都要反映制发机关的意图，受文机关可以将收到的公文作为处理工作、解决问题的依据。因此，许多公文特别是重要公文都需要归档保存很长的时间，以便需要时查找和翻阅。

第二节　公文写作的内容构成

一、公文的分类

（一）按形成和使用的公务活动领域划分

1. 通用公文
通用公文是各级各类机关、团体、企事业单位，在公务活动中普遍使用的公文。
2. 专用公文
指一定的专门业务机关、部门、组织在业务工作范围内，因特殊需要专门使用的行业、专业、部门公文。例如外交文件、司法文件、军事公文、审计文件等。

（二）按公文的来源划分

1. 对外文件
简称发文，指本单位向外单位发出的文件。
2. 收来文件
简称收文，指由外单位发送来本单位的文件。
3. 内部文件
限于单位内部制发、运行和使用的文件。

（三）按公文的行文关系和行文方向划分

1. 上行文
指下级机关、单位向隶属的上级领导机关和单位报送的公文。
2. 平行文
指同级或者不相隶属的机关单位之间的行文。
3. 下行文
指上级领导机关单位对所属的下级机关单位的行文。

（四）按公文的秘密程度和阅读范围划分

从公文内容涉及秘密的程度，以及对公文规定的阅读范围，可将公文划分为：
1. 绝密文件
指内容涉及国家核心秘密，一旦泄露会使国家的安全和利益遭受重大损害的公文。
2. 机密文件
指内容涉及国家重要秘密，一旦泄露会使国家的安全和利益遭受严重损害的公文。
3. 秘密文件
指内容涉及国家一般秘密，一旦泄露会使国家的安全和利益遭受一定损害的公文。

4. 内部文件

指内容虽不涉及秘密，但不宜或不必对社会公开，只限在国内某系统、某部门内部使用的公文。

5. 限国内公开的文件

指内容不涉及秘密，但不宜或不必向国外公布而只在国内公开发布的公文。

6. 对外公开的文件

指内容不涉及任何秘密，可直接对国内外公布的公文。

（五）按公文处理时限的要求划分

1. 特急件

指内容至关重要并特殊紧急，已临近规定的办结时限，需随时随地优先迅速传递处理的公文。

2. 急件

（党的机关公文作加急件）指内容重要并紧急，需打破工作常规优先迅速传递处理的公文。

3. 平件

平件指无特殊时间要求，需按工作常规依次传递处理的公文。

如系电报，可分为：特提件、特急件、加急件、平急件。

（六）按收文机关对收到公文的处理方式划分

1. 阅件

即阅知性公文，指只需按规定交有关部门、有关人员阅知的收文。

2. 办件

即承办性公文，指必须交有关部门、有关人员及时办理（或答复、或贯彻执行）的收文。

（七）从物质载体的角度划分

1. 纸质文件

用纸张印制、书写的文件。

2. 感光介质文件

以感光胶片、像纸等感光材料为物质载体的文件。如照片文件、影片文件、缩微胶片文件、显微胶片文件等。

3. 磁介质文件

以磁带、磁盘、磁鼓等磁性材料为物质载体的文件。如录音文件、录像文件、计算机磁带文件和磁盘文件以及磁光盘文件等。

4. 电子文件

指借助于电子计算机生成、传输和处理的文件等。

他们的制作方式、处理方法和保管要求均各不相同。

(八) 按公文性质和作用划分

在通用公文和专用公文的不同范畴内，都可以有不同的类型。我们从管理工作的性质和公务活动的内容相结合的角度，可将通用公文分为若干类型。

二、通用公文的类型

(一) 党政机关主要公文类

这是《中国共产党机关公文处理条例》（以下简称《条例》）和《国家行政机关公文处理办法》（以下简称《办法》）中规定的党的各级机关、国家行政机关正式文件常用的主要文种。企事业单位、人民团体也常酌情比照使用。《办法》对公文格式作了16个方面的规定，包括：发文机关名称、秘密等级、紧急程度、发文字号、签发人、标题、主送机关、正文、附件、印章、成文时间、附注、主题词、抄送机关、印发机关和时间。[①] 党的各级领导机关常用主要公文14种，国家行政机关常用主要公文13种，综合起来，可分为以下几个小类。

1. 领导指导性公文

命令（令） 用于依照有关法律发布行政法规和规章，宣布施行重大强制性行政措施，嘉奖有关单位及人员。法定的国家机关，才有权在规定的权限和范围内，依法发布命令（党的各级机关通用公文无此文种）。指示 用于对下级机关布置工作，提出开展工作的原则和要求（国家行政机关常用主要公文无此文种）。决定 用于对重要事项或者重大行动做出安排及决策，奖惩有关单位及人员，变更或者撤销下级机关不适当的决定事项。决议 用于发布经会议讨论通过并要求贯彻执行的重要决策事项（国家行政机关不用此文种）。通知 用于批转下级机关的公文，转发上级机关、平行机关和不相隶属机关的公文，传达要求下级机关办理和需要有关单位周知或者执行的事项，任免人员。通报 用于表彰先进，批评错误，传达重要精神或者情况。批复 用于答复下级机关请示事项。会议纪要 用于记载和传达会议情况、主要精神和议定事项（条例、规定，系党的各级机关通用公文，当属此类。但从国家行政机关的行文规范和从写作规律看，将其列入法规和规章文体为宜）。

2. 呈报性公文

议案 用于各级人民政府（或者法定人数的人民代表）按照法律程序向同级人民代表大会或人民代表大会常务委员会提请审议事项（党的各级领导机关不用此文种）。请示 用于向上级机关请求指示、批准。报告 用于向上级机关汇报工作，反映情况，答复上级机关的询问。

3. 公布性公文

公告 用于向国内外宣布重要事项或者法定事项。通告 用于公布社会各有关方面应当遵守或者周知的事项。公报 用于公开发布重要决定或者重大事件。

---

① 国务院办公厅：《国家行政机关公文处理办法》（文中简称《办法》）。

4. 商洽性公文

函 用于不相隶属机关之间商洽工作，询问和答复问题，向有关主管部门请求批准和答复审批事项。

5. 兼容性公文

意见 是行政机关用于对重要问题提出见解和处理方法（党的机关使用意见就是下行文了）。

（二）行政法规、规章和管理规章

条例 用于对某一方面的行政工作作出比较全面、系统的规定的法规。国务院各部门和地方人民政府制定的规章不得用条例（但党的中央组织制定规范党组织的工作、活动和党员行为的党规，用条例），也不能用于管理规章。规定 用于对某一方面的行政工作和事务制定出带有约束性的措施和部分的规定。既可用于法规、规章，又可用于管理规章。办法 用于对某一项行政工作作出比较具体的、可操作性的规定。既可用于法规、规章，又可用于管理规章。章程 是管理规章的一种，用以规定一个组织或团体的性质、宗旨、任务、组织机构、组织成员及其权利义务、活动规则等事项。守则 是管理规章的一种，用于在一定范围内对有关人员作出行为准则、道德规范。规则 是管理规章的一种，用于在一定范围内对某项工作或活动作出行为规范。准则 是管理规章的一种，用于在一定范围内对组织的成员，或者限定的有关人员作出行为规范。细则 是管理规章的一种，用于具体执行实施有关法律、法规和行政规章而制定的一种解释性、操作性的规章。规范 是管理规章的一种，用于对某项工作的质量标准、质量要求作出规定。规程 是管理规章的一种，用于对某项工作、某项活动的操作过程、实施办法作出的有序的规定。制度 是管理规章的一种，用于对某项具体工作、具体事项制定出一些切实可行而又必须遵守和执行的纪律与规定。公约 是管理规章的一种，是某一组织、群体为了做好某一项工作，正常开展某一项活动或维护正常的工作、生产、学习、生活秩序，经过商量确定的、必须共同遵守的行为规则。

（三）会议文书

开幕词与闭幕词 是有关领导人在庄重、严肃的大型会议开幕时和闭幕时的短篇讲话稿。会议工作报告 是主要领导人在代表会议、工作会议上代表领导机构所作的说明成绩和经验、问题和教训，介绍形势与工作情况，提出任务与措施的全面性报告。专题讲话 是有关领导人在会议上围绕形势与任务，就某方面工作、某一专门问题所作的指导性讲话。提案 是与会代表按规定向某些重要会议提出并提请大会讨论或处理的书面意见和建议，多用于各级政协会议。会议记录 是当场记录会议的基本情况，即会议组织情况、会上的报告、讲话、发言以及会上讨论的问题、议定的事项等内容的书面材料。

（四）计划、决策与反馈文书

可行性分析（研究）报告 是领导机关、部门、单位对某项工作作出重大决策前，对决策方案进行比较、分析等可行性论证，根据论证结果写出的报告。计划　是机关、单位、团体预先对一定时期内的工作提出目标、要求、措施和安排的公文。通常说的安排、方案、设想、打算、要点、纲要、规划等，都属计划。总结　是对前一阶段的工作回顾、检查和分析研究，找出成绩与问题、经验与教训，用以指导今后工作的一种公文。答复　是各级政府办公厅（室）及有关部门，对人大代表建议（批评和意见）、政协提案办理之后，将办理意见或处理结果直复提出建议、提案的有关人员和组织的公文。

（五）公务信息文书

调查报告　是对客观事物调查研究后写成的反映调查结果的公文。简报　是机关、单位、团体用来反映情况、传递信息、交流经验的一种公文。信息快报　是及时反映公务活动运转情况和社情民情，供领导和有关部门决策和指挥工作参考的一种短篇公文。信访摘报　是信访部门对群众来信来访内容摘要整理而成的报告。信访分析报告　是信访部门对一段时间内群众来信来访反映的问题，作出综合分析研究而写出的分析报告。

（六）日常事务文书

日常事务文书是党政机关、单位、团体在处理机关日常具体事务时所使用的、格式很固定的公文。它的种类较多，可分为如下类型。

1. 公务书信

公务书信的种类较多，机关日常工作中常用的有：

（1）介绍信。

用于证实单位有关工作人员的身份，介绍其工作使命，凭此与其他单位接洽工作的一种证明性函件。

（2）证明信。

用于证明有关人员身份或有关事情真相的一种证明性函件。

（3）公开信。

机关、单位、团体就某项重要工作或者某个重大问题，向一定范围的有关人员公开发布的书信。

（4）倡议书。

机关、单位、团体或会议、或某一群体就人们所共同关心的事情，向社会或有关方面首先提出的带有号召性建议的一种专用书信。

（5）慰问信。

机关、单位、团体或群体向有关方面、有关人员表示安慰和问候的一种专用书信。

（6）感谢信。

机关、单位、团体或群体向有关方面、有关人员表示感谢的一种专用书信。

（7）贺信。

向取得成绩或遇上喜事的有关方面、有关人员表示庆贺的一种专用书信。

（8）邀请书（请柬）。

在举行某项活动、开展某项工作、召开某个重要会议时，向有关单位、有关人员发出邀请而使用的一种专用书信。

（9）聘请书。

机关、单位、团体招聘、聘任某些专门人员所使用的一种专用书信。

2. 告启文书

（1）启事。

机关、单位、团体需要公开向大家说明某项事情或者希望公众协助办理某件事情而使用的文书。

（2）海报。

机关、单位、团体向公众公布有关文艺、体育、科技、学术、展览等方面活动消息的文书。

（3）声明。

国家、政府、政党、团体、机关或有关人员对重大事件和问题表明立场、态度、主张而发表的一种文书。

（4）广告。

有关单位通过一定的舆论媒介，进行有关商品或劳务智力服务的公开宣传、传递市场信息的文书。也属经济文书的一种。

（5）公示。

机关、单位、团体领导机构，需作出涉及某项决策、人事任免、组织处理或安排等重要事项的决定，在事前征求一定范围公众意见的一种周知性公文。

3. 条据

单位之间、单位与个人之间，在收、领、借钱财物品时所写的凭据。如收条、领条、借条、欠条等。

4. 大事记

按时间顺序连续记载某个机关、单位在一定时期的重要工作、重大事件、重要活动的书面材料。

5. 丧事礼仪文书

丧事礼仪文书包括以下几种文书：

（1）讣告。

机关、单位、团体把某人不幸去世的消息告知亲属好友和有关方面的一种文书。

（2）唁函（唁电）。

机关、单位、团体向死者家属或死者所在单位发出的、向死者表示哀悼、向其家属或所在单位表示慰问的专用书信（电报）。

（3）悼词。

领导人代表机关、单位、团体在追悼会上对死者表示悼念与哀思的致辞。

值得注意的是，日常事务文书的不少文种（如启事、条据、讣告等等），具有兼容性的特点，它们用于私人时则不属公文而是私人文书了。

三、公文的体式

公文的体式，指的是文件的体例和格式。格式包括文件的结构、各种标记和页面的安排。文件的撰写和印刷，都要按照规定的统一体式，不能随便标新立异。文件只有结构完整、标记明确，符合规定的格式要求，才能保证它的有效性和文书处理工作的便利。各种文件的作用有所不同，也需要分别标明。这些都是学习公文写作和办理需要了解和掌握的。《国家行政机关公文处理办法》规定：公文一般由秘密等级和保密期限、紧急程度、发文机关标识、发文字号、签发人、标题、主送机关、正文、附件说明、成文日期、印章、附注、附件、主题词、抄送机关、印发机关和印发日期等部分组成。

（一）秘密等级

秘密等级是指公文的机密程度的等级。依次为"绝密""机密""秘密"三个等级。涉及国家秘密的公文应当标明密级和保密期限，机密等级由发文机关根据公文内容所涉及的机密程度来划定，并据此确定其送递方式，以保证机密的安全。密级的位置：通常放在公文标题的左上方醒目处。机密公文还要按份数编上序号，印在文件版头的左上方，以便查对、清退。密级划分要准确、适当。

（二）紧急程度

这是对公文送达和办理的时限要求。《国家行政机关公文处理办法》规定"紧急公文应当根据紧急程度分别标明'特急''急件'"。在实际工作中往往分为"急件""紧急""特急"、限时送达几种。标明紧急程度是为了引起特别注意，以保证公文的时效，确保紧急工作问题的及时处理。紧急程度的标明，通常也是放在标题左上方的明显处。"急件"不可滥用，否则反而影响真正急件的处理。

（三）发文机关

发文机关即文件的作者，又称落款，写在正文的下面偏右处。发文机关一般要写全称或者规范的简称。如果是联合行文，主办机关排列在前。有时以机关领导人、负责人的名义行文。具体到每个文件以什么名义行文主要决定于文件的内容和作者的职权范围。以领导人的名义行文，应在姓名方前冠上职务身份，如"县长　×××"。

（四）发文字号

发文字号是由发文机关编排的，它的作用，主要是便于文件的管理和统计。在查找和引用文件时，它又可以作为文件的代号使用。例如"中办发〔1996〕14号"，即代表中央办公厅1996年14号文件《中共中央办公厅关于印发〈中国共产党机关公文处理条例〉的通知》。发文字号应包括所在行政区域代字、机关代字、文件种类代字、年号、顺序号。几个机关联合发文，只标明主办机关发文字号。例如"国发〔1995〕1号"，代表国务院1995年度第一号发文。年份一律用公元纪年全称，括于六角括号内，置机关代字之后，序号之前。发文字号标注位置一般应在文头之下取中，如标注签发人，发文字号可居左与签发人位置对应。

（五）签发人

上行公文应当在发文字号右侧标明"签发人"，以示负责。位置在发文字号的同一行右端、红线之上标明即可（形式为"签发人：×××"），其中，"请示"应当在附注处注明联系人的姓名和电话。

（六）标题

公文的标题应当准确简要地概括公文的主要内容并标明公文种类。公文的标题由发文机关名称、事由、文种三个部分组成，称为公文标题"三要素"。例如，《中共中央关于经济体制改革的决定》中"中共中央"是发文机关，"经济体制改革"是事由（内容），也是文件的主题，"决定"是文种。公文标题应当准确、简要地概括公文的主要内容。公文标题的位置在公文的开首，居于正文的上端中央。在一般情况下，公文标题的三要素都应完整地表达出来，以便于文件的登记、阅读、批办、立卷归档和调阅。但是由于文件的具体情况比较复杂，因而，有时文件标题只标事由和文种，如《关于今年元旦、春节活动的通知》。有时文件标题只标出发文机关和文种，如《中华人民共和国全国人民代表大会公告》。有时只标出文种，没有标出发文机关和事由（内容）。例如，《布告》《通告》等。标题中除法规、规章名称加书名号外，一般不用标点符号。批转、转发公文，如被转发公文的标题过长，可以进一步压缩文字、概括内容，但不应以其发文字号代替标题。贯彻上级公文，在其标题之后可不再标公文种类，以避免出现"通知的通知"。

（七）主送机关

主送机关即公文的主要受理机关，是发文机关要求执行或办理、答复这份文件的主体单位，也是发文机关依靠解决问题和完成任务的主要对象。上级机关对所属各个下级机关发出的指示、通知、通报等，叫普发公文。需要所属机关了解和执行的文件，各下属机关都是主送机关。主送机关要使用全称或者规范化的简称、统称。下级机关向上级机关报告或请示的公文，一般只写一个主送机关；如需同时报送另一机关，可以用并报或抄报形式。主送机关一般写在正文之前、标题之下、顶行写，并加冒号。如主送单位过多，也可使用"×××××和有关工作部门"和称谓。如特殊需要也可将主送（分送）机关列在主题词之下，抄送机关之前。

（八）正文

正文是公文的主体，即文件的核心和主体部分。一般包括开头、主体、结尾三个部分。正文内容要求准确地传达发文机关的有关方针、政策精神，写法力求简明扼要、条理清楚、实事求是、合乎文法，切忌冗长杂乱。除综合性的报告、总结等文件，一般文件特别是请示问题，应当一文一事，不要一文数事。结尾部分要干脆利落，要杜绝套话、空话。正文位于标题或者主送机关下方。

（九）附件

附件是附属于正文的文件，是某些公文的重要组成部分。随文转发、报送的文件，随文下发的制度、办法、细则，正文的附属报表、说明材料等，都属于附件。公文如果有附件，应当在正文之后、成文时间之前注明附件的顺序和名称，名称之后不用标点符号。附件一般应与主件装订在一起，附件首页左上角应注明附件顺序号。如主件与附件不能装订在一起，其附件首页左上角应注明主件的发文字号和附件的顺序号（格式为"×××〔20××〕××号文件附件×"）。

（十）印章

印章是体现机关权威、责任和信用的明显标志，是作为发文机关对公文生效的凭证。所以，公文除"会议纪要"和以电报形式发出的以外，应当加盖印章。联合上报的公文，由主办机关加盖印章；联合下发的公文，发文机关都应当加盖印章。加盖印章处不再打印发文机关名称。印章必须端正，其位置注意上不压正文，下压成文时间，并尽量使年月日露出。

（十一）成文时间

成文时间，是指公文写稿后签发的时间，它是公文的重要组成部分。一切公文都应注明成文年、月、日。因为它直接关系到文件何时开始生效。一般文件的成文时间以领导人签发的时间为准，联合行文，以最后签发机关领导人的签发日期为准。电报以发出日期为准。会议通过的文件，以通过日期为准；法规性的文件以批准日期为准。某些法规性文件，除成文时间外，还在正文最后专门规定具体生效和开始执行的日期。成文时间一般写在正文之后，特殊情况下也可写在标题之下，并用括号括起来。

（十二）附注

附注是用以说明公文中在其他区域不便说明的各项事项。如需要加以解释的名词术语，或用于表示公文的传达范围、使用方法等。公文如有附注，应标在成文时间左下侧，空两字并用括号括起来。格式为"（此件不宣传、不登报）""（此件发至县团级）"。

（十三）主题词

主题词是指标印在公文上概括地反映公文主旨或中心内容的一组规范化名词或名词性词组。公文应当标注主题词。主题词的标引顺序是先标类别词，再标类属词。在标类属词时，先标反映文件内容的词，最后标反映文件形式的词。一份文件标引，除类别词外，最多不超过5个主题词。主题词标在文件的抄送栏之上，顶格写。各主题词之间空一字距离，不用标点符号。如"人事 任免 通知""财务 管理 规定"。

(十四) 抄送机关

抄送机关是指除主送机关外需要执行或知晓公文的其他机关。抄送机关依上级机关、平行机关、下级机关次序排列。同一层次的抄送机关依党、政、军、群顺序排列。抄送机关应当使用全称或者规范化简称、统称，其位置在公文末页下端，版记栏上面。

(十五) 文件版头

正式公文一般都有版头，标明是哪个机关的公文。版头以红套大字居中印在公文首页上部。"××××××（机关）文件"，下面加一条红线（党的机关在红线中加一个五角星）衬托。联合行文，版头可以用主办机关名称，也可以并用联署机关名称。

(十六) 印发机关和印发时间

印发机关和印发时间标注在抄送栏之下。印发机关排列在左，左空一字；印发时间排列在右，右空一字。

(十七) 其他

(1) 公文文字一般从左至右横写、横排。拟写、誊写公文，一律用钢笔或毛笔，严禁使用圆珠笔和铅笔，也不要复写。公文纸一般采用国际标准 A4 型（长 297mm、宽 210mm），在左侧装订。张贴的公文用纸大小，根据实际需要确定。

(2) 一般情况下，公文使用的字体应统一。发文机关标识推荐用（高 22mm × 宽 15mm）黑变体或初号宋体字。大标题使用 2 号宋体。小标题使用 3 号宋体。秘密等级、缓急归限和各标记字符或其他重点字句使用 3 号黑体字。主题词使用 3 号宋体字。正文、主送机关、抄送机关、无正文说明、附件说明、发文机关、发文字号、成文日期、印发说明、注释、特殊情况说明等，采用 3 号仿宋体字。批语、按语使用 3 号楷体。

(3) 页边与图文区尺寸方面有如下要求：公文用纸上白边（天头）宽：20mm ± 0.5mm。公文用纸下白边（地脚）宽：7mm ± 0.5mm。公文用纸左白边（订口）宽：20mm ± 0.5mm。公文用纸右白边（翻口）宽：15mm ± 0.5mm。

(4) 公文中各组成部分的标识规则，参照《国家行政机关公文格式》国家标准执行。

图 9-1 公文的格式示意图

顺序号	
密级和保密期限	
紧急程度	
抄送：	
印发机关	××××年×月×日印发
（印数）	

```
 000001
 机密
 急
                    ××县人民政府文件
                  ×府发〔2015〕××号
                      ××县人民政府
                关于××××××××通知
 各乡镇人民政府、县政府各工作部门：
   ××××××××××××××××××××××××××
 ××××××××××××××××××××××××××××
 ××××××××××××××××××××××××××××
 ××××××××××××××××××××××××××××
 ××。
   附件：×××××××××

                              ××县人民政府（印章）
                                  2015 年 3 月 15 日


 （此件不宣传、不登报）
 主题词：××、××、××、××
 抄报：×××××××
 抄送：×××××××

 ××县人民政府办公室                 2015 年 3 月 15 日印发
 共印××份
```

四、公文写作的行文规则与要求

（一）公文写作的行文规则

1. 上下级机关之间行文的规定

（1）各级党委、政府可以向上一级或下一级党委、政府行文，其职能部门可向上一级或下一级相应职能部门行文。

（2）向下级机关的重要行文，应抄送发文机关的直接上级机关。

（3）向上级机关的请示，不可同时向下级机关抄送。

（4）向上级机关的行文，一般只写一个主送机关，如需同时送呈其他机关的，可以抄送。

（5）一般情况下，下级机关不得越级请示问题，也不得越级抄报文件。因特殊情况必须越级行文时，应抄送被越上级机关。

（6）向上级机关请示问题，应当一文一事，不应当在非请示公文中夹带请示事项。请示事项涉及其他部门业务范围时，应当经过协商并取得一致意见后上报；经过协调未能取得一致意见时，应当在请示中写明。

（7）党委各部门应当向本级党委请示问题。未经本级党委同意或授权，不得越过本级党委向上级党委主管部门请示重大问题。

（8）除上级机关负责人直接交办的事项外，不得以机关名义向上级机关负责人报送"请示""意见"和"报告"。

2. 非隶属机关行文的规定

（1）党委非隶属机关之间告知事项、联系工作、商洽业务，一般用函行文；政府各部门在本部门职权范围内，可以互相行文。

（2）各级党委办公厅（室）根据同级党委授权，可以向下级党委行文；党委的其他部门，不得对下级党委发布指示性公文。

（3）各级政府的职能部门，除以函的形式商洽工作、询问和答复问题、审批事项外，一般不得向下一级政府正式行文。

3. 双重领导机关行文的规定

（1）受双重领导的机关向上级机关请示，应当写明主送机关和抄送机关，由主送机关负责答复。

（2）上级机关向受双重领导的单位行文，应当抄送其另一上级机关。

4. 联合行文的规定

（1）党委同级机关、党的机关与其他同级机关之间必要时可以联合行文。

（2）同级政府、同级政府各部门、上级政府部门与下一级政府可以联合行文。

（3）政府与同级党委、军队机关可以联合行文。

（4）政府部门与相应的党组织和军队机关可以联合行文。

（5）政府部门与同级人民团体和具有行政职能的事业单位也可以联合行文。

（6）联合行文应确有必要，单位不宜过多，应明确主办机关。

（7）联合行文，需由所有联名机关主管负责人会签。

（8）联合行文，可用主办机关一家版头，也可并用几家版头，但一般只标注主办机关的发文字号。

（9）联合办理的公文，原件由主办机关立卷，其他单位保存复制件。

5. 关于越级行文的规定

为了保持正常的领导关系和工作秩序，除非确有必要，一般不越级行文请示问题。但在下列特殊情况下，下级机关可以越级行文：

（1）对多次请示直接上级机关没有得到答复而又急需解决的问题。

（2）回复中央、上级机关或非直接上级机关及其领导人径直询问或交办的问题。

（3）当发生地震、洪水、空难、矿难、恐怖袭击、急性传染病、战争等特殊紧急情况时。

（4）揭发、检举、控告直接上级机关及其领导人的问题或错误的。

（5）与直接上级机关之间有争议而长期得不到解决的问题。

（二）公文写作的基本要求

1. 要符合党和国家的方针政策、法律法令和上级机关的有关规定
2. 要符合客观实际，符合工作规律
3. 公文的撰写和修改必须及时、迅速，反对拖拉、积压
4. 辞章必须准确、严密、鲜明、生动

注意几点：

（1）条理要清楚。公文内容要有主有次，有纲有目，层次分明，中心突出，一目了然。

（2）文字要精炼，篇幅要简短。

（3）用语要准确。公文要讲究提法、分寸，措辞用语要准确地反映客观实际，做到文如其事，恰如其分。

（4）论理要符合逻辑。公文的观点要明确，概念要准确，切忌模棱两可，含糊其词，产生歧义，耽误工作。

（5）造句要符合文法，通俗易懂，并注意修辞。不要随便生造一些难解其意的缩略语，对一些平时用简称的单位应使用全称。

（6）人名、地名、时间、数字、引文要准确。公文中的汉字和标点符号的用法符合国家发布的标准方案，计量单位和数字用法符合国家主管部门的规定。

（7）正确使用顺序号 一、（一）1.（1）

5. 要符合保密制度的要求

第三节　公文写作力的培养

一、行政公文的种类与写作方法

行政公文种类包括以下 13 种：命令、决定、公告、通告、通知、通报、议案、报告、请示、批复、意见、函、会议纪要。事务公文包括：计划、总结、调查报告、领导讲话稿、典型材料等，下面详细介绍几种常用的行政公文的写作方法与范例。

（一）命令

命令是国家行政机关及其领导人发布的指挥性和强制性的公文。它适用于依照有关法律公布行政法规和规章；宣布施行重大强制性行政措施；嘉奖有关单位及人员，撤销下级机关不适当的决定。命令必须严肃审慎，不能滥用、错用。据《中华人民共和国宪法》和《地方各级人民代表大会组织法》规定：全国人民代表大会常务委员会委员长、中华人民共和国主席、国务院总理、各部部长、各委员会主任可以发布命令。

> **范文**
>
> 中华人民共和国劳动和社会保障部令
> 第二十一号
>
> 　　《最低工资规定》已于 2003 年 12 月 30 日经劳动和社会保障部第七次部务会议通过，现予公布，自 2004 年 3 月 1 日起施行。
>
> 部长：郑斯林
> 二○○四年一月二十日

（二）公告

公告是政府、团体对重大事件当众正式公布或者公开宣告、宣布。国务院 2000 年 8 月 24 日发布、2001 年 1 月 1 日起施行的《国家行政机关公文处理办法》，对公告的使用表述为："适用于向国内外宣布重要事项或者法定事项"。其中包含两方面的内容：一是向国内外宣布重要事项，公布依据政策、法令采取的重大行动等。二是向国内外宣布法定事项，公布依据法律规定告知国内外的有关重要规定和重大行动等。

> **范文**
>
> 中华人民共和国全国人民代表大会公告
> 第一号
>
> 　　第十届全国人民代表大会第三次会议于 2005 年 3 月 13 日选举胡锦涛为中华人民共和国中央军事委员会主席。
>
> 　　现予公告（特此公告）。
>
> 中华人民共和国第十届全国人民代表大会
> 第三次会议主席团
> 二○○五年三月十三日

（三）通告

通告"适用于公布社会各有关方面应当遵守或者周知的事项"（国务院《国家行政机关公文处理办法》，2001 年 1 月施行）。它的使用者可以是各级各类机关，它的内容又往往涉及社会的方方面面，无论其使用主体还是其内容都有相当的广泛性。

1. 标题

可为完全式标题：即，发文机关＋事由＋文种。

2. 正文

正文一般由通告缘由、通告事项、通告要求三部分组成。

3. 落款

写明发文机关和成文日期。标题中有了发文机关，此处可不写。有的通告的日期写在标题之下。

> **范文**
>
> **××市人民政府关于禁止销售和使用含磷洗涤剂的通告**
> ×府发〔20××〕××号
>
> 　　为了保护和改善三峡库区的水环境质量，保障人民身体健康，根据《××市长江三峡库区流域水污染防治条例》及相关的法律法规，市政府决定在全市范围内禁止销售和使用含磷洗涤剂。现将有关事项通告如下：自20××年1月1日起，禁止在本市行政区内销售含磷洗涤剂；本市企业和经营性单位禁止使用含磷洗涤剂，改用无磷洗涤剂。
>
> 　　　　　　　　　　　　　　　　　　　　　××市人民政府（印）
> 　　　　　　　　　　　　　　　　　　　　　二〇××年×月×日

（四）通知

通知是运用广泛的知照性公文。用来发布法规、规章，转发上级机关、同级机关和不相隶属机关的公文，批转下级机关的公文，要求下级机关办理某项事务等。通知，一般由标题、主送单位（受文对象）、正文、落款四部分组成。

> **范文**
>
> **青岛市粮食局**
> **关于加强防汛工作的紧急通知**
>
> 各区市粮食局、局直各单位：
>
> 　　据中央气象台和青岛市气象台联合预报，受南方热带低气压的影响，预计明、后两天青岛市将有一个强降雨过程，降雨量可达200毫米以上，并伴有8级大风，局部有冰雹。按照市委、市政府有关通知精神，为加强全市粮食系统防汛工作，现将有关事宜通知如下：
>
> 　　一、要高度重视
>
> 　　一是领导要高度重视。各处室负责人、各单位主要领导要充分认识做好本次防汛工作的重要性，加强对本次防汛工作的领导，确保安全度汛。二是要制订好防汛工作预案。各单位要根据自身工作实际制订本单位加强防汛工作的预案，落实工作措施，做好防汛准备。市粮食局的防汛工作预案由局办公室负责制订。三是要建立统一协调的领导机制。建立起由市粮食局局长为组长，各单位负责人为副组长以及各有关人员参加的防汛工作领导小组（名单附后）。领导小组下设在市粮食局办公室，由市粮食局办公室统一做好防汛期间的协调调度工作（联系人：×××　联系电话：×××××××××）。

> 二、要采取有力措施
> ……
> 　　附：青岛市粮食局防汛工作领导小组名单
>
> 二〇〇六年六月二十二日

（五）通报

通报是上级把有关的人和事告知下级的公文。通报的运用范围很广，各级党政机关和单位都可以使用。它的作用是表扬好人好事，批评错误和歪风邪气，通报应引以为戒的恶性事故，传达重要情况以及需要各单位知道的事项。其目的是交流经验，吸取教训，教育干部、职工群众，推动工作的进一步开展。

> **范文**
> 关于电子政务大赛情况的通报
>
> 局直各单位、机关各处室：
> 　　根据市局《关于举办电子政务大赛的通知》要求，6月22日在青岛粮食科学研究所干部教育培训基地，举行了由一、二、三库，军供站和机关工作人员参加的电子政务大赛。由于各单位领导重视，组织规范严密，圆满完成了大赛任务，达到了预期目的。现将情况通报如下：
> 　　一、基本情况
> 　　本次大赛共有66人参加，其中局机关26人，一、二、三库各12人，军供站4人。参赛人员围绕电子政务和公文写作等方面的内容，用微机操作的方式进行了考试，平均成绩在85分以上。
> 　　二、主要特点
> 　　……
> 　　三、存在的主要问题
> 　　个别单位及处室对大赛认识不到位，个别工作人员有重工作轻学习的现象。
>
> 　　附件：参加电子政务大赛成绩单
>
> 二〇〇六年六月二十三日

（六）请示

请示是下级机关向上级机关请求对某项工作、问题作出指示，对某项政策界限给予明确，对某事予以审核批准时使用的一种请求性公文，是应用写作实践中的一种常用文体。请示可分为解决某种问题的请示，请求批准某种事项的请示。

范文

××市市级粮食储备库
关于组织部分人员到武汉进行培训的请示

××市粮食局：

自 2003 年开展仓储管理年以来，在经历了标准化、规范化等几个阶段以后，我库仓储管理水平明显提高，仓储面貌发生了根本性的变化。但在硬件建设达到一流的同时，存在着软件与硬件建设发展不相配套的问题。为切实提高我库仓储职工的业务技术素质，全面解决软硬件建设不相配套的问题，经库党委研究，我库拟组织选派部分人员到武汉粮食管理学院进行培训。现将有关事宜请示如下：

一、培训人员及费用

拟从库全体职工中选拔仓储业务骨干 20 人参加培训学习。培训费用为 1000 元/人。

二、时间安排

培训时间初步定于 2006 年 7 月 6 日至 20 日。

三、拟培训内容

……

四、其他相关问题

为切实组织好此次培训，我库准备安排库副主任×××同志带队参加培训，全面负责解决培训过程中的问题。

当否，请批复。

××市市级粮食储备库
二〇〇六年六月二十二日

（七）报告

报告是向上级机关汇报工作、反映情况、提出意见或者建议，答复上级机关的询问时使用的公文。

范文

青岛市第三粮库
关于开展学习宣传《粮食流通管理条例》活动情况的报告

市粮食局：

根据市局 5 月 15 日下发的关于组织开展学习宣传《粮食流通管理条例》活动的通知精神，我库于 5 月 17 日至 26 日组织全库职工集中开展了学习宣传活动。现将有关情况报告如下。

一、领导重视，认真组织

库主要领导对此项工作高度重视，专门召开班子会议研究活动具体意见，成立了以分管业务主为组长的《条例》学习宣传领导小组，认真组织各项具体活动。库于17日召开全库班长以上干部及骨干职工会议，对活动进行了动员，对各部门开展活动提出了明确的要求。

二、措施得力，内容丰富

为搞好此次学习宣传活动，根据《条例》的内容并结合我库实际，我们制订了周密详尽的活动方案。按照时间计划和要求积极推进，并对各分库和科室开展活动的情况进行跟踪调度，及时指导各单位认真组织职工学习，向职工宣传国家颁布《条例》的重要意义，学习《条例》的具体内容。我们在中层以上干部中开展了"主任讲条例""科长谈体会"活动，结合库办公会集中进行学习。

三、职工积极，效果显著

通过开展多种形式的学习、宣传，我库职工学习积极性有了明显提高，对具体内容认识有了新的提高。我库组织的此次学习宣传活动达到了学习法规知识，提高员工素质，增强职工干好粮食工作使命感、责任感的目的。

青岛市第三粮库
二〇〇六年五月二十八日

（八）决定

决定，是对重要事项或重大行动作出决策或安排，并要求机关各部门和下级机关或有关单位贯彻执行的指令性公文。适用于重要事项或者重大行动作出安排，奖惩有关单位和人员，变更或者撤销下级机关不适当的决定。从这个意义上讲，它是应用写作实践中的一种重要文体。

范文

常州市武进区人民政府文件
武政发〔2004〕29号
关于开除徐志林公职的决定

徐志林，男，1956年2月生，初中文化，武进区奔牛镇人，1972年1月参加工作，原为武进区奔牛镇广播电视站工作人员。

徐志林于1996年9月至1999年11月间，利用职务之便，采用虚开发票、虚列支出等手段贪污公款，数额较大。为此，于2003年11月12日被常州市新北区人民法院认定犯贪污罪，判处有期徒刑六年（刑期自2003年5月19日起至2009年5月18日止）。

徐志林身为事业单位工作人员，竟目无法纪政纪，利用职务之便贪污公款，已构成犯罪。为严肃政纪，经研究，决定开除徐志林公职。

二〇〇四年三月一日

（九）批复

批复是"答复下级机关的请示事项"时使用的文种。批复是用于答复下级机关请示事项的公文。它是机关应用写作活动中的一种常用公务文书。

1. 批复的含义

批复也是行政公文和党的机关公文中都有的文种。《国家行政公文处理办法》对批复的功能作了这样的界定：适用于答复下级机关的请示事项。《中国共产党机关公文处理条例》对批复功能的界定几乎完全相同：用于答复下级机关的请示。批复跟指示有相似之处，都是指导性的下行文，所表达的内容都是受文的下级机关开展某项工作的依据。不过，它们又有着很大的不同。

2. 批复的特点

（1）行文的被动性。

批复是用来答复下级请求事项的，下级有请示，上级才会有批复。下级有多少份请示呈报上来，上级就有多少份批复回转下去。批复不是主动的行文，是公文中唯一的纯粹被动性文种。另有两种公文也可以是被动性的，就是报告和函。不过，报告只有在答复上级机关询问时才是被动的，函只有复函才是被动的，所以说，纯粹的被动性公文只有批复。

（2）针对性。

批复的针对性极强，下级机关请示什么事项或问题，上级机关的批复就指向这一事项或问题，决不能答非所问，也无须旁牵他涉。

（3）集中性和明确性。

由于下级的请示是一事一报，请示内容十分集中，相应的批复也是一文一批，答复的内容也十分集中。因此批复的篇幅一般都不长。批复的态度和观点必须十分明确。对于请求指示的请示，批复要给以明确的指示；对于请求批准的请示，批复或者同意、批准，或者不同意、不批准。有时，由于情况的复杂性，原则同意，但对某些个别环节提出不同的意见和要求，这是允许的，不违背态度明确的原则。但如果观点不明，态度含混，令下级机关无所适从，就不合基本要求了。

（4）政策性和依据性。

对于撰写批复的上级机关而言，不管是发出指示还是批准事项，都必须有政策依据，不能随意为之。对于发出请示的下级机关而言，批复一旦到达，就是行动的依据，不得违背。在这些方面，批复和指示的特点是一致的。

3. 批复的标题和主送机关

（1）批复的标题。

批复的标题一般采用公文常规模式写法，即发文机关＋主要内容＋文种。略有不同的是，批复往往在标题的主要内容一项中，明确表示对请示事件的意见和态度；而一般公文标题中的主要内容部分一般只点明文件指向的中心事件或问题，多数不明确表示态度和意见。如《国务院关于同意陕西省撤销榆林地区设立地级榆林市的批复》，其中

"同意"两字就是用来表明态度和意见的。如果不批准请求事项，标题中可以不出现态度和意见，到正文中再表态。如果是答复请求指示的请示，也无须在标题中表态。

（2）批复的主送机关。

批复的主送机关一般只有一个，那就是发出请示的下级机关。

4. 批复的正文

批复的正文由三部分组成，分别是批复依据、批复事项、执行要求。

（1）批复依据。

批复依据主要涉及两个方面：一是对方的请示，二是与请求事项有关的方针政策和上级规定。对方的请示是批复最主要的论据，要完整引用请示的标题并加括号注明其请示的发文字号，例如："你省《关于变更西宁市行政区域范围的请示》（青政〔1999〕49号）收悉。"上级有关的文件和规定是答复请示的政策和理论依据。可表述为："根据××关于××的规定，现作如下答复。"必要时，可标引文件名、文件编号和条款序号。如果下级请示的事项在上级文件和规定中找不到依据，这样的文字便不需出现了。

（2）批复事项。

针对下级机关请示所发出的指示，做出的批准决定，以及补充的有关内容，都属于批复事项。如果内容复杂，可分条表述，但必须坚持一文一批的原则，不得将若干请示合在一起用列条的方式分别给以答复。

（3）执行要求。

对下级执行批复的要求可写在结尾处，文字要简约。如《国务院关于同意陕西省撤销榆林地区设立地级榆林市的批复》的结尾："榆林市的各级机构均应按照'精简、效能'的原则设置，所需人员编制和经费由你省自行解决。"如果只是批准事项，无须提出要求，此段可免。批复撰写要注意及时、明确、庄重周严、言简意赅。

范文

国务院关于同意陕西省
撤销榆林地区设立地级榆林市的批复

国函〔1999〕141号

陕西省人民政府：

你省《关于撤销榆林地区行政公署实行市领导县体制的请示》（陕政字〔1998〕36号）及有关补充报告收悉。现批复如下：

一、同意撤销榆林地区和县级榆林市，设立地级榆林市。市人民政府驻新设立的榆林市。

二、榆林市设立榆阳区，以原县级榆林市的行政区域为榆阳区的行政区域。区人民政府驻北大街。

三、榆林市辖原榆林地区的神木县、府谷县、横山县、靖边县、定边县、吴堡县、米脂县、绥德县、清涧县、子洲县、佳县和新设立的榆阳区。

> 榆林市的各类机构均应按照"精简、效能"的原则设置，所需人员编制和经费由你省自行解决。
>
> 国务院
一九九九年十二月五日

（十）函

1. 告知函

即把某一事项、活动函告对方，或请对方参加（如会议、集体活动）。这种函的作用和内容类似通知，只是由于双方不是上下级和业务指导关系，使用"通知"行文不妥，故应该用"函"。

> **范文**
>
> 邀请函
>
> 尊敬的×××先生/女士：
>
> 我们很荣幸地邀请您参加将于5月15日至16日在北京21世纪饭店举办的第27届联合国粮食及农业组织亚太地区大会非政府组织磋商会议。本次会议的主题是：从议程到行动——继非政府组织粮食主权论坛之后。此次磋商会议由联合国粮农组织（FAO）和国际粮食主权计划委员会亚洲分会（IPC – Asia）主办，中国国际民间组织合作促进会协办。届时，来自亚太地区80多个民间组织的100余名代表将参加会议。
>
> 诚请拨冗光临。
>
> ××××××××××
×××年×月×日

2. 商洽函

主要用于请求协助、支持、商洽解决办理某一问题。比如干部商调函，联系参观学习函、要求赔偿函等。

> **范文**
>
> **关于鄂穗两地携手联合打捞"中山舰"的函**
>
> 湖北省人民政府：
>
> 现沉于长江金口赤矶山江底的"中山舰"，是中国现代革命史上的重要历史文物，尽快将其打捞、修复和陈列展览，是海内外同胞的共同心声。
>
> "中山舰"是重要的革命历史文物。该舰1938年参加"保卫大武汉会战"时被日军炸沉。尽快打捞"中山舰"，使其重展英姿，是一件深得海内外同胞和两岸有识之士拥戴的义举。这对于充实完善中国现代革命史文物，并重现其历史价值，加强爱

国主义教育和革命传统教育，增强整个中华民族的凝聚力和向心力，改善两岸关系，促进台湾回归祖国大业的早日实现，都具有重要的意义和作用。

由于"中山舰"在广州的时间长达21年，且围绕"中山舰"的几次主要历史事件都发生在广州。因此，"中山舰"是把广州建设成为中国现代革命史教育基地，向广州、全国乃至海内外同胞进行爱国主义教育和革命传统教育不可缺少的文物。近几年来，广东省、广州市人大、政协、民革，黄埔军校同学会中的不少代表、委员、成员，各界有关专家学者、人民群众，以及港澳台同胞、海外华侨、华人，纷纷向广州市政府来电来函，希望广州市政府主动与贵省联系，一起尽快组织打捞"中山舰"，并进行修复和陈列。为此，我们经过认真研究，提出由两地政府本着相互合作、相互支持的态度，协商联合打捞，修复，展出的办法和有关问题。

专此函达，请答复。

广州市人民政府（盖章）

××××年×月×日

3. 询问函

主要用于询问某一事项、征求意见、催交货物等。

4. 答复函

主要答复不相隶属机关询问相关方针、政策等问题而不能用批复时使用。

范文

国务院办公厅关于安徽合肥经济技术开发区的复函

国办函〔2000〕16号

安徽省人民政府：

你省《关于要求批准合肥经济技术开发区为国家级经济技术开发区的请示》（皖政秘〔1999〕138号）收悉。经国务院领导同意，现函复如下：

一、同意合肥经济技术开发区为国家经济技术开发区，实行现行的国家经济技术开发区的政策。

……

五、要加强领导和管理，促进合肥经济技术开发区各项工作的健康发展。

国务院办公厅

二○○○年二月十三日

5. 请求批准函

主要是指向有关机关、部门请求批准时使用。如果是下级机关向上级机关请求批准，只能用请示，而不能用函。

范文

广州××局销售公司请求批准函
××局销办函〔1996〕5号

广州××局：

我销售公司从去年十月成立以来，国内公务活动日益增多，经常有许多文件、合同、契约、技术资料需要复印，为便于工作，我们拟购买一台复印机，请给予批准。

可否，请批复。

广州××局销售公司（盖章）
一九九六年一月十日

（十一）议案

议案，适用于各级人民政府按照法律程序向同级人民代表大会或人民代表大会常务委员会提请审议事项。议案格式比较简单，一般写明提请审议的事项名称、什么时间、什么会议讨论通过、目的、法定提交人和提交时间即可。

（十二）报告

报告，适用于向上级机关汇报工作，反映情况，答复上级机关的询问。报告种类多种多样，大致可分为工作报告、情况报告、答复报告、报送文件的报告等。

1. 工作报告

这是用于汇报工作进程、总结工作经验、反映工作问题、提出工作意见的报告。这类报告是报告中应用最为广泛的一种。它的正文，一般包括基本情况、主要成绩、经验体会、存在问题、今后意见等几部分。格式上，每一部分可标出序数分项写，或列出小标题来写。根据需要，工作报告可以写成综合性的，也可以写成专题性的。综合性的工作报告，它是不同阶段、不同范围的全面工作总结或汇报。可以是各方面的综合工作，或者一个系统、一个部门的全面工作。专题性的工作报告强调专一性，它是就某一项或某一方面的工作向上级机关所作的报告。它可分为总结经验的专题工作报告和研究工作的专题工作报告。前一类就是呈报上级的专题工作总结，它不需要答复，后一类通常是就落实、开展、加强、发展、改进、改革某项工作向上级作的专题报告。它不一定在工作结束后才写，常常是在工作进程中，待工作告一段落时写好，待上级答复、批转。

2. 情况报告

这是对工作中的重大情况、特殊情况、新情况进行调查了解后，向上级作出的报告。它不需要答复，主要是让上级了解、掌握情况，以便根据情况采取措施，指导工作。向上级提出工作建议的报告，也属这一类。

3. 答复报告

这是答复上级机关的查询、提问或汇报执行上级机关某项指示、意见的结果的报告。正文包括答复依据、答复事项两部分，写法比较自由。有的先写依据，后答复；有的边写依据，边答复。

（十三）会议纪要

1. 概念和特点

会议纪要是根据会议记录和会议文件以及其他有关材料加工整理而成的，它是反映会议基本情况和精神的纪实性公文，是会议议定事项和重要精神，并要求有关单位执行的一种文体。有的需要下发执行的会议纪要，可以"通知"形式发出。

会议纪要有以下几个特点：

（1）综合性。

会议纪要是在对会议中各种材料、与会人员的发言以及会议简报等进行综合分析和概括提炼基础上形成的，它具有整理和提要的基本特点。

（2）指导性。

这一特性包含两层含义：一是会议本身的权威性；二是会议纪要集中反映了会议的主要精神和决定事项。因而纪要一经下发，将对有关单位和人员产生约束力，起着类似于指示、决定或决议等指挥性公文的作用。会议纪要还可以作为与会同志向单位领导汇报、向群众传达的文字依据。

（3）备考性。

一些会议纪要主要不是为了贯彻执行，而是向上汇报或向下通报情况，必要时可作查阅之用。

2. 写法

会议纪要一般分两大部分。开头第一部分一般应写明会议概况，包括会议进行的时间、地点、届次、组织者、出席和列席人员名单、主持人、会议议程和进行情况以及对会议的总体评价等。第二部分是纪要的中心部分，反映会议的主要精神、讨论意见和议决事项等。根据会议性质、规模、议题等不同，大致可以有以下几种写法：

（1）集中概述法。

这种写法是把会议的基本情况，讨论研究的主要问题，与会人员的认识、议定的有关事项（包括解决问题的措施、办法和要求等），用概括叙述的方法，进行整体的阐述和说明。这种写法多用于召开小型会议，而且讨论的问题比较集中单一，意见比较统一，容易贯彻操作，写的篇幅相对短小。如果会议的议题较多，可分条列述。

（2）分项叙述法。

召开大中型会议或议题较多的会议，一般要采取分项叙述的办法，即把会议的主要内容分成几个大的问题，然后另上标号或小标题，分项来写。这种写法侧重于横向分析阐述，内容相对全面，问题也说得比较细，常常包括对目的、意义、现状的分析，以及目标、任务、政策措施等的阐述。这种纪要一般用于需要基层全面领会、深入贯彻的会议。

(3) 发言提要法。

这种写法是把会上具有典型性、代表性的发言加以整理，提炼出内容要点和精神实质，然后按照发言顺序或不同内容，分别加以阐述说明。这种写法能比较如实地反映与会人员的意见。某些根据上级机关布置，需要了解与会人员不同意见的会议纪要，可采用这种写法。

二、讲究策略：提高公文写作能力

(一) 政治素质好

政治素质好，就是要求公文写作人员必须具备较好的政治品质。首先要求具有明确的政治方向、坚定的政治立场、敏锐的政治洞察力和政治鉴别力，要求自觉地在政治上同党中央保持一致。其次要求严守纪律，严格遵守保密制度。政策是在理论的指导下制定的，很难设想一个不具备较高理论素养的人能熟悉和领会党和国家的各项基本政策，能与党和国家的现行政策保持一致。所以在公文学习和写作实践中，需要认真学习和掌握有关理论、业务和知识，发展和锻炼自己的思维能力。[①] 公文要正确反映事物的本来面貌，这就要求公文写作人员要有求实精神，一是一，二是二，不虚报，不浮夸。同时还要把中央和上级的路线、方针、政策同本地区、本部门、本单位的实际结合起来；提出贯彻执行的具体意见和办法。

(二) 一定的政策理论水平

公文写作是一项政策性、理论性都很强的工作，这就要求公文写作人员必须具备一定的政策理论水平。公文写作离不开政策的指导和保证，政策的实施效应与公文质量密不可分。在一定程度上，公文写作就是依靠政策、理解政策、表达政策、执行政策的过程。因此，公文写作人员必须要具有较高的政策水平，并是政策的自觉维护者和执行者。政治理论水平的高低直接决定公文写作的成败。较高的政治理论水平对提高公文写作人员正确的分析、综合、判断、推理、比较、抓住本质、鉴别是非曲直的能力起着非常重要的作用。没有较高的政治理论水平，就写不好公文。

(三) 熟悉业务和机关工作情况

好的公文写作人员，应该具备好的业务知识、熟悉机关工作情况。如在行政机关如果不了解行政机关的实际情况，又不懂行政管理的知识，诸如行政决策与执行、行政组织与领导、行政环境与行政职能等基本知识，就很难设想能写出合格的行政机关公文来。

---

① 钮进生：《提高公文写作能力的"三要"》，载《应用写作》，2013 (12)，20 页。

（四）有较宽的知识面

要写好公文，公文写作人员应当具备广博的知识，不仅要具有一定的社会科学知识和自然科学知识，还要紧紧围绕自己服务的单位部门和工作内容，熟悉业务和机关工作情况，努力拓宽知识面。如果知识面窄，或对所服务的工作缺乏应有的基础知识，写作起来就很可能闹笑话。甚至造成指挥不当，最后影响到工作质量。而公文的材料是为了显示、说明、表现主旨服务的，主旨的需要是选材的第一依据。主旨一旦确定，就要按主旨的要求选择有确定意义的、对特定主旨具有充分表现力的材料。[①] 公文写作人员的知识面直接决定其公文写作选材的好坏，因此两者都不能忽视。

（五）有较好的文字功底

语言文字是公文的第一要素。在公文中，宣事说理，表情达意都需借助于文字才能发挥效用；因此，公文写作者必须具有较好的文字功底。如有的公文繁杂冗长，拖泥带水；有的公文言之无物，味同嚼蜡；这些都是文字功底不扎实的表现。好的公文，应该主题鲜明、观点正确、论证合理、论据充分，使人一读就懂，一听就明，便于理解执行。同时，也要改进表达，践行新风，使公文文风更接近"短、实、新"的要求，增强公文的感染力与影响力。[②]

第四节　公文写作力专题：公文写作16种常见问题分析

一、行文中的常见错误

（一）滥发文件

滥发文件主要表现为以下几个方面：（1）所发公文属可发可不发之列。（2）所发公文只是照抄照转上级的公文（翻印即可，不必转发）。（3）所发公文内容空洞，无具体措施，不解决问题。（4）行文所涉及的问题可用口头请示、汇报或开会等形式解决。（5）行文所涉及的内容已在报上全文公布过。（6）在部门之间意见分歧，未经协商取得一致时就行文。

（二）行文关系混乱

行文关系混乱主要表现在以下几个方面：（1）应该党政分开行文的未分开行文。（2）应该一个机关单独行文的搞成几个机关联合行文。（3）该职能部门行文的"升格"为领导机关行文。（4）该领导机关行文的"降格"为职能部门行文。

---

①② 张小乐：《提高公文写作水平的有效途径》，载《新闻与写作》，2013（12），69页。

二、文种使用中的常见错误

(一) 自制文种

在正式文种之外,随心所欲,生造公文文种并俨然以正式公文行文。常见的有:"请示报告""工作思路""情况""汇报""申请""郑重声明"等。

(二) 误用文种

误用文种即把属于机关其他应用文,特别是事务文书中的文种,误作为正式公文文种使用的情况。常见的有:把计划类文种"要点""打算""安排""设想"等作为公文文种直接使用,如《××市委××××年工作要点》。把属于总结类的文种"小结""总结",以及把属于规章制度类的文种"办法""规程""须知""实施细则"等作为正式文种直接使用。但是,如果将上述应用文用转发或印发通知的形式发布,则是规范用法。如"××市人民政府关于印发市政府2018年工作要点的通知"。

(三) 混用文种

混用文种即不按文种的功能和适用范围去选用文种,而造成临近文种相互混用,导致行文关系不清,行文目的不明,行文性质混淆。常见的有:"公告"与"通知"、"决议"与"决定"、"请示"与"报告"、"请示"与"函"混用。主要表现为将通告误用为通知,将通知误用为通告,将请示误用为报告,将报告误用为请示,将"请示""报告"合用为"请示报告","请示"和"报告"本身是两个文种。将决定误用为决议,将决议误用为决定,将函误用为请示或报告,将复函误用为批复。

(四) 越权使用文种

越权使用即超出本机关的权限行文,如随意制定"条例"。实际上"条例"只能用于党的中央组织制定规范党组织的工作、活动和党员行为的规章制度。按照国务院办公厅发布的《行政规范制定程序暂行条例》的规定,在行政机关公文中,"条例"只能应用于特定国家机关制定的法规中,即全国人大常委会制定的法规,国务院制定的行政法规,地方人大及其常委会制定或通过(批准)的地方性法规。如:《中华人民共和国城市道路管理条例》。基层单位制定有关规章制度时可用"规定"或者用"细则"、"办法"等应用文种,并用转发或印发通知的形式发布。

(五) 降格使用文种

降格使用应该用命令、指示发布的公文而用通知发布。如一些省、自治区、直辖市人民政府发布重要行政规章,不是用令发布而用通知发布。这种降格使用,必然影响行文的权威和效力。

三、版头使用中的常见错误

（一）版头混用

将下行文版头用于上行文；使用"××文件"式样的版头用于向上级报告、请示工作、任免干部或批复等；使用不带"文件"字样的版头用于发布党的方针、政策，重要工作部署或批转下级的重要报告、请示。

（二）使用非标准版头

即使用设计或印刷不标准的版头。常见的是：格式不对、尺寸不标准、非红色印刷、发文机关字体不庄重等。

（三）使用没有版头的白纸印发文件

四、发文字号中的常见错误

（一）年号不全

如：将"2018"省略为"18"。

（二）括弧不对

《国家机关公文格式》规定发文年度用六角括弧"〔〕"括入。在文件中，将其错用成圆括弧"（）"、方括弧"［］"、方头括弧"【】"。

（三）位置不当

将发文年度位置提前到了机关代字前面。如：将×校字〔1997〕第×号错为〔1997〕×校字第×号。

（四）序号累赘

发文顺序号中多加了"0"变成"0×"。

（五）一文多字号

联合发文时并用了几个单位的发文字号。

（六）一字号多文

用同一发文字号制作两份不同的文件。

（七）跳号

没有按自然数的顺序依次排列，中间出现跳号现象。

（八）"字""第"搭配不当

正确的是"字"在年号之前，"第"在年号之后；前面用"字"，后面用"第"；前面无"字"，后面就不应有"第"。常见的错误是：有"字"无"第"或有"第"无"字"。但"字""第"均省去是正确用法，如：×委〔1997〕×号。

（九）滥用"发"字

只有重要文件才采用"××发"字样。

（十）自制发文字号

未按规定要求编制发文字号。

五、签发人标注中的常见错误

（一）上行文未标注签发人姓名

（二）下行文也标注了签发人姓名

（三）标注不规范

签发人标注位置远离发文字号（正确的是它们之间空两个字），签发人标注的字体字号与发文字号的字体字号不一致，"签发人"与签发者姓名之间未加冒号。

六、公文标题中的常见错误

（一）缺少发文机关

通过决议、决定的会议名称"决议""决定"等文种的标题不能省略发文机关。如："第八届全国人民代表大会第五次会议关于批准设立重庆直辖市的决定"不能简写为"关于批准设立重庆直辖市的决定"。

（二）用发文字号代替文件名称

如："关于××字〔1997〕第×号文的批复"，这类标题的事由，除极少数熟悉标题中所述文件内容的人外，其他人是不能明白的。

（三）文字累赘

如：《×××人民政府关于认真贯彻落实×政发〔××××〕××号文件精神，积极动员群众大力开展抗旱播种保苗，保证今年农业夺取丰收的情况的报告》，发文机关可省略，所引文件的发文字号应删掉，事由可概括，改为《关于春耕播种情况的报告》就简明了。此外，在标题中常出现文字或词义重复的现象，如《关于贯彻×××通知的通知的通知》，应为《关于贯彻×××通知的通知》。又如《关于请求解决××××的请示》，应为《关于解决××××的请示》，后面有请示，前面用请求就是多余的。

（四）滥用标点符号

除批转法规性文件外，公文标题中一般不加书名号。常见非法规、规章名称用了书名号，如《关于认真贯彻〈×××决定〉的通知》《关于批转〈××××报告〉的通知》《关于〈××××请示〉的批复》，标题中加书名号是错的。

（五）乱造公文文种，或将两种不同的文种并用

这种情况在公文起草中经常见到。例如：将"关于……的请示"写成"关于……的申请"，将"关于……的报告"写作"关于……的请示报告"，将"关于……的请示"或者"关于……的函"（请批函）写作"关于……的申请报告"或者"关于申请……的报告"或者"关于……的请示函"，等等，这些都是不规范的用法，在制作标题时要予以避免。[①]

（六）发文机关简称不规范

如：《××市计委 2018 年工作计划》，"计委"容易引起歧义。如果是"计划经济委员会"应简称为"计经委"，如果是"计划生育委员会"应简称为"计生委"。

七、主送机关中的常见错误

（一）缺主送机关

除公布性文件外，一般文件都必须标明主送机关。但有的文种如会议纪要等，主送机关一般放在文尾末页下端。

（二）主送机关表述不规范

未按党委、人大、政府、政协、法院、检察院、军队、有关部门的顺序排列。未用全称或规范化简称，如"市府"应为"××市人民政府"。分类排列时未按类内用顿号、类间用逗号的原则办理。随意使用统称，如"市内各单位"。

（三）多头主送

主送机关不止一个。向上级机关行文，只写一个主送机关，如需同时送其他机关，应当用抄送的形式，但不得同时抄送下级机关。

（四）主送个人

公文不得主送领导者个人。

[①] 念潮旭：《谈行政公文写作存在的不规范问题》，载《福建师范大学福清分校学报》，2009（4），86 页。

（五）越级主送

一般不得越级请示，特别情况下必须越级请示时，应当抄送被越过的机关。

八、正文中的常见错误

（一）错别字

主要表现：（1）因粗心大意，将"宏观"错成"客观"，"拨款"错成"拔款"，"突击"错成"突出"……（2）因辨析不准，将"淡薄"错成"淡簿"，"渎职"错成"赎职"，"严厉"错成"严励"……

（二）标点符号错误

常见顿号与逗号混用，逗号与句号混用，方括号与六角括号混用，书名号与引号混用……

（三）数字使用不规范

应该用阿拉伯数字的用了汉字，如"20世纪90年代"错成"二十世纪九十年代"；应该汉字的用了阿拉伯数字，如"党的十九大"错成"党的19大"。正文中的数字，部分结构层次数和词、词组、惯用语、缩略语、具有修辞色彩语句中作为词素的数字必须用汉字书写，其余的应当使用阿拉伯数字。

（四）随意简称

如将"社会主义精神文明建设"简称为"社精文建设"，"高速公路公司"简称为"高速公司"。

（五）引文标注错误

未按所引用公文的发文时间、标题的发文字号的顺序引用。如"你校×校字〔2017〕第×号文件（关于×××的请示）收悉。"

（六）随意使用字体字号

正确的是使用3号或4号仿宋体。

（七）随意设定字距行距

正确的字距为0点距（电脑打字点距下同）；行距为24点距。

九、正文说明标识中的常见错误

常见错误是落款和发文时间已正好排满一页，而在另一页的文尾部分的抄送机关等之上标明"此页无正文"。这种情况无须注明"此页无正文"，因为公文的正文是指主送机关以下，生效标识以上具体反映公文内容的部分。

十、附件标识中的错误

（一）有附件不标注

（二）附件名未标全称

（三）标注不规范

"附件"二字顶格标注（正确的是顶格空一字）；只标了一个"附"字（正确的是标"附件"二字）；附件未全部标注；附件标题末用了标点符号。

（四）内容不适

在印发、转发、批转公文的通知中，错将所印发、转发、批转的公文作为附件特殊说明。印发、转发、批转通知和所印发、转发、批转件是共同组成一件公文的，且已在标题中说明，无须作附件标注。

十一、发文机关标识中的错误

（一）未标发文机关名称，用印章代替

（二）发文机关未用全称或规范化简称

（三）位置不当

常见的错误是居中标识或靠右边顶格标识。正确位置一般是从全页垂直中线起向右书写，而且发文机关最后一个字比正文缩四个字或与成文日期标识协调（成文日期的最后一个字比正文缩两个字）。在下列两种情况下发文机关标识可越过中线：一是发文机关全称字数多，从中线向右写，一行写不下时；二是联合发文单位多，竖列太长影响美观时。

十二、成文日期标识中的常见错误

（一）将拟稿日期作为成文日期

（二）将打印日期作为成文日期

（三）汉字和阿拉伯数字乱用

在发文机关署名后标识成文日期时，用阿拉伯数字书写，如："2017 年 3 月 20

日"，在题注域内标识时用汉字标识。

（四）标识不全

只署月日不署年份，如："三月二十日"。正式公文成文时期必须将年月日标示完整。

（五）位置不当或与落款不协调

常见错误是成文日期第一个字向左越过发文机关第一个字或直接向左靠齐。正确位置一般应是成文日期第一个字与发文机关第三个字（或中间）对齐，向右排印。当发文机关最后一个字比正文缩四个字排印时，成文日期的最后一个字比正文缩两个字。总的原则是，成文日期的标识是与发文机关标识协调，以保持文面的美观。

（六）将月日写成"分子式"

如把一月一日写成"1/元"或"1/1"。

十三、机关印章使用中的常见错误

（一）当用不用

干部任免通知等重要文件应该用印而未用印。

（二）不当用却用了

印制的有特定版头的一般普发性文件也用了印。

（三）位置不当

用印既不压发文机关也不压成文日期或只压其中一个。

（四）模糊不清

未及时清洗印章，使印记模糊不清。

十四、主题词标识中的常见错误

（一）不标引主题词

（二）将标题简单切分后当作主题词

标引主题词的主要作用是反映公文的类别、主题和表现形式，为检索查询提供方便，由范围（类别词）+内容（类属词）+文种（文件形式）组成。其中的类别词反映公文内容所涉及的范围和应归属的类别，标题中一般不会出现。标题的主要作用是概括公文的性质和要求，由发文机关+事由+文种组成，其中的发文机关一般不宜作为主题词标引。因此，标引主题词时不能简单地切分标题，而应根据公文内容进行分析，弄清公文的类别、主题和表现形式后，再按主题词标引的规范进行标引。

（三）任意生造主题词

不在中共中央办公厅、国务院办公厅或上级主管部门统一制发的《主题词表》中选用主题词，而是任意生造。这将导致不能用计算机对公文进行主题检索，完全失去标引主题词的意义。

（四）未先标类别词

（五）任意组配

（六）乱用标点符号

两个主题词之间应该用一个空格符分开，错为在主题词间使用了顿号或逗号（但组配标引时可用顿号分开）。

十五、抄送机关标识中的常见错误

（一）使用已废除了的"抄报"或"报""送""发"

（二）抄送个人

公文不能抄送个人，需要送某位领导阅否由收文机关秘书部门决定。

（三）抄送主送机关

既然是主送机关就不必再抄送了。

（四）滥抄滥送

将向上级机关的"请示"同时抄送平级机关或下级机关。将公文抄送给与公文内容无关的机关。

（五）标识不规范

抄送机关未分类或标点符号使用不当。

十六、公文处理的误区

造成公文处理不规范的一个重要原因，是在部分文秘人员的思想认识上存在一些误区，其对公文规范化的危害不小。为推进公文规范化建设，必须提高认识。提高人员素质的有效途径有：一是加强对公文起草者的业务培训，让他们熟悉并掌握行政公文写作的规范化要求。二是公文起草者自身要多学习、多借鉴，始终保持精益求精的态度，增强责任感。三是公文起草者要经常交流，通过交流与探讨，解决一些难以定论的问题。① 走出误区，常见的有以下5种：

（一）按老一套办法办文

《中国共产党机关公文处理条例》《国家行政机关公文处理办法》《国家机关公文格式》《发文稿纸格式》《出版物上数字用法的规定》《标号符号用法》《出版物汉字使用管理规定》等，都是公文制作的法规性文件，并构成了公文规范的完整体系。同时，公文规范处在不断变化和完善之中，任何标准和规范都可能被修订。广大文秘人员要加强学习和研究，跟踪公文发展的动态，在公文实践中力求使用最新的标准和规范，尽量准确地理解和掌握公文规范的完整体系，不要在新的公文法规颁布很长一段时间后还抱着老一套不放。

（二）不加分析地把上级来文作为范文

由于有的领导机关存在对公文规范化的重视程度不够的现象，其所制发的公文难免也有时出现不合规范的地方。而有的基层单位的文秘人员往往认为上级秘书部门水平高，他们制发的公文都是正确的。即使有时发现了与公文规范不一致的地方，也认为上级那样做总是有道理的。于是上行下效，造成不规范公文泛滥。所以，每一个文秘人员都要努力学习，把思想认识统一到公文规范上来。选择范文时要按公文规范进行判断，不能认为发文单位的级别越高其所制发的公文规范化程度就越高。同时，要求级别越高的领导机关越要重视公文处理的规范化。

（三）发往国外的函件用外文

汉语是联合国使用的6种语言之一，为世界通用语言，我们在国际交往中完全可以理直气壮地使用汉语。使用中文不仅符合国际惯例，而且也体现了对中国主权、中国文化的尊重。

（四）发往港澳台的函件用繁体汉字

国际上以简化字为汉语的标准用字。尽管港澳台等地仍使用繁体字，但根据《出版物汉字使用管理规定》："向台湾、香港、澳门地区及海外发行报纸、期刊、图书、音像制品等出版物，可以使用简化字的一律用简化字"。人民日报海外版也早从1992年起就改为简化汉字印刷了。

（五）将被批转、转发、印发的文件当成附件

被批转、转发、印发的文件是主体的有机组成部分，不得视为附件。在这种情况下，正文之后，发文机关署名前不得标注被批转、转发、印发的文件顺序和名称，而被批转、转发、印发的文件则标印在公文署名及成文日期之后，文尾部分之前。

---

① 念潮旭：《谈行政公文写作存在的不规范问题》，载《福建师范大学福清分校学报》，2009（4），87页。

第四节　公文写作研讨

公文一

××大学中文系：

　　获悉贵系将于今年的9月份开办秘书业务进修班，系统讲授有关秘书业务及公文写作与处理的理论与方法。自机构改革以来，对文秘人员的专业能力及素质要求较高，因而开办进修班是为同志们提供难得的自我提升机会。我局拟派15名文秘人员随班学习，并委托你们代培。有关代培及其他相关费用，我局将如数拨付。可否，盼予复函。

××局（公章）
2017年×月×日

公文二

××办公室：

　　我单位根据区政府人口普查工作的部署，已于上月开始了这项工作。现将我们的进展情况汇报如下：

　　（一）建立了相关机构，落实了组织。经党委研究，抽一名副书记分管此项工作并成立领导组，下设一个办公室。

　　（二）进行广泛的宣传工作，帮助群众了解人口普查的重要意义。

　　（三）抓好对相关人员的培训工作，为他们开设培训班，主要学习有关文件和马克思列宁主义理论里面关于人口问题的研究。

　　就目前情况看，我们的宣传工作还不是十分的深入，至今仍有一部分群众未能完全领会到人口普查工作的重要精神。我们将进一步加强相关工作和安排。

×××（公章）
××××年×月×日

公文三

中国民族医药学会2012年国际藏医药学术会议通知

　　我医药学会为了进一步促进国家藏医药的发展，加强藏药研究的交流，特举办2012年国际藏医药学术会议，望参加。请参加者注意以下内容：

　　会议时间为2012年6月，地址为拉萨。会议内容为藏医药学术交流（详见《征文通知》）和相关的文件。与会者需要提交一篇论文，论文截止日期为2012年3月。此次会议使用的语言可为中文、藏文、英文。会议统一安排食宿，费用由我们出。联系地址为北京市×××区×××路医药学会。邮编××××××。联系人×××。

××××年×月×日
×××部门

思考与讨论

1. 请你给公文一和公文二拟定合适的标题。
2. 阅读公文三，分析其不当之处，并改正。

第十章 学 习 力

第一节 学习与学习能力的概述

一、学习的含义

人类的学习需要最早产生于原始社会。原始人在生产中学会了制造工具和使用工具，积累了丰富的劳动经验。同时，在生产和生活过程中，产生和形成了原始社会的思想意识、风俗习惯和行为规范。在原始社会里，当时的青年在集体生活和生产劳动中，不仅向年长者学习生产知识，而且也学习思想意识和行为规范。原始人类的学习活动是无形的，没有专门从事学习的机构。据考古学家研究表明，原始社会由于没有专门的学习机构，原始人群学习方式是"口耳相传"、实际模仿、集体游戏，等等。随着生产力的发展，文字的出现，人类的学习活动才有了文字的记载。中国早在商朝时期就已经出现了"学"字。

在中国古代相当长的时期里，"学"与"习"两字总是分开说的，是两个词。最早把"学"与"习"联系起来的是孔子，他在《论语·学而》中说："学而实习之，不亦说乎！孔子还在自己的教学实践中提出"学而知之"的学习观点，并指出："学而不思则罔，思而不学则殆"[1]"弗学何以行？弗思何以得？"[2] 可见，孔子比较深刻地阐述了学与思、学与行的关系。战国时期的子思继承孔子的学习观点，在《中庸》中提到了"博学之、审问之、慎思之、明辨之、笃行之"的观点。明末王夫之强调"学"应该多"闻"多"见"，多与外界事物接触，强调了"行"在品德学习中的头等重要地位。可以认为，中国古代"学—思—行"的学习理论主要是从教育学的实践经验中总结出来的。这些学习理论尽管比较粗糙，但却有重要的历史意义和现实意义。那么，究竟什么是学习呢？学习是教育心理学研究的重点问题，学者们曾提出了很多学说。一般来说，学习就是凭借经验已产生的比较持久的行为变化。这里所说的行为不光指外部可见的明显的行为，也包括思维活动和认知活动中概念与表象变化的一些内隐行为。从控制论和信息论的观点看：学习就是外来信息的内化过程，学习者经过感官和大脑吸收信息，在输出信息的同时再通过反馈信息来判断和纠正信息。所以认识发展过程也可以说就是信息的运动过程。[3]

从学习的实质来看，学习是学习主体与客体相互作用，经过内化而获得经验，并外

---

[1] 何奕恺：《论语·为政》，101 页，上海古籍出版社，2013。
[2] 党圣元，徐干：《中论》叙录，陕西，人文杂志，1998。
[3] 梁日森，蔡诗韧，金惠娣：《成人的学习能力和认知心理特征》，载《继续医学教育》，1995（3），36～39 页。

化为行为变化的活动。学习能力包括三个层面：原发层面、内化层面和外化层面。原发层面的学习能力包括学习的意志、兴趣、动机、毅力、价值观等。内化层面的学习能力包括现有文化知识基础、智力、记忆力、理解力、思考力、学习的效率以及观察力、分析力、综合力和评价力等。外化层面的学习能力则包括对所学知识的释放力、应用力、适应力、创新力、变革力等。[①]

二、西方三大学习理论

行为主义学习论、认知主义学习论和人本主义学习论是当代西方学习理论界最具势力和影响力的三种学习理论。行为主义学习论在 20 世纪 50 年代之前处于支配地位，其影响可谓如日中天。[②] 在此之后认知主义学习论取而代之，成为学习理论界的主流。人本主义学习论是在美国传统教育受到冲击，倡导教育革新运动的潮流中诞生的，它旨在反对行为主义和认知主义的学习论，其独具特色的观点越来越受到学术界的关注。这三种学习理论都分别是由诸多观点相近的理论构成的，由于每一位代表人物的着眼点有所差异，所以每一种理论都具有侧重点。

行为主义所研究的学习是最广义的学习，即动物和人在活动中受外在因素的影响，获得或改变行为的历程。在这一历程中，个体学到的是可观察和测量的外显反应，而该反应能成为习惯，是后效强化作用的结果。学习的产生是外控的，学习是一种被动完成、循序渐进、积少成多的过程。行为主义学习论偏重于行为的习惯，习惯的养成和不良行为的矫正等方面。认知主义所研究的学习属狭义的学习，即个体对事物经认识、辨别、理解从而获得知识的历程。在这一历程中，个体学到的是思维方式亦即认知结构。个体通过学习增加经验，改变认知结构，所以这种学习是内发的、主动的，是整体性的质变过程。认知主义学习论偏重于知识的获得、概念的形成、认知结构的组织和问题的解决等方面。人本主义所研究的学习属次一级广义的学习，即个体随意志、情感对事物自由选择而获得知识的历程。在这一历程中，个体既不受本能冲动的驱使也不受外界刺激或环境左右，而是取决于需求、欲望、感情和价值等内在心理状态。人本主义学习论突出学习者的中心地位，偏重于人格的完满和学习者主体性的发挥等方面。这三种理论究其实质，一重行、一重智、一重德，应该说各有侧重、相得益彰。

鉴于此，我们可将学习定义为：个体在生活过程中，由经验而获取知识、改变行为以完善人格的历程。这一定义涵盖了三种理论的要旨。因为人的学习不仅仅是获取知识和技能，也不仅仅是导致行为的改变，还应包括在知识经验的基础上，养成良好的行为习惯，以养成高尚的道德品质和充分发挥自身的潜能和价值。三种学习理论为我们清楚地把握和理解学习的实质和条件提供了许多有用的思路和观点。当然，西方这三种学习理论有其局限性，在学习和借鉴时应注意批判地吸收。

---

① 徐颖，徐向阳编著：《国家公务员九项能力培训教程：学习能力》，7 页，北京，人民出版社，2005。
② 高峰强：《西方三种学习理论及其启示》，载《石油大学学报》（社会科学版），1997（3），43 页。

三、学习能力的重要地位

(一) 公务员学习的重要性

1. 读书学习是新形势下适应时代发展潮流的要求

面对深刻变化的世界局势，要保持清醒的头脑，既抓住机遇发展自己，又沉着应对严峻挑战，迫切需要深刻的理论武装和理论指导。马列主义、毛泽东思想、邓小平理论和"三个代表"、科学发展观等重要思想，是我们正确认识形势的根本理论武器。只有深入地学习这些科学理论，掌握科学的立场、观点和方法，才能透过现象抓住本质，在复杂迷离的世界局势中立于不败之地。胡锦涛总书记在中央政治局集体学习会上指出：我们党要团结带领全国各族人民抓住机遇，迎接挑战，实现全面建设小康社会的宏伟目标，必须坚持把学习作为全党一项十分重要的任务，努力使全党的马克思主义理论水平和科学文化水平不断有新的提高。高尔基说得好，"书籍是全人类进步的阶梯，是全世界的营养品"。我们一定要从党和国家兴旺发达、长治久安的高度，充分认识学习的重要性，为中华民族的伟大复兴而虚心学习、勤奋学习、坚持不懈地学习。只有加强学习才能用正确的观点分析中国的历史与现实，把中国社会主义现代化事业推向前进。只有认真学习并联系实际回答和解决问题，才能澄清各种模糊认识，把思想真正统一到邓小平理论、"三个代表"重要思想和党中央的方针政策上来，万众一心把中国特色社会主义伟大事业继续推向前进。

2. 读书学习是全面提升综合素质和履职能力的需要

中国是历史文化悠久的文明古国，敏而好学和尊师重教的优良传统自古有之。孔子的教育思想不仅在中国一脉传承，而且影响遍及世界，他对学习问题有过许多系统而精辟的论述。莎士比亚的诗中也有一句描述，"生活里没有书籍就好像没有阳光，智慧里没有书籍，就好像鸟儿没有翅膀"。在新形势下，我们更要不断学习、适应形势、深化改革的问题，发展需要学习，学习才能促进发展。江泽民同志指出，"推动教育体系的创新，逐步形成适应终身需要的学习型社会"。近几年开展的创建"学习型政党""学习型社会""学习型组织"的要求，就是全面提升综合素质的"解决之道"，并成为履职的前提与基础，对于完成本职工作具有举足轻重的影响。尤其是面临即将到来的信息社会和知识经济时代，读书学习变得特别重要。

3. 读书学习是永葆党的先进性的前提

胡锦涛总书记在新时期保持共产党员先进性专题报告会上的重要讲话中号召"全党一定要有学习的紧迫感，抓紧学习、刻苦学习，善于学习、善于重新学习"。先进性体现在党的思想建设上，就是要不断发扬解放思想、实事求是、与时俱进的思想路线，持续推动实践基础上的理论创新、制度创新、科技创新、文化创新和其他各方面的创新。加强思想建设，就是要用党的与时俱进的指导思想武装全党，使广大党员特别是党的各级领导干部坚定对"三个代表"重要思想的信仰，坚定对建设中国特色社会主义的信念，坚定对全面建设小康社会、实现中华民族伟大复兴的信心。学习是广大党员掌握知识、加强自身修养、增强党性的一个重要途径。当前，人类知识倍增和老化的速度都在日益加快，我们正处在一个知识创新、终身学习的时代，各种新事物、新知识、新经验层出不穷，要学习的东西很多。如果不学习新的知识，固守老经验，肯定是要落伍的；那么提高工作水平，促进事业发展就成了一句空话。胡锦涛总书记强调，勤奋学习是共产党员增强党性、提高、做好工作的前提。作为共产党人，放松了学习，思想落后于形势，就会丧失先进性，使精神世界陷于低级趣味，就难以抵挡利欲的诱惑。加强学习，对提高人的精神境界、对自觉抵制消极腐败现象很有益处。所以，广大党员要发挥先锋模范作用，就必须不断学习，用先进的理论武装自己，才能提高自身素质，保持先进性。

（二）提高公务员学习能力的意义

1995年，联合国教科文组织为了扭转世界公民的阅读率在持续走低的状况，倡导读书的风气，规定每年4月23日为"世界读书日"（据说这天是西班牙文豪塞万提斯和英国作家莎士比亚的辞世纪念日），随后100多个国家和地区都开展了各种形式的阅读日庆典活动。党的十六届四中全会强调优先发展教育和科学事业，提高全民族的科学文化素质。提出"营造全民学习、终身学习的浓厚氛围，推动建立学习型社会"。中宣部、中央文明办、新闻出版总署等多个部门多次向社会发出号召，开展"爱读书、读好书"的全民阅读活动，在全社会营造浓郁的读书氛围。广大公务员要努力学习经济、政治、法律、文化、科技等知识，提高素质，适应变化，使各项工作体现时代性、遵循规律性、发挥创造性"，对学习能力提出了更高的要求。

知识经济时代对现存的公共管理理念、运作模式提出了挑战，经济全球化趋势和公共行政的变化要求公务员不断地学习，公务员具备良好的学习能力是时代对公务员工作提出的要求，具有重大的理论及实践意义。美国麻省理工学院彼得·圣吉1990年出版了《第五项修炼：学习型组织的艺术和实践》，该书提出的学习型组织理论对世界各国政府产生了深远的影响。许多国家开始从政府职能、法律支持、公共政策等方面推进、落实这一理念，提出了建设"学习型政府""学习型社会""学习型城市"等目标。

1. 构建学习型政府的基础

学习型政府就是在政府机关内部形成浓厚的学习氛围，完善终身学习体系和机制，形成个体学习、团队学习、组织学习、组织间学习的局面，从而提高政府的管理水平。政府的管理水平决定于公务员的能力，高效的政府管理离不开高素质的公务员队伍，加强公务员的能力建设是建设一个强有力的政府的关键，学习能力在9种能力体系中居于基础地位，发挥着核心作用。学习能力的高低影响着其他能力的提高。因此，公务员具备良好的学习实践能力、树立终身学习的观念是构建学习型政府的前提条件。同样没有公务员的个体学习，也就不可能建设学习型政府。

2. 构建学习型社会的需要

1968年，美国学者哈钦斯提出了"学习型社会"（Learning Society）这一概念后，逐渐引起了越来越多国家的重视，构建学习型社会已经成为一些国家政府施政的新理念。学习型社会是科技高新化、信息网络化、经济全球化的产物。20世纪90年代，随着知识经济的迅猛发展和信息化、全球化、网络化速度的不断加快，构建学习型社会成为一个世界性的潮流。党的十六大报告提出要"形成全民学习、终身学习的学习型社会，促进人的全面发展"。党的十六届三中全会的《决定》又进一步提出"构建国民教育体系，建设学习型社会"的具体要求。学习型社会要求每一个公民必须通过学习来强化政治素养、道德操守；通过学习来提高学识水平、业务技能。构建学习型社会是一个系统的社会工程，需要社会各个方面的配合。在政府行为层面上，要努力构建学习型政府，学习型政府是学习型社会的重要组成部分，也是推动学习型社会建设的重要力量。这就要求国家公务员具备良好的学习实践能力，身体力行带头学习，为社会树立学习的榜样，用实际行动影响社会成员投入学习革命的浪潮中，逐渐推进学习型社会的形成。

3. 加强党的执政能力建设的基础

党中央在提出领导干部要讲学习、讲政治、讲正气时，把讲学习放在第一位。"三个代表"重要思想的提出，表明我们党科学地提炼和升华了改革开放以来的实践，洞察了整个世界的发展趋势，深化了对社会主义建设规律、共产党执政规律、人类社会发展规律的认识。党的十六届四中全会《决定》深刻阐述了加强党的执政能力建设的重要性和紧迫性。加强党的执政能力建设的总体目标就是使党成为立党为公、执政为民的执政党，成为科学执政、民主执政、依法执政的执政党，成为求真务实、开拓创新、勤政高效、清正廉洁的执政党。公务员是党和国家的路线、方针、政策和国家法律法规的执行者，也是团结带领广大人民群众全面建设小康社会的组织者。加强公务员的学习能力建设，形成一支全心全意为人民服务的公务员队伍，不仅有利于党和政府的各项方针、政策措施的贯彻落实，确保党的奋斗目标的实现，也有利于更好地把人民群众紧密团结在党和政府的四周。

第二节 学习力的内容构成

一、学习力的构成

学习能力是在学习活动中形成和发展起来的，是学习主体运用科学的学习策略去独立地获取信息，加工和利用信息，分析和解决实际问题的一种个性特征。任何学习活动都是在学习主体已有的知识、技能、策略的定向调节和控制下进行的，如果学习主体缺乏必要的知识、技能和策略，则学习活动的定向和执行环节就不可能实现，也就无法形成相应的学习能力。因此，构成学习能力的基本要素主要是基础知识、基本技能和基本策略。前两者在后者的导向下，内化并结构化、网络化，形成相对稳定的结构，即构成了学习者的认知结构。认知结构从静态来考察，可以认为是知识在学习者头脑中储存的形式；从学习活动的动态来考察，认知结构就是学习者的加工、同化新知识，处理新知识的"先行组织者"，它在不断同化、激活、加工、提取、储存学习对象提供的诸多信息，使之处于有序的、组织化和网络化的状态。因此，学习能力的实质就是结构化、网络化、程序化的知识、技能和策略。也就是说，学习能发挥其自主性，对学习的对象进行感知、加工、联系、运用等心智技能与操作技能引导运作的过程，也是学生体验、思考、内化和行动的复杂活动过程。

二、学习能力的形成过程

学习能力的形成和发展是通过知识、技能和策略的获得及其广泛迁移，从而使它们得到不断综合和概括而实现的。这一形成过程，从学习者的内因分析依赖于学生对知识、技能和策略的掌握质量及其结构化、网络化、程序化水平，依赖于学习主体的一般智力水平以及以学习动机为核心的非智力因素的调控。从外部环境来分析，主要受以下因素的影响：①知识的外部结构化水平。②学习过程的科学化水平。③学习策略的有效性水平。④学习评价的适时性和促进性水平。

学习能力的形成和发展是分层递进的。首先，学习主体要学习和掌握一定的学科知识、技能和策略，这是构成学习能力的基本要素，但它不等同于学习能力。其次，学习主体通过积极地思考和不断地整合，将这些知识和技能要素与原有的知识技能相互作用，内化为结构化、网络化的知识技能结构。知识与技能的结构化、网络化水平是决定学习能力水平高低和发展程度的关键。再次，在解决特定任务的问题情境中，学习主体运用一定的策略、方法，以活动任务和问题类型为线索和中心，将不同知识技能结构进行组块，实现知识、技能和方法、策略的融会贯通和高度网络化、系统化，形成有利于问题解决的、程序化的活动经验结构，这标志着学习主体的学习能力达到了较高的水平和状态。由此，我们可以将学习能力的形成过程划分为相互联系、相互制约的三个阶段，由低到高依次为：

第一阶段：知识、技能和策略要素的学习与掌握。第二阶段：知识和技能结构的组织与形成。第三阶段：程序化的活动经验结构的构建。随着学习活动的进行，学习主体的学习能力水平不断提高，对学习活动的定向和控制作用不断增强，使学习主体知识和技能的学习不断深入，活动任务的难度不断增加，知识、技能和策略的结构化、网络化、程序化水平不断提高，从而学习主体的学习能力也在不断生发并达到新的水平。学习能力的形成和发展过程见图10-1。

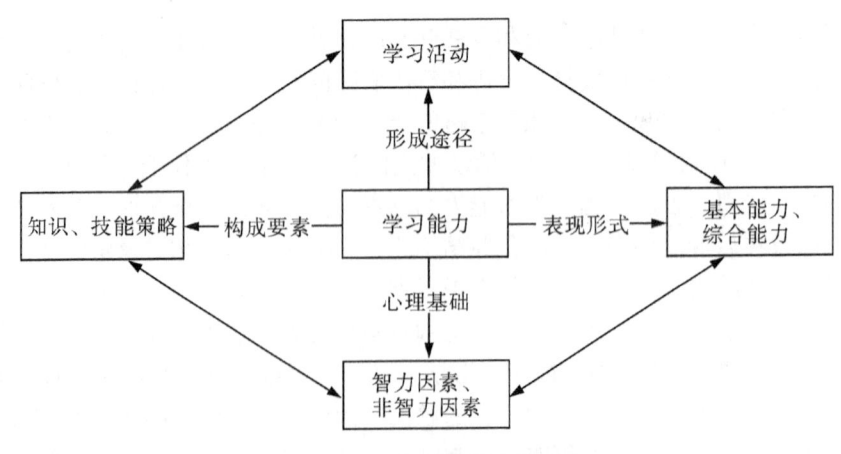

图10-1 学习能力形成过程

学习能力的形成和发展是通过知识、技能和策略的获得及其广泛迁移，从而使它们得到不断综合和概括而实现的。这一形成过程，从学习者的内因分析依赖于学生对知识、技能和策略的掌握质量及其结构化、网络化、程序化水平，依赖于学生的一般智力水平以及以学习动机为核心的非智力因素的调控。[①] 在教学中培养学习主体的学习能力，要遵循知识、技能和策略的学习规律，分阶段进行整体建构。每个阶段的教学目标不同，相应的教与学的起点行为（学习主体已具备的经验、知识和心向等）也不同，教师和学习主体的活动内容和方式必定随之而异。只有全面优化这些因素，才能加速形成和发展学习主体的学习能力。

三、学习能力的结构

　　学习能力是静态结构与动态结构在学习活动中的统一。从学习能力的构成和实质来看，学习能力的结构是静态的，它是学科知识、技能、策略经过内化和概括化在学生头脑中形成的认知结构。但从学习能力的形成和发展来看，这个结构是动态的。[②] 其动态性一方面表现为学习能力是在学习主体（学生）与学习客体（教材内容）的统一中形成的，是以教材内容为中介，通过生动、活泼、主动的学习活动而形成和发展的，并且随着学习活动的丰富，学习内容的深入，学习能力的结构也在不断完善和深化发展。另一方面，学习能力在学习活动中具有较强的操作性，已经形成的学习能力有助于学生对教材内容的学习，并为顺利地进行学习活动提供符合知识特点的学习程序、步骤、策略和方法等，提高了知识掌握的速度和质量，从而又促进学习能力向更高层次发展。就是说学习能力结构是一个多因素、多形态、多层次的结构，它具有以下特征：

（一）智力因素与非智力因素是制约学习能力发展的心理基础

　　学习能力是学生在学习活动中通过对知识、技能、策略的内化和概括化而形成起来的比较稳定的心理特征，学习活动是学习能力形成和发展的主要途径。学习活动是学生智力因素与非智力因素相互协调运作的过程，智力因素和非智力因素共同制约着学生掌握知识技能的速度和质量，制约着学习能力形成和发展的水平。学习活动中的智力因素主要是由感知、记忆、思维、想象、言语等心理因素构成的，它直接参与客观事物认识的具体操作。而非智力因素通常是指那些不直接参与认识过程，但对认识活动起动力和调节作用的心理因素，如动机、兴趣、情感、意志、性格等。忽视了这些非智力因素的培养，就不可能有效地形成和发展学生的学习能力。学生的智力因素与非智力因素水平是学习能力形成和发展的内在心理基础。

（二）基本能力和综合能力是学习能力在学习活动中的不同表现形式

　　学习能力的形成和发展与学生所从事的学习活动方式和水平有着直接的联系。学生的学习活动是由内部活动和外部活动两部分构成的，即有两种形式的活动。学习的内部

---

① 毕华林：《学习能力的实质及其结构构建》，载《教育研究》，2000（7），18页。
② 同上，19页。

活动即心理活动，它是通过语言、形象和符号对学习对象进行感知、记忆、思维、想象、言语表达等心理活动，以实现知识的内化和概括化。这一活动过程有利于形成和发展学生的观察、记忆、思维、想象、表达等心理能力。这些心理能力虽然彼此间有着密切的联系，但又具有较强的独立性，是学生进行各种活动必备的基本能力。学习的外部活动，在课堂教学中主要是学生主体的实践操作性活动，如阅读、讨论、练习、交流、制作、实验等，这种直观的外部操作可以加速学生掌握知识的内化过程。学习的外部活动必须有内部活动的参与和支持，二者是不可分离的。学习的外部活动不仅有利于促进学生基本心理能力的发展，而且在外部活动中学生通过对知识的具体操作运用，逐步学会获得知识的策略，形成实践操作技能，学会分析问题和解决问题的策略以及进行创造性思维和想象的策略，从而形成和发展学生的自学能力、实际操作能力、问题解决能力和创造能力等综合能力。这些综合能力需要多项基本能力的支持，是在学生具有一定的基本能力的基础上，综合运用有关知识、技能和策略的结果。

学习活动是学生内部活动和外部活动的统一，二者在学习活动中相互转化，从而实现学习主体对知识的系统掌握和学习能力的全面发展。学习能力在学习活动中直接表现为观察、记忆、思维、想象等基本能力和自学能力、实际操作能力、问题解决能力、创造能力等综合能力，学习能力水平的高低可以通过观察学生在不同学习活动中的行为表现加以测量和评价。

（三）思维能力和学习策略是学习能力的核心

学生的学习活动是一种思维活动，思维贯穿于学习活动的始终。离开了思维活动，任何能力都难以形成和发展。从学习能力在学习活动中的表现形式分析，我们认为思维能力是学习能力的核心。思维活动是一种指向问题解决的间接的、概括的认知过程，概括性是思维最基本的特征，也是思维能力发展的基础。所谓概括是指将同类事物的共同的、本质的特征联结起来的过程，它是在分析、综合、抽象的基础上进行的。学生的学习能力正是其在获得学科知识、技能和策略的基础上通过不断的概括化和内化而形成的。学生通过思维获得的知识的概括性程度越高，越有利于学习能力的发展。因此，抓住了概括能力，也就抓住了学习能力的基础与核心。培养学生思维的概括性是发展其学习能力的一个重要环节。

学生的学习过程是一种运用学习策略的活动。无论是知识的掌握、问题的解决，还是要学会学习，都运用一定的学习策略。如果从学习能力的构成和实质来看，学习策略比学科知识和技能具有更高的概括性、更强的迁移性和更广泛的适应性，在学习能力的形成和发展中具有重要的作用，是学习能力的核心。学习策略是学习者在学习活动中有效学习的规则、方法、技巧及其调控，它是由直接对信息进行加工处理的具体方法和对信息加工过程进行调节和控制的元认知策略两部分组成的。就是说学习策略具有方法性和自我调控性两大特性。区别"学会"和"会学"的一个重要标志，就在于学生是否具有对整个学习情境进行有效的监控，并根据实际情况作出相应的选择和调整。研究表明，造成学生学习能力不同的原因并不是他们的知识水平不同，而是他们的元认知水平的不一致。因此我们认为，元认知策略是学生学习能力的关键成分，在学习活动中起重要作用。因此，可以用图 10-2 表示学习能力的构成要素、表现形式、形成途径和心理基础之间的相互关系。

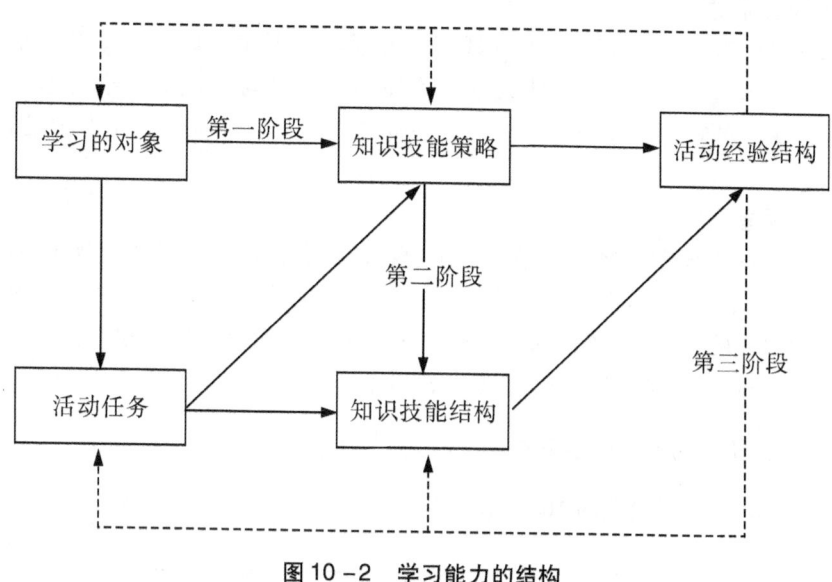

图 10-2 学习能力的结构

第三节 学习力的培养

一、学习能力的构成要素

（一）学习能力构成要素的几种典型理论

因研究的视角不一，导致各学者对其构成要素的说法不一，较为典型的有以下几种说法：

1. "四要素说"

英国布里斯托尔大学盖伊·克拉克斯顿（Guy Claxton）教授（2002）首先提出了学习力构建的四个要素，即通过四种行为所表现出来的四种力量"4R"：顺应/顺应力（Resilient/Resilience）、策应/策应力（Resourceful/Resourcefulness）、反省/反省力（Reflective/Reflection）、互惠/互惠力（Reciprocal/Relationships）。

2. "七要素说"

英国 ELLI 项目以盖伊·克拉克斯顿（Guy Claxton）教授的开拓性研究为基础，后经过深层次研究丰富了学习力的构建要素，并在语言表达上做了精确定义，它们分别是：变化和学习（Changing and Learning）、关键好奇心（Critical Curiosity）、意义形成（Meaning Making）、创造性（Creativity）、学习互惠（Learning Relationships）、策略意识（Strategic Awareness）、顺应力（Resilience）。该项目认为七个要素是相互依赖、相互促进的关系，属于同一事物的不同方面，其中一个或者两个要素获得发展，其他要素及个体的学习力水平亦能获得一定程度的提升。

3. "综合体说"

美国哈佛大学 W. C. Kirby 教授（2005）在长期的教学实践中，丰富了学习力的内涵，并出版专著《学习力》。他认为学习力应该是包括学习动力、学习态度、学习方法、学习效率、创新思维和创造力的一个综合体。此外，他提出：学习力还包括兴趣、好奇心和创造等非智力因素。

4. "六要素说"

著名学习力教育专家余建祥在长期的教育领域学习力教育研究实践中，提出了"六要素说"。他认为学习力主要包括学习方法、学习动力、时间管理、学习习惯、学习心智（情商管理）、学习意志六个要素。这六个要素互相关联又相对独立，任何一个要素的改善，都会促进学习能力的改善和提升。

（二）学习能力的三大要素

学习能力的三大要素见图 10-3。

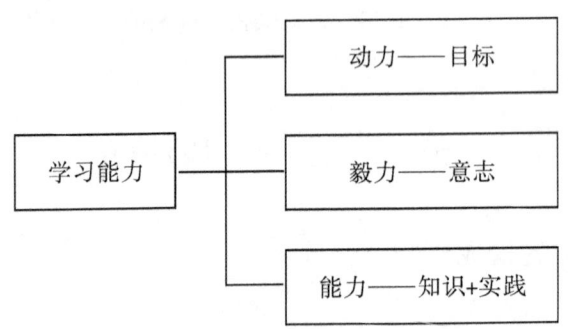

图 10-3　学习能力的三大要素

1. 学习动力

学习动力是指自觉的内在驱动力，主要包括：学习需要、学习情感和学习兴趣。

2. 学习毅力

学习毅力，即学习意志，是指自觉地确定学习目标并支配其行为，克服困难实现预定学习目标的状态。它是学习行为的保持因素，在学习力中是一个不可或缺的要素。

3. 学习能力

学习能力，是指由学习动力、学习毅力直接驱动而产生的接受新知识、新信息并用所接受的知识和信息分析问题、认识问题、解决问题的智力，主要包括感知力、记忆力、思维力、想象力等。它是基础性智力，是产生学习力的基础因素。以下是学习能力三要素的关系图。

因此学习力是其三个要素的交集（图 10-4 三角形处），只有同时具备了三要素，才能成为真正的学习力。当你有了努力的目标，你只是具备了"应学"的动力；当你具备了丰富的理论和实践经验，你仅仅具有了"能学"的力量；而当你学习的意志很坚定的时候，你不过是有了"能学"的可能性。只有将三者合而为一，将三者集于一身，你才真正地拥有学习力。公务员提高学习能力，必须打破学习就是获取知识的思想，而坚持学习不仅是获取知识也是改变实践的思想。也就是说，必须从注重提高内化层面的学习能力转变为注重提高外化层面的学习能力。这就是"学习的革命"。[①]

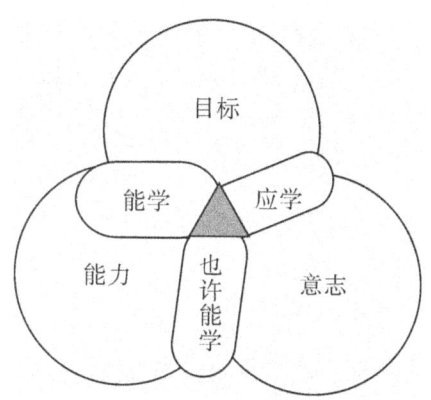

图10-4 学习能力三要素关系

二、我国公务员学习能力建设存在的问题

（一）学习意识不强，缺乏主动学习

在学习能力建设过程中，也出现了一些不容忽视的问题：最明显的表现是公务员的求知欲不强。一些公务员满足于凭经验办事，忙工作、忙事务、忙应酬的时间多，疲于应付各种会议、活动，静下心来学习的时间偏少，不能够妥善处理工作与学习之间的矛盾。一些公务员抓学习有外在压力但没有内在动力，为文凭、为证书、为学历学习者仍然不少。公务员对培训的功利性趋向明显：对党校组织的培训积极性很高，趋之若鹜；对行政院校的培训态度冷淡，置若罔闻；对政治教育类课程无精打采。

（二）学习方式单一

目前，基层公务员培训学习活动，大多数仍以传统的教材、课堂教学为主，教学过程中课堂教学多、实践考察少；理论灌输多、经验传授少；传统手段多、现代化手段少；内部交流多、与外地交流少。[②] 实行的是我讲你听、我读你记，上面讲、下面听，死啃书本的"灌输式"传统式教学方式。有的培训师讲课长期用一个讲稿、常举一些陈旧案例，一堂课下来培训师筋疲力尽、学员昏昏欲睡，使学员产生厌学心理。这种传统的学习方式把学习建立在人的客体性、受动性和依赖性的基础之上，忽略了人的主动

[①] 曾宇青：《公务员学习能力研究》，载《特区实践与理论》，2007（2），57页。
[②] 兰兰：《我国公务员学习能力建设现状、问题与对策》，载《理论观察》，2010（5），35页。

性、能动性和独立性，学习效果可想而知。

（三）缺乏长效学习机制

在学习能力建设中，一些公共部门领导在学习教育管理上弱化或缺失，把学习当成是公务员个人的行为，没有组织学习、团队学习的概念。有的虽然建立了学习考核制度，但是执行不严格、学习管理不到位。有的虽然有几种学习时间，但经常会因为其他的事情而搁置取消。有的采取学了多少篇文章、写了多少篇心得体会等简单量化的方式来评估学习效果，学习评估机制不全面、不客观、不科学。总之，因为没有建立起完善的学习奖惩激励机制，造成学习与不学习一个样，深入学习与应付学习一个样，无法有效调动公务员学习的主动性和积极性。

三、讲究策略：提高公务人员学习能力

（一）注重公务员个体的学习

作为学习主体的公务员个体，必须正确认识自己，转变学习心态，养成良好的学习习惯，确定自己的学习目标，重视非智力因素在学习中的作用。公务员学习能力建设活动能不能落到实处、长期坚持，关键是要树立终身学习、自主学习的学习理念，营造出一种崇尚学习、注重学习的学习氛围，将学习融入生活，使学习生活化、工作化、日常化，转变为一种自然的生活方式。①

彼得·圣吉在他的《第五项修炼——学习型组织的艺术与实务》中提出了克服组织智障的五种修炼方法。一是自我超越。自我超越的意义在于用创造的观点来面对自己的生活与生命。二是改善心智模式。心智模式是指人们工作中表现出来的特有的思维方式、价值观念和行为习惯的总和。三是建立共同愿景。共同愿景是指建立在组织中公务员共同价值观基础之上的，对组织发展的共同愿望。四是团队学习。团队学习是一个合作性的学习过程，组织成员之间不是整齐划一的相同，而是整体的有效配合。五是系统思考。系统思考是学习型组织的基石，是五项修炼的核心和归宿。我国公务员个体应结合实际情况，主要从以下几个方面来提升自身的学习能力。

1. 正确认识自己，实现自我超越

"自我超越"指的是突破原有的极限状态，实现真正意义上的领悟。公务员学习能力提升的前提，首先是公务员要正确认识自己、了解自己。只有在充分认识自己的基础上，才能根据自己的职业目标和工作需要，提炼外在的信息，取长补短进行有针对性的学习。其次，建立自信心，培养自尊心。自信心是个人对自己信念、能力和力量的认识和评估，相信自己有能力面对现实、解决问题。再次，要建立积极的自我价值观念，不断超越自我。圣吉创建学习型组织的两个基点就是人的价值观的建立和系统思维方式的确立。他主张由组织成员通过工作中的自我超越以获得精神上的满足，在工作中获取生命的意义，由对外在物质的迷惑转为对内在精神的满足。

---

① 兰兰：《我国公务员学习能力建设现状、问题与对策》，载《理论观察》，2010（5），36页。

2. 改善心智模式，转变学习心态

根据彼得·圣吉的理论，心智模式决定了公务员如何认识周围的世界，它影响到公务员对所看见事物的认识。两个具有不同心智模式的人观察相同的事件，会有不同的描述。同时，心智模式也影响公务员如何采取行动，因为公务员所使用的理论（心智模式）必定与公务员的行为相一致。因此，改善公务员的心智模式对提升公务员的学习能力具有重要意义。

首先，要培养积极的学习心态。公务员要有"爱"学习的心态，要培养和树立"爱"学习的思想，变"要我学"为"我要学"，变被动的学习为主动的学习。充分认识学习的重要性，用饱满的热情和激情投入学习。其次，要培养开放的学习心态，广泛地学习。社会发展已进入知识经济时代，新的思想、观念、技术、信息层出不穷，这就要求公务员要用开放的心态广泛地学习，以此带动整个单位、组织逐渐向开放型组织转变。开放是学习的前提，要向新环境学习，向他人学习，向国外学习。最后，需要善于从反省自己的错误中学习。古人云："人非圣贤，孰能无过？"要经常性地对自己的思想行动进行总结，检查并矫正其中的错误。只有敢于反省自己的错误，并从中得到提高才能从根本上提升学习能力。

3. 养成良好的学习习惯

良好的学习习惯直接影响着学习的质量和效率。培养良好的学习习惯，要保持学习的愉悦感。公务员在学习时，要把工作和生活联系起来，把日常所学的知识应用到生活和工作当中去，创造自己想要的成果，这样就会拥有愉悦感和成就感。另外，公务员要提高学习能力，就要善于与民众建立学习关系，善于将管理关系变成学习关系。学习关系的建立有两个重要步骤：一是公开信息，让民众讨论相关决策。二是注意吸纳民众意见。[1] 只有持续学习，才能从学习中找到乐趣，并锻炼出坚强的意志力，实现学习能力的提升。

4. 确定学习目标

公务员要树立正确的学习目标，这是提升学习能力的直接动机，也是学习的方向。首先，要确立政府组织的共同愿景，以此作为公务员确立个体学习目标的依据。共同愿景是大家共同愿望的景象，是指建立在组织及其所属公务员价值取向一致基础上的能激励人奋发向上的愿望或理想。其次，要锻炼自己的意志，注重品质修养。比如要善于自我觉察和自我调适，提高抗压力、忍耐力和挫折承受力，增强恒心和毅力。

公务员是公共权力的行使者、公共事务的管理者，肩负着国家公共管理的重任，因此公务员在确定自己的学习目标的时候应高标准、严要求。学习目标即公务员学习的方向，明确的学习目标可以有效地激励、引导、提升公务员的学习能力。有了明确的学习目标，公务员才能把自己的学习行动与学习目标加以对照，并根据学习过程中遇到的问题和取得的成效适时地对学习目标和行动进行控制，保持高涨的学习积极性。公务员在设定个人学习目标的时候应遵循几个原则：一是按照"三个代表"重要思想的要求，根据社会发展的需要、党和国家工作的需要来建立自己的学习目标。二是根据新的时代

---

[1] 曾宇青：《公务员学习能力研究》，载《特区实践与理论》，2007（2），58页。

特点和科学技术、文化发展的大趋势来设定学习目标。三是从自己的知识结构出发设定目标。党的十五大报告明确提出我国公务员队伍建设的目标是高素质、专业化，即公务员必须具备公共管理方面的专业知识与专业能力，具备与工作领域相适应的专业知识与专业能力。这要求公务员在设定学习目标时，要从实际工作出发，开阔视野，按照"缺什么，学什么"的要求，将学习的目标与工作需要、专业特长与自己的工作岗位结合起来。

5. 学会思考与创造

公务员的职业特点和工作性质决定了他们的知识结构应该是博与专的统一，包括深厚的政治理论知识、熟练的业务专业知识、宽广的一般性知识，而且要特别富有创新精神。目前新知识呈几何级数增长，一个人的精力和时间有限，不可能成为无所不知、无所不能的人。读书如果缺乏选择能力，就有可能捡了"芝麻"丢了"西瓜"，难以建立合理的知识结构。没有理解能力，读书而不动脑筋，不深入思考，不融会贯通，就会食"知"不化。就算理解领会了，不及时到实践中去检验，没有转化运用能力，学到的也白搭。可见，学习能力的强弱，不仅表现在获取知识能力上，更重要的是体现在通过学习来提高能力的强弱上；不仅表现在从书本上学习知识的能力强弱上，还表现在从实践中学习知识的能力强弱上；不仅表现在对知识掌握的广度和深度上，还体现在实际工作中对知识的创造性运用上。一般来讲，如果在读书的同时，加强形象思维的训练，善于思考，就能不断提高把知识转化为能力、本领的锻炼，力求知识增长与创造力同步提高。怎样读书学习，归纳为以下六点。

创造力是公务员的一种能力、状态，这种能力和状态将决定公务员的行为方式。而创造力的源泉则是不断地思考。公务员应努力在系统思考中深入学习，特别是担任领导职务的公务员，要努力掌握系统思考的方法，提高系统思考的能力，由片面思维向整体思维、发散思维、系统思维转变。这就要求公务员要在系统思考中勤于学习，善于学习，尽量掌握比较全面的知识。公务员只有具有了多方面的系统知识，才能深入地观察和把握事物的全貌、工作的全局，将思想认识和行动建立在科学的基础上，增强全局观念和工作上的全局性、系统性，减少和避免片面性，提高学习能力。总之，个人在提升学习能力时，要具有系统思考的意识和打破常规思维习惯的勇气。

6. 树立终身学习的观念

知识经济时代是科学技术飞跃发展的时代，是各国交流频繁、互通有无的时代，因此也是终身学习的时代。为适应知识经济时代的要求，20世纪80年代，日本、美国率先推出终身学习的政策，并从公共政策层面上落实终身学习的思想。20世纪90年代，日本、韩国、芬兰、澳大利亚、英国、法国等国家又纷纷将终身学习思想作为本国可持续发展的指导原则与重要方针。可见树立、落实终身学习观念已逐渐成为世界各国的共识。我国为顺应时代潮流，迎接知识经济的挑战，适时地提出了建立"学习型组织""学习型社会"的口号，要求公务员树立国际化思想观念，不断地加强学习，在学习中解决新矛盾、发现新问题、了解新情况、学习新知识、总结新经验。改革开放以来，随着我国经济体制、行政体制改革的不断深入，我国政府的职能、组织形式、管理角色发生了许多重要的变化，在政府与市场、政府与中介组织、政府与公民自治组织的关系中，政府开始由直接的管理者向指导者转变。伴随着政府职能转变和角色重新定位的同时，要求公务员树立终身学习观念，不断地、全方位地学习新的政府管理理念、管理思想、管理方法，包括世界各国的先进管理经验和高新技术，学习和掌握世贸组织的基本规则和国际金融等知识。

（二）理论与实际相结合

马克思主义认为，实践是理论的源泉，理论依赖于实践而发展，理论必须接受实践的检验。因此，实践是理论的基础，离开实践的理论是空洞的理论。同时，实践又要接受理论的指导，只有理论为指导的实践，才能摆脱盲目性和狭隘性。不少国家的公务员学习都强调理论联系实际这一原则，如加拿大联邦政府要求公务员在培训中，理论占30%，实践占70%。法国在公务员的培训要求实践占公务员学习的一半。理论联系实际是我们党把马克思主义唯物论和实践观运用于革命实践而形成的一个优良作风，并成为党政领导干部必备的政治素质。因此，公务员在学习的过程中要根据认识与实践的辩证关系，把学习与实践结合起来。只有把学习和应用知识结合起来，才能成为有用之才。"知者行之始，行者知之成"。以知为指导的行才能行之有效，脱离知的行则是盲动。学与用、知与行、理论与实践之所以需要结合，是因为：一是有助于对知识的充分理解和记忆。实践的过程就是认识的过程，实践是检验真理的唯一标准。书本知识只有通过实践的检验，才能被证伪或证实。二是有助于知识的再造，增长才能。在实践中运用知识，不只是检验知识，更重要的是创新知识。只有运用知识，才能丰富和发展知识，增长才能。三是学习的目的在于应用，要把知识技能尽快转化为物质力量，才能适应生产、工作和科学技术发展的需要，并在实践中不断地提高知识的应用性和自身的应用能力。同时，在实践中获得成功，可以进一步激发学习热情，坚持不懈地追求知识。要使学与用、理论与实践相结合，公务员必须加强学习的针对性与计划性。一方面要带着工作实践中的问题去学习，用工作推动学习。另一方面，把学习中获得的知识及时应用到实践中去，用学习促进工作。即要在学习中运用，在运用中学习，学以致用，以用促学。

第四节 学习力专题：学习型政府

一、学习型政府的概念

如何把我们的国家建设成和谐社会呢？构建和谐社会，政府的执行能力是关键要素。公务员的素质不提升，物质基础再好，也和谐不了。建设学习型组织和学习型政府就是提高政府的行政能力的重要途径。我们认为，只有努力提高公务员、团队、政府和社会的学习能力，才有可能驾驭各种社会矛盾，才有可能实现构建和谐社会的目标。如何提升公务员的素质？这要求公务员在生活、工作的过程中要善于学习。这也是学习型组织崇尚的重要理念。

(一) 学习型组织

在古汉语里,"学习"是由两个字构成的。"学"的上半部分表示"知识积累"的符号,下半部分是一个小孩站在一扇门前。指的是通过探索,增长知识或见识的过程。"习"的上半部分表示鸟儿展翅欲飞,下半部分代表巢穴,形似一只鸟展开翅膀,欲离开鸟巢。意指通过练习,掌握新的技能或行动的过程。因此,"学习"的原意是"学而时习之",表示个人自我完善的修炼过程。它是一个持续不断的过程。"学"是基础,而"习"也不可缺少。正如孔子的精妙论述:"学而不思则罔,思而不学则殆""学而时习之,不亦说乎"。现代管理学大师彼得·圣吉(Peter Senge)则认为,学习不应仅停留在获取知识或信息的一般意义上,还应该包括心灵的根本转变或运作。

学习型组织是学习化社会的细胞,学习型政府的构建必须建立在各个"学习型组织"的基础之上。① 学习型组织是让组织持续学习不断适应外在环境的变化,以便让组织里的人们平等地、和谐地进行个人和集体的学习,并应用学习的成果来促进个人和组织的效能增强,从而提高组织适应社会的变化。"学习型组织"是一种以学习、创新、超越为追求的全新管理理论之一,它的提出和应用对于组织提高自身综合素质来说,是一件意义重大的事情。学习型组织是一个不断创新、进步的组织(具体形式包括:部门、团队等),组织成员不断地突破自己的能力上限,创造真心向往的结果,培养全新、前瞻而开阔的思考方式,全力实现共同的抱负,以及不断学习如何共同学习。这里的"学习"已经完全超越了传统意义上特别是我们所熟知的"课堂学习"。

第一,学习主体的扩大。在学习型组织中,学习主体不再是单一学生自身,而扩展到一个团队、一个部门乃至一个企业——形成了一个组织。虽然,在课堂学习中我们有班级、有系别。但是归根到底,在通常情况下,参与到整个学习过程当中的是学生个人,所抱有的学习目的也是个人在学识上的增加,能力上的提高。而且,在课堂学习中,教师扮演着一个不可或缺的角色——知识的授予者。但是在学习型组织中,教师的作用被弱化,他起到的作用很大程度上是引导和辅助。在学习的主动性上,学习型组织更加强调主动学习,相互学习,使得每个组织成员既是知识的接受者又是知识的授予者,知识的授予——接受结构从垂直变为扁平。

第二,学习时间、学习范围的扩大。学习型组织倡导"在工作中学习,在学习中工作"。学习不再仅仅局限在课堂上,从而带来学习与工作实际脱节这个问题的解决,而是形成持续学习乃至终身学习。而由于学习积极性的提高,学习的范围从仅仅学习教师所传授的知识拓宽为与组织实际工作业务相关的领域。因为与实际工作的良好结合,学习不再被孤立,而是很好地融入企业的日常运作中。在学习型组织中,学习的目的也由"个人的提高"转为"组织整体的提升",达到 $1+1>2$ 的效果。在共同愿景引导下凝聚公司上下的意志力,透过组织共识,大家努力的方向一致,个人也乐于奉献,为组织目标奋斗。

第三,学习手段丰富,具有鲜明的时代特征。传统组织的工作程序是基于命令与执

---

① 田艳丽:《学习型政府的基本特征阐述》,载《荆楚学刊》,2008 (6),14~17 页。

行的工作方式的。传统组织在投入阶段，利用各种资源，以下达命令为具体活动内容；在中间阶段，以执行命令为具体活动方式；在产出阶段，以完成命令形式产出商品和服务。传统组织的学习主要是要靠书本和师傅"手把手"的教授，因而，具有被动命令性、记忆灌输性和刻板应用性。学习型组织所处的时代是知识经济时代。知识类型分为环境知识、组织知识和内容知识。环境知识如市场情报、技术。政治因素、供应商关系、客户关系、知识信息由环境流向组织。组织知识如声望、品牌形象、广告的内容，由组织流向环境。内部知识如组织文化、风气、数据、雇员等，由组织流向组织。

（二）学习型政府

学习型政府是指政府通过不断学习，不断改善政府收集、管理和运用知识的能力，以提高政府效能和创新政府管理。学习型政府的核心就是学习，即从过去注重资历和学历，转变为注重知识和能力。学习型政府就是在政府内部形成浓郁的学习气氛，完善终身教育体系和机制，形成全员学习、团队学习、组织学习的局面，从而提高整个政府的行政能力。"学习型政府"源于"学习型组织"。学习型政府具有如下特征：高度重视公务员的教育投资，教育培训处于中心地位。学习型政府全体成员，上至最高决策群，下至普通公务员均有受教育、学习培训的权利和义务。人人有强烈的学习意识，形成学习进步的浓厚氛围，不断学习、善于学习、超前学习，边工作、边学习、边提高是学习型政府的重要特征。一个人坚持学习可以永葆青春，一个国家大兴学习之风，可以永葆生机与活力。

学习型政府组织就是通过政府全体成员系统思考、不断地团体学习和改善心智模式，促进相互之间具有互动关系的政府工作人员的能力开发和政府管理创新，实现政府职能转变，建立起新型的服务性政府组织。它以不断地共同学习为基础条件，以促进政府人员的能力开发和政府管理创新为中心任务，以实现政府职能转变、建立起新型的服务性政府为发展目标。[①]

所谓学习型政府组织，是以转变职能、改进作风、优化服务、提高效率、建设人民满意的党政机关为奋斗目标，通过培养弥漫于整个政府的学习气氛，塑造全新、前瞻、开阔、系统的思维方式而建立起来的一种有机的、高度柔性的、符合人性的、可持续发展的现代政府组织。与传统机关管理模式相比，建设学习型政府组织不是依靠权力、领导意志及行政命令来推动，它侧重于依赖机关成员的自律和自主，依赖于机关内部相对稳固的运行机制，通过保持旺盛的学习力，及时解决发展中的问题和矛盾，从而推进政府再造。学习型政府是"以学习为基础""以强化公共服务"为特征的责任政府，而构建学习型政府则正是对学习型政府中的"人文价值""学习价值""服务价值""创新价值"的追求。全面提高党政领导干部和公务员队伍建设，这既是党和政府自身建设的现实要求，也是一项长远的战略任务，对塑造政府形象起到了积极的推动作用。

---

① 王和平：《学习型政府组织：价值追寻和建构途径》，载《学习论坛》，2003（11），8～9页。

二、学习型政府的特征

(一) 建立学习型政府的目标在于提高政府的执政能力

政府运作的目标就是管理好国家的公共事务,为地方、为人民服务,推动一个国家经济、社会各方面和谐健康的发展。学习型政府的创建,可以通过持续不断的学习来变革政府组织的结构,改善政府成员的观念和思维方式,使得政府组织一直保持生命活力,成为科学执政、民主执政、依法执政的服务型政府。

通过创建学习型政府,提高政府的科学执政能力。科学执政是以科学的思想、制度和方法领导中国特色的社会主义事业,其内涵十分丰富,而最核心的是解放思想、实事求是、与时俱进的思想路线和求真务实、开拓创新的思想作风。学习型政府通过组织学习建立健全的学习机制,使政府时刻处于"学习—反馈—变革—学习"的良性循环之中,并由此正确认识和把握规律,按照科学的思想、理论和科学的制度、方法来执政,不断提高以科学发展观统领全局的水平和能力。

通过创建学习型政府,提高政府的民主执政能力。民主执政就是要善于运用民主的制度、方法和途径来处理行政活动中的各种问题。在执政过程中,政府只有充分发扬民主才能得到广大人民群众的理解、拥护、支持和帮助,才能保证政府的行政永远不偏离为人民服务的方向,才能取得人民群众满意的执政绩效。通过深入学习,广大干部能更深入地体察民情民意,进一步增强领导决策的科学性,以保证在执政过程中更好地代表和体现人民群众的愿望和要求。

通过创建学习型政府,提高政府的依法执政能力。依法执政是依法治国的必然要求,是新的历史条件下政府行政的基本方式。政府要适应时代的要求做到科学执政和民主执政,首先必须坚持依法行政。建设学习型政府,则是实现依法执政的重要保证。只有各级干部坚持不懈地认真学习宪法、法律和各项规章制度,将增强法制观念统一到日常行为中,牢固树立法制观念,不断完善合乎依法执政要求的体制和制度,才能确保各级干部能自觉地在宪法和法律范围内用权、办事,使得政府的执政方式科学化、制度化、规范化。

通过创建学习型政府,实现传统政府向服务型政府的转变。建设服务型政府就是要实现由政府本位、官本位和计划本位体制向社会本位、民本位和市场本位体制转变;由"无所不为的政府"向"有限政府"转变;由传统的行政方法为主向现代的以法律、经济方法为主、行政方法为辅转变;由传统的审批管制型管理模式向公共服务型管理模式转变。这些转变对政府及其公务员的观念冲击是全新的,对政府治理的影响也是巨大的。构建服务型政府关键在于重塑行政文化,创建"公众满意"的公共服务文化,树立"公仆意识""服务意识""顾客意识",与公众建立长期的互动关系。

(二) 学习型政府的学习方式具有开放性

学习型政府注重的是建立一个思想开放、注重沟通的政府学习和工作环境。它需要干部在学习中扩宽视野,增长把握复杂局面的素质和能力,冲破传统思想的桎梏。表现在学习方式方面，不仅要加强对新思想、新理论、新技术的学习，而且还要在实践中学习，加强应用性研究和社会调查，结合政府职能转变的难点问题、经济领域的重大问题、社会管理中的热点问题，进行深入实际调查和研究，并在学习的基础上提出有价值的对策方案。因此，学习型政府的学习方式不仅仅是传统的听课式学习，更应该是一种开放性的、将学习和工作相互融合的学习。

（三）学习型政府的学习内容具有广泛性和丰富性

由于政府管理是一项系统工程，涉及政治、经济、文化、军事、外交等方方面面，因此建立一支高素质、专业化的公务员队伍，是当前我国政府建设的紧迫任务。高素质是思想政治品质、文化业务知识、良好的心理承受能力等多种素质有机结合并共同发挥作用的结果；专业化是要具有职务所需的特殊知识和专门技术。《中共中央关于面向21世纪加强和改进党校工作的决定》明确对领导干部的理论学习内容和理论武装模式作出了概括，涉及马克思主义理论知识、"三个代表"重要思想、法律法规和经济全球化规则知识，当代世界经济、当代世界科技、当代世界法制、当代世界军事和我国国防、当代世界思潮等方面的知识，市场经济理论、管理理论、具体业务知识和现代科学技术知识等公共管理中所需运用的知识，人文社会科学知识，包括各种文史知识、语言知识尤其是外语知识，以及对干部的"世界眼光""战略思维"的培养；使公务员建立宽广合理的知识结构，以适应复杂多变的社会环境需要。

（四）学习型政府的学习愿景具有全民性愿景是一种期望的未来景象或意象

共同愿景，是组织中全体成员的个人愿景的整合，是组织成员共同努力的愿景，既体现组织未来的远大目标，又体现了组织成员的共同愿望，包括共同的价值观、目的、使命以及目标，它具有强大的凝聚力和感召力。我国社会主义民主政治决定了政府实施对国家事务和公共事务管理的目的是维护最广大人民的根本利益，全心全意为人民服务。牢固树立"公民权利本位，政府义务本位"的思想，完全从人民需要出发，以为人民谋幸福为宗旨，力求做到"向人民学习，为人民服务，请人民评判，让人民满意"，这是学习型政府所要营造的必然愿景。

（五）学习型政府的系统思考具有宏观性和全局性

系统论认为，世界上的任何事物都是由其内部的各个要素按一定的方式、规则、关系组成的一个有机整体——系统，而构成系统的各要素之间必须相互适应、相互协调和相互匹配。事实上，正是由于系统内的各要素之间具有相互协调性，才保证了系统的整体性、稳定性和目的性，并保证了系统整体功能的发挥。政府组织是社会整个母系统中的一个涉及范围十分广泛的宏大系统，是一个多序列、多层次的网状结构体系。政府组织在其运转和变化的过程中，不但要考虑到内部的各个要素协调、适应和匹配，同时也要考虑到与社会这个母系统中的其他系统的相协调、适应和匹配。建设学习型政府就是要注重整体观念和系统思考，将系统思考作为核心法则。

三、学习型政府的重要性

（一）全球化进程的推进，使得建立学习型政府组织势在必行

20世纪90年代以后，全球化进程明显加快，已成为当代世界经济最突出的特征，经济生活的全球化联系带来了文化观念的全球性展现，这种全球性联动必将溢出经济领域渗入文化、政治领域，传统的行政观念已无法适应"市场化"时代的变化。政府面临如何处理融入世界潮流和坚持本国特色的关系的挑战，需要我国政府在行政观念上要作出适应新的时代变化的调整，即要由传统的行政观念向学习型管理观念转变。我国政府在面对"全球性"市场时所应作出的调整，应用管理中的学习理念来改造传统的行政理念。重要的是依据政府活动环境的变化，不断调整政府的行为，提高政府的运行效率。简言之，就是实现政府官员的管理理念向"学习理念""经营理念""责任理念"的转变，即改变原来那种只强调政策的执行而忽视大量资源投入后所产生的实际结果的状况。

（二）建设学习型政府组织，是实践科学发展观的客观要求

贯彻落实科学的发展观，必须进一步加快政府职能的转变，要全面履行政府经济调节、市场监管、社会管理和公共服务方面的职能。这是又一次"政府革命"和"政府再造"。政府能否成功地进行职能转换，关键在于政府是否善于学习。因此，加快学习型政府的建设，坚持不懈地用党的理论创新成果武装头脑，坚定不移地用马克思主义的立场、观点、方法指导新的实践，是各级政府贯彻落实科学的发展观，按照科学发展观的要求切实转变职能的重要前提。因此，学习型政府应有不断创新、自我调整、自我修复、自我完善的能力，并保持高效、低耗，充满生机的活力。而且，这个组织还是一个能随形式的变化应变自如，具有可塑性的高效组织。[1]

（三）建设学习型政府组织，是提高公务员素质的迫切需要

现代化政府管理水平在很大程度上取决于公务员素质的提高和精神的铸就，然而这些并不是一蹴而就的，必然要在长期的实践、不断的学习中逐步发展。随着信息化、自动化、网络化、数字化在全球化浪潮中向人类社会各行各业、各个层面和各个领域全方位地扩张、渗透，已使知识产业成为与农牧业、工业、商业服务业并驾齐驱的第四产业。人类社会正进入知识经济时代，知识创新空前活跃，知识更新日益加快，国与国之间、地区与地区之间综合实力的竞争越来越表现为知识创新能力的竞争和人的综合素质的竞争，个人不能有效学习，将无法生存、发展。然而，对照这些看自身，一些机关里吃喝之风、玩乐之风、享受之风盛行；一些干部上班晕晕然，下班飘飘然，学习起来淡淡然，这不得不引起我们的深思和忧虑。建设学习型政府组织，就是要求人与社会同步发展，公务员必须增强危机意识，切实把学习作为推进工作的第一动力、提高素质的第

---

[1] 毛正刚，凌恩蓉：《创建学习型政府研究》，载《成都行政学院学报》，2004（11），13～16页。

一手段，不断完善知识结构，拓宽知识领域，提升知识层次，使自己始终走在时代前列，更好地承担起领导发展的历史责任。

四、如何打造学习型政府

（一）公务员要成为终身学习者

公务员是学习型政府的主体，是具有良好学习动机和主动学习态度，懂得运用资源进行学习的活动者。公务员要学会怎样学习；培养自己发现新知识、新技能的能力；要善于根据实际工作的需要学习新知识与新技能，将所学知识运用于工作之中。建立学习型政府，就要保证公务员有充足的学习时间，通过群体组织及其活动，形成组织内良好的学习风气，如组建学习小组、研究会等。

（二）政府要成为公务员学习的组织

政府应具有充足的学习场所和设施，提供各种学习服务以及各种学习课程，应制订适应政府组织和公务员发展的培训计划。政府领导要重视教育培训的意义与地位，把教育培训部门作为政府的核心部门。政府领导既是学习模范，又要负起培训公务员的责任。政府针对不同层次、不同类别的公务员设计不同的培训课程，包括任职和初任培训、技能培训、晋升和专门业务培训等方面。要有计划地将各部门高级公务员及后备人员派往国内外名牌大学进修，并提供政府奖学金。建设网上学习政府、网上开放学府，使愿意参加学习的公务员在网上同一个系统就可以完成申请报名、单位审批、学校注册等事务，从而形成在线培训的"政府培训"模式。

（三）加快改革构建扁平化的政府组织结构

构建学习型政府首先要求再造政府的组织结构，使之与政府组织的学习行为相匹配、相协调。传统的金字塔式政府组织结构不利于各类信息上传下达，影响了政府的学习效率和行政能力发挥。扁平化政府组织能够提高政府的学习能力以及认识水平，能减少信息传递的失真，增强决策的时效性；能大大减少政府机构和政府人员，提高行政效率，实现"小政府，大社会"的行政管理体制。

（四）建立科学合理的学习型政府运行机制

构建学习型政府，需要结合实际，建立一套完整的、规范的、科学的机制来保障学习。首先，营造良好的学习氛围。政府组织的各级领导要高度重视创建活动，推动舆论宣传和导向，形成创建学习型部门的良好风气。加强对学习型政府建设的宣传，要把建设学习型政府作为一项长期的事关全局的战略任务，加强领导。其次，加强政府公务员的培训，提升他们的能力，即完善学习型政府的培训机制。培训是开发政府成员人力资源的重要途径，政府应针对不同层次、不同类别的成员设计不同的培训课程。随着网络技术的飞速发展，电子学习已经成为组织学习的一种新模式。建设网上学习型政府，已成为培训的一种趋势。最后，建立一整套自上而下的创建学习型政府的激励机制。激励机制就是持续的激发人们的行为动机，使心理过程始终保持在激奋的状态之中，维持一种高昂学习热情的机制。运用激励机制，建立物质、精神奖励制度和职位晋升制度。当然，竞争也是不可忽视的学习动力，运用各种有效手段，激发政府公务员的学习激情，调动他们的积极性和主动性，发挥他们的创造精神和潜能。

（五）创新政府的文化建设，为构建学习型政府提供坚实的基础

学习型政府强调政府学习的开放性，这就要求政府部门要加强并创新文化建设，建立起开放的学习系统；既要善于打破原有的不合时宜的文化束缚，转变官本位思想和等级观念，又要形成新的文化观念，建立适合学习型政府建设的文化环境。同时学习型政府是以人为中心的人本文化，要通过加强政府组织的文化建设，使政府公务员形成文化共识，通过一定的文化共识来增强公务员的团队合作精神，从而激励全体成员不断自觉学习和团队学习。

（六）强调培训要制度化法制化，加快学习型政府的创建

构建学习型政府首先是要树立学习理念，改变组织和个体的学习观念，在组织中树立起全员学习，持续、自觉的学习意识，使整个组织和个体能在良好的学习环境下积极地进行学习。要树立组织学习和团队学习的理念，加强整体的团队学习，通过团体学习和个人学习相结合，使公务员个人在相互激励的学习过程中提高工作能力的同时，整个组织的管理水平和能力素质也得到提高。

培训是开发公务员人力资源的重要途径，政府培训要充分利用各种教育资源培训公务员。许多国家的公务员法明确规定，参加培训是公务员享有的权利和应尽的义务，有关公务员培训的法规还规定了培训的原则、机构、种类和方式等，保证了政府培训管理的正规化和法制化。我国要形成政府的"大培训"体系，不仅要完善公务员培训体系和培训制度，还要完善政府发展战略、公共行政文化、行政组织结构、工资福利制度、考核晋升制度等，建成一个鼓励学习、激励学习、奖励学习的制度体系。

1. 以能力建设为核心，突出重点，加强公务员培训

公务员是国家机器的重要组成部分，是国家行政管理人才，是重要的人才资源。公务员的水平决定着政府的管理能力。开发公务员人才资源，当务之急是要加强公务员的培训，尤其是突出能力建设。按照《国家公务员通用职业能力》的要求，结合实际，抓好公务员思想政治教育和行为规范培训。在公务员队伍中深入开展马列主义、毛泽东思想、邓小平理论和"三个代表"重要思想的学习；开展思想道德和公务员行为规范教育，并作为各级各类公务员培训的必修内容；加强反腐倡廉教育，塑造良好风范，让人民满意，提高公务员的思想政治素质和职业道德水平，提高政治鉴别力和抵御腐朽思想侵蚀的能力。

2. 努力提高现代信息处理能力

现代社会是信息化社会，推行电子政务，利用互联网提供信息、办理公务、进行管理监督的公共服务形式，将逐步取代传统的政府管理方式。公务员掌握现代化信息处理技术，能够有效地提高政府管理效能和公共服务质量。因此，要适应现代社会的发展，

就必须掌握计算机操作技术、信息处理技术，掌握现代化办公手段，这是时代发展潮流对公务员的要求，也是每个公务员履行管理职能所必须具备的一项基本技能。

3. 抓好公务员依法行政培训

依法治国、建设社会主义法治国家，首要的是提高公务员的法治观念和依法行政、依法办事的能力。随着改革开放的不断深入，市场经济快速发展和西部大开发战略的实施，进一步提高公务员队伍依法行政水平，加大市场经济法制化建设，要求公务员具有较高的法律素养和严格执法精神，已是各级行政机关的一项紧迫任务。要在公务员中开展有关学法、用法和依法行政及现代管理的培训，使各级公务员特别是经济部门、执法部门的公务员严格按法定权限、法定程序和法律规则办事，促进政府职能向市场经济的要求转变，提高各级各类公务员在现代管理和依法行政方面的能力。

4. 抓好深化公务员四类培训

按公务员条例要求，规范初任培训。凡新进公务员队伍的，必须经各级人事部门组织的新任培训，提高新录用公务员适应政府工作和职位要求的基本能力。强化任职培训，凡晋升为各级领导职务的公务员必须在半年内参加由组织人事部门举办的任职岗位培训，重点提高担任领导职务公务员总揽全局和战略思维能力，领导经济工作和驾驭社会主义市场经济的能力，科学决策和依法行政能力，统筹协调的组织能力和处理复杂问题的能力。深化专业知识培训，要求各类公务员必须具备相应的专业技能，"干一行、精一行"。各行业主管部门，必须切实负起责任，做好专业知识培训的组织实施，各级政府人事部门必须加强监督和指导。公务员学习激励制度应遵循物质激励和精神激励相结合，公平、公正、公开，多种激励综合运用，尊重个性差异，内外激励相结合的原则。① 拓展更新知识培训，着眼创新能力开发，提高公务员适应时代发展的能力和创新能力。

第五节　学习力案例研讨

案例一

新闻实例

新闻一：下涝坝乡抓好双语学习助推学习型政府建设

为扎实推进学习型政府建设，下涝坝乡党委、政府通过多种措施在乡机关各站、所干部中掀起了一股学"双语"、用"双语"的热潮。

一是在机关设立"双语"学习班。由机关哈萨克族干部轮流授课，每周两次理论夜校，每次不少于2小时，集中学习常态化。

二是在民汉干部中开展"一帮一""一帮多"结对子活动，交流"双语"学习经验，共同提高双语水平。

三是鼓励干部在工作生活中用双语交流，切实营造机关、站所干部学习"双语"

---

① 董殿文，孙晓娟：《学习型公务员队伍建设的主要障碍及对策分析》，载《行政与法》2007（2），40页。

的浓厚氛围，为民服务打下了扎实的基础。通过这些活动和措施，极大地提高全乡干部学习积极性，提高了干部的工作能力和服务群众水平。

（资料来源：哈密政府网，2015年2月6日）

新闻二：新城街道"三向"创建学习型政府

近年来，党的各项改革政策相继出台，办事处的工作是最基层、最贴近老百姓的，只有提高全体工作人员的学习意识，着力打造学习型政府，培育出一支善学习、会干事的队伍，才能做到更好的为人民服务。为提升工作人员的整体素质，践行党的群众路线，推动各项工作举措落地生根，新城街道推行"三向"学习方式，积极创建学习型政府。一是向群众学习。以"群众路线教育实践活动"为契机，充分利用下村时间及一切有利时机，走村入户，把各项政策送到农户家中，做到户户明白，人人了解。同时积极听取广大群众的意见和建议，为今后开展各项工作提供参考。二是向同事学。开设了"大课堂"，采取轮流上课、自选课题的形式，给全体工作人员讲课，整个课堂结合文字、声音、图画于一体，既形象、生动，又能锻炼个人素质，还可以丰富大家的知识面，更能提升大家的学习热情。三是向网络学。充分利用远程教育学习平台，积极向工作人员推介课程，并采取每周一通报学习情况的形式，激励全体工作人员加强学习。

（资料来源：哈密政府网，2015年2月6日）

思考与讨论

1. 两则新闻体现了本节所学知识的哪些内容？
2. 两则新闻中，关于学习型政府建设，这两个地方各有什么创新之处？对我们有何借鉴意义呢？

案例二

构建学习型政府机关案例分析

巴彦琥硕镇全力构建学习型政府机关

2014新年伊始，巴彦琥硕镇党委、政府把创建学习型政府作为全镇总体工作的重点，作为转变工作作风、提高干部素质和工作效率的有效举措，积极推行，狠抓落实，并取得显著成效。加强领导，精心组织，周密部署学习型政府的创建工作。一是加强领导。成立了由党委书记担任组长，镇长和副书记担任副组长，班子成员全部参与的学习型政府创建工作领导小组，加强对工作的决策指导、组织实施和监督检查。制订《巴彦琥硕镇创建学习型政府工作实施方案》，召开创建学习型政府工作动员会议，使各部门和党员干部进一步明确了学习的目的、意义和要求。二是健全制度。以镇理论中心组学习为重点，制订年度学习计划和学习制度，要求做到学习有计划、有制度、有记录、有体会、有效果。每两个月组织一次理论中心组学习，每个季度开展一次学习体会交流会，中心组成员都要结合中心工作开展调研活动，撰写调研报告。三是确定目标。创建学习型政府的目标是提高执政能力和领导水平；转变工作作风，提高工作效率。为此，把学习的出发点与落脚点放在研究和解决全镇经济社会建设与发展的深层次矛盾和解决重大问题上，努力提高学习效果，切实解决实际问题。四是营造氛围。通过加大创建学习型政府宣传力度，积极营造"人人学习、时时学习、终身学习"的浓厚氛围。领导带头学、中层干部重点学、一般干部广泛学，积极开展创建活动。一是班子成员带头学。制定出台了《巴彦琥硕镇学习制度》，规定每周三的下午为班子成员学习时间。班子成员在学习过程中，积极开展研讨活动，相互交流学习心得，相互了解各自联系的嘎查村发生的新情况、出现的新问题，并出谋划策提出最有效的解决办法。二是中层干部重点学。采取集中学习培训和分散自学相结合的方法，要求这些干部每年集中学习不少于40天，每人的学习笔记不少于2万字，撰写调研文章和论文不少于3篇。三是一般干部广泛学。要求一般干部每周集中学习的时间不少于2天，每人的学习笔记不少于3万字，学习心得5篇以上。由党政办公室组织干部集中学习，学习的主要内容有党的路线、方针、政策、法律法规、上级党委政府重要的会议精神和农牧业实用技术等，做到工作中学习、学习中工作。

  载体准确，强化措施，扎实有效地开展学习型政府创建活动。一是学以致用。结合学习培训在干部队伍中广泛开展"比学习、比做人、比贡献"活动，把党和国家的路线、方针、政策与具体的实际工作结合起来，既给农牧民群众带来最优厚的实惠，又要依法办事。二是讲座导学。积极邀请党校和理论中心组教师来讲授创建学习型政府的理念，使创建学习型政府的观念深入人心，形成共识。结合"群众路线教育实践活动"的深入开展，进一步理清工作思路，促进经济社会持续、健康、快速发展。三是典型示范。结合学习和工作评选出各行各业的先进人物，并用他们的先进事迹教育干部，形成"比、学、赶、帮、超"的良好氛围。目前，镇党委举办理论中心组读书会一次、组织干部集中学习一次，全镇上下正在深入学习党的十八届三中全会精神、中央一号文件精神和习总书记来内蒙古重要讲话精神。处处呈献出"比学习、比才干、比贡献"的良好风气。

（资料来源：巴林右旗新闻网，2014年2月14日）

沂水县全县机关干部建设学习型政府从读书开始

  中国山东网讯（通讯员 袁诚茂 徐见明 李蒙生 许宗栋）"领导干部要爱读书，读好书，善读书。"为推动学习型机关、学习型干部建设，沂水县组织开展"集中读书日"活动，让全县各级机关干部在读书中提升修养，提高本领。

  2014年1月2日，是沂水县开展"集中读书日"活动的第一天。一大早，县图书馆外显得格外热闹，还不到开馆时间，都已经站满了前来借阅图书的机关干部们。"这本《沂水年鉴》描写的是我们那个年代的奋斗史，看了之后，让我回想起了很多以前的故事。"开馆后，一位即将退休的老同志径直走到地方文献展区，拿起一本《沂水年鉴》津津有味地阅读起来。正在此时，一位年轻的机关干部正在用"全景数字图书馆"查询系统寻找到了自己喜欢的图书。"真想不到，现在图书馆借书这么方便，来这里看书总比趴在电子屏幕上看书强多了。今后，我一定经常来学习。"借书的、看书的机关干部们不一会儿就把图书馆给"添"满了。在借阅室,有的机关干部发现了自己喜爱的图书,便舍不得释手,干脆站在书柜前品鉴起来。在阅览区,有的机关干部拿出准备好的笔记本,将"书海"中的美文妙语摘录出来,分享共赏。"这种写作的格式,我还是第一次见到,在以后的工作中肯定能够用到。"一位从事公文写作的机关干部学到了新知识,感觉如获至宝。据了解,沂水县"集中读书日"活动每年开展一次。届时,沂水县各部门各单位的机关干部们将按照规定时间,自行组织到县图书馆集中读书学习,并结合自身工作特点,明确学习目标,优选学习篇目,做到工作与学习双促进、双提高。活动中,沂水县的机关干部们将撰写读书笔记或心得体会,加强学习交流,同时对优秀的读书笔记或学习心得进行表彰奖励,刊发在县内媒体上。今年的"集中读书日"活动将持续到四月下旬。

(资料来源:中国山东网,2014 年 1 月 2 日)

思考与讨论

1. 学习型政府机关建设有哪些要点?请根据以上两个案例总结一下。
2. 学习型政府机关建设与学习型政府建设有何联系?请谈谈你的看法。

参考文献

中文图书

[1] 李欧, 王重高. 公务员素质读本 [M]. 北京: 中国言实出版社, 2006.

[2] 吴宜蓁. 危机传播 [M]. 台北: 五南图书出版社, 2002.

[3] 刘霞, 向良云. 公共危机治理 [M]. 上海: 上海交通大学出版社, 2010.

[4] 王茂涛. 政府危机管理 [M]. 合肥: 合肥工业大学出版社, 2005.

[5] [美] 乔纳森·H. 特纳. 社会学理论的结构 [M]. 北京: 北京大学出版社, 2007.

[6] [美] 大卫·艾伦. 尽管去做: 无压工作的艺术 [M]. 张静, 译. 北京: 中信出版社, 2003.

[7] 贾启艾. 人际沟通 [M]. 南京: 东南大学出版社, 2010.

[8] 郭庆光. 传播学教程 [M]. 2版. 北京: 中国人民大学出版社, 2011.

[9] [英] 弗兰西斯·培根. 培根随笔 [M]. 吴昱荣, 译. 北京: 中国华侨出版社, 2013.

[10] [美] 利昂·费斯汀格. 认知失调理论 [M]. 杭州: 浙江教育出版社, 1999.

[11] [苏联] 彼得罗夫斯基, 雅罗舍夫斯基. 心理学辞典 [M]. 赵璧如, 译. 北京: 东方出版社, 1997.

[12] 华君. 和情绪面对面 [M] //情绪管理 (职场减压完全手册): 第一章第一节. 北京: 长征出版社, 2011.

[13] [美] 理查德·格里格. 心理学与生活 [M]. 王垒, 译. 北京: 人民邮电出版社, 2003: 12.

[14] 高菲. 情绪控制术 [M]. 北京: 北京理工大学出版社, 2010: 10.

[15] [美] 丹尼尔·戈尔曼. 情感智商 [M]. 耿文秀, 译. 上海: 上海科学技术出版社, 1997: 48.

[16] [美] 丹尼尔·戈尔曼. 情商: 为什么情商比智商更重要 [M]. 杨春晓, 译. 北京: 中信出版社, 2010.

[17] [美] 伍德罗·威尔逊. 行政学研究 [M]. 彭和平, 译. 北京: 中共中央党校出版社, 1997: 14-16.

[18] 王乐夫. 公共行政学 [M]. 北京: 高等教育出版社, 2006: 242.

[19] [美] 赫伯特·西蒙. 管理行为——管理组织决策过程的研究 [M]. 北京: 北京经济学院出版社, 1988.

[20] 张马金. 公共政策分析: 概念、过程、方法 [M]. 北京: 人民出版社, 2004: 92.

[21] 刘少奇. 刘少奇文集: 下卷 [M]. 北京: 人民出版社, 1985: 457-458.

[22] [美] E. S. 萨瓦斯. 民营化和公私部门的伙伴关系 [M]. 周志忍,译. 北京:中国人民大学出版社,2002:105.

[23] 林毅夫. 强制性制度变迁与诱致性制度变迁 [M] // [美] R. 科斯,A. 阿尔钦,D. 诺思. 财产权利与制度变迁——产权学派与新制度学派译文集. 上海:上海人民出版社,1994:379-400.

[24] 毛泽东. 关于纠正党内的错误思想 [M]. 北京:人民出版社,1951.

[25] 苏宝忠. 基层公务员素质与能力建设 [M]. 北京:清华大学出版社,2009:161.

[26] 国务院办公厅. 国家行政机关公文处理办法 [M] //北京档案. 北京:北京档案杂志社,1987:13-17.

[27] 何奕恺. 论语·为政 [M]. 北京:中华书局,2013:101.

[28] 党圣元,徐干. 中论:叙录 [M]. //差异. 郑州:河南大学出版社,2005.

[29] 徐颖,徐向阳. 国家公务员九项能力培训教程:学习能力 [M]. 北京:人民出版社,2005:7.

中文期刊

[30] 徐晓琴,江铃. 浅谈高职院校学生的应变能力及培养策略 [J]. 九江职业技术学院学报,2011 (3):57.

[31] 王霞. 如何提高学生技能大赛中的应变能力 [J]. 成功(教育版),2013 (24):1.

[32] 查奇芬. 基于可持续发展的工业企业活力综合评价体系 [J]. 江苏大学学报(社会科学版),2002 (3):1.

[33] 王来华,陈月生. 论群体性突发事件的基本含义、特征和类型 [J]. 理论与现代化,2006 (5):80.

[34] 武金鑫. 浅析政府危机管理与政府信用 [J]. 学理论,2011 (21):30.

[35] 宋秀英,祖志会. 关于领导干部提升预见能力的思考 [J]. 农民致富之友,2012 (22):170.

[36] 谢国华. 推进决策的科学化、民主化和法制化 [J]. 湖北财经高等专科学校学报,2005 (1):3.

[37] 刘云霞. 浅谈企业发展战略的创新 [J]. 现代经济信息,2014 (1):119.

[38] 徐飞. 战略不确定性 [J]. 财经界(管理学家),2008 (3):92.

[39] 杨志忠. 影响行政协调的因素及对策 [J]. 改革研究,1992 (2):20-21.

[40] 朱光潜. 对"关于费尔巴哈的提纲"译文的商榷 [J]. 社会科学战线,1980 (3):36-42.

[41] 冯新新. 浅析我国公共部门的行政沟通 [J]. 经济工作,2013 (10):94.

[42] 陈智凯. 行政沟通中的障碍与对策分析 [J]. 经营管理者,2012 (13):92.

[43] 张寅玮. 党政机关信息工作中行政沟通的障碍及对策分析 [J]. 档案,2011 (6):20-22.

[44] 何茂荣. 给情绪找个好去处 [J]. 企业研究,2005 (1):12.

[45] 竺培梁, 卢家楣. 中国当代青少年情绪能力现状调查研究 [J]. 心理科学, 2010 (6): 1329-1333.

[46] 徐湘林. 行政审批制度改革的体制制约与制度创新 [J]. 国家行政学院学报, 2002 (6): 23.

[47] 何青. 试论公文写作的本质特征 [J]. 攀枝花大学学报, 1997 (1): 57-61.

[48] 钮进生. 提高公文写作能力的"三要" [J]. 应用写作, 2013 (12): 20.

[49] 张小乐. 提高公文写作水平的有效途径 [J]. 新闻与写作, 2013 (12): 69.

[50] 念潮旭. 谈行政公文写作存在的不规范问题 [J]. 福建师范大学福清分校学报, 2009 (4): 86.

[51] 梁日森, 蔡诗韧, 金惠娣. 成人的学习能力和认知心理特征 [J]. 继续医学教育, 1995 (3): 36-39.

[52] 高峰强. 西方三种学习理论及其启示 [J]. 石油大学学报（社会科学版）, 1997 (3): 43.

[53] 毕华林. 学习能力的实质及其结构构建 [J]. 教育研究, 2000 (7): 19.

[54] 曾宇青. 公务员学习能力研究 [J]. 特区实践与理论, 2007 (2): 58-60.

[55] 兰兰. 我国公务员学习能力建设现状、问题与对策 [J]. 理论观察, 2010 (5): 36.

[56] 田艳丽. 学习型政府的基本特征阐述 [J]. 荆楚学刊, 2008 (6): 14-17.

[57] 王和平. 学习型政府组织：价值追寻和建构途径 [J]. 学习论坛, 2003 (11): 8-9.

[58] 毛正刚, 凌恩蓉. 创建学习型政府研究 [J]. 成都行政学院学报, 2004 (11): 13-16.

[59] 董殿文, 孙晓娟. 学习型公务员队伍建设的主要障碍及对策分析 [J]. 行政与法, 2007 (9): 40.

学位论文

[60] 黄冰瑜. 基于计算动词的情绪模型初探 [D]. 厦门大学, 2010.

[61] 吕毅辉. 情绪影响因素及情绪管理研究 [D]. 华侨大学, 2011.

后 记

《公共管理能力与技巧》这一教材的编写将有效实现公共管理学科教学的专业实操层面的现实转化，提升学生的专业修为和综合素质，促进学生在具有一定专业基础理论的前提下，对专业操作技能方面的完善与升级。公共管理类专业的人才培养，广州大学公共管理学院一直强调"专业基础课程—专业核心课程—专业技巧课程"的人才培养三步曲的模式。对于高年级的即将面临毕业实习和就业的学生，一方面对有效提升专业实操和技巧的训练是十分重要的，另一方面对部分即将加入公务员队伍的毕业生的工作能力的提升也有重要的指导价值。《公共管理能力与技巧》就承担了这一重要的使命，发挥出了十分积极的人才操作技能和专业素养的进一步有效培育的任务。

本教材的特点与创新之处主要表现为：第一，注重教学内容的理论性与实操性并举，避免陷入要么重实操、轻理论基础；要么过于强调理论规范性介绍、忽视学生专业技能与修为层面的现实转化的问题。本教材力图实现公共管理技能训练中由技巧层面与理论层面的有效链接。公共管理技能既是一整套规范化的公共管理人员基本素养、工作技巧，更重要的在于管理的理论及内涵。为此，我们实现了《公共管理能力与技巧》教材编写观念更新，做到形式与实质的统一，理论与实践的结合。第二，强化教材内容设置的专业性，对公共管理的不同管理层面进行了技能划分，有效实现教材编写的理论支持升级。以美国管理学者赫伯特·卡茨对不同层面公共管理者的能力与技术要求的差异，认为高层管理者主要侧重概念技能、中层管理者侧重的是人际技能、基层管理者侧重技术技能的这一理论出发，将全书划分为三大部分进行内容设置。第三，理论性与实用性的有效结合。本教材将公务员能力与技巧培养的重要性以及国内外公务员能力建设理论作为课程的导论，同时强调了公务员职业道德修养等内容，为本课程打造出扎实的理论基础和依据。同时，本教材根据不同层级的公务员对能力的要求不同，将公共管理人员分为高层领导者、中层管理者和基层公务员三类，各有侧重地介绍了高层"想"的能力、中层"说"的能力，以及基层"做"的能力。从整体上来看，既注重从宏观方面培养公共管理人员思维通用职业能力，情感能力，又兼顾从微观上修炼具体行政技巧。将二者有机地结合起来，保证公共管理人员能力建设的科学性、合理性和实用性。经过研究，概念技能层面，主要划分为应变力、预见力、决断力三大技能；人际技能层面，主要划分为协调力、沟通力、情绪管理力三大技能；在技术技能层面，主要包括谈判力、执行力、公文写作力、学习力这四大技能。最后，在具体介绍每种职业能力与技巧时，通过课前能力测试使学生准确认识自己的优势与劣势；通过课后案例分析，使学生了解各种能力与技巧在实际中的具体操作情况，巩固学习效果。第四，实现多元教学方式的合理穿插和科学布局。在教材内容编写中，对每个管理技能除了先有理论介绍之外，还引入专题介绍部分，它是对该管理技能的进一步专业深描和拓展；此外，为了提高管理技能的现实转化效果，还增加了相关管理技能的案例分析与讨论部分，通过具体

后　记

案例的学习，有效加强学生对知识的吸收与转化。

　　本教材的编写思路形成于 2012 年，经过三年的资料积累与教学实践，于 2015 年形成较为成熟的教材编写大纲，并获得 2015 年度广州大学教材出版基金资助、广州大学公共管理学院教学综合改革资金资助，最终保证教材如期出版。在此期间，广州大学教务处有关领导、广州大学公共管理学院陈潭院长、主管教学的王枫云副院长对本教材的出版工作给予了重要支持和帮助；中山大学出版社的曾一达编辑也付出了巨大的耐心和热情。当然，教学改革团队的支持与配合也十分关键和重要，本教学改革团队成员有广州大学公共管理学院的杨芳副教授、曾小军副教授和彭铭刚博士。本教材具体由徐凌设计编写大纲与思路，并负责统稿；钟其红、李千帆负责后期校对工作。各章节分工如下：第一章、第二章、第三章由李千帆负责；第四章、第五章、第六章由余翠君负责；第七章由钟其红负责；第八章、第九章、第十章由戴安尧负责。由于教学需要，出版时间较为仓促，教材中难免出现一些不足或缺憾，请读者多多指正和包涵！

徐　凌

2018 年 2 月于广州慎独居